地毯下的
佛法

意識如何生成物質

HIDDEN DHARMA BENEATH THE CARPET

月著發―― 著

太虛大師畫像

見緣起即見法，

　　見緣起即見佛。

~~~*~~~*~~~*~~~*~~~

　　受諸異道，不毀正信；

　　雖明世典，常樂佛法。

　　《維摩詰所說經》

~~~*~~~*~~~*~~~*~~~

佛觀真理悟道，他說的法假名佛法，不是佛法。若只在佛法中尋求佛法，或遇上真理不知是佛法，無異於「刻舟求劍」。

~~~*~~~*~~~*~~~*~~~

自科學界開始研究非物質現象的那一天起，在十年內所取得的進展，將會超越人類此前幾個世紀所取得的所有成果。

　　　　　　　　尼古拉·特斯拉

~~~*~~~*~~~*~~~*~~~

宇宙的最底層邏輯是唯識學所描述的心、意識的緣起法而不是唯物主義的物理學。這個認知與思想的改變將會帶來翻天覆地的影響。

弦理論是 100% 基於唯識的緣起法

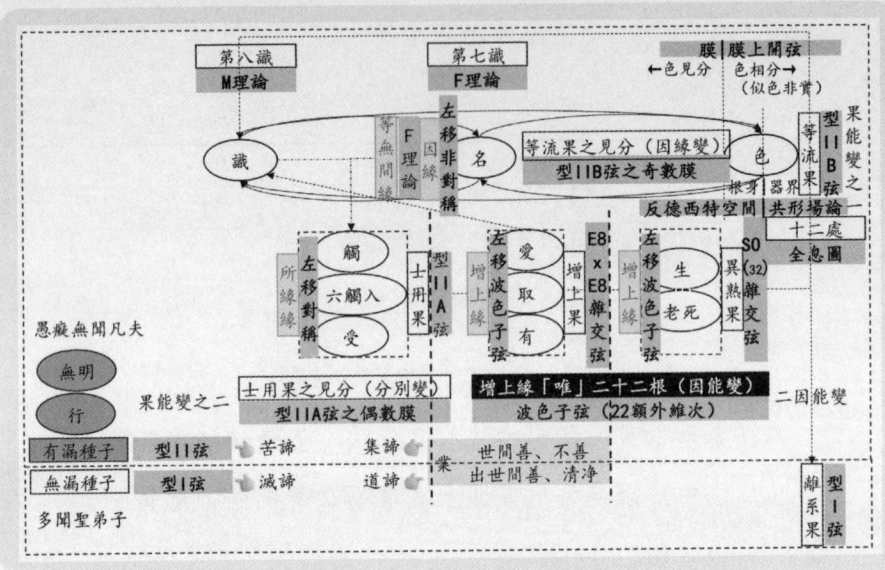

~~~*~~~*~~~*~~~*~~~*~~~

最終大腦也可以通過弦理論被計算出

緣起之識等五果於三重腦（第一果：識支，為第八識，細秘不可觀察）					
第二果：名色支：等流果		第三、四、五果：觸、六觸入、受三支：士用果			
型IIB弦		型IIA弦			
潛意識		顯意識			
生存腦	邊緣系統	新皮質、大腦皮層			
等流果一分	等流果一分				
F理論	型IIB弦對偶性	第六意識	前五識	行、受、想蘊	不相應行法
第七識染污意	等流果六識五別境				
小腦、腦幹	丘腦、嗅球、下丘腦（欲）、基底核（勝解、慧）、海馬體（念）、後扣帶（定）、杏仁核（意）等	島葉	五種感官之初級皮層與次級皮層	行蘊：額葉 受蘊：頂葉、枕葉 想蘊：顳葉	前額葉

弦理論手冊

《成唯識論》

護法等菩薩 造　唐・玄奘法師 譯

M 理論——第十一維	初能變——第八識
弦	種子
膜、膜上開弦	見分、相分
反德西特／共形場論	根身、器界
全息圖	十二處、十八界
五版超弦論	五果：四果相、第五所依
型 IIB 弦	等流果：名色支
型 IIA 弦	士用果：觸等三
E8xE8 雜交弦	增上果：愛等三
SO（32）雜交弦	異熟果：生等二
型 I 弦	離系果
弦的型態	四緣
型 II 弦左移非對稱	因緣
型 II 弦右移對稱	所緣緣
型 II 弦左移波色子弦	增上緣
F 理論	等無間緣（第七識）
二十二維次波色子超弦論	增上緣（「唯二十二根」）
型 II 弦、型 I 弦	有漏種子、無漏種子
弦論地景、人擇原理	界地隨他業力生：三界九地
平行宇宙	眾生心
F 理論——第十二維次	第二能變——第七識
超弦論：型 IIA 弦——十維次	第三能變——前六識之士用果
共八個額外維次	共八識
M 理論、型 IIB 弦、型 IIA 弦、E8xE8 雜交弦、SO（32）雜交弦	十支緣起：識、名色、觸等三、愛等三、生等二

5

玄奘大師說「三界唯心，萬法唯識。」。唯識的核心理論是第八識，第八識即心。弦理論的核心為 M 理論，M 理論即第八識，因此，弦理論算出玄奘法師所說的「三界唯心，萬法唯識。」

~~~*~~~*~~~*~~~*~~~

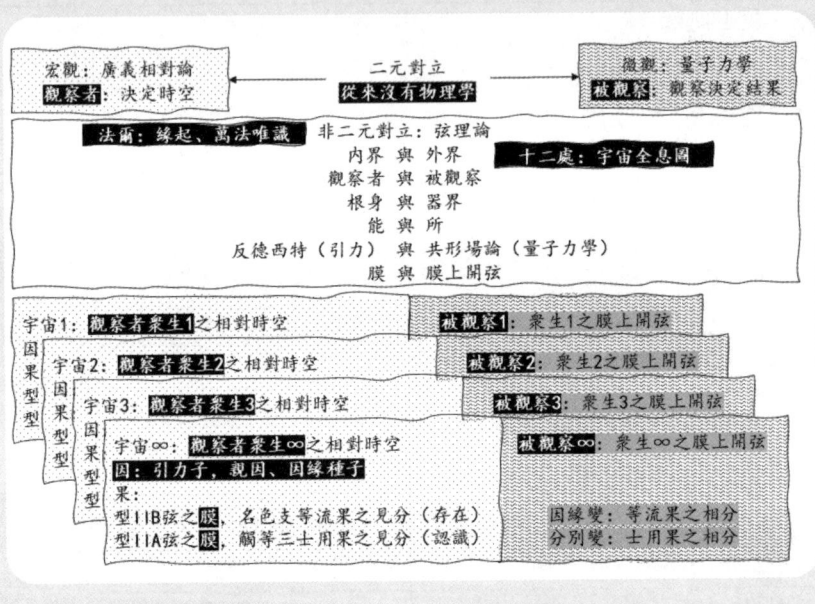

~~~*~~~*~~~*~~~*~~~

今天二元對立的科學家將被確認為偽科學。比如今天科學教導我們能夠看到蘋果是有獨立存在的蘋果，通過我們的眼睛後大腦處理信息，被我們看到，是偽科學。真實是我們各種第八識的種子變出各自的根身如眼睛、器界如蘋果，在我們各自的見分、相分，因此我們像是看到蘋果。

「數學最不可思議的公式」歐拉恆等式：

$$e^{i\pi} + 1 = 0$$

的左邊可以用佛教的二十二根的依、受、生、住結構來分解，這是歐拉恆等式能變宇宙萬法「不可思議」的原因。虛數 i 的空間其實為真實，歐拉數 e 則是第八識從這個真實的虛數空間掌管整個宇宙的規律。因此到了弦理論自然的有弦理論的 M 理論即第八識，管理著每個眾生的宇宙。歐拉恆等式裏的虛數與圓周率 $i\pi$ 即識在虛數空間變：八識各自在變。第八識即異熟識，其異熟功能即 e。實數 1 則是所變出像是有的東西。歐拉恆等式左邊是一堆東西、是「有」、是所有的緣起法；右邊為零為「空」，因此「有」＝「空」，此為中道義。

~~~*~~~*~~~*~~~*~~~*~~~

愛因斯坦曾嘗試統一廣義相對論與電磁力，他也一直認為「上帝不會擲骰子」，因為宇宙真理絕對不是量子力學的隨機性。無人能懂的量子力學，在被弦理論統一之後不僅圓了愛因斯坦統一的夢，用緣起法來解釋還是「此有故彼有，此無故彼無，此生故彼生，此滅故彼滅」的「因果不空」、「意識守恆」的宇宙第一定律。愛因斯坦的「上帝」就是「緣起」。

7

前言

筆者多年前嘗試從科學的角度來認識佛法，希望完全從真理的角度來理解佛法，而不是滿足於做學術式的研究，也不簡單的從字面上的意思來瞭解。因此涉及今天的科學多方面，嘗試尋找佛法在今天科學中的痕跡。比如，佛教描述的法在今天昌明的科學中是否有痕跡可循，大腦的結構是否與佛法的理論吻合，佛教的色界、無色界是否是有等。

科學家、哲學家們也一直在尋找真理的途中，正當他們在討論，做為人類的我們，是否具有能力去瞭解真理，卻不知或不信，佛是「一切智者」，佛說的法必定是真理——那麼在今天科學極度昌明的時代必定能尋找到其痕跡。

筆者經過多年的探索，發現科學最前沿的弦理論似乎在描寫唯識的種子、第八識、第七識、前六識等，但還是不能貫通之所以。特別是弦理論能計算出的黑洞代表什麼？又為什麼筆者認為是第八識的 M 理論與五版的超弦論有對偶性？又弦理論的反德西特／共形場對偶性描述的是什麼？

2017 年突然想到黑洞或許是唯識中的色界眾生，不久順藤摸瓜根據今天的天體物理學對天體的認識，建立了整套色界、無色界的結構。又一直到 2019 年尾，突然想到五版超弦論或

許是佛教的五果。筆者自己做了大概的比對；但心想是否有更具説服力的論據？2020年初，在網上搜尋了兩天不到，發現太虛大師在1927年所做的一張圖。這數年來一直嘗試理解這張圖，最終肯定太虛大師的圖與弦理論1995年後的一張M理論與五版超弦論對偶性的圖，是完全一樣的，只是論述的角度不同。之後又在《成唯識論》讀到第八識與五果的關係。此後再通過不斷的思考與探索，不但確認弦理論已經算出唯識的理論，到再後來認識到弦理論已經算出佛教的緣起法。

今天，許多科學家正在拼命的尋找宇宙大統一理論，弦理論是統一兩個上世紀人類最偉大發現：廣義相對論與量子力學，的唯一可能。但弦理論中出現太多遠超出物理學者認知範疇的數學物件、數學猜想，弦理論學者非常的困惑。弦理論也因此極具爭議性，反對弦理論的大有人在。弦理論是個總稱，實際上是由許多數學物件、數學猜想組合的，比如上面提到的五版超弦論是一直困惑弦理論學者的問題，因為統一之後，不是得到一版理論，卻有五版。

佛教的緣起法即宇宙最終的真理。宇宙的真理只有一個，但這個真理是由一套套的法組合的，對佛法來説是法法相攝，都是因與緣所生的法。據此佛教説法是緣起，是空性即沒有自性。從弦理論來説，這些法就是弦理論的各種數學物件、數學猜想。

筆者在比對弦理論與十二因緣的過程中，發現今天佛教界對於十二因緣的論述有極大的分歧，每個宗派都不同，可以說是非常的雜亂。要知道十二因緣是佛悟道後所說，是佛法的核心，也是緣起法的核心，可以說佛法即緣起。今天十二因緣論述的雜亂分歧，說明一個無可否認的事實——各宗派如瞎子摸象，每個對於象的描述都不一樣。因此，現有十二因緣的論述都是錯的。或說要是做個結構性的評分，現有的緣起論述在識、名色、六入、觸等最重要的四支極度的混亂，也缺乏清晰結構性的輪廓，可以說沒有一個論述是及格的。特別是佛說的緣起法只有十支，其中沒有無明與行二支。無明是隱藏在名色支之名，而行則是在有支，因此，現有的緣起法以無明為第一支，一開頭就錯了。

　　筆者再深入比對弦理論與十二因緣，翻閱佛教經論，發現了一個揪心的事實：十二因緣法在這 2,600 年來，原來的原始經文被刻意的掃到地毯下。佛在說十二因緣的時候雖然說十二因緣的識支與名色支是二支，但明顯的說如三蘆：「展轉相依，若去其一，二亦不立，若去其二，一亦不立」，雖然是二支，但卻是三法，不是二法。2,600 年過去了，這《雜阿含 288 經》的經文是必讀，也是十二因緣最重要的一段、二支、三法，但完全沒有關於三法的解說。可以說十二因緣是被掃到地毯下的佛法。

這三法極為重要，因為我們體驗到的包括大腦都只是心即第八識相續的假象：是識支、名色支的三法，或識支即第八識與名色支即等流果，每剎那的現行熏種子、種子生現行才有的假象。有如電腦上的螢幕，通過電腦的程序編碼剎那剎那的顯示在螢幕上的假象。唯識的第八識就是弦理論的 M 理論，而名色支的等流果在弦理論是型 IIB 弦。

弦理論可以說是個導航圖，通過這個導航圖，翻閱佛教經論，筆者還發現大量關於今天各種十二因緣論述的謬誤。要說今天現有十二因緣的論述是謬誤百出一點不為過。這裏以「地毯下的佛法」為題，完全沒有不尊敬佛法的意思，而是學佛法之人都必須以此為警惕，也希望被掃到地毯下的佛法重見光明。

十二因緣就是緣起，這裏將會說明緣起就是心；心是什麼是對佛教來說還是一個謎。最近就有著名的大乘法師說：「心是千古之謎」，最近也有南傳學者說：「意識是什麼還是一個爭議不休的問題」。心、意識是什麼，不僅小乘迷惑，大乘也是茫然，這在佛教是非常可悲的事實。要是有某位大師說他知道心、識是什麼，結果說出的必定是一大堆的佛教專有名詞，可以說是只是自說自話。

可以說弦理論的主幹就是十二因緣，十二因緣即心，今天科學尋找的宇宙大統一理論得出的結論正是大乘佛教所說的――宇宙一切皆是心的顯現，也是緣起。

　　在這個背景的同時，科學家、哲學家正在瘋狂的探索什麼是意識，一場意識是什麼的混戰，在三十多年前悄然的由戴維·查爾莫斯（David Chalmers）所提出的「意識難題」所引發，到今天尤為激烈。最近弦理論學者布萊恩·格林（Brian Greene）在個名為「什麼創造了意識？」的座談會的一開頭說：

　　首先要弄清楚一件事，我們不知道意識是什麼。[1]

　　要知道這座談會的嘉賓有查爾莫斯與英國神經科學家、認知與計算神經科學教授阿尼爾·賽斯（Anil Seth）。「沒人知道意識是什麼」是今天學界的共識。但今天支持唯心主義的學者有增長的趨勢，如一位荷蘭的哲學家貝納多·卡斯特魯普（Bernardo Kastrup）毫不留情面的批判今天的唯物主義思想，他說今天的唯物主義科學是「胡說八道」。其中有許多學者討論宇宙的最底層邏輯是否是意識，若是，那麼意識怎麼成為宇宙的最底層邏輯是一個最大的謎團。有一位學者唐納德·霍夫

---

[1] What Creates Consciousness? ; World Science Festival ; YouTube ; https://youtu.be/06-iq-0yJNM

曼（Donald Hoffman）正嘗試建立一套以意識為宇宙底蘊的數學模式。他們不知道以緣起法為主幹的弦理論就是這個宇宙最底層的邏輯，因為佛說的緣起法是基於唯識的，而對唯識來說，其建立的一整套系統如第八識、種子、八識等，正是描述意識為宇宙的最底層邏輯。確實「沒人知道意識是什麼」，因為這些學者都對緣起法完全沒有認識。

但這不代表佛教懂得什麼是意識：一、在緣起法的混亂爭議；二、將最重要的識支與名色支三法掃到地毯下；三、大、小乘宣稱不知道什麼是心、意識；四、不知道基於唯識的緣起法即意識為宇宙底層邏輯。今天佛教喜好做一些學問如考古、古本、古文、美術、宗派、教史、脈絡等，但對一些學問如物理學卻毫無興趣、甚至畏懼與排斥，因此佛教更不懂得什麼是宇宙大統一理論，也不知道意識為宇宙的底蘊。

佛觀真理悟道，他說的法假名佛法，不是佛法。要是只是從佛法中求佛法，或遇上真理不能理解，無異於「刻舟求劍」。

三個都極具爭議性，但像是完全不相干的領域：佛教的緣起說、意識是什麼、宇宙大統一理論，在這個時代剛巧聚焦到一起。

導讀

　　筆者在探索真理的過程中，嘗試接觸學術界的人士，特別是佛教界。筆者發現他們多是在做學術學問、古文考古，古本對比等。也有許多是為了生計，或生存在大專學府為了交功課做論文業績，許多是與佛陀要我們做的功課是一點關係也沒有。又許多學術論文，應該是根據大專學府的作風，強調用第一手資料。筆者不認為第一手資料都是對的，甚至有許多是錯的。在這些錯的資料上做學問只是錯上加錯。許多在固有門派的思維中打轉，在思想上自我的加上枷鎖。特別是這些學術性的論文運用的專有名詞也是思維的枷鎖，再怎麼專業要是不能通過這些名詞理解真理就是沒有用處。

　　反觀，有些不是很正規的渠道，反而是能夠更能引導思考真理、真相是什麼。比如文中引用的大衛·格羅斯（David Gross）、羅時憲、David Tong、于凌波、柏納德·卡爾（Bernard Carr）等的觀點，這些學者有很多時候不方便在學術論文中直接的提出他們的看法，或在退休後才提出，但這些看法反而是他們的真正體悟，能夠正確的引導對真理的正確思維。

　　換著早個二、三十年，若沒有發達的網絡與豐富的網上資訊，筆者是絕對不可能完成這篇文章，得到「弦理論的主幹就是佛教的緣起法」的結論，也絕對不可能建立一套「緣起正

義」。有許多的資料更是一周甚至數天前發佈的。今天已經不是為了等一本書的發佈，要等上好幾個月或好幾年的時代。這裏在論述的時候，第一手資料與通俗資料兩者并用，也便利讀者查證。此外，今天已經是人工智能的時代，這裏有些創作也依賴人工智慧如 ChatGPT、Copilot 等來簡化概念。

第一章「宇宙真相」主要的目的是確立世界觀，讀者不需要同意筆者的世界觀，但必須用這世界觀來批評或評價這裏面的內容。世界觀一旦錯誤，認識將會非常的不同。比如要是我們還是認為地是平的，又怎麼能夠理解廣義相對論呢？

因為緣起法是佛教的核心，也是宇宙大統一弦理論的主幹，也是解決意識是什麼的答案。因此，緣起法是關鍵也是必學必修，第二章「緣起爭議」介紹現有的緣起法的爭議，讀者可以用來比對以下三章的內容，而自行做決斷與有更深的認識。筆者相信通過對比，讀者將發現現有的十二因緣論述是極為雜亂貧瘠、缺乏明顯的結構、甚至違反邏輯的。

第三章「緣起正義」主要是確立緣起的真正意義，這章的主幹主要是以佛教學術論文方式來確立，但其中加上「弦論因緣」之筆記，介紹筆者怎麼樣通過觀察弦理論與唯識學而一步步的得到這緣起正義。

意識即緣起，緣起即意識緣起，「此有故彼有，此生故彼生，此無故彼無，此滅故彼滅。」此中之「此」即意識，不是

15

豆、瓜、籐、等無情物。現代人、科學認為意識是從大腦產生，第四章「緣起實證」解釋大腦與緣起法的關係。這裏也説明為什麼識支、名色支的名與色互緣，如何互緣。這是緣起法最重要的，但完全空白的一環。

雖然第一章建立必要的世界觀，但因為「緣起甚深」，有些深奧的緣起意義必須到第五章「緣起奧義」運用深層的唯識詞匯、概念才能解釋得清楚。比如唯識的共變理論，怎麼樣共變，無境何觸，為什麼佛說「齊識而還」等等。這裏也建立一些比較深奧但佛教到今天還沒有的理論，比如：托色變色、托種變色等；這些也是受弦理論所啓發，雖有經論可循，但之前經論沒有詳細的解釋。

到這裏，讀者應該已經認識到許多弦理論的名詞、概念，但多是片段式的。第六章「弦論因緣」為弦理論做個總體的組合介紹，也解説弦理論學者的困境與誤區，這些困境與誤區從緣起法、唯識理論來説是一目瞭然的。

我們認為有的世界其實是虛幻的，為了更容易的解釋為什麼沒有色、物質等，第七章「元宇宙喻」應用一個元宇宙的世界來做比喻。

今天科學家、哲學家和以吠陀為主的宗教家在賽跑，每個人都想做為第一個提供能被確認的意識理論，因為這是開天闢地、青史留名的偉業。第八章「意識爭議」雖然非常的簡要，

目的是希望讀者能夠大概的瞭解今天學界主要討論的議題。

第九章「緣起總結」為在以上還沒來得及細述的觀點，從不同的角度來做個總結。

在本書第一次排版期間，有一個剛發佈的對談會，筆者認為可以是一個更簡潔的總結，將之設置在「附錄1意識是根本嗎？安納卡·哈里斯」，或許讀者能夠從這個附錄做為總結。

筆者在閱讀許多書籍時，經常在閱讀了許多頁之後，必須嘗試總結作者論述了些什麼，或必須做筆記。這裏為了讓讀者更容易理解、銘記各種概念，這裏盡量在章節上分段，每一章、節、段都有相關的概念與知識點，也利於之後做為參考。在引用資料的時候也盡量的詳細，以讓讀者更能全盤的體會其中論點的要處。

因為這裏的論述跨越佛學、唯識、意識、大腦、弦理論、宇宙天文等，這裏不能將所有的詞彙概念都詳細的解釋。比如第八識、阿賴耶識、M理論等都沒有如一些書本做深入的介紹，還希望讀者在網上搜索相關的詞彙、概念、資料。今天可以利用人工智慧工具做提問、搜尋，筆者就利用這些工具生成了許多的圖片。

最後，筆者建議讀者在網上搜尋並閱讀徐獻軍的《太虛大師論佛學與科學的關係》與陳兵的《佛學與科學融通之省思》。

目錄

前言 8
導讀 14

第一章 宇宙真相　　30

第一節 哲學思維 32
第二節 自我投毒 34
第三節 六百年前 36
第四節 十二因緣 37
第五節 弦論緣起 40
第六節 中國地圖 47
第七節 宇宙緣起 48
第八節 緣起哲理 51
第九節 眼不能見 53
第十節 識外無境 56
第十一節 何為無境 60
    一、安安寶寶 60
    二、手術室裏 60
    三、宇宙天文 61
    四、太陽之光 61
    五、各乘各機 62
    六、水電網絡 62
    七、量子試驗 63
    八、相對試驗 65
第十二節 何為意識 66
第十三節 緣起與腦 68
第十四節 意識與腦 70
第十五節 純粹唯心 72
第十六節 無物理學 74
第十七節 輪迴涅槃 84

第十八節 心相續相.....................................86

第二章 緣起爭議　　　　　　　　　　88

第一節 幾世幾重......................................88
 一、三世二重.....................................89
 二、二世一重.....................................89
第二節 六種理論......................................90
 一、說一切有.....................................90
 二、南傳上座.....................................93
 三、中觀學派.....................................95
 四、瑜伽行派.....................................96
 五、水野弘元.....................................96
 六、中道僧團.....................................99
第三節 南傳權威.................................... 103
第四節 相依此緣.................................... 105
第五節 爭議小結.................................... 107

第三章 緣起正義　　　　　　　　　　112

第一節 原始佛教.................................... 113
 一、譬如三蘆.................................... 113
 二、因緣生觸.................................... 115
 三、原始緣起.................................... 116
 四、親辦自果.................................... 118
第二節 識等五果.................................... 120
 一、南傳五果.................................... 120
 二、俱舍五果.................................... 121
 三、唯識五果.................................... 122
第三節 無始無明.................................... 122

一、不合邏輯 123

　　二、十支緣起 123

　　三、恐在中間 124

　　四、含攝於觸 124

　　五、無行緣識 125

　　六、有漏種子 125

第四節 二世一重 127

第五節 識支為始 129

第六節 識支與色 132

第七節 識支與名 136

第八節 緣起四果 141

第九節 四果概述 142

　　一、異熟之果 143

　　二、等流故果 144

　　三、增上之果 145

　　四、士用之果 145

　　五、緣起四果 146

第十節 離系之果 149

　　一、如來法位 149

　　二、無漏種子 150

　　三、無餘涅槃 150

　　四、無垢之識 151

　　五、無漏之位 151

　　六、還滅依持 152

　　七、滅道所依 152

　　八、異熟離系 152

　　九、四向四果 155

第十一節 太虛大師 157

　　一、果果相攝 157

二、四緣五果.................................... 160
三、賴耶緣起.................................... 162
四、苦集滅道.................................... 165
五、現行見相.................................... 166

第十二節 名色等流.................................. 167
一、等流七識.................................... 167
二、等流名色.................................... 169
三、名色小結.................................... 170

第十三節 染污末那.................................. 172

第十四節 流轉三果.................................. 175
一、七心之界.................................... 175
二、等流士用.................................... 177
三、六識四因.................................... 180
四、二種識流.................................... 182
五、五俱五心.................................... 184
六、五俱意識.................................... 185
七、上座九心.................................... 186
八、三果小結.................................... 188

第十五節 循環相攝.................................. 189
一、觸可先後.................................... 189
二、流轉四果.................................... 191
三、一世三果.................................... 192
四、增上意義.................................... 194
五、一世果因.................................... 195
六、剎那十支.................................... 197

第十六節 各支五蘊.................................. 198
一、支與八識.................................... 198
二、五遍行法.................................... 199
三、受想二蘊.................................... 200

四、有支與思.. 201
第十七節 正義小結.. 202
　　一、通俗緣起.. 202
　　二、暗流與浪.. 203
　　三、無間似我.. 205
　　四、心不可得.. 207

第四章 緣起實證　　　　　　　　　　　　208

第一節 三重之腦.. 211
　　一、三重概述.. 211
　　二、邊緣系統.. 212
　　三、見繩為蛇.. 215
　　四、等流士用.. 216
第二節 盲人眼識.. 218
第三節 聽而無聞.. 221
第四節 識等五果.. 222
　　一、名色觸等.. 222
　　二、行受想蘊.. 226
　　三、別境心所.. 244
　　四、等流別境.. 250
　　五、腦與五果.. 251
第五節 名色互緣.. 252
　　一、末那緣色.. 253
　　二、等流緣色.. 263
　　三、各類分泌.. 267
第六節 癡見慢愛.. 268
　　一、染污末那.. 269
第七節 緣起與腦.. 270
第八節 無明理論.. 271

一、染污等流 273
第九節 水界之腦 276
第十節 實證小結 279

第五章 緣起奧義　　　　　　　　　　　282

第一節 緣起即心 283
第二節 識外無境 286
第三節 唯一色法 288
第四節 大腦與業 289
第五節 士用增上 291
第六節 托色變色 293
　　一、各有見相 293
　　二、視而無見 294
　　三、粗細差別 294
　　四、因緣而起 295
　　五、同時異時 295
　　六、視覺之幻 295
　　七、精神錯亂 297
　　八、夢境所見 298
　　九、因緣分別 298
　　十、想像障礙 304
　　十一、瀕死體驗 307
第七節 愛等五支 308
　　一、一切增上 308
　　二、賴耶增上 309
　　三、增上之心 310
　　四、果報增上 311
　　五、帝釋天網 311
　　六、因果能變 312

七、遷流之苦 316

　第八節 三界共變 317
　　一、三界種子 317
　　二、共與不共 318
　　三、重重無盡 319
　　四、共變根身 321
　　五、現後世報 321
　　六、二十二根 322

　第九節 托種變色 323
　　一、根即種子 324
　　二、縱橫緣起 325
　　三、唯二十二 328
　　四、宇宙萬象 328
　　五、緣起心法 329
　　六、心生萬象 330
　　七、男女二根 331

　第十節 五果同時 333
　第十一節 緣起性空 335
　第十二節 界即識支 336
　第十三節 非大非小 338
　第十四節 無境何觸 339
　第十五節 質即信息 343
　第十六節 齊識而還 352
　第十七節 奧義小結 354

第六章 弦論因緣　　　　　　　　　　　　356

　第一節 弦論爭議 357
　第二節 統一理論 359
　第三節 極微緣起 360

第四節 種子現行.................................... 362
第五節 維次與識.................................... 363
第六節 弦論緣起.................................... 368
第七節 法法相攝.................................... 370
第八節 四緣五果.................................... 372
　　一、流轉四果.................................. 372
　　二、認識即果.................................. 373
　　三、四緣面貌.................................. 374
第九節 識外無境.................................... 375
第十節 非大非小.................................... 377
第十一節 地的概念.................................. 380
　　一、地球佛教.................................. 380
　　二、十七地論.................................. 381
　　三、三界九地.................................. 381
　　四、弦論地景.................................. 383
　　五、色不離識.................................. 386
　　六、下地依上.................................. 401
　　七、恆星演化.................................. 401
　　八、三災世成.................................. 405
　　九、色到無色.................................. 409
　　十、色的粗細.................................. 411
　　十一、黑洞緣起................................ 414
　　十二、吾皆星塵................................ 416
　　十三、因緣引力................................ 418
　　十四、藏識深密................................ 420
　　十五、人體科學................................ 424
　　十六、法爾引力................................ 426
　　十七、無色界地................................ 429
　　十八、起無因見................................ 430

　　　　十九、宇宙起源.................................... 433
　　　　二十、宇宙起源.................................... 436
　　　　二十一、鄰近界地.................................. 437
　　　　二十二、沼澤景觀.................................. 440
　第十二節 齊識而還...................................... 440
　第十三節 弦論大腦...................................... 442
　第十四節 無物理學...................................... 443
　　　　一、漏洞百出...................................... 443
　　　　二、真空災變...................................... 446
　　　　三、龐然大物...................................... 448
　　　　四、識為底層...................................... 448
　　　　五、心與色法...................................... 450
　　　　六、弦的擺佈...................................... 451
　　　　七、對稱與否...................................... 452
　第十五節 平行宇宙...................................... 452
　第十六節 全息宇宙...................................... 454
　第十七節 根身器界...................................... 455
　第十八節 困境誤區...................................... 460
　第十九節 四次革命...................................... 465
　第二十節 證自證分...................................... 466

第七章 元宇宙喻　　　　　　　　　　　470

　第一節 今天科技.. 470
　第二節 未來科技.. 471
　　　　一、元液體 X..................................... 471
　　　　二、元液體 Y..................................... 472
　　　　三、元囊科技...................................... 472
　第三節 元囊中心.. 472
　第四節 真實虛幻.. 474

第五節 吃雞腿喻.................................... 474
第六節 名牌包包.................................... 476
第七節 無境何食.................................... 476
第八節 三維科學.................................... 478
第九節 疏所緣緣.................................... 479
第十節 眼不能見.................................... 481
第十一節 元喻小結.................................. 481

第八章 意識爭議　　　　　　　　　　484

第一節 意識科學.................................... 485
第二節 意識代理.................................... 486
第三節 你是宇宙.................................... 488
第四節 身心二元.................................... 490
第五節 百家爭鳴.................................... 492
第六節 意識是膜.................................... 494
第七節 分析唯心.................................... 495
第八節 困難問題.................................... 500
第九節 意識小結.................................... 501

第九章 緣起總結　　　　　　　　　　504

第一節 佛的教導.................................... 505
第二節 法爾如是.................................... 506
第三節 一心二門.................................... 507
　　一、二十二根.................................. 509
　　二、處界即心.................................. 510
　　三、本來面目.................................. 510
　　四、怪物月光.................................. 514
第四節 七處征心.................................... 519

第五節 膜的世界 522
　　一、扭曲時空 522
　　二、膜與世界 523
　　三、工作空間 525
　　四、因緣分別 525
　　五、觀察與膜 526
　　六、弦論之膜 529
第六節 時即流轉 530
第七節 自由意志 532
第八節 腦根悖論 537
第九節 萬有理論 540
第十節 科學玄學 543
第十一節 語言局限 544
　　一、風輪引力 545
　　二、引力之波 546
　　三、引力電磁 547
　　四、兩個四大 548
　　五、風乾支節 550
　　六、壽命差異 553
　　七、以錘錘錘 554
第十二節 空有之爭 555
　　一、語言局限 556
　　二、真理哲理 557
　　三、阿賴耶識 560
　　四、違害緣起 561
　　五、舌辨游戲 565
第十三節 太陽之境 566
第十四節 意識科學 571
第十五節 識與宇宙 574

第十六節 頓現一相 577
    一、無有實體 577
    二、全息宇宙 578
    三、或遠或近 579
    四、隨量大小 583
    五、最終科學 586
第十七節 眾盲之盲 588
第十八節 緣起數學 589
    一、宇宙語言 590
    二、意識數學 591
    三、第一人稱 591
    四、萬法唯識 593
    五、異熟即 e 593
    六、虛實之間 594
    七、最美數學 596
    八、有等於空 597
    九、佛與數學 599
    十、萬法結構 601
    十一、快子與漏 603
第十九節 三不知道 605
第二十節 未解之謎 607

後記 608

第一章 宇宙真相

　　科學家、哲學家、宗教家都在尋找、論述的宇宙真相，最終是否都是同一個的真理？今天科學家占據了主導地位，其世界觀是唯物主義的，物理學則是唯物主義的基石。真實是今天物理學的理論都是「低像素」的有如大近視，到了「高像素」的弦理論來看則不是物理學了，可以說從來沒有物理學，有的只是基於唯識學的緣起法。太虛大師曾經嘗試從思維廣義相對論的角度來比較唯識學，得到「故溯愛恩斯坦相對論之本以窮其末，實與唯識論符契。而彼以電子、原子為本之唯物論，適與之相反而本末倒置焉。」的結論[2]，這結論加上他1927年所做的第八識五果種子現行圖，他已預判廣義相對論與量子力學之後會有弦理論的出現來「逮藏識緣起說之深密」。

　　要真正的瞭解真理，正確的世界觀是極為重要的。佛對小乘人說法，因為他們的根基問題，沒有嘗試去說一些改變他們世界觀的法。小乘人認為外在有個客觀的宇宙是錯誤的。世界觀一旦錯誤，完全不可能瞭解真理。這裡先建立正確的世界觀，並為全書做個鳥瞰性的簡介。筆者雖然十年前已經意識到

---

[2] 《法相唯識學‧下冊》< 愛恩斯坦相對論與唯識論 >；第84頁；https://www.dizang.org/tx/zw/p05.htm

弦理論描述的是唯識學，但因為世界觀還沒完全轉變過來，不能完全的貫通，由此深刻體會到正確認識世界觀的重要性。這世界觀是佛教所說的「正見」最重要的一環，也是區分小乘不了義與大乘了義的重要一環，與是否能夠成佛的關鍵。《攝大乘論本》：

> 阿毘達磨大乘經中，薄伽梵前，已能善入大乘菩薩，為顯大乘體大故說。謂依大乘，諸佛世尊有十相殊勝殊勝語：一者、所知依殊勝殊勝語……[3]

大乘有十種殊勝相，第一「所知依」說的即第八阿賴耶識；雖說的是第八阿賴耶識，但要真正的認識阿賴耶識，更重要的是必須有與外小完全不同的世界觀。若一邊說大乘法的殊勝，但卻采取唯物主義的世界觀如何能夠真正的體會真理？有說小乘經論是三乘共法，這是不錯，但共法的意思應該是具備說小乘法的方便，讓只有小乘根基的人做簡單的修行，而不是小乘的世界觀是對的。小大乘包括唯識通學，但實際上采取小乘世界觀的比比皆是。

---

[3] 《攝大乘論本》卷 1；CBETA 2024.R3, T31, no. 1594, p. 132c23-26

第一節 哲學思維

有佛教學者認為佛教是宗教、哲學：

佛教的本質亦是宗教，亦是哲學，而佛家唯識之學是在宗教系統中的一門比較與人類理性相契應的宗教哲學……[4]

佛直接觀到真理悟道，說出的法假名佛法不是佛法，而是科學家、哲學家都在尋找的真理。因此可以說佛法就是最終的真理也是最終的科學。

佛在「佛法」上賦予哲理的名詞和思維如：緣起、無我、空等。這與今天科學家、哲學家通過哲理思維、建立理論、設置試驗來尋找真理是完全不同的道路。比如科學家得出弦理論是真理卻不知是真理，也對這些真理有錯誤的思維。因此，佛教不是一般的宗教，更絕對不是一種純粹的哲學，而是一種建立在最終真理、最終科學上的宗教、哲理。

更合適的是以最終真理或最終科學來看佛教才是「正見」，宗教的形式只是一種權益方便，與根基還未成熟的眾生結緣，為以後認識真理鋪路。結緣實際上不是宗教概念，而是

---

[4] 《成唯識論述記解讀·五、賴耶篇》；李潤生；第 13 頁

有科學依據的因緣規律。

筆者不太懂得哲學，但通過佛法的認識，認為哲學應該分為三大類：一、不是基於真理的哲學思維，二、基於接近真理或真理的不正確思維，三、基於真理的正確思維。

第一類在佛教屬於「見」即不是正確的認識：在完全沒有實體的東西上思維，純粹只是虛妄分別而已。比如，胡塞爾現象學是唯識學者喜好比較唯識學的哲學，類似胡塞爾的哲學思想終究離開真理甚遠。

第二類也是「見」，也是不正確的認識。這裡舉出一個例子：弦理論算出的弦其實是唯識的種子，種子是因可以通過緣生萬法，弦理論的弦也是可以因為有不同的狀態而有宇宙萬象，但弦理論學者稱之為完美的，不知道萬法只是因緣生，是無常、空，是苦，所以這也是「見」。

第三類則是佛教所謂的「正見」，是對真理有正確的認識所得出的結論。真理如緣起法、四緣、五果、五蘊、十二處、十八界、種子、現行等；真確認識如無我、無自性、空等。

今天的哲學在佛教來說都只是「見」，與真理完全無關或對真理沒有正確的認識，在沒有實體的東西之上虛妄分別而已；又對有實體的法無知，認為沒有輪迴、果報等；又如不知

道能通過證道得解脫等也都是「見」。因此,《瑜伽師地論》:

> ……離佛外更不說有餘大師……[5]

佛教的小乘,因為對真理沒有完全的認識,在某些法也是有「見」,甚至大乘者,也因受唯物主義思想污染,也是有「見」。比如,我們的五個感覺器官,佛教稱為五根,唯識說根即種子,是一種無形無相的存在。小乘固然誤認五根是物質性的,但許多大乘甚至唯識學者也認為我們的感覺器官是物質性的,因為世界觀的錯誤不能在思維上突破。這些都是有「見」,都是望文生義穿鑿附會字面上的意思,不能了解佛法正確的內容。因此,過了 2,600 年,才有大乘法師說「心是千古之謎」、南傳教授說「意識是什麼」的困惑。

第二節 自我投毒

佛教是注重聞、思、修的,但因為早期佛教經典有《羈舍子經》,裡面記載佛陀在羈舍子村對伽藍族的教誨:

---

[5]《瑜伽論記》卷 18;CBETA 2025.R1, T42, no. 1828, p. 706a29

不要靠傳統、不要靠傳承、不要靠傳言、不要靠宗教典籍、不要靠邏輯、不要靠推斷、不要靠推想、不要靠所受持的見、不要靠表面外觀、不要靠沙門和老師。**6**

其中有佛說不要靠邏輯思維的教導，因此，有許多學習佛法的人認為邏輯思維是錯誤的，從而反對邏輯思維。他們不瞭解，在佛所教導的法上的哲理性、邏輯的思維是必要的。比如佛教的五明學中的因明學就是邏輯學。

在早期的《箭喻經》中，記載佛說了個比喻：有一人身中毒箭，因毒箭感受到極度的痛苦，但卻不願意將毒箭拔出來，而是提出誰是射出毒箭的人，毒箭是如何被製造等等的問題。因此，許多學佛之人認為不需要認識人生、真理。若是如此，三藏十二部的經、律、論不是完全不必要嗎？那為什麼佛又要說集諦、煩惱、十二因緣等法？佛說的毒箭喻應該主要是說拔出毒箭的迫切性，也就是佛教所說的拔苦的迫切性，而不是不要去探索真理、真相。

以上是學了佛法卻自我投毒的例子。

---

6 增支部 3.65 卡拉瑪經對讀；https://nanda.online-dhamma.net/extra/tipitaka/sutta/anguttara/an03/an03.65.contrast-reading.html

第三節 六百年前

反觀科學家,他們有另類的困惑,這裡說個科幻故事為比喻:

諾貝爾物理學獎得主羅傑‧彭羅斯爵士（Sir Roger Penrose）不小心穿越時空回到了六百年前的歐洲,看到當時的歐洲的科學家,他會選擇怎麼做?要知道當時哥白尼、伽利略、開普勒等都還沒有出生,要是彭羅斯將他所知道的全盤說出,當時的人能理解嗎?能相信他所說的嗎?特別是當時的彭羅斯根本沒有能力提出證據,因為當時做為最基本測量儀器的望遠鏡都還沒被製作出來。

當年的人完全沒有經歷過我們熟悉的科學史:哥白尼、伽利略、開普勒、法拉第、牛頓、馬克士威、愛因斯坦、普朗克、波爾、海森堡、薛定諤、狄拉克、惠勒、費曼等等;特別是這些科學家創立的相關概念:太陽系、銀河系、引力、電磁力、對稱原理、能量守恆、時空概念等等。六百年前的人會選擇相信彭羅斯,還是會把他當作瘋子?

以上例子說明要認識真理,必須具備相應的世界觀與詞彙

概念，要不然又怎麼能夠認識真理？這些出現在弦理論的真理如十二因緣、四緣、五果、五蘊、十二處、十八界、二十二根、八識、種子等等都在佛法裡都是宇宙萬法，但科學家們對這些法完全沒有概念，又如何理解真理呢？

第四節　十二因緣

　　要是現在告訴今天的科學家，宇宙真相就是緣起。宇宙萬法就是緣起，緣起法為十二因緣：一、無明，二、行，三、識，四、名色，五、六入，六、觸，七、受，八、愛，九、取，十、有，十一、生，十二、老死。除了十二因緣，四緣、五果、五蘊、十二處、十八界、二十二根，也是宇宙萬法，這些法都被弦理論算出。今天的科學家能相信嗎？

　　他們就像六百年前歐洲的科學家不相信彭羅斯一樣，但事實是，弦理論這個宇宙大統一理論恰好是算出十二因緣——也就是弦理論的主幹就是十二因緣。這是《金剛經》所說的「一切法皆是佛法」，佛法就是緣起法，一切法都必須是緣起法；弦理論得到的宇宙大統一理論，也是宇宙最底層邏輯，其主幹也是緣起法，也是佛法。

十二因緣的圖一般都是如下圖所示的三種,都是一支接著一支的:

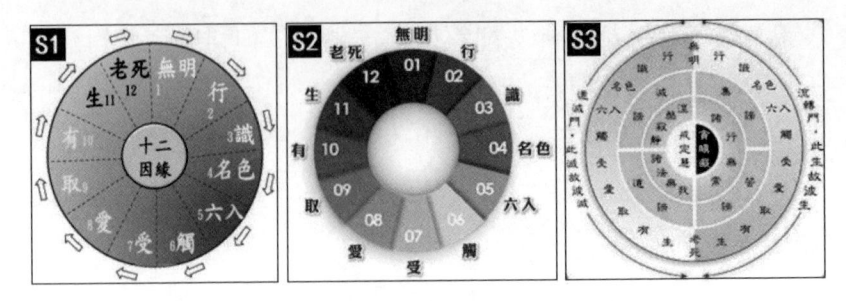

圖表 1 現今流傳的十二因緣圖

十二因緣應有的圖是有結構的、有層次的、有系統性的,如下圖:

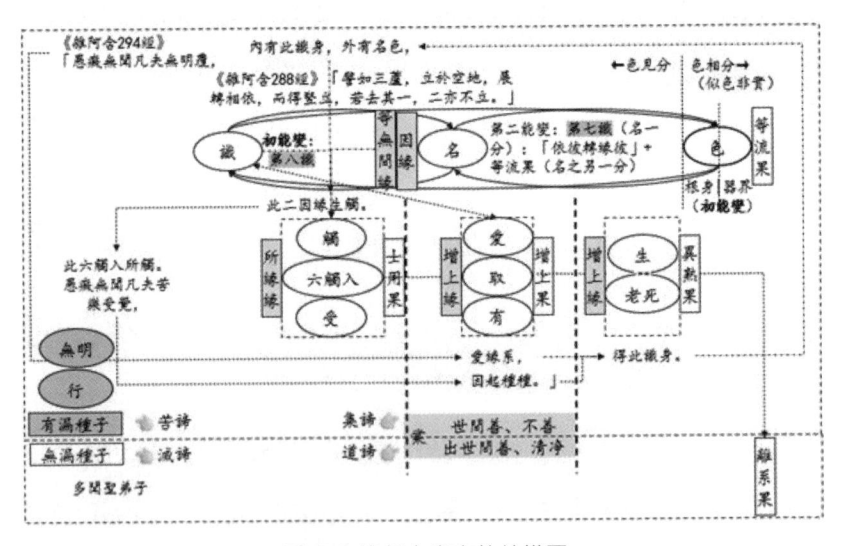

圖表 2 緣起支應有的結構圖

以上的圖是筆者觀察弦理論多年,然後翻閱佛典所得出的,其中可見,許多現有十二因緣論述的謬誤。

以下是弦理論與十二因緣的關係。兩者關係是百分百相同的,只是弦理論用的詞彙完全不一樣,當然弦理論是以數學為依據,而十二因緣則是以佛典經論為依據。

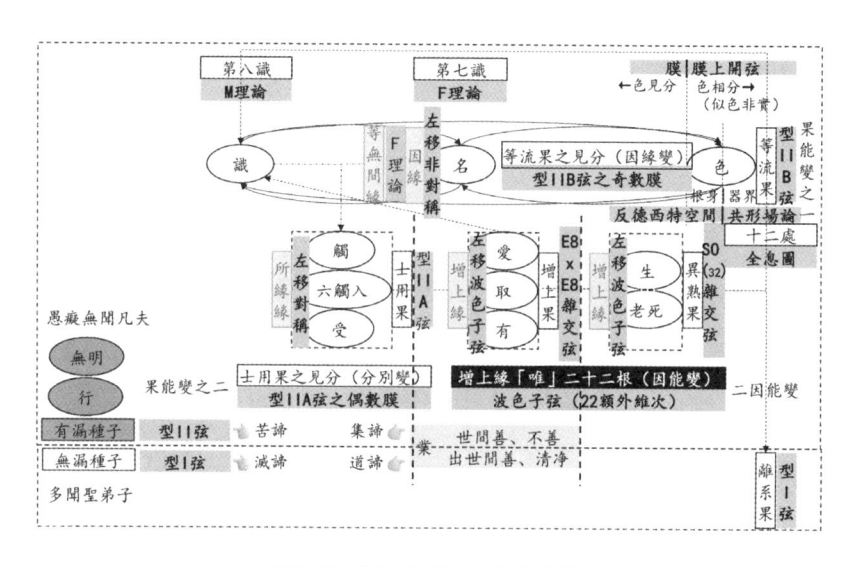

圖表 3 緣起支與弦理論結構圖

這些在後面將會一步步的解說。

第五節 弦論緣起

弦理論算出基於唯識的緣起法似乎非常不可思議,但事實確實是如此,只是弦理論學者標記了完全不同的名詞罷了。今天的弦理論學者就像是六百年的歐洲科學家,佛法中的概念都完完整整的出現在弦理論中,但他們卻完全沒有認識,又怎麼能夠理解真理呢?

唯識學者田光烈寫道:

種子即能,是一種力,是用,是亘萬古充九垓的能量,由種生現行,現行即宇宙森羅萬象,各式各樣的事事物物(特異功能也不例外)。現行是果,種子是因,由果溯因,故知種子具有生命性、運動性、能變性、能化性、綜合性、整體性、全息性、全知性、全能性、染淨性、超越性等特性,種子充斥宇宙,在宇宙間形成了電子場、磁場、功能場、信息場、感應場、引力場、波場等種種場,所以它超越空間界限,超越時間界限,超越心物界限,超越人我界限,超越宏觀微觀界限、超越一切界限,超越一切界限的界限。[7]

---

[7] 賴耶緣起與宇宙人生的奧秘;田光烈;https://www.putixia.net/big5/wenku/read_45431_4.html

田光烈先生認為「在宇宙間形成了電子場、磁場、功能場、信息場、感應場、引力場、波場等種種場」是種子形成的，因此種子即弦。

弦理論將宇宙萬象都統到一根根的弦，而在唯識，宇宙萬法都是種子的現行。前者的核心理論是 M 理論，而唯識的核心是第八識。弦即種子，M 理論即第八識。唯識的種子是因，弦理論的種子也是因，只是弦理論學者對於因與果的概念缺乏正確的認識。從種子為因到現行就是果，因為「識外無境」，現行必須有見分相分，因此弦理論出現了膜與膜上的開弦。

這裡從另外一個角度來看弦理論與十二因緣的關係，下圖右邊是弦理論中 M 理論的圖 [8]。左邊是筆者得出的十二因緣應有的結構圖。

---

[8] 《維基百科》<M-theory>；https://en.wikipedia.org/wiki/M-theory

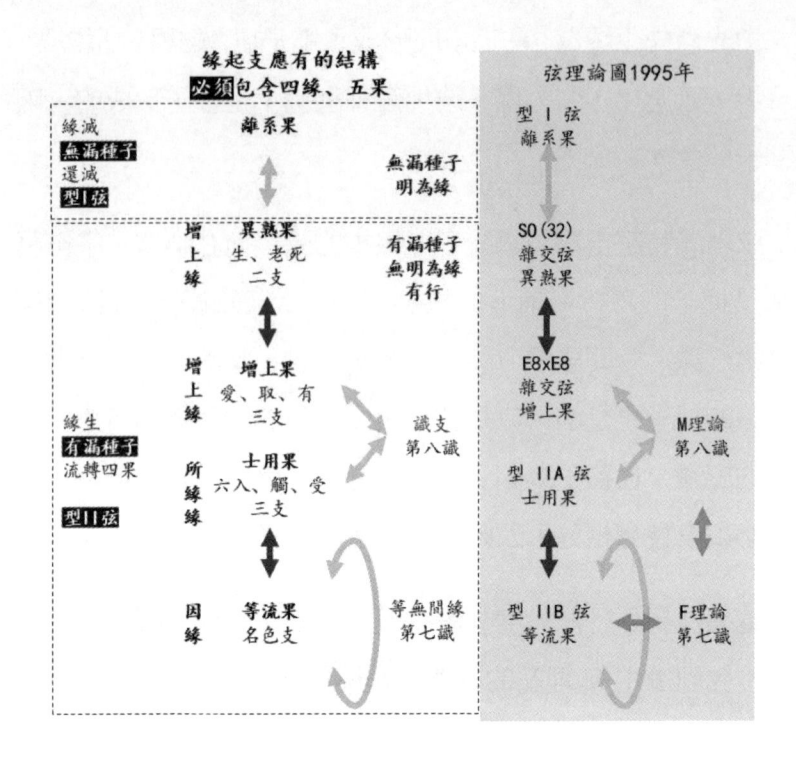

```
緣起支應有的結構              弦理論圖1995年
必須包含四緣、五果

緣滅          離系果              型 I 弦
無漏種子       ↕                 離系果
還滅                 無漏種子          ↕
型I弦                明為緣
                                SO(32)
增    異熟果      有漏種子          離交弦
上    生、老死     無明為緣          異熟果
緣    二支         有行              ↕

                                E8×E8
增    增上果                       離交弦
上    愛、取、有                    增上果         M理論
緣    三支          ↕   識支         ↕          第八識
所                      第八識
緣生   士用果                      型 IIA 弦       ↕
有漏種子 六入、觸、受                 士用果
流轉四果 三支
型II弦              ↕                ↕
                                
因    等流果       等無間緣         型 IIB 弦      F理論
緣    名色支        第七識          等流果        第七識
```

圖表 4　1995年弦理論與緣起十支

　　唯識的第八識有不同的相貌與功能，比如其功能之一是執持：一、種子，二、根身，三、器界。M理論也是有不同的相貌與功能，其中之一是：

> M理論的第 11 維次據說無限長，但橫跨的距離極其微小，它連接我們三維世界中的每個點，它比起我們所穿的衣服更貼近我們的身體，它與三維世界的每一點的距離只有萬億分之一毫米。[9]

這是第八識執持根身、器界的功能,這是第八識的「果相」為異熟現起之果。根身、器界是現行,因為第八識即 M 理論也執持種子,根身、器界只是現行熏種子、種子生現行的相續相。如下面太虛大師 1927 年的圖解釋的就是現行熏種子、種子生現行。

太虛大師圖1927年

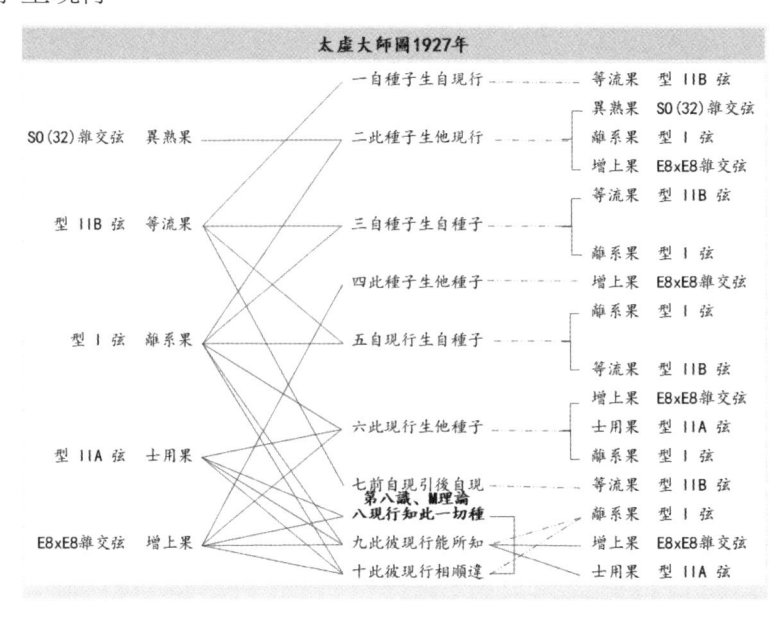

SO(32)雜交弦	異熟果	一自種子生自現行	等流果	型 IIB 弦
		二此種子生他現行	異熟果 離系果 增上果	SO(32)雜交弦 型 I 弦 E8xE8雜交弦
型 IIB 弦	等流果	三自種子生自種子	等流果 離系果	型 IIB 弦 型 I 弦
型 I 弦	離系果	四此種子生他種子	增上果 離系果	E8xE8雜交弦 型 I 弦
		五自現行生自種子	等流果 增上果	型 IIB 弦 E8xE8雜交弦
型 IIA 弦	士用果	六此現行生他種子	士用果 離系果	型 IIA 弦 型 I 弦
		七前自現引後自現 第八識、M理論 八現行知此一切種	等流果 離系果	型 IIB 弦 型 I 弦
E8xE8雜交弦	增上果	九此彼現行所知	增上果	E8xE8雜交弦
		十此彼現行相順違	士用果	型 IIA 弦

圖表 5 太虛大師的八識、四緣、五果種子與現行圖等於弦理論的圖

上圖中部為太虛大師的圖,筆者在左、右兩邊加上對應的弦理論數學猜想,太虛大師這張圖與之前弦理論 1995 年的圖是一樣的,只是細節上有差異。圖中,中間的第八項即第八識

---

[9] M theory: what does it stand for? - Parallel Universes - BBC Science;BBC Studio;YouTube;https://youtu.be/-wUh_eMtnFg

即 M 理論。

弦理論的 1995 年的圖中，十二因緣結構實際上只有十支，而無明、行則是有漏種子的一種狀態。在弦理論是型 II 弦；圖中可以看得出弦理論裡不僅有第八識、五果、還有四緣與緣起十支。

在 1968 年的初期，有位物理學家得出一個數學理論，後來被稱為波色子弦論（bosonic string theory），裡面有物理學家夢寐以求、「踏破鐵鞋無覓處，得來全不費工夫」的、被量子化的引力子（graviton）。引力子是統一廣義相對論與量子力學的關鍵，卻自然的出現在波色子弦論中。但因為波色子弦論存在許多問題，因此被遺棄。比如，裡面共有 26 維次，除了 4 時空維次外，還有 22 個額外維次，這些額外維次數目太多了。另一個問題就是有抹不去的快子（tachyon），要是快子真的存在，可以導致一個物理系統逐漸的坍塌。最主要的問題還是這個理論沒有代表真實物質的費米子（fermion），只有力量傳播媒介的波色子（boson）。這個版本雖然被遺棄，但之後它又悄然的、自然的出現在兩版的超弦論裡，其中的二十二維次就是佛法的二十二根。這在以後會詳細的說明。

之後有幾個學者繼續研究，在 80 年代初，得出一個被稱為具有超對稱性（supersymmetric）的理論，能夠統一廣

義相對論與量子力學,被稱為超對稱性弦理論,簡稱超弦論（superstring theory）。這理論不但能解決廣義相對論與量子力學在數學上結合的不自洽問題,額外維次也減到6額外維次（共10維次）,更重要的是抹去了快子,也得出代表各種物質的費米子,因此,被認為是最終的宇宙大統一理論。

但問題是,接著陸續發現一共五版數學自洽的超弦論,難道統一之後不是應該只有一版嗎?為什麼會有五版超弦論?一直到今天為什麼有五版超弦論還是個未解之謎。

之後在1995年,物理學大神愛德華·威騰（Edward Witten）發現M理論。M理論把這五版超弦論在某種程度上統一起來,但代價是需要多一個額外維次:共11維次。到今天,弦理論學者還是不明白M理論的用途以及M理論與五版超弦論的關係。諾貝爾物理學獎得主格羅斯說:

> 你不能把弦理論放在T岬上,因為我們不知道它的方程是什麼……我們不知道組織原理……其中有一個很難理解的M理論概括應用……弦理論不是一個理論,而是一個框架……

筆者花了多年時間,確認M理論就是唯識的第八識,唯識說第八識就是十二因緣的識支。

佛教唯識宗的第八識又稱阿賴耶識，又稱「藏識」，它把每一個眾生所造的所有善、惡業以種子的方式全部都貯藏起來，因此就像一只無形的儲藏庫、保險箱。所有眾生，如人等，的一切經驗都是第八識的現行的顯現。[10]

五版超弦論就是佛教的五果，而十二因緣則被五果所攝，其中：

1. 型 IIB 弦是等流果：名色支
2. 型 IIA 弦是士用果：六入、觸、受三支，
3. E8xE8 雜交弦是增上果：愛、取、有三支，
4. SO（32）雜交弦是異熟果：生、老死二支，
5. 型 I 弦是離系果：緣滅（以上是緣生）。

這些以後還會有更詳細的解說。

不僅如此，弦理論的型 II 弦（1. 到 4.）其實是唯識的有漏種子，負責佛教所說的流轉四果，型 I 弦是無漏種子得到的則是還滅果。而且根據型 II 弦的不同狀態，因此有所謂的四緣：因緣、所緣緣、增上緣與等無間緣。這個以後還有詳細的解說。

---

[10]《星雲大師全集》< 第五七課　八識 >；https://books.masterhsingyun.org/ArticleDetail/artcle15144

總而言之，弦理論已經計算出佛教唯識的十二因緣、四緣、五果、種子、有漏種子、無漏種子、緣生、緣滅等等的宇宙最終真理。但弦理論學者卻非常的困惑，弦理論到底是什麼？如威騰說：

在弦理論中發生了太多美好的事件，因此它不可能是錯的。我們做為人類對它不是很了解，但我就是不相信有什麼宇宙大陰謀造就了這個與現實世界毫無關係的不可思議的東西。

弦理論挖掘出了地下的寶藏但對這些寶藏全然沒有絲毫概念，就像是六百年前歐洲的科學家一般。

第六節 中國地圖

上圖顯示，弦理論的圖實際上也是緣起支圖，還是緣起支應有的結構，而不是今天一支接著一支單向性的。而且，十二因緣的論述必須包含四緣、五果等佛教之法。

緣起支是緣起法的核心，所有佛法如四緣、五果等都是緣起法，因此，緣起法必定攝受所有佛法。緣起法、緣起支如中

國地圖，四緣、五果等法中國的省市、山脈、河川、島礁等，都應該被劃入中國地圖裡。但現有的中國地圖裡完全沒有標記，比如沒有福建省、湖北省、北京市、上海市、黃河、長江、黃山、峨眉山、海南島等，因此非常混亂，也因此爭議不斷，佛教每個宗派都有不同的論述。這是現有十二因緣論述的概況：初學者無所適從、飽學者也是迷茫。

假設現在有人通過時空穿梭機，傳來一張中國鳥瞰圖，若以這鳥瞰圖為指引，在不引用這鳥瞰圖的情況下，翻閱歷史地理文獻，接地氣的在各地搜集資料，也能夠把整個中國地圖構建起來。這張鳥瞰圖就是佛所觀到的緣起，也就是筆者所觀的弦理論之圖。

第七節　宇宙緣起

佛法不僅是關於認識人生而且涵蓋宇宙萬法；

緣起為何不是宇宙起源論：從前際論（pubbanta-kappika）和後際論（aparanta-kappika）這二種宇宙論也可領悟緣起「中道見」的另一面貌。佛陀認為宇宙沒有時間的起點。所以，對佛教而言，不會產生

無因之第一因與宇宙終極宿命的問題。佛教的重心，不在宇宙的起源或終結，而在宇宙的本身。因此，緣起論的目的，不在說明宇宙如何開始，也不在說明宇宙最終如何滅，而在顯示萬法如何發生。[11]

日本學者木材泰賢在《大乘佛教思想論》也提出了「人生觀與宇宙觀的一致」[12]的看法。太虛大師也說：

佛學之真理即為宇宙萬有之實相，無始常新。然今此人世所流行之佛學，實由釋迦牟尼佛世尊（簡稱釋尊）證明之宣說之而起。[13]

太虛大師多次提及佛法即宇宙：

佛學的本質，就是佛陀所說明的宇宙事事物物之真相。約分四段：一、有情無始緣起事。……二、諸法唯識變現事。……三、人生無我所顯真理。……四、宇宙無實所顯真理。……[14]

但小乘認為有個客觀外在實體存在的宇宙，從大乘來說，特別是唯識，根本沒有人、眾生等，這些都是假名，整個宇宙

---

[11] 早期佛教：中道觀的理論與實踐；卡魯那陀沙；第 26 頁
[12] 《大乘佛教思想論》；木材泰賢；演培法師譯；第 6 頁
[13] 《太虛大師全書》，第 1 冊，《第一編　佛法總學》；第 10 頁
[14] 《太虛大師全書》，第 1 冊，《第一編　佛法總學》；第 64~66 頁

都是心現起的假象。如上圖所示，緣起支的中心即識支或第八識，第八識在唯識也稱為心，因此，緣起即心。因此，整個我們觀察到的宇宙都只是心的影像。

要知道弦理論作為大統一理論是用來計算宇宙的，比如弦理論就能夠精準的計算出黑洞，那麼黑洞是什麼呢？以後將介紹黑洞是色界四禪天的眾生。黑洞是所有物質不能逃脫的地方，是色界頂的四禪天，這之後就是無色界，而與黑洞相反的白洞則是沒有物質能夠入內的地方，因此白洞就是無色界的眾生。

許多佛教經論上說的風輪其實是黑洞，其中的風指的是引力，只是今天許多學法之人都望文生義隨意附會，說是什麼樣什麼樣的風。而水輪則是今天的星雲，水是電磁力的一部分，同樣的，許多也是望文生義隨意附會，說是什麼樣什麼樣的水。全都是以狹隘的思維來揣摩深奧的理論。

從佛法的角度，緣起支所述的緣起法放到所有三界九地的眾生都是一樣的，大到無色界頂小到欲界的我們，緣起支必須一樣的。用今天的術語來說是這些規律或法都有統一的結構、架構（structural architecture），只是內容不同罷了。因此，十二因緣也是宇宙緣起、弦理論也是緣起。因此，黑洞是緣起、星雲是緣起、恆星是緣起、行星是緣起，整個宇宙都是緣起。

因此，佛教的緣起法就是弦理論的內涵，或弦理論的主幹就是緣起法。

第八節 緣起哲理

雖然今天哲學多只是「見」，但我們也能夠借用一些現代哲學思想，將十二因緣做個整體的、歸類性的簡化概述：

- 緣生、流轉：無明、行：有漏種子：
  o 識支：**「本體」**——第八識
  o 名色支：**「存在」**——等流果：潛意識
  o 六入、觸、受三支：**「認識」**、**「感受」**、**「經驗」**——士用果：顯意識
  o 愛、取、有三支：**「造業、共變與受現世報」**——增上果
  o 生、老死：**「輪迴、共變與受後世報」**——異熟果
- 緣滅、還滅：明：無漏種子
  o 離系果

借用今天哲理思維，緣起法具有以上清晰結構性的，可以在整體上瞭解十二因緣究竟在說什麼。以上是筆者觀察弦理論後，翻看唯識經論，後再查看原始佛教的十二因緣經文，此外，

還通過大腦與十二因緣的結構，最終得出。

其中值得一提的是名色支，是最具爭議性的一支，名色支其實指的是因緣生的等流果，是一種一直運轉的潛意識，而且裡面自然的包含「色」，即我們的根身或身體。名色支的等流果是潛意識的存在，比如我們坐在沙發上看電視，主要是眼識看畫面、耳識聽聲音，這些是顯意識是士用果；但不能說沒有鼻識、舌識、身識，比如看電視時突然間鼻子能嗅到客廳的味道，因此有種潛在的鼻識；特別是身識，因為我們能夠坐在沙發上，靠的是一種潛在的身識支撐著身體。

最重要的是，六入等三支士用果的顯意識是基於名色支等流果的潛意識，而且在我們清醒時，是同時運行的。

佛教的緣起理論自然的包含了輪迴的成分，那就是生、老死二支。生、老死二支要從異熟果的來瞭解是會更清楚，這是一個人在做任何事情的時候，在同時，下一世的種子已經被編碼了，這就是異熟果。到了生命的終點，這異熟果將會被啟動，因此有下一世的生、老死。不相信輪迴的說沒有科學根據，相信輪迴的又提不出非常具體的科學依據，現在已經被弦理論算出。

許多佛教書籍、文章都嘗試從「存在」或「存在論」、「認識」或「認知論」來解釋佛法、唯識。比如濟群法師的《存在

與認識——《唯識三十論》的解析》。但今天這些書籍、文章、論述都沒有具體的解釋「存在」與「認識」，在這兩者的論述都非常的模糊。特別是沒有詳細的解釋「名色支」為「存在」和「觸等三」為「認識」。

更為重要的是，根據「唯識無境」或「識外無境」，就必須要解釋「共變」。因為，只有通過「共變」才有「存在」與「認識」。換句話說，離開了「共變」完全沒有「存在」與「認識」，否則則是解脫涅槃。這是「愛等三」的「共變受現世報」與「生等二」的「共變受後世報」在緣起支的重要性。即使不宗唯識，大小乘各宗派也必須承認有共業，「愛等三」的現世報與「生等二」的後世報的共業。問題是：能夠引發共業的機制是什麼呢？沒有？不知道？那麼為什麼不是唯識所說共變呢？

之後，將更進一步說明若解釋所有經論，對於以上緣起的哲理架構沒有認識是非常模糊的。

第九節 眼不能見

我們知道一輛剛出廠的汽車，要是閒置在一個地方，即使不用，久了如十年後一定會變舊、老化等。這個老化的過程必

須是每剎那都在發生的,而不是第十年突然間老化的。因此,我們知道三維空間的事物其實是每剎那都在變更,而沒有兩個剎那同一事物的實體存在。因此《瑜伽師地論》中:

諸行皆剎那,住尚無,況用?[15]

這句說明,三維一切如今天科學的描述像是煞有其事的,都只是假象。這有如在電視機畫面上電影,或電腦螢幕上的電子游戲,兩個人好像在彼此談話,但實際上,這些都只是螢幕上的假象。真實的是在螢幕後面的電腦與網絡,因此,這些假象都是沒有作用、無用的。古希臘哲學家赫拉克利特說的:

人不能踏過同一條河兩次。

也有相同之意。今天科學家最引以為傲的理論是量子場論,因為其理論在試驗中的準確度到達小數點後十一位,可以說人類史上,沒有比這個更準確的理論了。我們所認為有的所有物質都是這個理論下的產物,但物理學家 David Tong 在英國皇家學院的演說中說到:

世界上沒有粒子,只有場,你、我都是同一個場。[16]

---

[15]《瑜伽師地論》卷 16:CBETA 2024.R3, T30, no. 1579, p. 363a25
[16] Quantum Fields: The Real Building Blocks of the Universe - with David Tong
at the Royal Institution;YouTube;https://youtu.be/zNVQfWC_evg

他停頓了一刻，困惑的說：

我不明白。

如下圖所示，安安在 t 時與在 t+1 時的安安是兩個完全不同的安安：

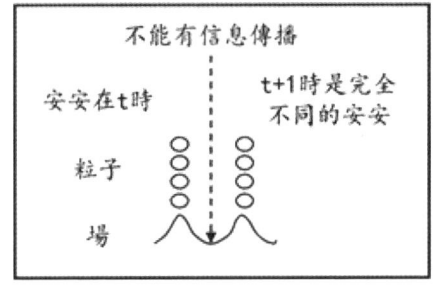

圖表 6 住尚無況用

《瑜伽師地論》接著說：

即說彼生起， 為用，為作者。眼不能見色，耳不能聞聲，鼻不能嗅香，舌不能嘗味，身不能覺觸，意不能知法。[17]

因為，兩個前、後剎那的是兩幅完全不同的安安、影像，那麼我們的眼睛是不能看到東西的。因為前剎那安安的眼睛與後剎那安安的眼睛是完全不同的眼睛，而且，前剎那的眼睛、畫面必須在後剎那的眼睛、畫面未生起前滅去，否則就有影像重疊的問題。那麼試問兩個剎那完全不同的眼睛，前剎那怎麼樣能夠將「看到」的信息傳遞到後剎那呢？也因為這樣「住尚

---

[17] 《瑜伽師地論》卷 16：CBETA 2024.R3, T30, no. 1579, p. 363a26-29

無」的眼睛、耳朵等，何「況」會有「用」呢？這就是「住尚無，況用？」。換句話說，今天科學認為我們的眼睛器官能夠接受光源，因此能看到影像都是錯誤的。

五官或五根的真實意義是種子，在弦理論則是弦。之後「根即種子」有詳細經論的引證，在弦理論也有論述。真實是，根遇到恰當的緣生識後識變見分與相分，弦理論則是弦在強相互作用下生起膜而模上有開弦。真實是這些假象的背後，其實都是唯識所說的「識」，與弦理論的「額外維次」的操作。

要是「看到」依靠的是物質性的眼睛，那麼就解釋不了許多現象如夢境、瀕死體驗、禪定時有的影像等，因為五官或五根在這些情況下都沒有作用。同樣道理，大腦也是「住尚無，況用？」，今天科學看到大腦的運作都也只是幻象。大腦不是如世俗、今天科學認為是產生意識的地方。

第十節　識外無境

今天我們看到太陽每天從東邊升起，從西邊下去，仿佛還是覺得太陽是圍繞著我們的地球在轉，但事實是我們居住的地球圍繞著太陽在轉。要是我們還是以為地是平的、還認為地球

是宇宙的中心，試問我們在認識上能夠有進步嗎？同樣的，我們今天的世界觀距離與宇宙真實之間還有很大的距離。

根據唯識，我們只有識，我們認為有的三維一切都只是假象。認識這個事實，要比從地心說到今天對宇宙認知的大躍進，更是不可思議的巨大。對唯識學來說心、識就是宇宙的最底層邏輯，對於今天唯物主義的物理學為底層來說，唯識學帶來的改變是翻天覆地的。

如下圖，安安看到一個蘋果，世俗與今天科學認為是安安的大腦通過眼睛而看到蘋果。但唯識說是安安的第八識裡的種子生起現行，這些種子現行後，同時生起安安的眼識見分與相分，相分中有蘋果的影像，而安安的眼識見分去見、看或緣這個相分的影像，因此，安安看到蘋果。三維的大腦、眼睛、與蘋果都只是假象。值得一提的是，能看與所看都是自己的第八識即心所變的，因此，實際上沒有能與所。

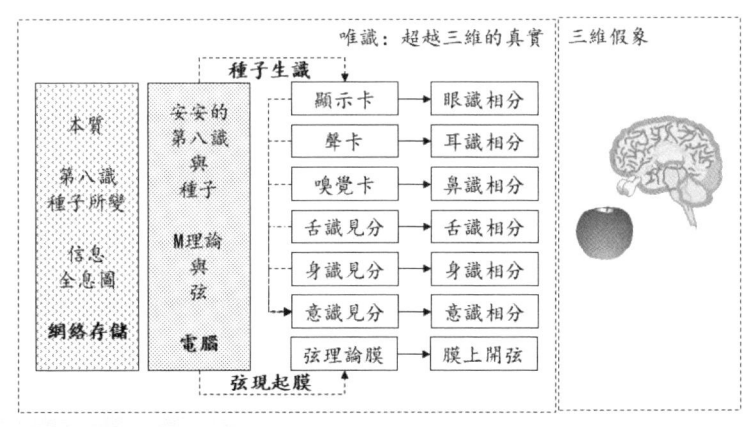

圖表 7 識外無境

圖左所顯示的都是三維空間外的存在，于凌波在《八識規矩頌講記》解說什麼是識：「識的功能，非局限於肉身，而交遍於法界（即全宇宙）。大腦是有質礙性的物質，而識是無質礙性的功能」說的就是弦理論的額外維次。如上圖所示，弦理論的 M 理論與弦就是唯識的第八識與種子。此外，弦理論還必須有一種叫做「膜」的物件：

> ……當弦之間的相互作用很強時，新的對象（常常是膜）會提供一個更簡單的動力學描述。[18]

這句話用唯識的詞彙來說就是：

種子遇到恰當的緣便會生識。

也就是上圖中的「種子生識」。

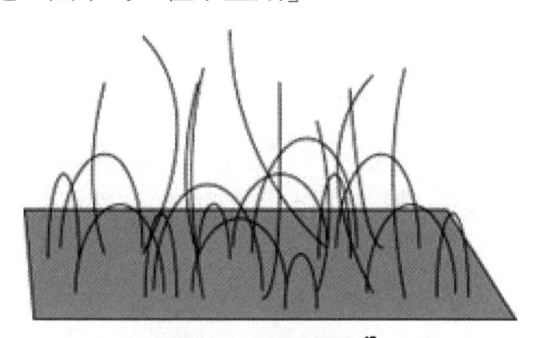

圖表 8 膜與開弦[19]

---

[18] 弦理論；Steven S. Gubser；季燕江譯；第 77 頁
[19] String Theory for Dummies；Andrew Zimmerman．Jones Daniel Robbins；

弦理論中的弦有閉弦與開弦兩種（下圖），閉弦代表的是引力子，開弦代表的是其他的粒子如光子等。當膜生起的時候，弦理論中的開弦會自然的附著於這些膜上（上圖），這就是唯識種子遇到恰當的緣會生起的見分與相分。這些膜都不是三維世界的事物，是通過弦自然得出的，也是必須的。

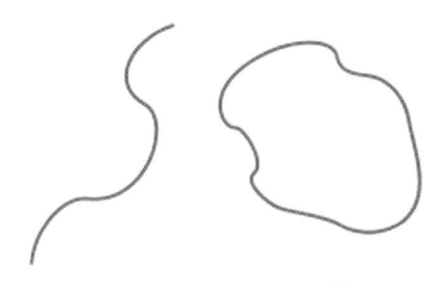

圖表 9 開弦與閉弦 [20]

另外，根據唯識的理論，第八識中的種子，一直在變一個叫做「本質」的東西、地方，我們將會認識到這個本質的東西其實是在佛法所說的十二處，在弦理論則是存儲信息的地方，即宇宙的全息圖。

---

[20]《維基百科》<弦論>；https://zh-yue.wikipedia.org/wiki/%E5%BC%A6%E8%AB%96

第十一節 何為無境

　　要真正的瞭解一套理論,特別是真理、真相,必須自我在思想上做最嚴峻的挑戰,而不是像鴕鳥的把一些問題掃到地毯下。許多因為不能領悟唯識的道理,而采取折中的半桶水唯識理論或世界觀,來遷就自己思想上的狹隘局限。口說「識外無境」,但實際上采取的卻是唯物主義思想的是比比皆是。這裡根據唯識的道理,舉出一些「識外無境」的不可思議例子。

一、安安寶寶

　　安安與寶寶是是一對夫妻,安安以為在他的身體之外有一個實在的、客觀存在的寶寶,同樣的,寶寶也是如此認為。事實上,安安看到的寶寶,是安安自己的第八識依托寶寶的第八識變出一寶寶。同樣的,寶寶看到的安安,是寶寶自己的第八識依托安安的第八識變出一個安安。實際上,他們各自生活在自己的宇宙世界裡,只是其中有個共變的機制。

二、手術室裡

　　阿泰正在接受腎臟移植手術,捐贈腎臟的是阿賢,手術醫生是阿勒。三個人都以為有客觀的、獨立存在的三人與手術室。事實上,三人都是彼此依托彼此的第八識共變出的一個手

術室。對於阿泰來說，他接受到阿賢的腎臟，是阿泰自己的第八識變的，手術醫生阿勒也是阿泰自己的第八識變的。「阿泰自己的第八識變的」意思是阿泰的第八識裡必須有變出「手術室」、「阿賢的腎臟」、「手術醫生阿勒」等的親因、因緣種子，要不然阿泰絕對不能夠享有這些體驗，但這些變也必須是共變。

三、宇宙天文

安安是個天體物理學家，寶寶則負責做天體觀測。安安通過數據與數學算出在距離地球數百億光年處有個星系的存在，後來寶寶通過各種儀器測量與觀察到這個星系的存在，因此確認安安的計算是正確的。他們都以為在他們身體以外有獨立存在的遼闊的宇宙。事實上，整個宇宙都是安安和寶寶自己各自的第八識變現出來的，因此安安才能夠通過計算得到，寶寶也才能夠通過各種儀器測量得到。

四、太陽之光

今天世俗與科學認為，在我們的身體外，有個實在的、客觀存在的太陽。我們看到的陽光是太陽所發出來的，但是，若根據「識外無境」的道理，太陽的光是我們第八識裡面的種子生起的。太陽也只是心、識的影像而已，而不是在心、識之外

有個太陽。這個例子可以延申到月亮、火星、木星、到整個宇宙。恆星是二禪天的眾生,安安看到的太陽,與安安看到寶寶一樣,都是彼此依托彼此的第八識共變。

五、各乘各機

如安安與寶寶乘機去北京,他們都以為同乘一機,事實上是安安與寶寶各自的第八識各變出一架飛機,兩個人所乘的是各自的飛機,要是當天有兩百人在同乘此機,那麼真實是這兩百人的第八識各變出一架飛機,這兩百人所乘的是各自的飛機。這個例子可以延申到一輛汽車、一班火車、一個房子、一套公寓、一座大廈、一個小區、一座城市等。

六、水電網絡

今天的科技與應用發達,家家戶戶在家裡看電視機包括所用的電廠所發出的電,電視台所播放的電視頻道等都是各自的第八識所變出來的,不是離開心、識以外另外有電視機、電廠所發出的電,電視台所播放的電視頻道等。安安與寶寶以為他們一起看同一架電視機,真實是安安看的是她自己第八識變出的電視機,寶寶也是看他自己第八識變出的電視機。甚至電視的播放內容、播放的電視台等,都是各自的第八識所變。當然這也包括今天流行的智能手機與手機內的網絡內容。

七、量子試驗

美國物理學家、1965 年諾貝爾物理學獎得主費恩曼曾經說過:「誰要是懂得量子力學,那他就是真的不懂量子力學」。今天量子力學物理學家只是會用其數學,但什麼是量子力學是沒有人懂。

觀察者對量子實驗的影響,導致許多人認為量子力學與意識有密切的關係。但許多唯物主義者說,不需要人或意識,只是簡單的攝像頭就能夠影響實驗的結果,因此量子力學與意識無關。這個爭議已持續了百年。

問題是,唯物主義者認為有獨立存在的試驗、儀器、結果。但根據「識外無境」,沒有獨立存在的試驗、儀器、結果。試驗、儀器、結果都是無數無量眾生共變的,後各自第八識投影的。如上圖,比如安安與寶寶在做試驗,他們兩個,或任何一個都可以做為觀察者。其他的眾生如阿賢、阿泰等等到 ∞∞ 眾生,雖然沒有參與試驗,但必須參與共變。

說得更清楚一點,安安設置了攝像頭,這是安安在做為第一觀察者。要知道,不是離開了安安的第八識有個東西叫做攝像頭,攝像頭只是安安第八識投影的一個影像,得到的結果也是安安第八識投影的影像。

那麼為什麼必須是共變呢?要是寶寶是安安的同事,但因

為，安安得到的結果，之後讓寶寶來看，這個結果變成了寶寶第八識的投影，因此寶寶必須參與到這個共變：試驗、儀器、結果，才能看到與安安一樣的結果。

	安安的第八識即M理論所變		
安安的根身、身體	安安的器界、宇宙世界	量子實驗：量子糾纏 試驗儀器 ——→ 試驗結果	共變
寶寶的根身、身體	寶寶的器界、宇宙世界	量子實驗：量子糾纏 試驗儀器 ——→ 試驗結果	共變
∞∞根身、身體	∞∞的器界、宇宙世界	量子實驗：量子糾纏 試驗儀器 ——→ 試驗結果	共變

沒有獨立存在的試驗、儀器、結果。

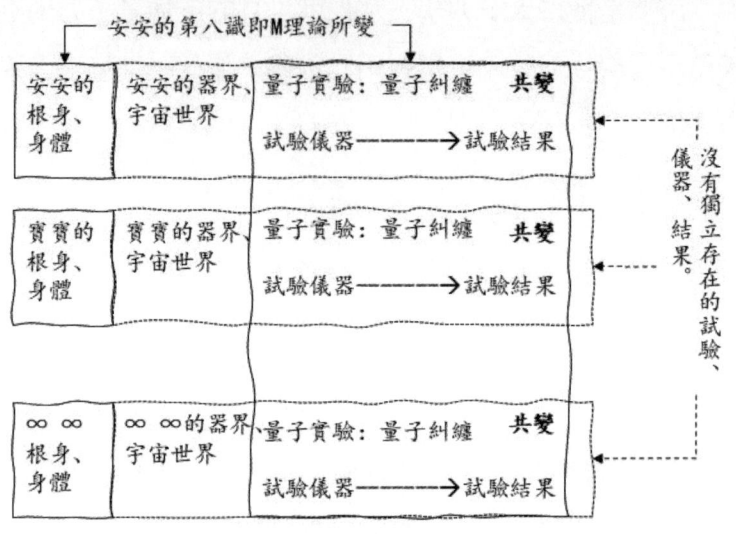

圖表 10 識外無境與量子試驗

要是阿賢是清潔工，阿賢哪天去清理試驗結果的打印文件，必須看到同樣的結果，要不然就不是科學變而是魔術變了。因此，阿賢也必須參與到共變中：試驗、儀器、結果。若阿泰是安安的孫子，40年後看到的試驗結果的打印文件，也必須看到同樣的結果。即使阿泰在試驗的時候還沒出生，但他的前世也必須參與共變：試驗、儀器、結果；若否，則不能看到。

到∞∞眾生，或看到或有機會看到這個試驗的結果，都不是離開他們的第八識的投影，因此，都必須參與共變：試驗、

儀器、結果，才能看到同樣的結果。

八、相對試驗

廣義相對論中時空是相對的取決於觀察者，唯物主義不認為需要人做為觀察者。現在假設安安將兩個原子鐘校對，一個留在地面，另一個放在飛機上繞行地球一周後，因為地球引力的差異，兩個原子鐘的時間便不一樣了。真實是，不是離開安安的心，有兩個原子鐘、飛機、甚至地球等。因此，安安就是廣義相對論的觀察者，能觀察與所觀察都歸安安的心即第八識即 M 理論。若之後寶寶來看這個原子鐘，看到的時間也是一樣的差異，這是寶寶參與共變的關係。阿泰、阿賢、到∞眾生也是如此，如前所述。

以上說出來連自己都不相信的話，別人能相信嗎？但事實是如此，原因是我們的空間真實是極度扭曲的關係，遠超過廣義相對論中時空扭曲。因此，弦理論出現了許多的額外維次。格羅斯就曾經多次的說：

> ……我們不是生活在普通時空，而是生活在超空間。……事實上，我們不知道這些額外的維度，這就引出了一個問題：你如何知道普通的維度？普通時空

---

[21] David Gross - We don't live in ordinary spacetime but in superspace；
https://youtu.be/k5_aZgnfNYc

是一種心理構造。……[21]

以上提到的第八識就是 M 理論,也是心。物理學家因為不正的世界觀確,因此不能明白。要是學唯識,不懂得、或不認可以上的例子就不是真正的學懂唯識。

第十二節 何為意識

就在物理學界在爭論與尋找大統一理論的同時,哲學家、科學家、包括一些宗教家,唯獨沒有佛家在討論什麼是意識。以物質為主的科學,雖然近年來在腦神經科有許多的進展,但也因此越來越多的人認為,腦神經科所得到的結果,不能說明我們的意識來自大腦,因為這些研究成果顯示,大腦裡面完全沒有我們體驗到的對象內容,如:顏色、形狀、聲音、味道、各種情緒等等,有的只是電信號。大腦研究只能說明大腦與我們的意識有很強很深的相連性,完全不能說明我們的意識是來自大腦。

最近一個在哲學、科學、真理等方面有數十年歷史的探索頻道《接近真理》(Closer to Truth)的主播羅伯特·勞倫斯·庫恩(Robert Lawrence Kuhn)發表了一篇長達 175,000 字的文章,

裡面濃縮的記載了 225 個有關意識的理論 [22]。這說明了問題的嚴重性：今天沒有人知道什麼是意識。

　　這些理論主要的爭議點在於是否是唯物、唯心或二元論。從這三者，可以延申到各種問題。比如：若是對唯物論來說，意識是如何從大腦中產生？若對唯心論來說，則是物質怎麼從意識生起？在這眾多的問題中，最讓哲學家、科學家、宗教家困惑的是心、物問題。這心物問題的最終答案是在十二因緣最具爭議性、最混亂的識、名色二支，也是被掃到地毯下的佛法。這事實也說明今天佛教也不知道意識是什麼。

　　意識是否是真實的最底層邏輯，是許多哲學家思考的問題，其中唯心主義有明顯增長的趨勢。若意識是最底層的真實，那麼一套意識學的理論是否就是大統一理論呢？已退休的物理學家卡爾認為一套宇宙大統一理論必須含有意識的部分，要不然就不是宇宙大統一理論，最多只是物理學的統一理論。但他與許多人的思維還是被局限在物理學的框架內，試圖在最底層的物理學中尋找意識科學的答案。值得一提的是卡爾認為弦理論的膜是意識的所在或一種工作空間，換言之，唯識的見分、相分其實只是一種識的工作空間。

---

[22] A landscape of consciousness: Toward a taxonomy of explanations and implications ; Robert Lawrence Kuhn ; https://www.sciencedirect.com/science/article/pii/S0079610723001128

甚至有學者嘗試將意識數學化的，那是最近出版了《眼見非實》一書的意識科學家霍夫曼。他認為我們體驗到的都不是真實的，而是完全虛幻的，有點《金剛經》「凡所有相皆是虛妄」之意趣。根據今天科學的現況，他認為要確立意識為宇宙最基本的元素必須有數學依據。可惜的是，霍夫曼也還是沒有完全的擺脫唯物主義的局限。

佛教的「法」，玄奘大師說「法謂軌持」，要是能為「軌持」若不通過數學則無所依據，真實是沒有什麼軌道來持這些法。因此，意識也必定最終被數學算出。意識科學必定是二十一世紀的科學，而不是物理學，這個最終的意識科學就是弦理論的主幹也是十二因緣。

第十三節 緣起與腦

前面提到過《金剛經》中「一切法皆是佛法」，而宇宙大統一的弦理論的主幹是十二因緣，十二因緣不是物質世界生起的緣起，而是心、識的緣起。那麼，被誤認為是產生我們意識的大腦，是否有十二因緣的痕跡呢？答案是肯定的，也是必須的，在大腦能非常清晰的發現緣起的痕跡。根據十二因緣的

理論,對照弦理論與今天科學對大腦的認識不但是最嚴峻的挑戰,而能夠更深入的理解真理、宇宙大統一理論與意識。

十二因緣的一世有八支:識、名色、六入、觸、受、愛、取、有。前五為今世果,也稱為「識等五果」。這「識等五果」明顯是在今天腦神經學所說的三重腦。

緣起之識等五果於三重腦(第一果:識支,為第八識,細秘不可觀察)						
第二果:名色支:等流果		第三、四、五果:觸、六觸入、受三支:士用果			
型IIB弦		型IIA弦			
潛意識		顯意識			
生存腦	邊緣系統	新皮質、大腦皮層			
等流果一分	等流果一分	第六意識	前五識	行、受、想蘊	不相應行法
F理論	型IIB弦對偶性				
第七識染污意	等流果六識五別境				
小腦、腦幹	丘腦、嗅球、下丘腦(欲)、基底核(勝解、慧)、海馬體(念)、後扣帶(定)、杏仁核(意)等	島葉	五種感官之初級皮層與次級皮層	行蘊:顳葉 受蘊:頂葉、枕葉 想蘊:顳葉	前顳葉

圖表 11 大腦之緣起支與弦理論

如上圖所示,今天三重腦的結構與緣起支的識等五果的結構是完全吻合的。因此,腦是緣起,也必定是緣起。此外,大腦的結構也是與弦理論完全匹配的。這代表以後要是算力足夠、數據足夠,弦理論能夠計算出每個人的大腦甚至身體。

第十四節 意識與腦

　　心物問題是困擾著科學界、哲學界的一個最重要的問題。數百年來一直爭議不斷。因此，有唯物主義的，有唯心主義的，也有二元論者；當然其中有許多的混合的思想或理論。佛教界也有法師認為意識產生於大腦的，有認為不是，有些是模棱兩可，甚至有唯識於腦的各種奇葩的想法。

　　這個爭議的答案也是在十二因緣。這個爭議的答案也是在十二因緣，在十二因緣中最為混亂的二支：識、名色，如下圖：

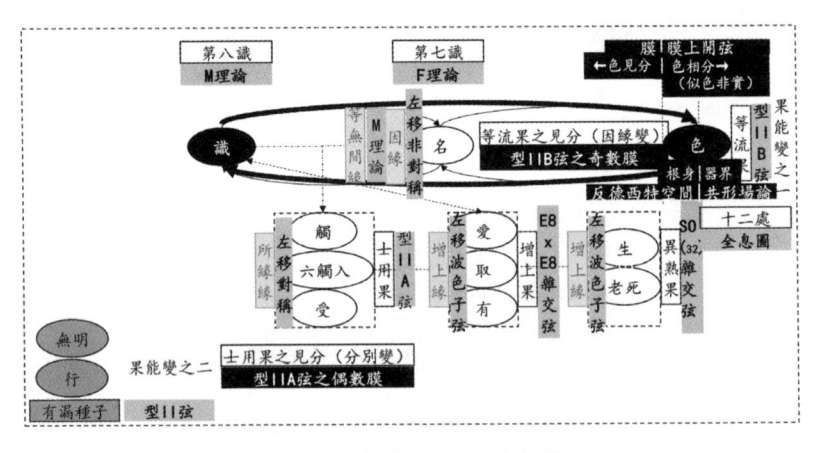

圖表 12 意識不是源於大腦

　　緣起支裡，只有名色支有真正的色，屬於因緣變的「似色的實色」，餘支都不具備色。上面說過，我們看到的所有色或物質，包括我們身體、五官、大腦等都是根身的一部分，都只

是「似色」，好像有的而已，其實沒有。這名色支的名緣色，也是被掃到地毯下的佛法，一直沒有經論解釋，但卻正是解答困惑科學家、哲學家的心物問題的答案。

色或物質是三維世界中的能被「認識」、「感受」、「體驗」的，只有「識等五果」的名色支與觸等三支才能完成這些果報，都是通過識的見分、相分來完成的。雖然名色支的等流果是「存在」，但有非常潛在的、細微的「認識」、「感受」、「體驗」。

因此，只有名色支的等流果與觸等三支的士用果有見分、相分，增上果與異熟果都不具備這些見分、相分（除了第八識的見分與相分）。也因此，弦理論中只有型 IIB 弦與型 IIA 弦有膜與膜上的開弦。型 IIB 弦即等流果，是因緣或親因所生的果，其中自然的包含根身的色；這在弦理論是反德西特／共形場論對偶性中的反德西特空間。這些在以後會有詳細的論述。

所有心法——識、行、受、想蘊，或所有的心理、精神活動，都是無質礙的，都是見分的一邊。我們的大腦只是相分，是三維世界的物質，是與心理、精神活動的同時同步的假象。

其中最重要的是識支與名色支的色互緣，也是被掃到地毯下的佛法。在唯識來說是第八識與色互緣，因為第八識也緣種子，第八識也與根身、器界互緣。如我們的大腦受到傷害或服

用了藥物，影響大腦與我們的意識，是因為第八識緣種子、根身、器界的關係，下一剎那我們的名色支、觸等三支，即「存在」的等流果、「認識」的士用果也受到影響。

因此，我們的意識不是來自大腦。就如格羅斯說「我們是生活在超空間」而「不是普通時空」，三維世界的一切都只是假象。

第十五節 純粹唯心

從哲學上來說，對於宇宙的本質是唯心，是唯物，還是中間有個各種說法，唯心主義也有各種不同形式。這裡要說明唯識學，特別是玄奘大師建立的法相宗的唯識學是純粹唯心的，只是心不是獨立的一個心的存在，而是有許多心在一起，一起共變宇宙世界。

《成論》清楚的說明沒有今天物理學家認為有的極微，極微也是屬於識所變的相分境而已。具體來說，如上面安安看到蘋果，如果安安是個物理學家，這些微粒子也是如同蘋果是安安識的見分上的相分境而已。上圖可以看得出，色法、物質、極微在唯識是見分上的相分而已，好像是有，其實是沒有；見分與相分都是心、識的一部分，因此，玄奘的唯識學是純粹唯心的。在弦理論中，所謂物質是膜上的開弦，這些都是三維空

間外的物件。當然，受到唯物主義污染而有另類想法的大有人在。

真實是「非內非外」、非二元對立的，比如識的生起自然的帶有見分、相分，相分是三維空間的物質、事物，見分是三維空間無質礙的存在。又弦理論的額外維次中振動的弦一旦生起膜，也自然的有膜上的開弦而有三維空間的物質、事物。可以說是不即不離，因此，真實是「非內非外」的：

> 唯識不是否定一切色法，它是色不離心，境不離識，它不像一般的哲學、科學把心與物分開，它不是這樣講的。唯識，有心就有境，有境就有心，境不離心，色不離識。[23]

但因為色只是相分境上的東西，我們認識的唯有這相分境上之色，因此色也歸識，因此玄奘大師說「三界唯心，萬法唯識。」這是為什麼弦理論有二十六維、十維、十一維、十二維等，其中就有四維時空，也就是「境不離識」。這是因為真實不是二元對立的，也因此只有唯識學即只有識法，沒有物理學即沒有色法。特別是弦理論的核心是 M 理論即第八識，第八識即心，因此「三界唯心，萬法唯識。」

---

[23]《唯識札記》；釋惟賢；第 11 頁

第十六節 無物理學

　　唯識的三自性中的圓成實性有五個特性：遍一切一味相、不一不異、不二、離言、超尋思。最終的真理必須是不二，即非二元對立的。物理學的發展確切的證明從來沒有物理學，因為廣義相對論與量子力學在數學與實驗上都非常精準，但問題是廣義相對論是極為大的，而量子力學卻是極微小，兩者是二元對立的。而且廣義相對論是定域性的，也就是有時空局限性的，而量子力學卻是非定域性的。兩者數學上也不能結合，若結合兩者則一切將會灰飛煙滅。這更甚於將一條海裡的大鯨魚與一隻寄生在人體上小蟎蟲，被硬湊成一個物理學的家庭是充滿矛盾的。宇宙每一樣東西都要分別用兩種完全相反相斥的理論來解釋是不合理的。真理必須是不是二元對立的，因此兩者自然的結合後的弦理論則已經不是物理學了，而是百分百的緣起法——意識科學。因此，從來沒有物理學。

　　量子力學被發現後，常被用來解釋意識、心，但它是極微小的不能與極為大的廣義相對論結合，說明兩者都不是真理。量子力學更不是意識的理論，事實上量子力學距離描述意識的真相太遠了。比如量子力學就沒有弦理論算出的各種猜想，如之前說的 M 理論、五版超弦論、反德西特／共形場論對偶性等等，量子力學也沒有弦理論的物件如弦、膜等，這些都是意識

科學必須具備的法。

更重要的是,弦理論可以自然的得出引力子,量子力學與廣義相對論都中沒有,引力子是統一量子力學與廣義相對論的關鍵。而且,廣義相對論中代表的引力,在唯識學甚至佛教來說,是特別重要,代表了「地」的概念,也就是「三界九地」的「地」。這是每一個眾生一世開始到死亡的「地」,也就是十二因緣一世循環的所在地。

至今為止沒有人懂得量子力學是什麼,嘗試解釋量子力學的詮釋就有十三種[24],說明沒有人懂得什麼是量子力學的事實。但是,通過基於唯識的緣起法,卻是能夠百分百的認識弦理論是什麼。現在基於唯識的理論,回顧量子力學,量子力學裡已經有許多基於唯識的緣起法或弦理論的預兆。

預兆之一是大家都聽過的量子糾纏,在整個宇宙的尺度沒有限制,說明非近非遠的真實。其中量子糾纏:

> 即在量子力學裡,當幾個基礎粒子在彼此相互作用後,由於各個粒子所擁有的特性已綜合成為整體性質,無法單獨描述各個粒子的性質,只能描述整體系統的性質,則稱這現象為量子纏結或量子糾纏

---

[24] Interpretation of quantum mechanics ; Wikipedia ; https://en.wikipedia.org/wiki/Interpretations_of_quantum_mechanics

（quantum entanglement）。量子糾纏是一種純粹發生於量子系統的現象；在經典力學裡，找不到類似的現象。[25]

「只能描述整體系統的性質」用佛法概念，套用物理學的術語就是「因果守恆」。今天科學家有各種各樣的量子糾纏實驗，都脫離不了「因果守恆」定律。第八識是保持因果的所在，因為第八識是心，心是「非近非遠」的，因此，弦理論出現了M理論。

預兆二是量子力學有個叫希爾伯特空間（Hilbert space）的數學，這個數學非常複雜繁瑣，所有的物質都是通過這個空間而有。問題是，時間過了一百年，沒有人懂得這個數學代表什麼，所有的物理學家只是會用其中的公式，完全不懂得裡面描述的是什麼。格羅斯說：

一百年不足以讓我們一瞥希爾伯特空間……

就有哲學家迪帕克喬普拉（Deepak Chopra）嘲笑物理學家：

你問他們（量子物理學家）「物質來自哪裡？」，他們會說「來自希爾伯特空間。」；你再問他們「希爾

---

[25]《維基百科》< 量子糾纏 >；https://wuu.wikipedia.org/wiki/%E9%87%8F%E5%AD%90%E7%BA%A0%E7%BC%A0

伯特空間是什麼？」，他們會說「是個數學空間。」；你再問他們「這是什麼意思？」，他們會說「不知道。」物質來自數學空間不是很可笑嗎？物質來自哪裡，物理學家自己都不知道。

根據唯識，所有一切物質都是共變的，也就是十二因緣中的增上果（愛等三執）與異熟果（生、老死）；而且希爾伯特空間也是「無窮維希爾伯特空間」（infinite dimensional Hilbert space），這就是無量眾生一起共變物質。其中沒有獨立存在的粒子、物質，都是無量眾生共變的。

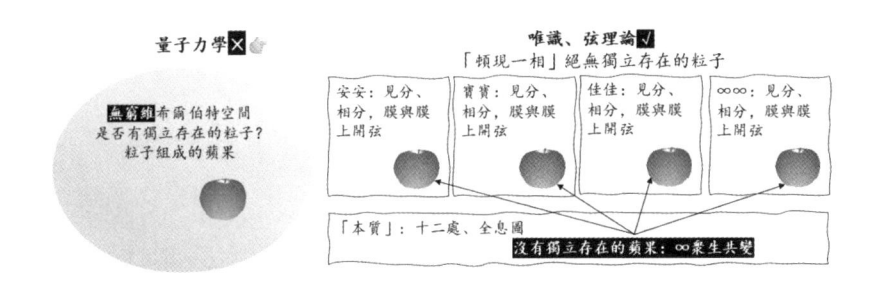

圖表 13 無窮維希爾伯特空間到無數無量眾生共變

如上圖左所示，量子力學以為有獨立存在的粒子後來組成一個蘋果，這些物質都是從「無窮維希爾伯特空間」出現的。唯識不認為有獨立存在的物質包括微粒子，都是「頓現一相」即整幅畫面同時湧現，並不存在一粒粒的粒子組成物質，而是頓然無數無量的所謂粒子同時湧現組成一個畫面。圖右的蘋

果是無數無量眾生共變的,每個眾生看到的都不是同一個蘋果。而且這共變的蘋果要是可以被認識到,必須是見分上的相分境,也就是弦理論膜與膜上的開弦。這是為什麼量子力學有「無窮維希爾伯特空間」的原因,也是為什麼到了弦理論有膜的出現。

要是沒有被某些眾生認識到,這顆蘋果是以種子即弦的形態存儲在這些眾生的第八識即 M 理論裡面。第八識即 M 理論裡面的種子即弦,一直在變一種叫做「本質」的東西,這是佛法十二處的一分,在弦理論為宇宙全息圖。因此,弦理論能夠計算出全息圖。共變的機制是「愛等三」增上果與「生等二」異熟果,因此弦理論出現了 E8xE8 雜交弦與 SO(32)雜交弦兩版的超弦論。這些在下面都有詳述。

預兆三是在眾多關於量子力學詮釋中,有一個是多重宇宙(Many-worlds Interpretation)的闡釋,這詮釋說每一次觀察試驗後所導致波函數的坍塌,由坍塌之前的一個宇宙,一分為二;因此有無窮無數的宇宙。到了弦理論,平行宇宙是弦理論必須的,原因是弦理論的弦,在一種叫做卡拉比-丘空間裡擺動,這種空間自然的有接近無窮多個,每個描述著不同的宇宙。

26《維基百科》< 卡拉比－丘流形 >;https://zh.wikipedia.org/zh-hk/%E5%8D%A1%E6%8B%89%E6%AF%94%E2%80%93%E4%B8%98%E6%B5%81%E5%BD%A2

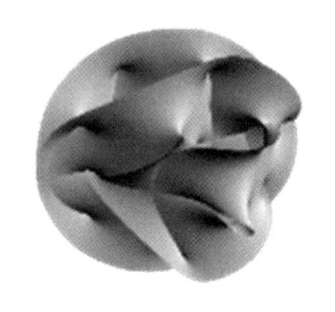

圖表 14 卡拉比 - 丘空間 [26]

弦理論學者還沒意識到，其實沒有客觀的物質性的宇宙，只有眾生各自認識的宇宙，每一眾生都有各自的心，心即第八識，裡面有各自不同的種子。第八識即弦理論的 M 理論，無數無量的眾生有無數無量的 M 理論，裡面有無數無量種不同的種子或弦，因此有無窮多種的卡拉比 - 丘空間。

預兆之四是極深的因果關係。這要從費曼的路徑積分（Feynman path integral）說起，弦理論學者加來·道雄（Michio Kaku）在他的《平行宇宙》一書中寫道：

> 假設你想在你的房間裡走動。根據牛頓的說法，你只需採取從 A 點到 B 點的最短路徑，即經典路徑。但是根據費曼說，首先，你必須考慮連接點 A 和點 B 的所有可能路徑。這意味着要考慮將你將到火星，木星，最近的恆星的路徑，甚至是時光倒流回到大爆炸的路徑。無論道路多麼瘋狂和完全離奇，你都必須考慮它

們。然後,費曼為每個路徑分配一個數字,給出一組精確的規則來計算此數字。奇跡般地,通過將所有可能的路徑中的這些數字相加,你發現了標準量子力學給出的從點 A 到點 B 行走的概率。這真是了不起。

以上「時光倒流」的數學也出現在費曼所發明的費曼散射圖中。

費曼散射圖 (Feynman Scattering Diagram)

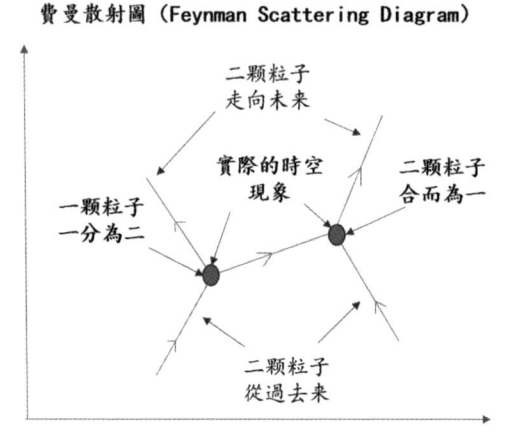

二顆粒子
走向未來

實際的時空
現象

一顆粒子
一分為二

二顆粒子
合而為一

二顆粒子
從過去來

圖表 15 費曼散射圖

問題是這些只是數學上的運算而已,還是真實是有「時光倒流」的現象?有些人認為或許真的是有時光倒流的現象。

如上圖所示的費曼散射圖,實際的粒子只有兩顆,在不同的時空點上,即唯識的現行現象。但這些粒子都有兩個部分:「從過去來」與「走向未來」。

實際上「從過去來」就是過去的業因,甚至無數劫前的業

都是以種子的方式存儲到第八識裡，即 M 理論與弦。這些種子遇到恰當的緣，生起現行，即現在這顆粒子，這現行就是膜上的開弦。這是唯識的種子生現行。

「走向未來」則是這個現行或粒子，又以唯識的現行生種子方式，回到第八識裡去，這些種子將會引起下剎那，或無時限、極為久遠之後的現行。

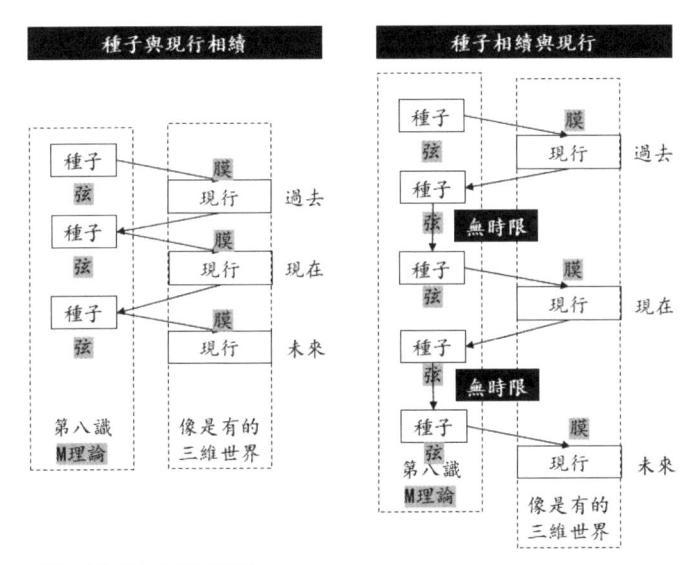

圖表 16 種子與現行

第八識即 M 理論，種子即弦。第八識又名異熟識，主要是異熟功能，異熟在數學是歐拉數 e，是個無理數，小數點後面無窮無盡，永不重複。因此，第八識即 M 理論能夠無時限的使種子即弦成熟起現行。這是許多佛典所說的「假使百千劫，所作業不亡，因緣會遇時，果報還自受。」現行在唯識是

見分、相分，在弦理論則是膜與膜上開弦。

在十二因緣裡，「愛等三」與「生等二」，分別是是增上果與異熟果，造業與受報：前者是現世報後者是後世報。這些報有現世的也有許多世前的甚至無數劫前的業，這些業都是通過種子的方式儲存在第八識裡面。整個宇宙，因為第八識即M理論為異熟識，一直在異熟中，也就是第八識會一直讀取許多世的種子，這些就是「所有可能的路徑」，看是否這些種子有機會成熟，若有便會現行，這個眾生便因此受報。

這裡不能不提到弦理論學者的一大誤區，他們認為弦是粒子，其實弦是種子不是粒子，只是因；只有現行了才是果，果必須是膜上的開弦，才是像是有的粒子。因此，到了統一之後就有弦即因的出現。

預兆五是在異常精準的量子場論裡，一切都只是場，沒有真正的粒子的存在。這其實是一個大問題，因為要是一切都只是如海的場，粒子只是如海水的波，那麼如何區分每一剎那之間的不同個體的事物？比如：他家垃圾桶裡的垃圾中的粒子，下一剎豈不是有可能是你早餐中三明治的粒子？他大腸的消化物，下一剎豈不是有可能是你舌頭上的食物？那麼世界將是混亂無序的。這應該是為什麼 David Tong 說：「我不明白。」的原因。

因此，到了弦理論有 M 理論、型 IIB 弦、型 IIA 弦、膜、反德西特/共形場論對偶性等的出現，這些猜想或法將所有現象都個體化：他家垃圾桶裡的垃圾中的粒子是他的第八識也就是 M 理論變的，你的早餐中三明治的粒子是你的第八識也就是 M 理論變的；各人通過自己的第八識也就是 M 理論各變自己的身體、食物等，一點都不混亂。

預兆之六是，如美國數學物理學家亨利·斯塔普（Henry Stapp），在《意識、物質與量子力學》寫道：

> 海森堡實際本質的「本體論」特徵是它的「現實性」；它的屬性是「形成」。這個屬性也是意識事件的「本體論」品質。因此，意識事件和大腦事件（的特定特徵）在結構和「本體論」上是無法區分的：在數學理論本身內，這兩個相應的事件是同一件事。因此，在這種對自然的量子力學描述中，意識並不是徘徊在空間和物質之外、觀察數學描述的世界但不影響它的東西。相反，它可以被表示為賦予宇宙形式的基本動力過程的一個不可分割的自然部分，並且它的結構完全在物理學家對自然的數學描述中表示出來。[27]

斯塔普認為量子力學實際上已經有不可分割的意識成

---

[27] Mind, Matter and Quantum Mechanics；Henry Strapp；第 175 頁

分,他甚至認為有個本體,即這裏說的第八識,只是「低像素」的量子力學還沒被完全的彰顯出來而已。

量子力學是無人能懂,但被統一到弦理論後,通過佛教的緣起法卻是人人能懂,這就是愛因斯坦所說的「上帝不擲骰子」,因果甚深不可思議的關係,只有到了「高像素」的弦理論才能看得清楚。弦理論已經不是物理學,而是基於唯識學的意識學。因此,從來沒有物理學。弦理論之前,物理學家有如一個大近視,隔著一條街看到對面有個大美女,每天想著美女,但到了對面街一看其實是個老太婆。因此,知道街對面從來沒有大美女,也就是從來沒有物理學。

第十七節　輪迴涅槃

今天當科學家、哲學家在尋找、建立意識科學的時候,都沒有將輪迴與涅槃納入其範疇,甚至有些吠陀學者也因為這兩個議題的敏感性而鮮有提及。但這是避免不了的最核心議題,要是意識為基本,意識導致的「因果守恆」即為宇宙第一定律,這就是緣起。物理學家更是對輪迴與涅槃完全沒有概念,弦理論學者還沒意識到他們已經將輪迴與涅槃算出。

輪迴到最終的涅槃,是佛教的緣起論必須具備的理論成分。雖然相信輪迴的人有不少,但一直沒有明確的科學證據。佛教有獨特的證道理論,也有明確的修道途徑,又清楚的界定區分凡夫與聖人。這些都出現了在弦理論裡。緣起支的生、老死二支是異熟果,到下一世的識等五支,再通過「愛等三」、「生等二」編碼下一世的情景,因此輪迴不息。在唯識這些屬於有漏種子,在弦理論屬於型II弦。反觀,證道的最終狀態是離系果,在弦理論出現在型I弦,也就是唯識的無漏種子。

因、果		識等五支:今世果				今世因			後世果		緣滅
緣起十支	識	名色	六入	觸	受	愛	取	有	生	老死	無生
唯識五果	第八識	等流果		士用果		增上果			異熟果		離系果
弦理論	M理論	型IIB弦		型IIA弦		E8×E8雜交弦			SO(32)雜交弦		型I弦
									輪迴		涅槃

圖表 17 弦理論:輪迴與涅槃

輪迴是業力不可思議之處,因此在量子力學中,一切像是隨機性、機率性的,也因此有愛因斯坦的「上帝不擲骰子」之說。因為如量子力學顯示,就沒有業力、因果可言。因為量子力學還是個「低像素」的理論,這是愛因斯坦極度困惑的地方,他打從心底的不認為整個宇宙的因果關係是沒有次序可言的這個到了「高像素」的弦理論,出現了M理論即第八識。第八識也稱為異熟識,這是因為第八識一直在異熟一個眾生無始以來的種子,因此量子力學有費曼路徑積分的數學。到了弦理論,異熟便是M理論的功能。這些通過緣起法的解釋,就

明白「此有故彼有,此生故彼生,此無故彼無,此滅故彼滅。」即緣起,「因果守恆」為宇宙第一大定律。愛因斯坦的「上帝」就是「緣起」,楊振寧所說的「造物主」也是「緣起」。

第十八節 心相續相

除了前面提到的「眼不能見色、耳不能聞聲……」,與「識外無境」之外,《成唯識論》中也提到,我們認為有的身體的行動,還有口中發出的聲音都是假象——都只是心相續之假象:

> 然心為因,令識所變手等色相,生滅相續,轉趣餘方,似有動作。表示心故,假名身表。語表亦非實有聲性,一剎那聲無詮表故,多念相續便非實故,外有對色,前已破故。然因心故,識變似聲,生滅相續,似有表示,假名語表,於理無違。[28]

這類思想在中國也曾經有過如「飛鳥之影,未嘗動也」的思想,希臘也有「飛矢不動」的悖論,但能夠提供機械性解釋的只有唯識學。只有唯識學能夠提供詳細的、結構性的理論依

---

[28]《成唯識論》卷1;CBETA 2025.R1, T31, no. 1585, p. 4c18-23

據。

我們所認識、感受、經歷到的一切只是心相續之相，心有八種，也就是唯識的八識。我們眼識所看到的東西只是見分所緣的相分境，也就是弦理論膜上的開弦。

見分與膜有如今天元宇宙或電子游戲中的目鏡，相分境或膜上的開弦則有如目鏡上的 LED 光點。同樣的，元宇宙或電子游戲裡好像有動，但是其實完全沒有任何東西在動，只是目鏡上的 LED 光點一直在閃爍，也就是「心相續相」覺得好像有動而已。也因此，從來沒有物理學，有的只是唯識學。

第二章 緣起爭議

　　緣起法是佛悟道後所說之法，所有佛法皆是緣起法。若你自認是學佛之人，但對於今天極度混亂的緣起說不覺得驚嘆，也不認為自己需要做些什麼，那你只是一個做佛學之人而不是一個學佛之人。

　　弦理論的主幹即緣起法是這裡論述的重點，筆者從弦理論算出的緣起法可以看得出，佛教今天分歧極為巨大的十二因緣論述存在許多的謬誤。這裡大略的解說十二因緣的爭議。前面說過，各宗派在十二因緣論述的巨大分歧，說明各宗派有如瞎子摸象，每個對大象都有不同的描述，因此謬誤百出、全錯。

第一節　幾世幾重

　　在眾多的十二因緣的理論中，大致上有三世二重因果與二世一重因果兩種經常被引用的理論。

一、三世二重

這是普遍被采用的論述,將十二因緣分為四組:

- 無明、行為前世因,
- 識、名色、六入、觸、受為今世果,
- 愛、取、有為今世因,
- 生、老死為後世果。

前一、中二、後一各為一世共三世,前二與後二各為一重因果,共二重因果,因此為三世二重因果。

二、二世一重

主要是唯識的理論,也是將十二因緣分為四組:

- 無明、行為能引,
- 識、名色、六入、觸、受為所引,
- 愛、取、有為能生,
- 生、老死為所生。

前三是一世或今世的因(又稱為十因),後一是後世的果(又稱為二果),因此為二世一重因果。

第二節 六種理論

今天網絡資源是學習的重要一環，學習佛法的也不列外，這裡從《維基百科》<十二因緣>裡記載的六種不同十二因緣論述開始：

- 部派：一、說一切有部；二、南傳上座部。
- 大乘：三、中觀學派；四、瑜伽行派。
- 其他：五、水野弘元；六、中道僧團。

其中指出，日本學者水野弘元在《原始佛教的特質》中稱：

> 由於原始經典本身，對十二緣起沒有一定的明確解說，且部派佛教以低俗的形式誤傳，所以今日不論是西洋學者之間，或東方佛教學者之間，對十二緣起設有一定的解釋，而產生種種說法，甚至曾在學界中展開熱烈的論戰。[29]

一、說一切有

說一切有部是佛教部派時期非常重要的一個部派，對以後佛教的發展有很大的影響。說一切有部的十二因緣理論是根據

---

[29]《原始佛教的特質》；水野弘元；第 16 頁

歲數或胎生式來解釋,如 [30]:

- 名色,名即是心,指心只有名相而無形質;色指身體,指托胎後至第五個七日,身體各部分如手腳等都已形成。
- 六入,指在名色之後,各種感覺器官和思維功能都已產生,叫做六入,即六根。
- 觸,出胎以後,至三、四歲時,六根雖能接觸六塵,但是未有苦或樂的想法,叫作觸。
- 受,從五、六歲至十二、三歲時,六根能分別六塵中的好惡境界,但是沒能起貪淫之心,叫作受。
- 愛,從十四、五歲至十八、九歲時,貪求享樂等境界,但是未能廣遍追求,是名為愛。捨受的本性是寧靜的,而這也能成為愛的目標。
- 取,從二十歲後,貪欲變多,到處追求五塵境,叫作取。

這種胎生式的理論,雖然受到許多學者的猛烈批評,但因為說一切有部的理論是佛教初期非常重要的部派,其理論對佛教的影響很大,因此說一切有部的十二因緣個理論甚至滲透到般若、法華等大乘思想。一些論著也采取這個理論,如《俱舍論》、《大乘本生心地觀經淺註》(清)、《般若心經添足》(明)、《法華經科註》(元)、《般若心經疏詒謀鈔》(宋):

---

[30]《維基百科》<十二因緣>; https://zh.wikipedia.org/wiki/%E5%8D%81%E4%BA%8C%E5%9B%A0%E7%BC%98

十二至凡夫者，謂二因感五果，三因感二果，輪轉不窮，即凡夫也。一：無明，謂過去一切煩惱，通是無明，以過去未有智慧、光明故，一切煩惱得起，二：行，從無明生業業，即是行以善、惡業，能作果報故故名行也。三：識，從行生垢心，即父母交合初欲託胎，一剎那間有了別之義也。四：名色，即從結生後乃至六處支前，中間諸位總號名色，從託胎生識支後一七日，名羯邏藍，此云雜穢，狀如凝蘇；二七日名案部曇，此云疱狀如瘡疱；三七日名閉尸，此云凝結狀如就血；四七日名健男，此云凝厚漸堅硬故；五七日名鉢羅奢佉，此云形位具諸根形，四支差別故；六七日名毛髮爪齒位，有毛髮生故；七七日名具根位，五根圓滿故，此名色支從羯邏藍，至第五鉢羅奢佉位，前雖有身根及意根由未有眼等四根，故六處未圓皆號名色。五：六處，從鉢羅奢佉位眼等，諸根悉圓滿至未出胎以來根境識三未相和合生，於觸果以前皆六處攝。六：觸，由六處對六境也，即從出胎後，至三四歲來，雖根境識三和合於苦樂中，庸境上未能了知生於三受至此皆名觸也。七：受，即從五六歲至十二、三以來，於三受境上，已能了別猶未能起婬愛之心。八：愛，即從十四五至十八九以來，貪於種種勝妙質，具及婬欲等境，然猶未能周徧追求故，不名

取。九：取,即十九二十以後,年既長大,貪欲轉盛不藉身命,而無勞倦然愛,取體同分勝劣故。十：有,有即是業,為馳求諸境,起善、惡業牽引,當生三有果故。十一：生,即從捨命結當生果一剎那中,名生。十二：老死,當果熟壞是為老死,老死則生、憂、悲、哭、泣種種愁苦、眾惱合集」[31]

此外還被記錄在丁福保重校的《三藏法數》裡。

二、南傳上座

第二種理論是南傳上座部的理論,《清淨道論》是南傳上座部一部重要的論書,其中記錄的十二因緣解說與說一切有部有很大的差別,但大多是局限在字面上的、一支接著一支的解釋[32]：

一、緣於「無明」（貪、嗔、癡等煩惱）而產生「行」（造作諸業）。

二、緣於「行」（造作諸業）而產生「識」（業識）。

三、緣於「識」（業識）而產生「名色」（物質與識神）。

四、緣於「名色」（物質與識神）而產生「六入處」（眼、耳、鼻、舌、身、意）。

---

[31]《般若心經疏詒謀鈔》卷1；CBETA 2024.R3, X26, no. 530, p. 744b2-c4）
[32]《維基百科》<十二因緣>

五、緣於「六入處」(眼、耳、鼻、舌、身、意)而產生「觸」(六識藉六根接觸六塵)。

六、緣於「觸」(外境接觸)而產生「受」(苦、樂,無苦無樂的覺受)。

七、緣於「受」(苦、樂的感受)而產生「愛」(對境生愛欲)。

八、緣於「愛」(對境生愛欲)而產生「取」(追求造作)。

九、緣於「取」(追求造作)而產生「有」(在追求中造業行成來世的命運)。

十、緣於「有」(業因完成)而產生「生」(在受於身)。

十一、緣於「生」(在受於身)而產生「老死」(未來身之老死)。

值得一提的是在《清净道論》裡,十二因緣是在〈說慧地品〉[33],說明十二因緣是何等的重要。此論嘗試用四緣、二十四緣來解說「緣」的意義[34],可惜《清净道論》沒有很清楚以四緣、二十四緣來結構性的劃分十二因緣的每一支。其中有提到五果,但這是識到受支五果,并非等流果等五果。此論對於名色支的定義是受、想、行三蘊[35]。

另外,在《阿毘達摩概要精解》菩提比丘在〈第八章緣之

---

33 《清净道論》,第 502~563 頁。
34 《清净道論》,第 516 頁。
38 《清净道論》,第 543 頁。
36 《阿毘達摩概要精解》;菩提比丘編;尋法比丘譯;第 281~314 頁。

概要>[36]，提到十二因緣與二十四緣，其中有：名做為名的緣、名做為名色的緣、名做為色的緣、色做為名的緣、概念與名色做為名的緣、名色做為名色的緣；在這些緣中分別以二十四緣來解說，但也沒具體以四緣或二十四緣來劃分十二因緣。

三、中觀學派

有學者認為中觀思想的底蘊與原始佛教無異，因此在十二因緣的闡述上基本與南傳上座部沒有差別。《維基百科》<十二因緣>提到中觀學派在十二因緣有以下的分類，

十二因緣生法，種種法門能巧說，煩惱、業、事法，次第展轉相續生，是名十二因緣。

- 是中無明、愛、取三事，名煩惱；行、有二事，名為業；餘七分，名為體事。
- 是十二因緣，初二，過去世攝，後二，未來世攝，中八，現前世攝。
- 是略說三事，煩惱、業、苦，是三事展轉更互為因緣：是煩惱業因緣，業苦因緣，苦苦因緣，苦煩惱因緣，煩惱業因緣，業苦因緣，苦苦因緣，是名展轉更互為因緣。

《維基百科》<十二因緣>對中觀的總結是：

- 中觀也是采取三世二重因果論,
- 其中標明了無明、愛、取三支為煩惱,行、有二支為業,
- 煩惱與業輾轉為因緣而流轉。

四、瑜伽行派

與其他學說的主要差別是:

- 唯識以前十支為因,後二支為果,為二世一重因果,
- 唯識有提到過識支為第八阿賴耶識,
- 第八阿賴耶識有四果相,
- 識等五支為五果種子,為一世的果報,
- 以種子、第八識立論。

今天所傳的唯識思想主要以玄奘大師的《成唯識論》體系為主,而《成論》主要是解釋《唯識三十頌》的著作。可惜的是,世親菩薩在做了《唯識三十頌》後沒來得及解說就離世了,我們將從《唯識三十頌》與《成論》一些細節可以看得出,可以猜想要是世親菩薩解釋《唯識三十頌》應該會通過攝受四緣、五果的方式解說十二因緣。

五、水野弘元

在他的《原始佛教的特質》[37]一書中有略說,基本上除了

識、名色、六處外也是一支接著一支的,但其中有許多值得一提的地方。他在識支的討論中提到了六識、識的作用與主體,潛意識與知覺判等之意識:

> 關於識,應注意的是,此識不論是表面或是潛在識,絕不可做為本體性之實體視之。識不只是作用的識,識體的識,亦皆是現象,乃與時時刻刻的經驗一起,不斷地變化著,所以並非固定不變之實體。[38]

他認為「識……絕不可做為本體性之實體視之」。在名色與六入,他寫道:

> (四)名色(nāma－rūpa)、(五)六處(salayatana)謂「緣識有名色,緣名色有六處」故識、名色、六處各各有關係。然此三者之關係,不一定是時間先後的因果關係,亦意味著同時存在之關係或是前途之論理性關係。而且可視為識、名色、六處三者,是表示同時依存之相互關係者。此中,識是包含表面識與潛在識的識體,名色是認識作用及認識物件,即物質(色)與精神(名)。當然認識判斷的物件,除物質與精神之外,尚有概念、名目等,但這些亦都包含在「名」之中。要之,成為識之物件的一切

---

[37]《原始佛教的特質》;水野弘元;第15~24頁
[38]《原始佛教的特質》;水野弘元;第19頁

事物，皆以名色一語表現。因此，名色亦可謂是六識的物件、色、聲、香、味、觸、法六境。為眼識物件之色或形狀即是色，耳識之物件聲等即是聲，為身識（觸覺）物件之可觸之物即是觸，為意識物件之一切存在非存在即是法。**39**

水野弘元認為「識、名色、六處三者，是表示同時依存之相互關係」，他也提到「表面識」與「潛意識」，其中名色支是認識作用與物件，而「識是包含表面識與潛在識的識體」。在三世二重因果之說，他寫道：

> 上述之十二緣起，可視為短時間內所起之緣起關係，亦可視為是一生之緣起關係，更是亙二生、三生，或隔生之緣起關係。究竟屬於那一種緣起關係，在原始經典中，未有確定之說法。想必是得以自由地解釋。然及至部派佛教時代，十二緣起被解釋為：系 述過去世至現在世，更至未來世，即亙三世之因果關係者。即所謂：三世兩重因果之十二緣起說，被視為十二緣起說之唯一解釋。其後之大乘佛教， 述十二緣起時，亦必定說明三世兩重之因果。此可謂歪曲、誤解原始佛教之緣起說。雖然如此，但將十二緣起解為三世兩重之因果，於大小乘之長久佛教歷史中，行之有年，故在此欲作概略之介紹。**40**

因此，他認為流傳遠久的三世二重因果之說是歪曲原始佛教的緣起說。

六、中道僧團

中道僧團認識到十二因緣分歧的嚴重性，其中提到十二因緣的原說與異議說[41]，如無明緣行的異議說與名色支的爭議等。

在無明緣行、行緣識的議題上，有以下的論述[42]：

- 《舍利弗阿毘曇論》在「無明緣行」的解釋上，先根據「十二因緣法」的「無明」作為生死輪迴的根源，再加以結合「十結」之「無明最後斷」的自派論義。如是將「行」解釋為「無明」促成的身、口、意作為及種種業報，包含種種現在世的善、惡、禪定作為，還有未來世的三界業報。
- 原始經說「無明緣行、行緣識、識緣名色」的真義，是「無明起於六觸入處，無明緣行（取，我見）、貪愛，愛識緣名色」。在「十二因緣法」中，實際是無有「行緣識」的

---

[39] 《原始佛教的特質》；水野弘元；第19頁
[40] 《原始佛教的特質》；水野弘元；第22頁
[41] 原始佛教會；因緣法之原說與奧義（一）；https://www.arahant.org/bu-pai-lun-shu-yu-jing-shuo-chuan-song-de-yan-bian-jio
[42] 原始佛教會；因緣法之原說與奧義（一）；https://www.arahant.org/bu-pai-lun-shu-yu-jing-shuo-chuan-song-de-yan-bian-jio

- 事實。
- 「現在行緣現在識,現在行緣未來識(六識)」的新思惟,是在「行」為「身行、語行、意行,或福行、非福行、不動行」的定義下,針對「行緣識」的句頌,作出「行」緣當前的六識生的解說,還有「行」緣後世的六識生的輪迴義解。如此,「行」與「識」之間,是有著此世、後世的分位了。
- 《舍利弗阿毘曇論》對「十二因緣」的義解,是將「十二因緣」分為過去的「無明、行」,現生的「識、名色、六入、觸、受、愛、取、有」,未來世的「生、老病死」。
- 這是「依識分位」的「十二因緣」,認為「行」是現在世的善、惡、禪定作為,還有未來世的三界業報。
- 這是認為每一生的生死是從「識」開始,而無明所緣之種種作為及生死業報的「行」,即歸納為「識、名色、六入、觸、受、愛、取、有」,也略說是「生、老病死」。
- 《阿毘曇毘婆沙論》提出:行緣識、名色緣識、緣二生識,三者有什麼差別?……「二因緣生識」與「名色緣識」是指同一事實,只是語詞不同而已!
- 由於「行緣識」的句頌,只是編集上的表現,並不是實際的事實,當句頌式的「行緣識」與身心實況的「二因緣生識」、「名色緣識」,在進行義理一致性的解說時,勢必需要自行提出新的義解。如此,自行解說的新義解,必會

產生難以具實驗證的問題,也會陷入無法徹底消除疑慮的困局。後世部派學理的分歧、對立,長久的爭論、難斷虛實,主要是源自於此。

- 「十二因緣」的句誦,是經說憶誦的提要句頌,只是簡易的憶持口訣,當中真正的義解絕不能直接的從憶誦口訣來解說,實際是另有其義,必需從古老經說來了解真正的意思。

在嘗試釐清名色支的爭議指出:

在「十二因緣」中有「名色緣識(nāmarūpa-paccaya viññāna),識緣名色(viññāna-paccaya nāmarūpa)」的教導,而「十二因緣」提到的「名色」,指的「名色」,指的是什麼呢?這問題一直是佛教分裂後,部派之間爭論的主要議題之一。在後世分化的各部派中,

- 有將「名色」說為名聚及色聚,又
- 有說是尚未長出六根的「受精胚胎」,或
- 認為「名色」是「色、受、想、行、識」等五陰,又
- 有學者以為是「色、聲、香、味、觸、法」,

對於「名色」的解說是非常的分歧。若要探究此一課題的真相,應當從各部派傳誦的古老經說中,依據當

中共同的說法來勘定。[43]

之後,在<二、「名色」之異說、異義>嘗試列出各個部派的說法,其中:

> 根據說一切有部《相應阿含》298經的說法,「名色」是色、受、想、行(又說為思)、識等五受陰,將「名色」改為「色、受、想、行、識」,完全是不通的說法。因為在《相應阿含》41,298經都說到「識是謂六識身」、「名色集是名識集」,而《相應阿含》288經提到「十二因緣」的名色與識時,說到「名色緣識,識緣名色」。試問:如果「名色」真是「色、受、想、行、識」等五陰,那麼「名色緣識,識緣名色」也就是「五陰緣六識,六識緣五陰」,這要作何解?這不成為無解、不通的玄題嗎?

中道僧團明顯的不認為名色支具有五蘊,但在各派的分歧中,中道僧團在這篇文章裡並沒有做出明顯的決斷。但在深入闡述十二因緣時則提出以下的定義:

> 原始經義的「識」是指六識,「名色」是指「六根、六境之緣」,「名色集是名識集」是將「六根、六境

---

[43] 原始佛教會;學習正法;中道禪法;原始佛教对「名色」的定义;https://www.arahant.org.my/mingsededingyi/#

緣生六識」改用五陰來表達的另一說法。[44]

中道僧團在敘述甚深的緣起法的奧義中提到許多的爭議，其中嘗試在無明、行、識、名色（甚至六入）等支提出新譯，認為不一定要死板的根據句誦來解說。

第三節 南傳權威

卡魯那陀沙教授是極有權威性的南傳學者，在他的《早期佛教：中道觀的理論與實踐》一書中，他的十二因緣論述基本上是以南傳為主，但其中有：

> 名是受、想、思、觸、作意五種遍行心所，色是有機物，名和色組成一個生命體。識和名色互緣，識緣名色的同時，名色也緣識。我們發現即使在受孕時，也有五取蘊，因為識和名色代表五取蘊的基本資料。識和名色的不可分關係，我們將於第五章〈心的分析〉詳細討論。[45]

---

[44] 原始佛教會；因緣法之原說與奧義（二）；https://www.arahant.org.my/ysjf/ffzl/yinyuanfayuanshuo-2/#
[45] 《早期佛教：中道觀的理論與實踐》；卡魯那陀沙教授；第 29 頁

卡魯那陀沙教授認為色支之名為行（思、作意、觸）、受、想等三蘊，而色是有機物。但他指出：

我們在上面所釐清的，可以回答現代學術界對「名色」（nāma-rūpa）所提出的一個重要問題。「名色」是十二緣起中的第三個被制約的緣起支，其中的「名」是指五種心所：受、想、思、觸、作意。現在產生了一個問題：如果「名」包括觸和受，為什麼還要在後面提到觸和受呢？觸、受分別是十二緣起中的第五、六個被制約的緣起支。重複提到觸和受，絕非是文本或其他原因的錯誤。這完全符合我們在上面所說的：在十二緣起的過程中，五取蘊都會在每一個階段出現。此中我們應該記住：「觸」生起時，不能是單獨生起的，而是必然與五取蘊一併生起的。如果只提到「觸」，那是為了凸顯它是眾果中最重要的果。「受」也是如此。

他是采取十二因緣每支都有五蘊的觀點「在十二緣起的過程中，五取蘊都會在每一個階段出現」，但與之前的名色支的「名是受、想、思、觸、作意五種遍行心所」其中沒有提到識蘊似乎有點不吻合。

第四節 相依此緣

除了以上的爭議與分歧，楊郁文在《緣起之「此緣性（idappaccayatā）」》[46] 一文就提出了眾多學者在十二因緣是否是單調的單向性的有許多的爭議。

首先，緣起在部派時期也是眾說紛紜的，楊郁文提到他在《阿含要略》一書就記錄了以下的不同緣起說。

緣起		一切（有為）法緣起			緣起
	（一）非時分緣起	(a) 剎那緣起	（Ⅰ）非有情數緣起	(1) 理論的緣起	
		(b) 連縛緣起			
	（二）時分緣起	(c) 分位緣起	（Ⅱ）有情數　緣起	(2) 事實的緣起	
		(d) 遠續緣起			

圖表 18 部派時期之緣起說

但這篇文章主要是論述十二因緣的「相依性」與「此緣性」兩種思想：

> 緣起法門為佛法的重心，然而緣起甚深，難於現觀；從古及今經、律、論多所談論，現代學界亦然。日本佛學泰斗宇井伯壽氏將 "idappaccayatā" 譯作「相依性」，並依「識緣名色，名色緣識。」經句，解釋

---

[46] 緣起之「此緣性（idappaccayatā）」；楊郁文；中華佛學學報第 9 期（p1-34；https://www.chibs.edu.tw/ch_html/chbj/09/chbj0901.htm

原始經典之緣起說為"相依性"；此後，日本學界有贊成者亦有異議者，經過數十年尚在討論之中。

「相依性」的意思是十二因緣的每一支之間是有相依、相緣的，這主要是從十二因緣的識支與名色支互緣的關係延申的。楊郁文指出在《大毘婆沙論》中，對識支與名色支互緣的關係就有十八種說法。

文中提出反對「相依性」的主要有增田英男、三枝充悳等，認為緣起不是「相依性」而是「此緣性」，即前一支為緣得後一支（識支與名色支除外）單向性的。文中，指出增田英男認為緣起支有方向的關係：

> 九、十支緣起之「識⟷名色」之關係以外，所有緣起系列（　五支……十支　）都在說明「一方的（　單向的　）緣起關係」，絕非屬說明「相互的、相關的緣起關關係」。當然順觀及逆觀之方向是相異，於兩觀之各各觀察，是「一方的關係」，並非「相關關係」。

文中又提出三枝充悳的觀點：

> 宇井博士將此 idappaccayat 譯作「相依性」，即極其危險；與宇井博士並排，有很多學者亦將此語譯

作「相依性」。畢竟「相依性」是處於脫離原語而獨自使用著。

作者的結論是：

"此緣性"指出因果之實相,事實的緣起是「因前果後」,「因滅果生而無常」,「因果相續而不斷」;理論的緣起是「因果相待而有」,「因果同時確立」。如是事、理甚深,昧於事實,不合理的推論,即誤導出早期佛教「緣起」之"此緣性（ idappaccayatā ）"作"相依性"解。

雖然如此作者也是同意是單向性的,但要注意的是在開頭他指出「日本學界有贊成者（相依性）亦有異議者,經過數十年尚在討論之中。」

第五節 爭議小結

有關十二因緣的論述還有很多,可以說是五花八門,但一般都是在類似南傳單調的、單向的、直綫性的描述上衍生出琳琅滿目的種種理論：都是字面上,一支接著一支的解說。這裡

總結以下幾點重要的分歧：

1. 多少世多少重因果之說。多數采取三世二重因果，但也有唯識的二世一重因果，而有認為不一定是三世二重因果的有如水野弘元。

2. 十二因緣是否是如說一切有部胎生學式的？這個思想對後世的影響很大，甚至滲透到大乘、般若思想。

3. 名色支是最大的爭議，特別是名色支之名是什麼。有認為名色之名是識、行、受、想四蘊；有認為是只是三蘊；有認為只是「六根、六境之緣」如中道僧團的理論，還有許多如中道僧團在名色支的爭議中所列舉的。

4. 識支是另外一個爭議點，唯識認為識支指的是第八阿賴耶識，但小乘南傳都不認為有阿賴耶識，更不會認為識支就是第八阿賴耶識，普遍認為識支指的是前六識或第六意識。但也有水野弘元不認為是本體識的第八識。

5. 十二因緣是不是單向性的？除了識支與名色支外，十二因緣是否只是死板的雞啄蟲式的，單向性的？日本學者宇井伯壽提出相依性，而中道僧團則認為不需要死板的根據句誦。

6. 十二因緣是否是以無明、行為開始的？如中道僧團指出的「原始經說「無明緣行、行緣識、識緣名色」的真義，是「無明起於六觸入處，無明緣行（取，我見）、貪愛，愛

識緣名色」。在「十二因緣法」中，實際是無有「行緣識」的事實。」

以上的各種論述，完全看不出佛所說的「緣起甚深」之意趣，看起來反而像是純粹的一種人生哲學或胎生學，讓人誤以為釋迦佛只是哲學家，或以為諸佛悟道的緣起法只不過如此而已。其中還有很多邏輯上不合理的地方，如其中沒有結構循環式的解說：

- 有些人之前造了許多不善業，那麼不是馬上從愛、取、有直接到生、老死下三惡道了嗎？完全沒有改邪歸正造善業的機會嗎？
- 有些人之前造善業或出家那麼不是馬上從愛、取、有到生、老死受生上天道嗎？之後要是造的惡業又怎麼計算？
- 現實生活中，有些人年輕時欲望很強盛，到了老年欲望微薄。但有些人年輕欲望微薄，到了老年時欲望卻很強盛。
- 龍樹菩薩早年學邪門外道，要是從愛、取、有到生、老死，那麼後來又怎麼能夠成為菩薩呢？

如果是單向性的，那麼六入、觸、受等之後脫離了識支、名色支，不是沒有了色嗎？那麼所依的色是什麼？因此才有說一切有部的六入、觸、受、愛、取等為胎生式的誤解，因為是單向性的思維的困境，即名色支之後，脫離了名色支後每支都

必須具有某種色——從胎生後到成長的解釋。

　　佛說：「若見緣起便見法，見法便見緣起。」，因此佛教於緣起法沒有共識與四分五裂說明問題的嚴重性。比如有人問：「去須彌山（十二因緣）怎麼走（是什麼）？」有些人心目中的須彌山是喜馬拉雅山，或是峨眉山，或是黃山，或是富士山；他們或說往東，或說往西，或說往南，或說往北；又怎麼可以步行，怎麼可以乘直升機等。或許須彌山根本不在地球上。

　　十二因緣必定是一種科學性的、潛在性的，能夠在背後推動眾生生死輪迴與涅槃的甚深的宇宙法則，今天已經被弦理論得出。

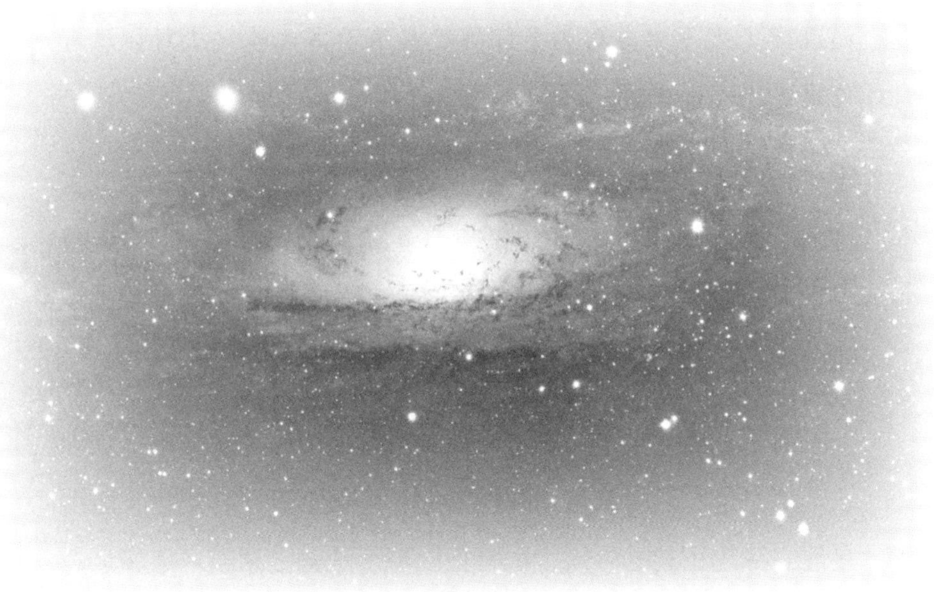

第三章 緣起正義

　　佛教的修行可以有八萬四千法門，但真理只能有一個。緣起真理不會因為你信奉不同宗派的緣起說而跟著你的門派而改變，更不會因為你不信奉緣起法而因此緣起法對你沒有作用。

　　弦理論的主幹是緣起法，筆者通過弦理論與唯識的角度去理解十二因緣，可是，得出的十二因緣結構與內容，與今天分歧巨大的各個宗派所論述，甚至包括唯識的論述，卻是差異巨大，筆者認為這就是緣起法的真正意義。

　　這聽上去完全不可思議，最前沿的科學弦理論用來指正佛法，絕對是「見所未見，聞所未聞」，但事實確實如此。這裡在建立緣起正義的時候，也將指出現有理論之謬誤。指導筆者十二因緣正義的是弦理論，具體上弦理論那些細節與十二因緣的理論有什麼關係，特別是現有十二因緣論述的謬誤，這些會在各處有備註解說。若除掉弦理論的備註，從主體來看，全文是純粹佛教學術論文的方式。也就是在完全沒有引用弦理論，只是引用佛典的情況下，也能得到緣起正義。

　　最重要的是因為佛說的緣起法是完全根據唯識來說，因此

必須堅守「識外無境」的底綫，而不是猶豫不決，或折中的采取半桶水唯識來認識緣起。

第一節 原始佛教

這裡提出兩個沒有被重視或完全被忽略的、被掃到地毯下的佛法。

一、譬如三蘆

《雜阿含 288 經》明顯的提到「譬如三蘆」：

譬如三蘆，立於空地，展轉相依，而得豎立，若去其一，二亦不立，若去其二，一亦不立，展轉相依，而得豎立，識緣名色，亦復如是。展轉相依，而得生長。[47]

但幾乎沒有十二因緣的闡述在這方面做深度的解釋，或有最多說名色之名與名色支之色也是互緣的。佛很清楚的說，雖然名色支是一支，但識、（名色支之）名，（名色支之）色是

---

[47] 《雜阿含經》卷 12；CBETA 2024.R3, T02, no. 99, p. 81b5-8

三,都是輾轉相依,也就是互緣的,因此才有「若去其一,而亦不立」。在這麼重要的二支,識、名、色三法輾轉相依,幾乎沒有十二因緣的理論解說為什麼識、名、色是三。這是最重要的二支、三法,也是現有緣起法論述的最大缺陷。

弦論因緣(01):M理論、F理論與型IIB弦

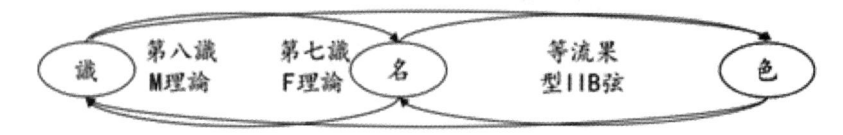

識 — 第八識 M理論 — 第七識 F理論 — 名 — 等流果 型IIB弦 — 色

前面提到過弦理論的M理論就是唯識的第八識也是十二因緣的識支,在後面將會提到弦理論的各種對偶性,也就是弦理論的一個數學猜想從另外猜想即另一個角度看是相等的。下面在太虛大師的圖,將會提到弦理論的對偶性就是佛法的法法相攝,或果果相攝,即一法在某些情況下等於另一法。前面已經簡單的介紹過M理論與型IIB弦,前者是第八識後者是五果的名色支的等流果。弦理論還有個猜想稱為F理論,在某種情況下M理論與F理論是相等的,而F理論在某種情況下又與型IIB弦相等。下面將解說F理論就是唯識的第七識。另外,型IIB弦與自己也有對偶性,這就是名與色互緣。從這裡筆者看得出現有十二因緣、唯識沒有被解說的細節。最重要的是這是現有十二因緣最重要的一段、二支、三法相依的細節。

二、因緣生觸

另外一個被完全忽略的句子是《雜阿含 294 經》：

> 愚癡無聞凡夫無明覆、愛緣繫，得此識身。內有此識身，外有名色，此二因緣生觸。此六觸入所觸，愚癡無聞凡夫苦樂受覺，因起種種。云何為六？眼觸入處，耳、鼻、舌、身、意觸入處。[48]

這句有數個重點：

- 觸其實可以在六入之前。
- 觸、六入、受是四緣的因緣所生。
- 識支與名色支是四緣的因緣生起的所在處。
- 十二因緣并不是單向行的，而是有很強的層次性、結構性的；因此觸、六入、受都必須重複的依識支與名色支為緣而起，而這個緣是就是四緣的因緣。

這麼重要的一句，居然沒有論述嘗試去解釋，在演繹佛法上，是非常嚴重的缺陷，也因此謬誤百出。

---

[48]《雜阿含經》卷 12；CBETA 2024.R3, T02, no. 99, p. 83c24-28

弦論因緣（02）：型 IIB 弦與型 IIA 弦

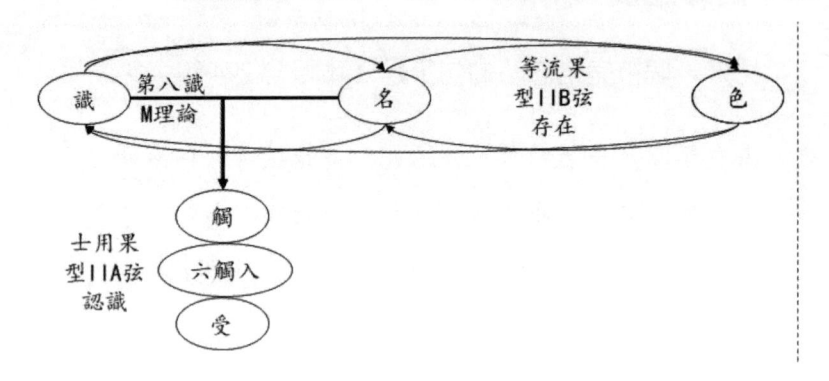

[圖：識（第八識 M理論）— 名 — 色；等流果 型IIB弦 存在；士用果 型IIA弦 認識 — 觸、六觸入、受]

弦理論另一個數學猜想是型 IIA 弦，前面說過是佛法的士用果。型 IIB 弦與型 IIA 弦也有對偶性，這是因為等流果為士用果所依。換句話說，士用果的「認識」之生起是依等流果的「存在」之上。這在解說大腦的時候更加的明顯。而且型 IIA 弦與 M 理論也有對偶性。這正是「此二因緣生觸」，這也是現有十二因緣都忽視的原典非常重要的一句經文。

三、原始緣起

要是系統性、結構性的去嘗試解釋以上兩句，以上的經文是具有很大的啟發性的。將以上兩句結構性的顯示得出下圖：

十二因緣之《雜阿含288、294經》

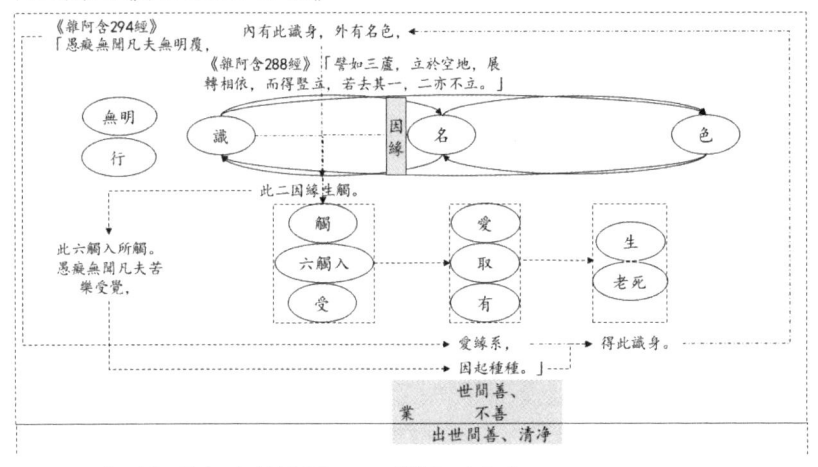

圖表 19 緣起支結構圖一：《雜阿含經》

《雜阿含288經》將識、名、色為三，而不是二，解說如上圖；也就是識、名、色三是互緣的，因此輾轉相依，也因此「若去其一，而亦不立」。

《雜阿含294經》是最重要的，因為這句將十二因緣結構性的排列出來：

1. 「愚癡無聞凡夫無明覆」指的其實緣生流轉相，
2. 上一世的因從「愛緣系」是愛等三支開始為業，
3. 得此識身是說生、老死二支，也就是下一世的果報，
4. 「內有此識身、外有名色」就是識、名色二支，
5. 「此二因緣生觸，愚癡無聞凡夫苦樂受覺」就是識、名色二支為因緣生觸、六入、受三支，

6. 因此「因起種種」說的也是愛等三支,因此從這裡返回 3.。

雖然《雜阿含 294 經》結構性的將十二因緣組成以上區塊,問題是如何更深入的理解每一個區塊?

要注意的是,除了之前為十二因緣設置的條件是一個十二因緣的論述必須攝受四緣、五果,這裡加了一個條件:要是一個十二因緣的論述不能解釋「譬如三蘆,立於空地,展轉相依」,也就是不能根據自宗,或理性的解說識、名、色三是互緣的、輾轉相依的也不能成立。

以上的兩段經文就是被掃到地毯下的佛法。這裡將以觸支置於六入、六處支之前。理由是觸、六觸入、受三支必定首先是根據因緣而起的,觸支即五遍行的「觸」心所;而六觸入則是「作意」心所,是觸、六觸入、受起後,通過作意心所因此而六入、六處在前。這個將在下面的「觸可先後」會提到。

四、親辦自果

或許有人會說,《雜阿含 294 經》的「此二因緣生觸」的因緣,不是四緣的「因緣」。確實有很多時候,因緣不一定是「因緣」,比如龍樹菩薩「未曾有一法,不從因緣生」指的就不是「因緣」而是四緣。下面將會提到太虛大師將因緣改稱親因,因為能夠親辦自果,什麼是親辦自果?佛教的緣起不是物

質性的緣起,而是眾生的心、識的緣起,絕對不是有些人舉的例子如豆種生豆,而是某個眾生的心、識能夠親身感受到的結果、即果,因此也是果報之果。比如我看到喜歡的人或不喜歡的人,這必定是我的親因、因緣所親辦的自己的果,與他人完全無關,必須有自己的「因緣」。因此《雜阿含294經》的「此二因緣生觸,此六觸入所觸」是六識的生起,我看到那個人了,因此是親辦的自己的果,是從我自己的第八識的「因緣」生起來的,四緣的其他三緣都沒有這個功能。所以,這裡的因緣絕對是四緣的因緣。

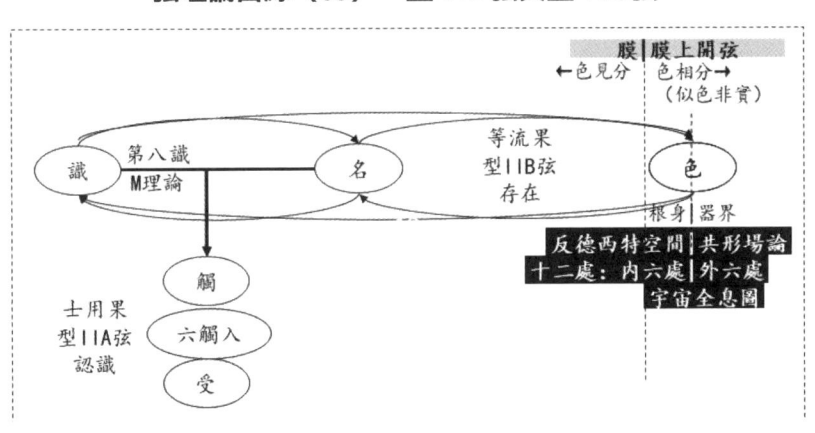

弦理論因緣(03):型 IIB 弦與型 IIA 弦

```
                              膜 | 膜上開弦
                           ←色見分 | 色相分
                                  (似色非實)
  ┌──────────────────────────────┐
  │識  第八識      名    等流果       色 │
  │    M理論             型IIB弦        │
  │                      存在      根身|器界│
  │        │                             │
  │        ▼            反德西特空間|共形場論│
  │士用果  觸           十二處:內六處|外六處│
  │型IIA弦 六觸入       宇宙全息圖       │
  │認識    受                             │
  └──────────────────────────────┘
```

弦理論中的型 IIB 弦常被應用,比如用來計算出黑洞,反德西特/共形場論對偶性也是從型 IIB 弦開始。後者得出的是唯識的根身與器界,根身是我們的身體,器界是相似我們身體外的世界。

這二者根據唯識都是心、識變出來的，特別是「因緣」或親因。佛教的十二處分內六處與外六處，即根身與器界，就是「因緣」或親因所變。根身與器界出現在弦理論的反德西特／共形場論對偶性，這對偶性有個邊界，這邊界是宇宙全息圖的所在，而這全息圖就是佛教的十二處。

　　等流果的型 IIB 弦就是是親辦自果的「因緣」所生果，士用果的型 IIA 弦也是「因緣」親辦自果，但「認識」、「感受」的作用比等流果的型 IIB 弦強，因為，其中主要的是所緣緣。等流果也是有「認識」的只不過是潛意識「存在」的認識，這在解說大腦會有詳細的解說。這「存在」自然的包含了根身。這二者：等流果名色支、士用果觸等三支、加上識支，共五為下面所說的識等五果。

第二節　識等五果

　　識、名色、觸、六觸入、受五支為一世之果，在南傳、部派、唯識都有提及。

一、南傳五果

識等五果：識、名色、六入、觸、受等五支為五果，有南傳的《攝阿毘達磨義論》：

> 其次，此〔緣起支〕中，由無明、行之語亦含攝愛、取、有之意義。於同說愛、取、有而含有無明、行〔之意義〕。又言生、老死有識等五果之意義故：四
>
> 過去之因五，
> 現在有五果，
> 現在因之五，
> 未來成五果。[49]

因此，南傳有將一世為識等五支之說，這也記錄在《清净道論》裡[50]。

二、俱舍五果

部派時期也有識等五果的理論，《俱舍論頌疏》：

> 謂無明、行為因，識等五為果；愛、取、有為因，生、老死為果。[51]

俱舍論主要是部派時期說一切有部的理論，也有識等五果

---

[49] 《攝阿毘達磨義論》；CBETA 2024.R3, N70, no. 37, p. 177a2-6
[50] 《清净道論》；第 563 頁。
[51] 《俱舍論頌疏》卷 9；CBETA 2024.R3, T41, no. 1823, p. 872c13-15

為一世之說。

三、唯識五果

《成論》也有關識等五果之說：

然十二支略攝為四：一能引支，謂無明、行，能引識等五果種故。……二所引支，謂本識內親生當來異熟果攝識等五種，是前二支所引發故。……三能生支，謂愛、取、有，近生當來生老死故。……四所生支，謂生、老死，是愛取有近所生故。……[52]

唯識的理論也認為一世得到的果是識等五果。

第三節　無始無明

之前提到過十二因緣大致上有兩種說法：

- 三世二重因果
- 二世一重因果

---

[52]《成唯識論》卷 8；CBETA 2024.R3, T31, no. 1585, p. 43b27-c26

這兩種說法都是從無明、行開始的。

一、不合邏輯

但是,佛清楚的說過,每一個眾生無始以來一直在三界六道中流轉,這流轉是無始的,因此沒有一個開始。導致無始流轉的原因,就是無明即對真理的無知,因此有行造業。這也說明,無明、行是無始的,那麼無始的無明、行又怎麼能夠成為開始呢?特別是無始的無明、行怎麼能成為一世的開始?這根本在邏輯上是一個致命性的錯誤。

二、十支緣起

木村泰賢在《原始佛教思想論》在論述緣起支的數目:

> ……大致都是十二支,但被視為極為重要且是原始的,不具有十二支的卻是相當的多。例如《長部》之《大緣經》,恐是詳述緣起之代表,但依據巴利本所記載,此中缺無明與行,六入攝於受、觸,總計表面上只有九支。又《長部》之《大本經》揭示毘婆尸佛悟證因緣,此中所揭的緣起支,依據巴利本,乃是缺欠無明與行,只有十支。[53]

---

[53]《原始佛教思想論》;木村泰賢著;釋依觀譯;第133頁。

早期的契經只有十支,其中沒有無明與行。

三、恐在中間

木村泰賢接著說:

> 就筆者所見,認為緣起支自初始就是十二支的看法是錯誤的,但將無明與行視為是爾後附加的,也是錯誤的。真理恐是在中間。[54]

真理是無明與行是在中間。

四、含攝於觸

印順導師在《唯識學探源》中,在解說緣起五支、十支與十二支的差別時,說無明與行是含攝在觸支:

> 雖然說生死的根源在無明,其實無明早就含攝在十支中的觸支裡。觸有種種的觸,而緣起中所說的是無明觸。因無明相應的觸,所以對所取的境界不能了知;不了知無常、苦、空、非我,不了知三寶、四諦,不了知善惡業果,所以起了味著(受);因味著才生愛、生取。[55]

---

[54]《原始佛教思想論》;木村泰賢著;釋依觀譯;第 138 頁。
[55]《唯識學探源》;CBETA 2024.R3, Y10, no. 10, pp. 24a11-25a1

既然無明與行已經含攝於觸，又以無明與行為開始，是很不符合邏輯的。之後將會提到，雖說「無明觸」，或反之的「明觸」，實際上無明不是在觸支，而是在觸支之前的名色支，因為名色支其中有染污意。

五、無行緣識

之前說過中道僧團也同意無明在六觸入，特別提到了無有「行緣識」的事實：

> 無明起於六觸入處，無明緣行（取，我見）、貪愛，愛識緣名色。在「十二因緣法」中，實際是無有「行緣識」的事實。

六、有漏種子

因此，無明、行是一種無始、無數世的「狀態」，不能找到開始。那麼什麼是這個狀態呢？從唯識來說就是有漏種子的狀態，眾生在無數世的輪迴在還沒證道之前，都是有漏種子的現行，要到了證道後，無漏種子現行，才脫離了有漏種子的束縛或狀態。只要一天還有有漏種子，還沒証得轉依到無漏種子，就一直有無明與行的現行，就一直是有為法的現行。

因此，實是無明與行不是緣起支的開始，真實只有十支，

無明與行是隱藏在觸（其實在下面論述，無明其實是隱藏在名色支的等流果、行則是在愛、取、有的有），因此是在中間，即是有漏種子的狀態，這也是釋尊說「齊識而還，不能過彼」的根本原因。

弦理論因緣（04）：M理論圖，無無明與行

緣起支應有的結構　必須包含四緣、五果

緣滅 無漏種子 還滅 型I弦	離系果 ↕	無漏種子 明為緣
增上緣	異熟果 生、老死 二支 ↕	有漏種子 無明為緣 有行
緣生 有漏種子 流轉四果 型II弦	增上緣 ↕ 所緣緣 ↕ 因緣	增上果 愛、取、有 三支 ↕ 士用果 六入、觸、受 三支 ↕ 等流果 名色支
		識支 第八識 ↕ 等無間緣 第七識

弦理論圖1995年

型I弦 離系果
↕
SO(32) 雜交弦 異熟果
↕
E8×E8 雜交弦 增上果 ↔ M理論 第八識
↕
型IIA弦 士用果
↕
型IIB弦 等流果 ↔ F理論 第七識

筆者絕對沒有現觀能力,但看著上圖右邊的弦理論圖思考多年,先是發現太虛大師的圖(下面的太虛大師四緣、五果、第八識圖),確定M理論與五版超弦論是第八識與五果,後發現M理論的圖實際上是十二因緣之後,怎麼看都看不出無明與行在哪裡。通過翻閱經論,確定無明與行不是「有支」,而無明是在名色支,行在愛等三支的有支。

第四節　二世一重

　　第二節敘述了南傳、部派、唯識等都有識等五果之說,都說明一世是識支開始的。印順導師在《唯識學探源》提到:

> 十支與十二支,也不過三世兩重因果,與二世一重因果的差別。緣起觀的目的,在說明前生和後生,因果相續的關係;至於三世、二世,倒並不重要。[55]

　　若將不合邏輯的無明、行二支做為十二因緣的開始排除在「內」於有漏種子後,綜合三世二重因果與二世一重因果的理論來看,從下圖可以看得出,其實三世二重因果與二世一重因

---

[55]《唯識學探源》; CBETA 2024.R3, Y10, no. 10, p. 24a9-11

果,都是在說二世一重因果。特別是各種十二因緣的理論都以識為開始,為一世的識等五支為五果,而愛等三為因。

只是這兩種說法在標記上有名稱的差別,前者稱識等五果為今世果,愛等三為今世因;後者則分別為所引,與能生;其實意思都是一樣的。生、老死二支,前者稱後世果,後者稱所生,意思也都是一樣的。

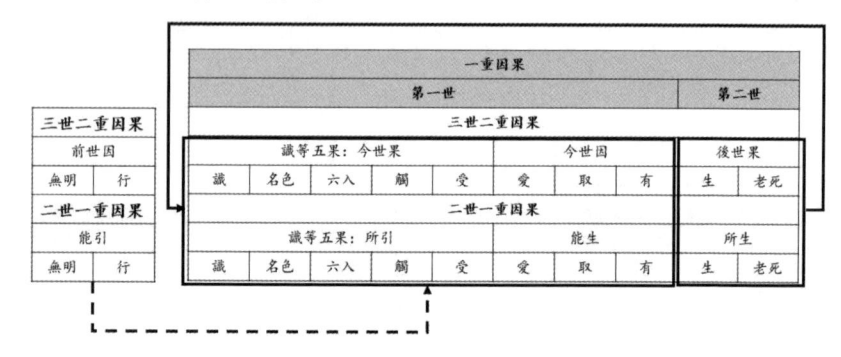

三世二重因果	一重因果		
	第一世		第二世
	三世二重因果		
前世因	識等五果:今世果	今世因	後世果
無明 行	識 名色 六入 觸 受	愛 取 有	生 老死
二世一重因果	二世一重因果		
能引	識等五果:所引	能生	所生
無明 行	識 名色 六入 觸 受	愛 取 有	生 老死

圖表 20　緣起支結構圖二:二世一重因果

從這裡可以看得出幾點:

一、緣起支實際上只是二世一重因果,其中沒有無明與行。我們將看到「無明」其實在名色支之名,「行」則是在有愛、取、有三特別是有支。

二、一世是以識支開始的。

三、一世是具有八支的。

四、緣起支是有結構性的,而不是一支接著一支的。

五、因為二世一重因果是一個輪迴,但因為一世具有八支,

那麼一世八支內是否是一種循環的模式？

因此，除了《雜阿含288經》與《雜阿含294經》清楚描述的結構外，這裡再次看得出十二因緣的十二支是有區塊性、結構性的，因此解釋十二因緣必須要能夠清楚的、應用其他佛法來解釋以上的結構，而不是一支接著一支的解說。

第五節 識支為始

那麼佛典中，有沒有以識支開始的十二因緣之說呢？除了以上提到的十支的解說外，那就是唯識的第八阿賴耶識與初能變。

《成論》在指出第八阿賴耶識是必須的論據中，提出五教証與十理証[57]，其中《成論》的十理證之第七，說明緣起支的識支即第八識：

> 又契經說：識緣名色，名色緣識。如是二法展轉相依，譬如蘆束俱時而轉。若無此識……自作是釋：名，謂非色四蘊；色，謂羯邏藍等。此二與識，相依而住，

---

[57] 《簡明成唯識論講記》；于凌波；第197頁、第215頁。

> 如二蘆束，更互為緣，恒俱時轉，不相捨離……故彼識言，顯第八識。[58]

因此，唯識的第八阿賴耶識就是十二因緣的識支。而在《唯識三十頌》，第八阿賴耶識是初能變，也就是一世初始時候「變」：

> 由假說我法，有種種相轉；彼依識所變。此能變唯三，謂異熟思量，及了別境識。初阿賴耶識，異熟一切種，不可知執受……

玄奘大師的《八識規矩頌》明確的、再次的說明第八阿賴耶識是一世的開始：

> 浩浩三藏不可窮，淵深七浪境為風，受薰持種根身器，去後來先作主公。

以上的理証不僅說第八阿賴耶識是識支，而且還提到了名色支，可惜的是《唯識三十頌》與《成論》，都沒有接著應用第八阿賴耶識來明確的說十二因緣。

第八阿賴耶識，也被稱為本識、結生識，有學者認為識支不是本識，如之前提到過的水野弘元認為：

> 關於識，應注意的是，此識不論是表面或是潛在識，絕不可做為本體性之實體視之。[59]

理由是如唯識學者葉阿月所說的：

> 此處所說的識是識體，其意是指認識的主體，並不是指輪迴的主體。因為《中阿含經》曾說一位漁師之子，名為荼帝的比丘(`Satissa nama bhikkhuno`....)執著「此識是流轉輪於生死，並不是別的東西」的惡見，對他激烈反駁，然後教他識是緣起(`paticca-samupannam vinnanam`)的道理。

> 以上是阿含經所主張的是識六識，也是認識的主體，並不是輪迴的主體，因為識是緣起性。此外《雜阿含經》所說的識與名色的互相依存關係的心識說也是很有名的。其學說不但在《法蘊足論》有詳細的說明，也常被唯識論書所引用。因此下面將以《中邊分別論》為中心來看諸唯識論的解說。[60]

以上是水野弘元不認為識支是本體識的原因，但葉阿月引用上段《成論》的論文說：

> 此文強調名色與識互相關係中的識，並不是眼等諸轉識，而是第八識，因為有此第八識時才能執持名色；換言之，必須有第八識的識及諸轉識的名，與其相對

---

58 《成唯識論》卷 3；CBETA 2024.R1, T31, no. 1585, p. 17a23-b3
59 《原始佛教的特質》；水野弘元；第 19 頁
60 識思想的十二緣起說：以中邊分別論為中心；葉阿月；台大哲學論評第四期；第 61-75

諸法的色才能成立互相展轉。

今天所有十二因緣的論述，除了唯識外沒有以第八阿賴耶識、本識、輪迴的結生識來解說都是不對的，唯識也沒有繼續的應用第八識為識支開展餘支論述緣起支也是非常的可惜。

第六節　識支與色

很明顯的唯識的理論，因為從識支以第八識為開始，是最接近緣起正義的，若世親菩薩不是去世太早能夠造譯，或許會將整套十二因緣正義闡述而避免佛教的四分五裂。

第八阿賴耶識既然是識支，那麼《唯識三十頌》接下來是否有說明名色支呢？答案是：不能說有但也不是說完全沒有。

《成論》在開始就說明了第八阿賴耶識的變有兩種：

> 變，謂識體轉似二分。相、見俱依自證起故。依斯二分施設我、法；彼二離此，無所依故。或復內識，轉似外境。我、法分別，熏習力故，諸識生時，變似我、法。此我、法相雖在內識，而由分別，似外境現。[61]

---

[61]《成唯識論》卷1；CBETA 2024.R3, T31, no. 1585, p. 1a29-b4

那就是：

一、 見分、相分，

二、 我即根身、法即器界。

唯識的八識，每一識都有見分與相分，比如眼識的見分是眼識的識、行、受、想蘊。眼識的相分則是眼識的對象——那就是色（境、塵）；同樣的其他耳識、鼻識、舌識、身識的對象分別是——聲、香、味、觸。

因此根身、器界都只是相分境的色——色、聲、香、味、觸。這些相分境在《阿含經》稱為四大內界與外界。內界是好像有的根身即我們的身體、器官、五官、大腦等等；外界是好像在我們的身體外有個世界，即外境或器界包括山河大地、宇宙星辰，也包括他人的身體。

以上就是名色支之色，如下圖：

十二因緣之《雜阿含288、294經》與第八識之初能變名色支之色

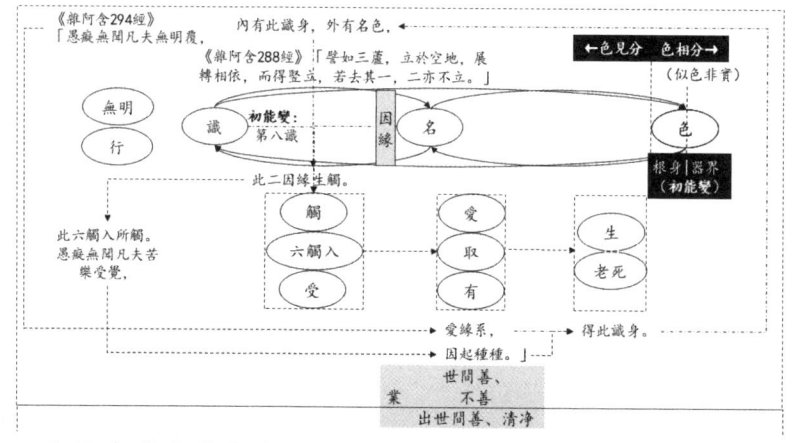

圖表 21 緣起支結構圖三：第八識初能變色

因此，第八阿賴耶識變出的似色，就是名色支之色；雖然只是說第八阿賴耶識變出色，但是此色也必定是第八阿賴耶識之緣，因為唯識認為第八識執持根身，但要是第八識執持的根身受損，第八阿賴耶識也無所依。這就是「譬如三蘆，立於空地，展轉相依」的真正意義。但要注意的，這個色，在唯識裡是「似色非實」的。

今天多數的十二因緣論述沒有說明識支與色的直接關係，因此都是嚴重的缺陷，唯識的理論也沒有說明第八識的初能變變出的見分、相分、我、法就是名色支的色也非常的可惜。

要特別強調的是根身：眼、耳、鼻、舌、身根據「識外無境」，都只是相分境而已。比如我們可以看到自己的身體、手、脚，左手可以觸摸到右手、雙脚等，根據「識外無境」，都只是相分境。我們看到鏡子上自己的眼、耳、鼻、舌根據「識外無境」，都只是相分境。

弦論因緣（05）：型IIB弦、型IIA弦與膜

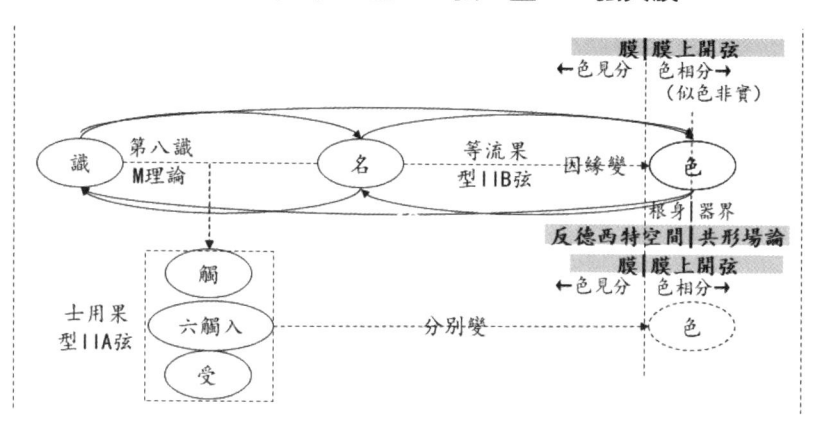

弦理論中的五版超弦論是佛教的五果，而這五版超弦論中，只有型IIB弦與型IIA弦有膜與膜上開弦。根據唯識的理論，我們認為有的物質，只是相分色為見分所緣，其實是沒有的。那麼這見分、相分是什麼呢？就是弦理論的膜與膜上開弦，因此，只有名色支的等流果（型IIB弦）與觸等三支的士用果（型IIA弦）有「認識」，此中等流果的「認識」是潛意識的。也因此，這是識等五果的意義。

在《成論》中，如這裡所述，第八識變也就是M理論變，其中的膜與膜上的開弦就是名色支的等流果的見分與相分。這是唯識所說的「因緣變」，而觸等三支的士用果的見分、相分在唯識為「分別變」這個在下面有解說。

雖然型IIB弦或等流果的「色」只是似色非實，但因為是因緣變是直接變的因此是「真實的物質」或有實質為依據的，

反觀，型IIA弦或士用果的「色」則是沒有實質為依據的。除此，型IIB弦是具有手性的，即有左右之分；反觀型IIA弦是不具有手性的，也就是沒有左右之分。

第七節 識支與名

那麼《成論》接下來是否有說明識支與名色支之名呢？答案也是：不能說有，但也不是說完全沒有。那就是第二能變的第七末那識，根據《唯識三十頌》：

次第二能變，是識名末那，依彼轉緣彼，思量為性相。

從十二因緣結構性來看，第七識是依第八識而起，卻又轉回來緣第八識；而且，在唯識的理論中，第七識以第八識為根，而第八識又以第七識為根，即相互為根。因此，很明顯的是第七識就是名色支之名的至少一分，這也是「譬如三蘆，立於空地，展轉相依」。

十二因緣之《雜阿含288、294經》與第八識之初能變名色支之名與色

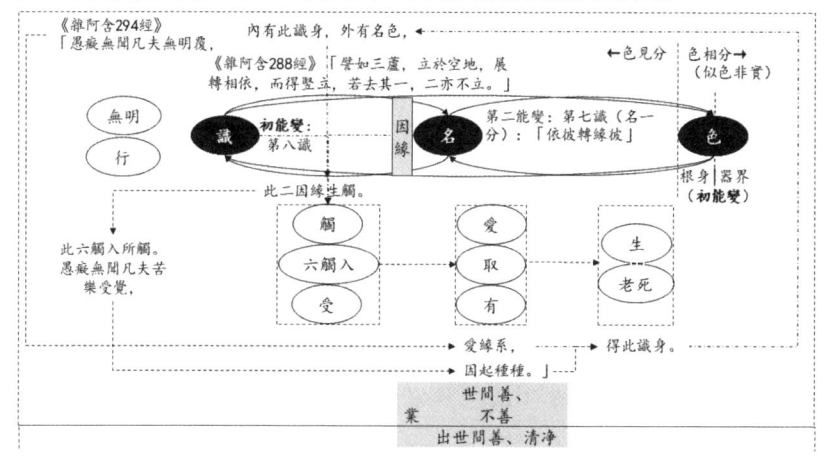

圖表 22 緣起支結構圖四：第八識與第七識互緣

至此，在識、名、色三展轉相依已經闡述了：

・識與色互緣，
・識與名（一分）互緣。

小乘學者不認為有第七識，因此沒有將第七識設置在名色支之名，因此在解釋名色支就陷入六識困境，唯識學者也沒有將第七識用來解釋名色支之名也非常的可惜。

到此還沒有經論說說明為什麼名與色是互緣的？怎麼樣互緣？今天有提到名與色互緣的似乎只有南傳一系，除此在說一切有部的《大毘婆沙論》中略有提到，都只是提到而已，至於具體為什麼名與色是互緣，完全沒有具體的細節。這個對於要深入瞭解「譬如三蘆，立於空地，展轉相依」來說，是一個大

缺陷。雖然緣起甚深，阿羅漢都未必能夠完全理解，那麼我們現代人是否能夠補上這個缺口？這個在以後將會說明。

弦論因緣（06）：十二維次

現有弦理論的科普一般提到 10、11 維次，但完整的是有 12 維次——第 12 維次是屬於一個叫做 F 理論的數學猜想：

> 康倫·瓦法（Cumrun Vafa）意識到型 IIB 弦理論的某些複雜解可以用具有 12 維的不同理論的更簡單解來描述。之後於 1996 年提出 F 理論，高於超弦理論的 10 維或 M 理論的 11 維理論。 與 M 理論理論不同，時空的所有維度都被平等對待，F 理論的兩個維度與其他維度有着根本的不同：它們總是必須捲曲。所以現在要達到三個空間維度，我們有八個維度而不是六個。[62]

M 理論是第八識，與第八識「依彼轉緣彼」的第七識就是 F 理論了：

> 「末那識」（第七識）看落「賴耶」的「見分」那裡，「末那識」好像影相機的鏡頭那樣，它一看下去，就將那個「阿賴耶識」的「見分」，這個就是「末那識」的「相分」了，這個「末那識」的「相分」就

---

[62] String Theory for Dummies；Andrew Zimmerman Jones

反映出「阿賴耶識」的「見分」，本來那是一個「賴耶」的「見分」而已，不是我，它再變起一重，「末那識」的第二重「相分」，第二重「相分」，這個第二重「相分」，這個就是什麼？就是「我」！本來它不是「我」，它加裝上去的而已，加上有色眼鏡。[62]

第七識有兩個相分而F理論有「兩個維度與其他維度有著根本的不同：它們總是必須捲曲」。下面將說明名色支就是等流果，等流果在弦理論是型IIB弦，型IIB弦與自己有對偶性。下面也將說明，在唯識，佛教四緣的等無間緣是第七識，而等無間緣在太虛大師下圖中是第七項「前自現引後自現」。因此，這兩張圖其實深入的去理解是一樣：其中包含了第七識即F理論。

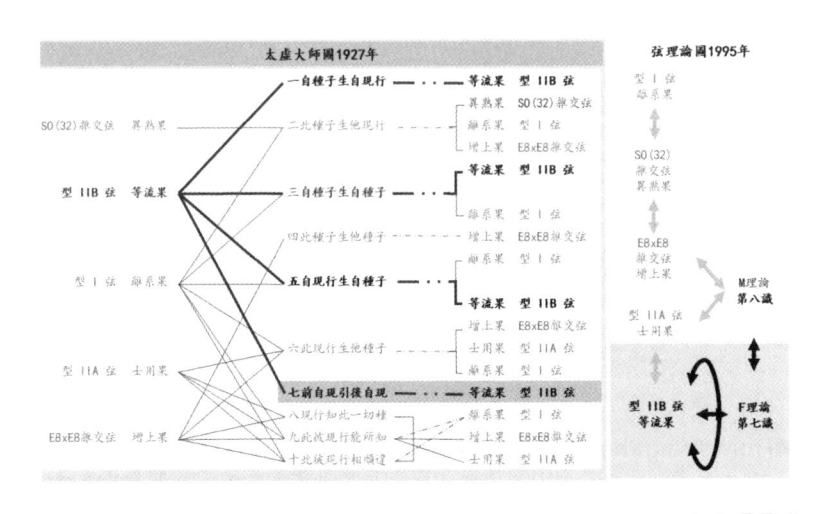

[63] 羅時憲：唯識方隅；第26講

只是在弦理論的圖沒有這個細節，右下角 F 理論的部分是筆者補上的。因此弦理論實際上總共有十二維次，扣除四時空維次剩下八個維次，而這正是唯識的八識。

網上有位學生分享了他在弦理論課上有關 M 理論與 F 理論的筆記，其中一段：

若我們將 M 理論與型 IIB 弦對偶化，那麼 M 理論與 F 理論就彼此關聯了……[64]

「M 理論與型 IIB 弦對偶化」，就是「識緣名色」；而「M 理論與 F 理論就彼此關聯了」，說的就是第七識與第八識「依彼轉緣彼」。這段明顯的在說識支、名色支的等流果與第七識。要注意的是「型 IIB 弦與自己也是有對偶性」的，那就是「名與色互緣」。

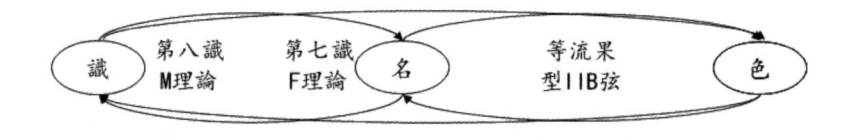

---

[64] From string theory to M-theory to F-theory. What is the roadmap?；Physics Overflow；https://www.physicsoverflow.org/26941/from-string-theory-to-m-theory-to-f-theory-what-is-the-roadmap
[65]《成唯識論》卷 2；CBETA 2024.R3, T31, no. 1585, p. 7c28-29

簡單來說：

- 弦理論的型IIB弦自然的含有F理論
- 唯識的名色支的等流果自然的含有第七識

這個細節是完全一致的。

第八節 緣起四果

緣起法必定包含因果法，果可以有許多分法，前面說過的識等五果，還可以有聖人四果等，但佛教緣起法中最重要的還是四緣與五果。部派佛教有六因、四緣、五果之說。前面說過，因為緣起法涵蓋一切佛法，因此十二因緣起碼必須攝受四緣、五果。那麼，是否有類似或接近的理論呢？答案還是：不能說有但也不是說完全沒有。

因為《成論》說識支是第八阿賴耶識，因此，所有第八阿賴耶識的相貌理應也是識支的相貌，而《成論》在解說為什麼第八阿賴耶識又稱異熟識的時候，說到：

此識果相，雖多位、多種，異熟寬、不共，故偏說之。

意思是，第八阿賴耶識有多位、多種果相。其中，《成唯識論述記》對「多種」的解釋如下：

> 言「多種」者，即五果中。有義，具四果，除離繫果，此可具有。謂前望後，為等流果。同時心所望此心王，名士用果。種子生時，亦名士用，故論下言「如俱有因，得士用」故，亦名增上果。異熟果可知。[66]

由此可知，第八阿賴耶識至少有四果相，因為唯識以第八阿賴耶識為識支，因此若宗唯識，必定認可緣起支或其識支也至少有四果相。問題是怎麼匹配這四果到十二因緣的論述中。或許有人質疑：有必要匹配嗎？答案是：絕對有必要的，因為匹配過後才能夠深入的與正確的理解十二因緣。

現有的十二因緣的論述都沒有說明十二因緣有四果相，這如在中國地圖上沒有標記不同的省市是嚴重的失誤。

第九節　四果概述

四緣、五果是緣起非常重要的法，必定是十二因緣所攝。

---

[66]《成唯識論述記》卷 2；CBETA 2024.R3, T43, no. 1830, p. 301c20-24

現有關於四緣、五果的解說有許多，其中許多解說采用深奧的詞匯，但因為沒在十二因緣植入對應的坐標，非常的混亂與不好理解，甚至可以說不知所云。四果是五果之四，這裏為了方便理解，采取索達吉堪布比較通俗的解說。[67]

一、異熟之果

關於異熟果的介紹是：

十不善業中不論是殺生、偷盜、邪淫、妄語、綺語等任何一種，假如是以嗔心所導緻，就會墮入地獄；如果是在貪心驅使下造成的，將會生為餓鬼；若是在痴心狀態中進行的，則會轉為旁生。

因此，貪嗔痴這三種煩惱，能令眾生分別墮入三惡趣，龍猛菩薩在《中觀寶鬘論》中亦雲："由貪轉餓鬼，以嗔引地獄，痴多成旁生，相反得人天。"……

很明顯的「由貪轉餓鬼，以嗔引地獄，痴多成旁生，相反得人天。」是後世的果報，因此在異熟果在十二因緣屬於生、老死二支。

---

[67] 《般若妙語；索達吉堪布》<什麼是異熟果、等流果、增上果、士用果>；作者：圓非；http://www.iwantech.org/archives/645

二、等流故果

關於等流果的介紹是：

所謂等流果，是指以異熟果的牽引在地獄、餓鬼、旁生中受苦之後，解脫出來獲得人身時所感受的報應。

當然，不僅僅是人會感受等流果，包括惡趣眾生，也會感受這樣的果報。例如，有些旁生前世喜歡殺生的話，以等流果所感，這一世也喜歡殺生；有些旁生前世愛吃草、不害其他眾生的話，即生中也會有類似的習氣。

其實在藏文中，"等流果"的意思是果相似於因，造了什麼樣的因，便會產生什麼樣的果。

《入阿毗達磨論》中也說："果似因故，說名為'等'。從因生故，複說為'流'。"

因此，果和因非常相似，果是從因出生，像甜種子產生甜果、苦種子產生苦果，這樣的因果關繫就叫等流果。……

第一段明顯的說明異熟（生、老死）的後世果，來到今世的果報，因此是在識等五支內。另外，等流果與習氣有關，稱

為等是因為果似因故。因為識支即第八阿賴耶識，行相細微含藏一切種子，應該不止是習氣；也因為這裡要說明識支即第八阿賴耶識具有哪些四果相，若指回識支是不合理的，因此等流果就是名色支。

三、增上之果

關於增上果的介紹是：

增上果，是指造業後成熟在外境上的報應。

當然，它的意思並不是說，自己所造的業會成熟在外境的地水火風上，而是指業力對外境所產生的作用。就拿監獄來講，它可以說是犯法的這群人以罪業形成的環境，但並不是指他們犯法之後，罪業就成熟於外境的監獄上了，自相續不必承受任何果報。《增一阿含經》亦云："由十惡之本，外物衰耗，何況內法？"由此可見，造了十種不善業後，外在的環境是會受到影響的。……

增上果是與業力有關的，因此，增上果應該不只是造業，但也是因為造業從中得到果報。

四、士用之果

關於士用果的介紹是：

所謂的士用果，《小乘阿毗達磨》和《大乘阿毗達磨》中都講了，"士"指士夫，"用"指功用，合在一起就是士夫使用工具造作的各類事情，如農夫耕耘而得莊稼，商人經營而獲利潤，工匠用技藝而成器物。同樣，一個人殺生的話，身口意因緣聚合之後，斷了眾生的命根，成熟了一個果報，這就像陶師做陶器一樣，需要一定的功用才能成就，故稱為"士用果"。

在十二因緣結構圖的區塊中，只剩下觸、六觸入、受了。這裡有關士用果的描述是一種造作，這種造作後得到的果報，但這以上的增上果就重複了。換個角度，造作必須要有清晰的意識，或許這觸、六觸入、受三支就是一種清晰意識的士用果。

五、緣起四果

《成論》說第八阿賴耶識具有四果相，但沒有非常詳細的解釋為什麼，這裡通過十二因緣卻能夠清楚的認識這四果相——也是識支的四果相。如圖：

十二因緣之──識支的四果

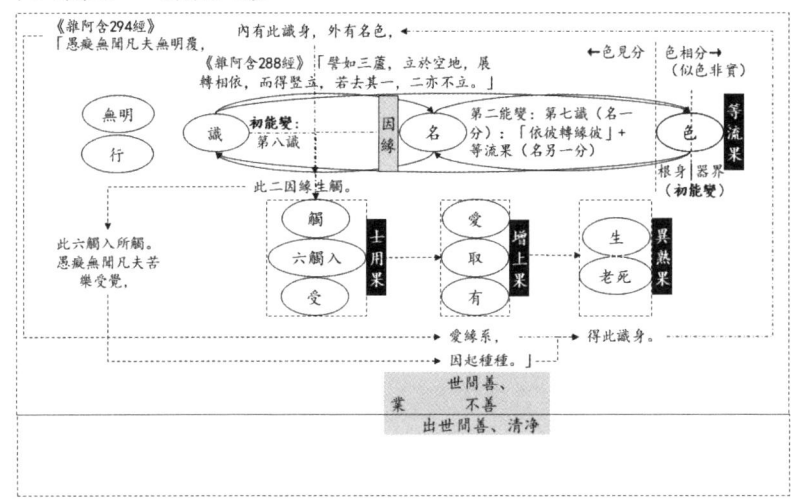

圖表 23 緣起支結構圖五：識支與四果

第八阿賴耶識的四果相就是：

一、 名色支的等流果其中包含有：

　　a. 第七末那識（名一分），

　　b. 等流果（名另一分），

　　c. 色：根身、器界。

二、 觸、六觸入、受三支的士用果，

三、 愛、取、有三支的增上果，

四、 生、老死二支的異熟果。

以上將名色支整支標為等流果，而不僅是名，是因為等流果為因緣所生，因此本身必定是包含名與色，因此成為名色支，是其他三緣不能生的。這個在之後將會解說。

現有的十二因緣論述，沒有解說四果，也沒有將四果在十二因緣圖中植入坐標，因此都是錯的。這有如中國地圖沒有標記湖南省、江西省，或許還有人認為江西省是在湖南省的東北邊。

弦理論因緣（07）：M理論、五版超弦論與型II弦

弦理論的M理論自然的將五版超弦論結合起來，《成論》中第八識也有四果相為第五離系果所依（下面論述），十二因緣也因此自然的有十支。這些的背後，都有其自然的法的、數學的底蘊。

弦理論的圖中，M理論與五版超弦論的對偶性，順序就有型IIB弦、型IIA弦、E8xE8雜交弦、SO（32）雜交弦。這個次序完全是根據緣起支排列的為等流果、士用果、增上果、異熟果。

這是因為種子與四緣的自然關係；種子就是弦，我們將看到有漏種子即型II弦。當弦左移時是一種增上緣，左移非對稱為親因或因緣，右移是所緣緣等等；這些在後面有更詳細的解說。

這些有漏種子或型II弦的各種不同狀態，因此有不同的四果、五果。眾生各自的第八識也就是M理論裡，有無量無數

的種子也就是弦，一剎那中，一些在左移、一些右移；因此，自然的有因緣、增上緣、所緣緣、等無間緣,也自然的有五果。

換句話說，一剎那具有四緣，也因此一剎那具有五果，也因此一剎那有緣起十支。

第十節 離系之果

那麼十二因緣或第八阿賴耶識是否不具有第五之離系果呢？要知道佛是最終是通過緣滅的角度，才能得十二因緣的總觀，因此，離系果做為還滅的果與第八識、緣起都有很大的關係。

一、如來法位

第八識不完全是異熟識也是種子識，上述《成論》提到「多位」，《述記》解：

……「此識果相雖多位」者，如前三位，或復五位，故言多位。[68]

五位指：異生、二乘有學、三乘無學、十地菩薩、也包括

如來位。

二、無漏種子

《成論》：

無漏法種,雖依附此識,而非此性攝,故非所緣。雖非所緣,而不相離,如真如性,不違唯識。[69]

第八識不緣無漏種,但第八識是無漏種所依與第八識不相離。

三、無餘涅槃

《成論》說聖人也具第八識：

……由斯永失阿賴耶名,說之為捨,非捨一切第八識體。勿阿羅漢無識持種,爾時便入無餘涅槃？[70]

無學聖人如阿羅漢已斷盡阿賴耶識煩惱種,不再將阿賴耶識執藏為我,因此第八識不稱阿賴耶,說是捨棄,但非捨棄第八識主體。否則無學聖人如阿羅漢斷盡煩惱種後,就沒識保持種子進入無餘涅槃了。

---

[68] 《成唯識論述記》卷 2；CBETA 2024.R1, T43, no. 1830, p. 301c19-20
[69] 《成唯識論》卷 2；CBETA 2024.R1, T31, no. 1585, p. 11a6-8
[70] 《成唯識論》卷 3；CBETA 2024.R1, T31, no. 1585, p. 13c5-7

四、無垢之識

《成論》解第八識有各種名：心、阿陀那、所知依、種子識、阿賴耶識、異熟識與無垢識：

> 然第八識，雖諸有情皆悉成就，而隨義別，立種種名。……或名無垢識，最極清淨諸無漏法所依止故。此名唯在如來地有。菩薩、二乘及異生……未得善淨第八識故。如契經說：如來無垢識，是淨無漏界……[71]

無垢識是善淨第八識。

五、無漏之位

《成論》：

> 然第八識總有二位。一有漏位：無記性攝，唯與觸等五法相應，但緣前說執受、處境。二無漏位：唯善性攝。[72]

有漏位時第八識是無記性，只與五遍行心所相應。無漏位時第八識只屬善性，與五遍行、五別境與十一個善心所相應。

---

[71] 《成唯識論》卷3；CBETA 2024.R1, T31, no. 1585, p. 13c7-24
[72] 《成唯識論》卷3；CBETA 2024.R1, T31, no. 1585, pp. 13c28-14a5

六、還滅依持

《成論》說明有第八識的理由之一：

由此有者，由有此識；有諸趣者，有善、惡趣。謂由有此第八識故，執持一切順流轉法……是與流轉作依持用。及涅槃證得者，由有此識，故有涅槃證得。謂由有此第八識故，執持一切順還滅法，令修行者證得涅槃……皆依此識，是與還滅作依持用。[73]

流轉與涅槃證得都必有第八識。

七、滅道所依

《成論》：

……雜染法者，謂苦、集諦，……清淨法者，謂滅、道諦……彼二皆依此識而有……離第八識，皆不得有。[74]

滅、道離第八識不得有。

八、異熟離系

---

[73]《成唯識論》卷3；CBETA 2024.R1, T31, no. 1585, p. 14a27-b12
[74]《成唯識論》卷3；CBETA 2024.R1, T31, no. 1585, p. 14b14-20

不僅苦、集流轉二諦是緣起法，滅、道還滅二諦也是緣起法，因此也是十二因緣所攝。《瑜伽師地論》卷 21，本地分中聲聞地第十三初瑜伽處趣入地第二：

> 云何趣入自性？謂安住種姓補特伽羅，本性成就涅槃種子。若於爾時有佛出世，生於中國，不生達須、蔑戾車中，乃至廣說初得見佛及佛弟子，往詣承事，從彼聞法得初正信、受持淨戒、攝受多聞、增長惠捨、調柔諸見。從是已後，由此法受、由此因緣，身滅壞已、度此生已，獲得六處異熟所攝殊勝諸根，能作長時轉勝正信生起依止；亦能與彼受持淨戒、攝受多聞、增長惠捨、調柔諸見，轉上、轉勝、轉復微妙為所依止。復由如是轉上、轉勝、轉復微妙信等諸法，更得其餘殊勝異熟；由此異熟，復得其餘隨順出世轉勝善法。如是展轉互為依因，互與勢力，於後後生轉轉勝進，乃至獲得最後有身。謂住於此得般涅槃，或能趣入正性離生。是名趣入。何以故？若道、若路、若正行跡，能得涅槃、能趣涅槃；彼於爾時，能昇、能入、能正行履，漸次趣向，至極究竟。是故說此名已趣入。如是名為趣入自姓。[75]

從上面，可以看出從凡夫的四果最終到聖人的離系果：

---

[75] 《瑜伽師地論》卷 21：CBETA 2024.R3, T30, no. 1579, p. 399b27-c16

1. 「從彼聞法得初正信、受持淨戒、攝受多聞、增長惠捨、調柔諸見」，是初為士用果的認識——正見，
2. 「轉上、轉勝、轉復微妙為所依止。復由如是轉上、轉勝、轉復微妙信等諸法」，後到增上果的修行——八正道：
3. 「更得其餘殊勝異熟；由此異熟，復得其餘隨順出世轉勝善法」，因為不是一世能到涅槃，經過異熟果的輪迴——四向四果：
4. 「如是展轉互為依因，互與勢力，於後後生轉轉勝進，乃至獲得最後有身」，再到等流果後，重複以上，
5. 最終離系果涅槃。

因此，涅槃的離系果也是緣起，如下圖：

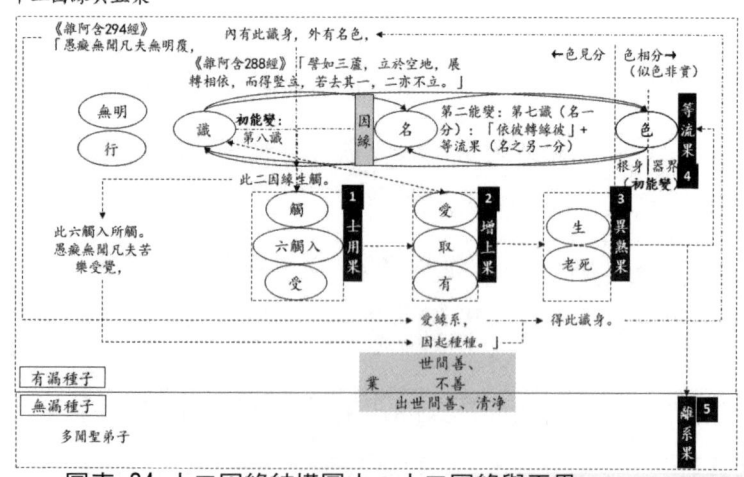

圖表 24 十二因緣結構圖六：十二因緣與五果

之前說過，無明、行只是在說凡夫有漏種子的「狀態」，這是無始以來就有的，因此不可以做為十二因緣的開始。與有漏種子相反，上圖顯示，如果通過梵行，那麼得到的就是無漏種子的離系果——即涅槃。因此，異熟果從涅槃的角度來說是「正性離生」，不是生、老死。

今天所有的十二因緣論述都沒有說明十二因緣與離系果的關係。

九、四向四果

四向四果也是緣起，是聲聞修行的次第及證得的果位，出於《雜阿含經》。其中，須陀洹、斯陀含、阿那含及阿羅漢，此四者稱四沙門果；再加上初果向、二果向、三果向、四果向等四種果向，合稱四向四果。因為每一個果位都分成兩階段，所以又稱四雙八輩、四雙八士。[76]

如下圖所示，四向四果也必須為十二因緣所攝。在初果向加行位的時候是凡夫，但一旦證道，便是聖人，聖人與凡夫必定有實質上、本質上的差別，才能在佛經上被稱為「應供」，要是無實際差別，那就不可能是「應供」。特別是二果是一來

---

[76] 《維基百科》<四向四果>；https://zh.wikipedia.org/zh-hk/%E5%9B%9B%E5%90%91%E5%9B%9B%E6%9E%9C

果,也就是再來欲界受生一次;三果是不來果,也就是不再來欲界受生;四果是無生,不再輪迴;因此,實質上、本質上必定有很大的差別,也因此,不僅是簡單的從增上果引生的,雖然也是必須通過增上果,但最終必定是從異熟果引生的。

比如,初果向是加行位的凡夫,通過增上戒、定、慧學,斷身見、戒見取見與疑,通過增上勢力,得到異熟的初果,得二十二根的未知當知無漏根;在這之前,他的等流果(存在)、士用果(認識)等都只是凡夫,但一旦證到初果,他的等流果、士用果都必須是異熟到初果,必須是有實質上、本質上的提升。

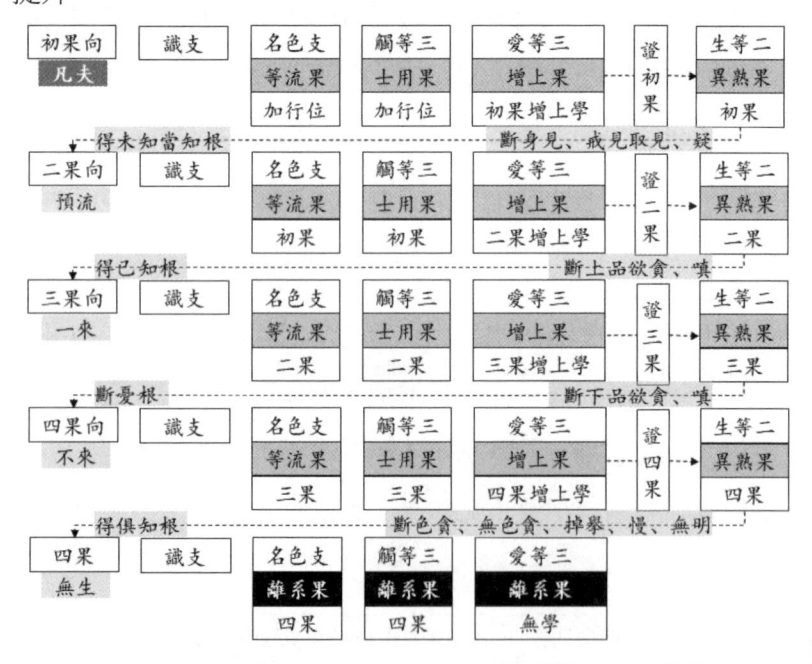

初果向 凡夫	識支	名色支 等流果 加行位	觸等三 士用果 加行位	愛等三 增上果 初果增上學	證初果	生等二 異熟果 初果

↓得未知當知根 ---------------------- 斷身見、戒見取見、疑

二果向 預流	識支	名色支 等流果 初果	觸等三 士用果 初果	愛等三 增上果 二果增上學	證二果	生等二 異熟果 二果

↓得已知根 ---------------------- 斷上品欲貪、瞋

三果向 一來	識支	名色支 等流果 二果	觸等三 士用果 二果	愛等三 增上果 三果增上學	證三果	生等二 異熟果 三果

↓斷憂根 ---------------------- 斷下品欲貪、瞋

四果向 不來	識支	名色支 等流果 三果	觸等三 士用果 三果	愛等三 增上果 四果增上學	證四果	生等二 異熟果 四果

↓得俱知根 ---------------------- 斷色貪、無色貪、掉舉、慢、無明

四果 無生	識支	名色支 離系果 四果	觸等三 離系果 四果	愛等三 離系果 無學		

圖表 25 緣起支與四向四果

同理類推，從上圖可見，四向四果也必須為緣起支所攝，若非如此，凡夫與聖人就沒有實質上、本質上的差別；如任何宗教、外道都可以任意的說是聖人，那些都不是真正意義上點的聖人。聖人的等流果也就是名色支必定與凡夫不同：名即精神狀態必定不同凡夫，色即根身也必定有異於凡夫；若無差異何為聖人？四向四果必須結構性的、層次性的應用緣起支才能說得清楚。

第十一節　太虛大師

有關第八阿賴耶識與五果的理論，太虛大師在他的 1927 年所作的《真現實論》也做了類似但更詳細的論述，其中還包含了四緣，以及種子與現行的細節[77]。

一、果果相攝

太虛大師這張圖，其實與十二因緣的結構圖是一樣的，只是太虛大師的圖是從種子與現行來表示，因此有不同的細節。下圖中間的第八項指的就是第八阿賴耶識，也就是識支：

---

[77]《真現實論》；太虛；周學農點校；中國人民大學出版社；第 262 頁

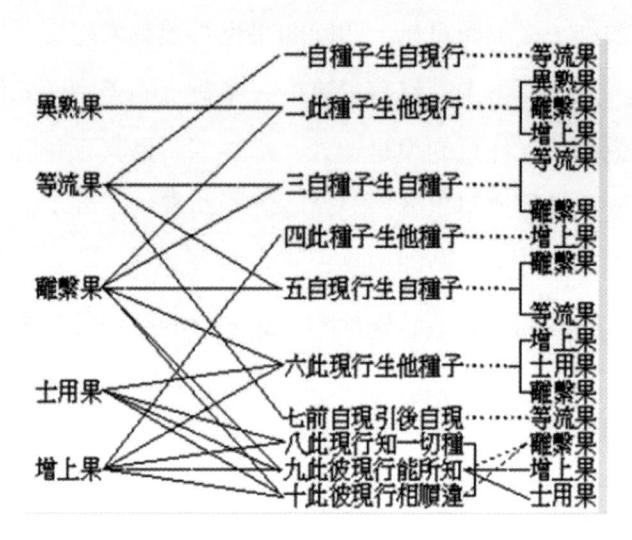

圖表 26 太虛大師四緣、五果、第八識圖

　　太虛大師的目的是要說明，五果雖然是通過四緣所生的果，但是五果任何之一現起之後，再通過四緣可以是五果的另外一果。比如士用果通過六的「此現行生他種子」的增上緣後，也可以是增上果。第八項「此現行知道一切種」（下圖為「一切種子為生現行第八識者」）是所緣緣，指的就是第八識現行緣（知緣、所緣緣）第八識內的種子。

弦論因緣（08）：對偶性與法法相攝

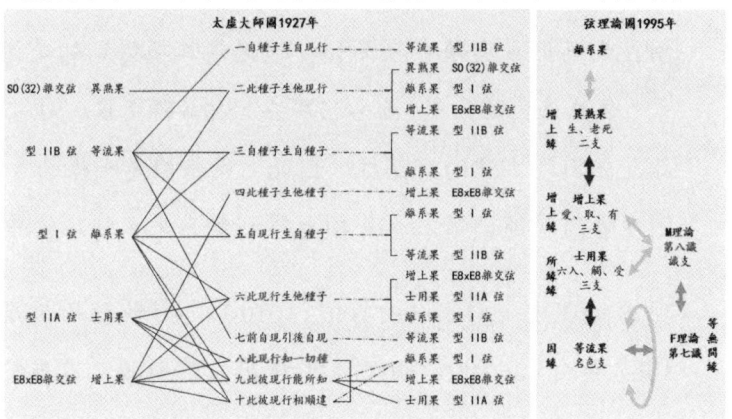

太虛大師的1927年的四緣（十項）五果圖──弦理論1995年後的圖

太虛大師在1927年畫出一張四緣、五果、第八識圖，這圖與68年後弦理論圖竟然是一樣的，但具有更多的細節。圖右邊是M理論與五版超弦論對偶性，圖左太虛大師的圖，這圖的內容完全吻合以上從經論邏輯思辨的推斷：M理論即第八識、五版超弦論即五果；這兩張圖提供另外一個角度來說明M理論就是第八識、五版超弦論就是五果、種子就是弦。這裡大概舉出幾個相應之處。

（一）圖左從等流果開始，通過第一、三、五、七、項，得回的都是等流果；這就是圖右的型IIB弦對自己有的對偶性。

（二）圖左從士用果與增上果開始，通過第八、九、十、項，都得回士用果與增上果，其中第八項即第八識或M理論；

159

這就是圖右 M 理論與型 IIA 弦與 E8xE8 雜交弦都有對偶性。

（三）圖左從異熟果與離系果開始，通過第二項得到的是增上果、異熟果與離系果；圖右出現在 E8xE8 雜交弦、SO(32) 雜交弦與型 I 弦的對偶性。因此，兩張圖是一樣的。

（四）圖左等流果通過第三、五項也得到離系果，弦理論中：

> 理論物理中，向形（orientifold）是對軌形的推廣，1987 年由 Augusto Sagnotti 提出。其新穎之處在於，弦論中軌形群的非平凡元素包括弦方向的反轉；因此，向形化會產生無向弦，即沒有攜帶"箭頭"的弦，其兩個相反方向是等價的。第一型弦理論是最簡單的例子，可通過向形化 IIB 型弦得到。[78]

弦理論的型 I 弦與型 IIB 弦也有對偶性，是因為等流果也等於離系果。

二、四緣五果

上圖的中間十項，是從下圖[79]的十項而得。太虛大師將改為親因、所緣緣改為知緣、增上緣改為勝緣、等無間緣改為誘

---

[78]《維基百科》< 向形 >；https://zh.wikipedia.org/wiki/%E5%90%91%E5%BD%A2

[79]《真現實論》；太虛（周學農點校）；中國人民大學出版社；第 261 頁

[80]《真現實論》；太虛（周學農點校）；中國人民大學出版社；第 221 頁

緣[80]。因為所有因果都只是種子與現行的交際關係，在下圖展開，首三為親因即因緣，其他三緣分為七類。因此上圖中間十項為：

一、 自種子生自現行——親因（一）——因緣，
二、 此種子生他現行——勝緣（三緣之六）——增上緣，
三、 自種子生自種子——親因（三）——因緣，
四、 此種子生他種子——勝緣（三緣之七）——增上緣，
五、 此現行生自種子——親因（二）——因緣，
六、 此現行生他種子——勝緣（三緣之五）——增上緣，
七、 此現行引後自現——誘緣（三緣之一）——等無間緣，
八、 此現行知一切種——知緣（三緣之三）——所緣緣，
九、 此彼現行能所知——知緣（三緣之二）——所緣緣，
十、 此彼現行相順違——勝緣（三緣之四）——增上緣。

　　一、生自現行之自种子因
　　二、生自种子之自現行因
　　三、生自种子之自种子因

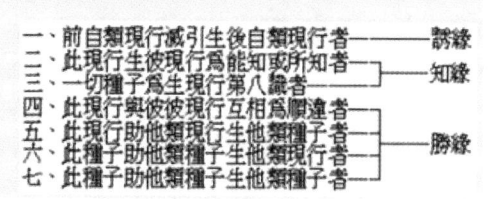

三缘分为七类：
　　一、前自類現行滅引生後自類現行者————誘緣
　　二、此現行生彼現行為能知或所知者———┐
　　三、一切種子為生現行第八識者　　　　 ┘知緣
　　四、此現行與彼彼現行互相為順違者　　 ┐
　　五、此現行助他類現行生他類種子者　　 ├勝緣
　　六、此現行助他類種現行生他類現行者　 │
　　七、此種子助他類種子生他類種子者　　 ┘

圖表 27 太虛大師四緣之異名圖

四緣生五果的解說很多,許多是采取部派時期說一切有部的六因、四緣、五果之說,太虛大師只採用四緣與五果關係:

- 等流果——因緣、等無間緣,
- 士用果——所緣緣、增上緣
- 增上果——增上緣、所緣緣
- 異熟果——增上緣
- 離系果——俱四緣

五果都具有四緣,只是比重的問題:等流果主要是因緣,士用果主要是所緣緣,增上果主要是增上緣,異熟果主要的也是增上緣。

三、賴耶緣起

太虛大師的圖中種子與現行的交叉關係顯示的就是唯識的阿賴耶識緣起。前面說過,前四是流轉之果是有漏種子,離系果是已經證道的無漏種子之果,因此,雖然離系果道理上是俱四緣,但這是離系果的自在。從上面得出的十二因緣與四緣、五果、四聖諦的結構如下圖:

緣起支與四緣五果

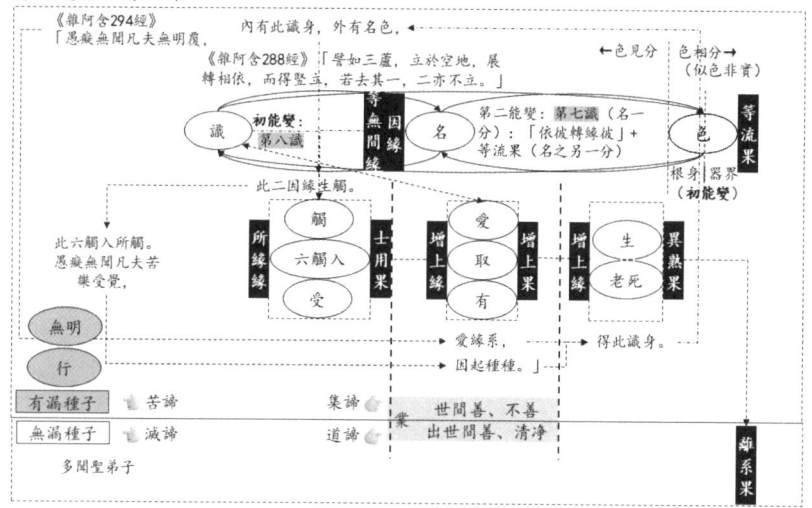

圖表 28 緣起支結構圖七：四緣、五果

上圖將等無間緣設置在名色支或第七識是因為：

一、太虛大師的四緣對等無間緣（誘緣）得的果顯主要是因緣（親因）的等流果，等流果即名色支，名色支的名裡面自然的包含第七識。

二、指出有說：1、阿陀那識也就是第七識為等無間緣；2、第七識因為隨第八識生處系，也可以說是等無間緣。

《成論》：

即依此義，應作是說：阿陀那識，三界、九地皆容互作等無間緣，下、上死、生，相開（導）等故。……第七轉識，三界、九地亦容互作等無間緣，隨第八識

生處繫故。有漏、無漏容互相生，十地位中得相引故。善與無記，相望亦然。於無記中，染與不染，亦相開導，生空智果，前後位中得相引故。[81]

阿陀那識是第七識還是第八識一直是有爭議的，又「第七轉識，三界、九地亦容互作等無間緣，隨第八識生處繫故」，因此，等無間緣可以在第八識或第七識。但第七識更為恰當，特別是在太虛大師的圖中，等流果的第七項「前自現引後自現」指的就是等無間緣，也就是第七識。

弦論因緣（09）：等流果中有第七識與型 IIB 弦有 F 理論

筆者在圖右弦理論的圖中的右下角，加了F理論即第七識；這與弦理論的型 IIB 弦即等流果在某些情況下有對偶性。而在左邊太虛圖中，雖然沒有畫出第七識，但根據《成唯識論》，第七識即等無間緣，也就是太虛圖中的第七項「前自現引後自現」就是第七識。

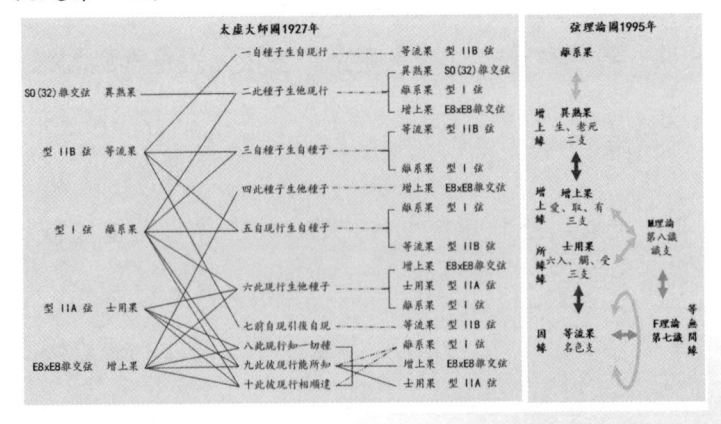

164　第三章：緣起正義

太虛大師圖中的第七項即等流果之一分。因此這兩張圖在如此細微的細節上也是一致的。其中說明一個事實：等流果中含有第七識，反過來則是型 IIB 弦中有 F 理論。

四、苦集滅道

從上圖可以看得出阿賴耶識緣起與四聖諦是相攝的：

- 苦諦：有漏種子即無明
- 集諦：有漏業行即世間行
- 滅諦：無漏種子即明
- 道諦：無漏業行即出世間行

因此，緣起支緣與四聖諦也是相攝的。

現有的十二因緣圖沒有清楚說明這相攝的關係，或如上圖用圖表清楚的表示四聖諦與緣起支的關係。雖然也有圖表如下圖嘗試解釋，但重複十二因緣就是有兩套緣起支了，但每一眾生只有一套緣起支：

> 三界所有，唯是一心。如來於此分別演說十二有支，
> 皆依一心，如是而立。[82]

---

81 《成唯識論》卷 7；CBETA 2024.R3, T31, no. 1585, p. 40b14-c3
82 《大方廣佛華嚴經》卷 37：CBETA 2024.R3, T10, no. 279, p. 194a14-15

一套緣起支就是一心，下圖變了兩個心了。

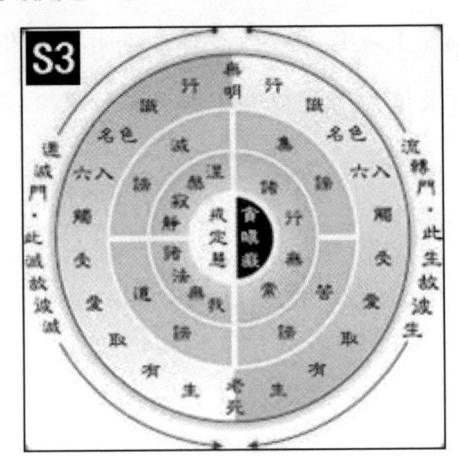

圖表 29 兩個心的十二因緣圖

更何況緣起支不是一支接著一支的，而是有結構性、層次分明的。

五、現行見相

以上提到現行，現行不是有個東西如大象、太陽的出現，對唯識來說現行就是果，即五果。五果必有見分、相分，比如我們有情眾生「認識」到了有頭大象、太陽東升等。下面將會說明：

- 等流果：七識的見分、相分，對象是色、聲、香、味、觸、法。

- 士用果：六識的見分、相分，對象是色、聲、香、味、觸、法。
- 增上果：第八識的見分、相分，對象是種子、根身、器界。
- 異熟果：第八識的見分、相分，對象是種子、根身、器界。離系果特殊這裡暫且不論述。

第十二節 名色等流

以上整體上介紹了緣起支如何攝受四緣、五果、四聖諦，但還要一些細節需要再做深度的論辯。其中就是名色支整支為等流果。

一、等流七識

這裡首先從唯識來看什麼是等流果，《成論》：

> 識所變相，雖無量種，而能變識，類別唯三：一謂異熟，即第八識，多異熟性故。二謂思量，即第七識，恒審思量故。三謂了境，即前六識，了境相麁故。及言，顯六合為一種。此三皆名能變識者，能變有二種。一因能變，謂第八識中等流、異熟二因習氣。等流習

氣，由七識中善、惡、無記熏令生長。異熟習氣，由六識中有漏善、惡，熏令生長。二果能變，謂前二種習氣力故，有八識生，現種種相。等流習氣，為因緣故。八識體相，差別而生，名等流果，果似因故。異熟習氣，為增上緣，感第八識，酬引業力，恒相續故，立異熟名。[83]

這段說明了相關的幾點：

1. 其中有個七識與六識的概念差別，
2. 七識為善、惡、無記，而六識只是善、惡，
3. 等流習氣是七識的善、惡、無記熏習而增長，
4. 等流果是從等流種子（習氣）為因緣而有的。
5. 六識則是異熟種子（習氣）為增上緣感第八識。

從以上來看，明顯的，七識與六識是兩個完全不同的概念。換句話說，七識之前六應該與六識有差別，因為：

1. 七識之前六有善、惡、無記，而六識只是善、惡，
2. 七識是等流種子，而六識則是異熟種子，
3. 七識為因緣的等流種子也為等流果，而六識則是增上緣的異熟種子感第八識。

---

[83]《成唯識論》卷 2；CBETA 2024.R3, T31, no. 1585, p. 7b26-c7
[84]《阿毘達磨大毘婆沙論》卷 23；CBETA 2023.Q3, T27, no. 1545, p. 119a5-8
[85]《阿毘達磨俱舍論》卷 6；CBETA 2023.Q3, T29, no. 1558, p. 31a23-b5

六識也有無記,如學習彈鋼琴,這種無記是非常弱的,不容易感異熟果報的。而且,學習以後已經不是在六識裡了,而是熏到了七識的習氣,習氣不僅是一種習慣也包括技能、本能,要不是如此,之前六識學習過的,之後六識再起豈不是還要從頭再學習?因此,知道有差別。這在論述大腦時也顯示同樣的道理。

二、等流名色

以上只是說等流果是七識,但具體等流果與名色支還有什麼關係呢?部派時期,說一切有部對於名色支的定義為:

> 云何名色,謂結生已未起眼等四種色根,六處未滿中間五位。謂羯剌藍、頞部曇、閉尸、鍵南、鉢羅奢佉,是名色位。[84]

而《俱舍論》解說說一切有部的同類因,與名色支幾乎是一樣的:

> ……謂相似法與相似法為同類因,謂善五蘊與善五蘊展轉相望為同類因,染污與染污、無記與無記五蘊相望應知亦爾謂相似法與相似法為同類因。……又一身中羯剌藍位,能與十位為同類因。……[85]

而對說一切有部來說，同類因得到的是等流果，《阿毘達磨順正理論》：

> 能養能生或遠或近諸等流果，名同類因。應知此因唯相似法，於相似法，非於異類。[86]

又同類因生等流果對說一切有部來說就是因緣。[87]

儘管說一切有部的理論對十二因緣與名色支的理論不是正義，但說一切有部的理論說明以下都是彼此相連貫的：

1. 名色支，
2. 同類因，
3. 因緣，
4. 等流果。

要注意的是，色也是等流果的一部分，也是因緣所生果，是餘下三緣不能生的果。

三、名色小結

這裡再次的說明了名色支就是等流果，各種十二因緣的理

---

[86]《阿毘達磨順正理論》卷 16；CBETA 2024.R3, T29, no. 1562, p. 422a12-14
[87]《說一切有部阿毘達摩》；法光法師；第 163 頁
[88]《早期佛教：中道觀的理論與實踐》；卡魯那陀沙教授；第 29 頁
[89] 原始佛教喜；因緣法之原說與奧義（二）；https://www.arahant.org.my/ysjf/ffzl/yinyuanfayuanshuo-2/#

論中,有說名色支之名有:一、六識的識、行、受、想蘊;二、行、受、想蘊;三、六根、六境之緣等。但從這裡可以看出,《成論》的等流果是在說七識而不是六識,特別是「依彼轉緣彼」說的是第七識,又是「等流習氣,為因緣故」,其中必有識、行、受、想蘊。

綜合《雜阿含294經》,索達吉堪布對等流果的定義,太虛大師的圖,《成論》的「等流習氣,為因緣故。八識體相,差別而生,名等流果,果似因故」,部派時期同類因等,可以確定名色支是因緣生的等流果。這個等流果是因緣所生,親辦自果,因此自然的包含「色」即根身、身體。

今天所有十二因緣的論述都沒有說明名色支是等流果,是一種潛意識的存在。南傳上座部甚至說名色支是:

名是受、想、思、觸、作意五種遍行心所,色是有機物,……[88]

是不正確的。中道僧團認為:

原始經義的「識」是指六識,「名色」是指「六根、六境之緣」,「名色集是名識集」是將「六根、六境緣生六識」改用五陰來表達的另一說法。[89]

也是不對的。

第十三節 染污末那

唯識的體系裡，第七末那識是有染污的性質的，是有覆無記，是因為第七識在唯識是第六意識的根，也會染污第六意識甚至前六識。而且第七識是在《唯識三十頌》是：

> 四煩惱常俱：謂我癡、我見，并我慢、我愛，及餘觸等俱。

那麼名色支或等流果是否有染污的性質呢？答案也是在說一切有部的理論裡，那就是六因的遍行因：

> 遍行因者，謂前已生遍行諸法，與後同地染污諸法為遍行因。遍行諸法，隨眠品中，遍行義處當廣分別。此與染法為通因故，同類因外更別建立。亦為餘部染法因故，由此勢力餘部煩惱及彼眷屬亦生長故。[90]

染污法是煩惱生起的因素，法光法師在《說一切有部阿毘達磨》指出：

> 就煩惱構成遍行因舉出了若干不同的觀點：
>
> 或有執：一切煩惱皆是遍行。……

---

[90]《阿毘達磨俱舍論》卷6〈2 分別根品〉；CBETA 2024.R3, T29, no. 1558, p. 32c15-20

或複有執:若諸煩惱通五部者名為遍行,即是無明、貪、嗔、癡。……

分別論者執五法是遍行:謂無明、愛、見、慢及心。……

印順導師指出,分別論者提出的五遍行因的教義可能是瑜伽行派之末那識(第七識)教義的先驅。……[91]

明顯的遍行因是有染污性質的,而遍行因在說一切有部也是屬於四緣的因緣[92],也得到的是等流果。

在南傳的《阿毘達摩概要精解》<緣之概要><節十四:名做為名色的緣>中提到因緣[93]:

於此緣,緣法的作用是有如根一般使到緣生法穩固。此緣的緣法為「因」的六種心所:貪、嗔、癡三不善因,以及可以是善或無記的無貪、無嗔、無癡三美因。

因此,染污的第七末那識可以說是名色支或因緣生的等流果之一部分,後起的觸、六觸入、受三支(士用果六識)因為所依根是第七識,因此受到染污的第七末那識的污染就是「無明」,再後來才會有愛、取、有三支(增上果)造業就是「行」。

---

[91] 《說一切有部阿毘達摩》;法光法師;第 170 頁
[92] 《說一切有部阿毘達摩》;法光法師;第 163 頁
[93] 《阿毘達摩概要精解》;菩提比丘編;尋法比丘譯,第 297 頁。

因此,「無明」不是在觸,而是在名色支。

士用果前六識的顯意識是依等流果前七識的潛意識而起的,前者如浪,風過浪滅,只有是後者如暗流才能夠保持「無明」。也因為對這個道理沒有認識,因此誤認無明是在觸,如印順導師所說的:

> 雖然說生死的根源在無明,其實無明早就含攝在十支中的觸支裡。觸有種種的觸,而緣起中所說的是無明觸……[94]

又如中道僧團:

> 原始經說「無明緣行、行緣識、識緣名色」的真義,是「無明起於六觸入處,無明緣行(取,我見)、貪愛,愛識緣名色」。

認為無明是在觸支是錯誤的。

我們將會看到,現象上來說,第七識在三重腦的生存腦,等流果在三重腦的邊緣系統,士用果在三重腦的新皮質。邊緣系統有一套組織區塊代表的是五別境:欲、勝解、念、定、慧心所。也就是說這五別境在第七識與等流果是殊勝的,因此有欲,因為勝解、慧,因此有「見」,這些都是「無明」,顯示的是名色支的潛意識在指揮著觸等三支的顯意識。

第三章:緣起正義

第十四節 流轉三果

要說名色支是等流果是七識而不是六識,現有所有的佛教經論似乎沒有關於七識的說法。其實不然。

一、七心之界

說一切有部的有七心界的概念,《阿毘達磨大毘婆沙論》:

以四事故,立十八界。一自性故,二所作故,三能作故,四蘊差別故。以自性故,建立色界乃至法界。以所作故,建立眼識界乃至意識界。以能作故,建立眼界乃至意界。以蘊差別故,建立十八界:謂色蘊差別,建立十界,一界少分;識蘊差別,建立七心界。三蘊攝在一法界中。如是名為諸界自性。[95]

又:

此十八界即十二處。故應略之入十二處。謂十色界。即十色處。七心界即意處。法界即法處。[96]

《佛光大辭典》的〈七界〉解說是:

---

[94]《唯識學探源》;CBETA 2024.R3, Y10, no. 10, pp. 24a11-25a1
[95]《阿毘達磨大毘婆沙論》卷71;CBETA 2024.R3, T27, no. 1545, p. 367c13-20
[96]《阿毘達磨大毘婆沙論》七卷7;CBETA 2024.R3, T27, no. 1545, p. 34b6-9

又稱七心界、七識界。即十八界中,於眼、耳、鼻、舌、身、意等六識,再加上六根之意根。於十二處中,意根收攝其他六識,成為意處一者。又於十八界中別說六識,意根僅存其名,於六識外並無別體,即攝於六識中。故知「七界」一詞,雖有七之名,實質僅為一或六。其所以於六識外別加意根,而立七界之說者,說一切有部主張,自性不知自性,為不許二心並起,故僅說六識心王,則自知之「心」的自覺層面必隱沒,而欲說明此一自覺層面,故以時間前後采自性知他性之說,且於六識之外,另立一意根為六識於過去所落謝者。

七心界被普遍認為是:

1. 純粹只是說一(意根)與六(六識)的,
2. 是六識於過去所謝落的。

但在唯識體系裡,做為第六意識的意根的第七識是第二能變,是在前六識第三能變之前,而且第七識是與第八識恆轉的。而前六識是待因緣起的,很多情況都沒有前六識:比如深度的睡眠、昏迷、麻醉等,因此意根絕對不是在六識之後,而必定是在六識之前,也可以為後——如前面已經說過第七識就是等無間緣。

圖表 30 一世恆轉的識、名色

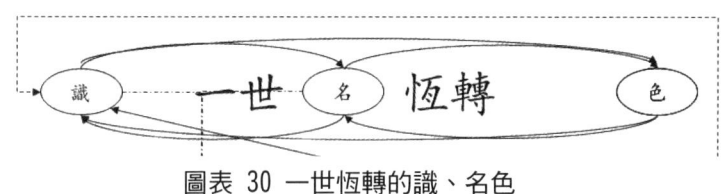

意根做為六識於過去所謝落的道理,即使唯識以外的所有宗派都不合道理,因為,要是如此就不能夠解釋識支、名色支。

又觸、六觸入、受三支是從識支與名色支的因緣而生,再次說明觸、六觸入、受三支是士用果是六識,是在第七識之後。因此,七心界不是六識於過去所謝落的,也不只是說一或六,「七心界、七識界。即十八界中,於眼、耳、鼻、舌、身、意等六識,再加上六根之意根。於十二處中,意根收攝其他六識,成為意處一者。」真實為七。

二、等流士用

現有關於十二因緣的論述,有許多是認為名色支是六識,其中有受、想、行蘊[97],唯識也不例外。或有如南傳,認為名色支為受、想、行蘊的,但認為識支是六識或意識。或有如隨佛尊者認為名色支是六根、六境之緣,以之為緣六識生起。總

---

[97]「識與名色,是同時相依而共存的,經文說得非常明白。名色支中有識蘊,同時又有識支,這二識同時,似乎不是六識論者所能圓滿解說的。後來大乘唯識學的結生相續,執持根身,六識所依的本識,就根據這個思想,也就是這緣起支的具體說明。」;《唯識學探源》;印順; CBETA 2023.Q3, Y10, no. 10, p. 19a8-11

之,其中有六。等流果也是一樣,都認為等流果是六識,完全沒七識說。

要是說等流果是七識,而士用果是六識,那麼兩者差異在哪裡?除了以上的差異外,等流果主要是一種「存在」、冥暗的、本能的潛意識,而士用果是一種「認識」、清晰的、造作的顯意識。一般對士用果的解釋如是農夫所耕種之果實,其實士用果是一種真正的認識。

印順導師認為識等四支是一種認識[98];其實前二(識、名色)雖然也有認識但是冥暗的,應該更多是一種存在,因為前二支,即使不依唯識的觀點,有無認識都是恆轉的。因此,前二應該是屬於一種潛意識,而後二(或三六入、觸、受)才是一種真正的認識,也就是明顯的意識。這是唯識所說的:所有的識都有了別的功能,但強弱有差異。

其實佛教就有關潛意識與明顯意識二種合流進行了討論,之前提到水野弘元認為潛意識是在識支而顯意識在名色支,下面有基於潛意識與顯意識的討論。

等流果的例子如下:

---

[98]「緣起支中識、名色、六入、觸四支,是立足在認識論上的,上面已經說過。這與「即心所現」的唯識,有密切的關係。「根境和合生識」,在不懂佛法的人,它不但不覺到唯識的意趣,還會誤解佛法是唯物的。」《唯識學探源》;印順;CBETA 2023.Q3, Y10, no. 10, p. 36a1-3

一、 從公司開車回家,突然發覺到家,途中經過那些路口等細節記不起。
二、 進入有熟悉氣味的房間不覺得有特別氣味。
三、 坐在張熟悉沙發上沒特別觸感。
四、 每晚起來不會被走道的繩子嚇到。
五、 廚房的時鐘數月前從右墻移到左邊,每次在廚房看時間習慣的看右邊。
六、 操作一門學習許久的手藝。
七、 坐在張凳子上沒感覺臀部觸感。
八、 農夫檢查水果時不仔細。

在第一個例子,不能說開車的人沒有眼識或眼識不起,要如此就是盲人,又怎麼能夠把車開回家裡?因此知道有一種潛在的眼識。

士用果的例子相對來說如下:

一、 初期從公司開車回家,明瞭途中路口轉彎等細節。
二、 初期進入有異味房間從不適應到適應。
三、 初期坐在張新的沙發,開始感覺觸感。
四、 前幾晚起來看到走道的繩子,被嚇奔跑後,回頭不是蛇。
五、 廚房的時鐘數月前從右墻,移到左邊,看時間習慣性看右邊,後往左看。

六、 開始學習一門新手藝。
七、 坐在張凳子上,沒感覺到臀部觸感,被問凳子觸感後有感覺。
八、 農夫細心檢查每顆水果。

從以上的例子,根據佛法、唯識、緣起法,有以下非常重要的兩點:

一、 等流果在前為士用果之所依——這符合意根、第七識做為所依。
二、 等流果在後為士用果之所熏——因為只有這樣才能夠有學習、記憶、技能等。

潛意識與顯意識二者合流,在佛教的理論、實際情況經驗、大腦的科學理解都是必須的。

三、六識四因

緣起的識支如海,是「本體」;名色支如暗流,是「存在」;觸等三的「認識」如浪,風過浪滅。只有一世恆轉的識與名色才能保存經驗。

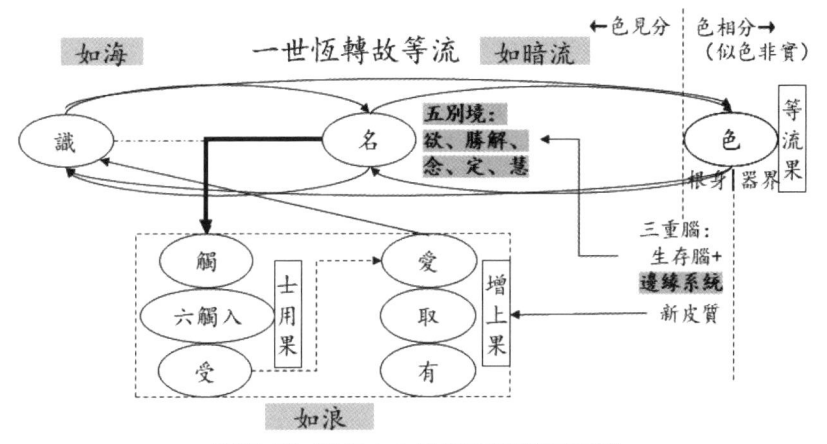

圖表 31 緣起支之流轉三果與三重腦

　　現象上,在下一章我們將看到等流果位於三重腦的邊緣系統,士用果與增上果則位於新皮質。邊緣系統有一套組織區塊明顯的是五別境,這意味著等流果中的五別境心所是殊勝的,或甚至六識士用果因為依七識等流果而起,都必須「接口」到等流果的五別境;原因是識、名色是一世恆轉的因此是為等流果,才能保存欲、勝解、念、定、慧,六識士用果只是浪,是不能保持存欲、勝解、念、定、慧的。

《瑜伽師地論》<本地分中意地>卷3:

> 云何能生作意正起?由四因故。一、由欲力,二、由念力,三、由境界力,四、由數習力。云何由欲力?謂若於是處心有愛著,心則於彼多作意生。云何由念力?謂若於彼已善取其相、已極作想,心則於彼多作

意生。云何由境界力？謂若彼境界或極廣大、或極可意正現在前，心則於彼多作意生。云何由數習力？若於彼境界已極串習、已極諳悉，心即於彼多作意生。若異此者，應於一所緣境，唯一作意一切時生。[99]

《雜阿含 294 經》「此二因緣生觸，此六觸入所觸」也是說明前六識是因緣而生起的。六識在深度睡眠、昏迷的狀態都沒有，都滅了，那麼憑什麼保存欲力、念力、數習力呢？

因此，必定另有地方保存，那就是在第八識裡面的種子，當這些種子現起時就是因緣生的等流果。這是因為前期的六識士用果，通過增上果熏進去第八識的。

四、二種識流

廣興教授在巴利尼柯耶（經藏）的課第四講《早期佛教的業力說》之＜七、業力的緣起＞[100]寫道：

業力的生起有兩個因：我們可以分辨出兩種業所生的原因：

（a）外部的刺激

---

[99]《瑜伽師地論》卷 3：CBETA 2024.R3, T30, no. 1579, p. 291a20-29
[100]《第四講：早期佛教的業力說 -- 人的行為與其結果》；廣興；香港大學佛學研究中心

外部的刺激是通過六種感官而生起的,即眼、耳、鼻、舌、身、意等六種。這指的是身理與心理的感官的接觸. 六根與六塵的接觸,即眼、耳、鼻、舌、身、意與外在世界的色、聲、香、味、觸、法（指意的所想所思的）的接觸。

（b）有意識的動機與無有意識的動機
根據佛教的哲學講,意識之流（意識像洪流一樣）由有意識的和無有意識的而個方面組成。人的有意識的行為與無有意識的行為相結合,並以潛伏的形式而聚集,然後在适當的時機影响有意識的行為。這些隱藏心理部署或動力,佛教給了它好很多名字如隨眠,漏等。

以上：

- 「意識之流（意識像洪流一樣）由有意識的和無有意識的而個方面組成」說的就是士用果與等流果；
- 「人的有意識的行為與無有意識的行為相結合」說的是士用果依等流果；
- 「並以潛伏的形式而聚集,然後在适當的時機影响有意識的行為。這些隱藏心理部署或動力,佛教給了它好很多名字如隨眠,漏等」說明煩惱如隨眠、漏等在潛意識的等流

183

果,也就是「無明」在名色支的等流果;

- 「(a) 外部的刺激」,這是觸支在六觸入之前,也就是觸心所在作意心所之前(見下面「觸可先後」);
- 「(b) 有意識的動機……」,是六入在觸支之前,也就是作意心所在觸心所之前(見下面「觸可先後」);

五、五俱五心

于凌波在《八識規矩頌講記》[101] 提到:

五俱意識緣外境時,要經過五段程序,才能充分發生其了別作用。這五段程序,又稱為「五心」。這五心是:

- 率爾心:這是前五識根境相對生識,剎那間的了別。
- 尋求心:這是五俱意識於前五識剎那了別之後,生起尋求之念,以了別外境。
- 決定心:五俱意識尋到了目標,決定去了別。
- 染淨心:五俱意識了別外境後,所生起的善惡染淨之心。
- 等流心:這是因五俱意識的善惡染淨,相續流轉,而成就善惡之業。

---

[101]《八識規矩頌講記》;于凌波;第 45 頁

一般上解釋五心是從率爾心開始，這是不錯，問題是：率爾心之前是什麼心？很顯然的是等流心。等流心即等流果，在五俱意識之後，也在之前；也因此等流果的第七識為等無間緣。

六、五俱意識

五俱意識也是緣起，因此也必為十二因緣所攝；如下圖所示，觸等三支的士用果是依名色支的等流果（1b）與識支的第八識（1a）而起的，這是《雜阿含294經》所說的「此二因緣生，此六觸入所觸」。觸等三支的士用果起是現行，現行必須熏回到第八識，之後才能再現行。

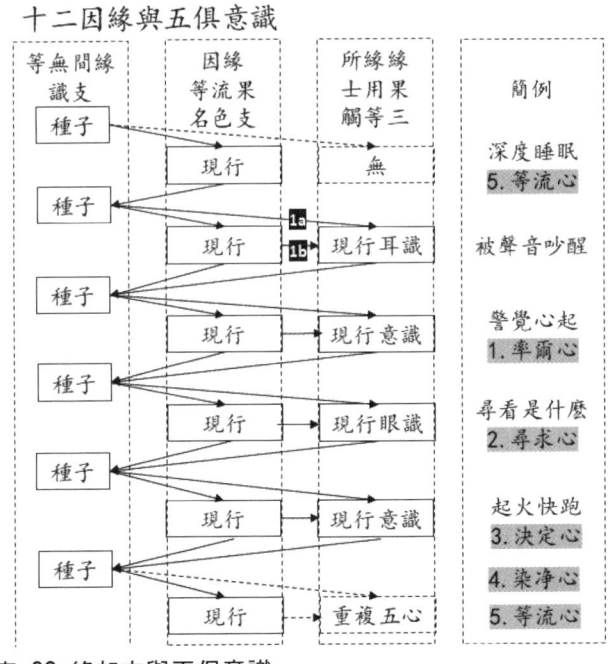

圖表 32 緣起支與五俱意識

《唯識三十頌》中「五識隨緣現，或俱或不俱，如濤波依水」說的就是上圖所示的內容。上圖以一個簡單的例子來說明緣起支與五俱意識的關係：觸等三支的士用果是因緣而起的，但名色支的等流果是恆常運作不停的，也因此，才能與識支「譬如三蘆，立於空地，展轉相依」。因此，五俱意識最終會歸回等流心即等流果，不僅如此，五俱意識在率爾心之前也是等流心即等流果。

七、上座九心

南傳上座部有類似五心的理論，稱為九心輪：

心對某一對象之作用有九種，連續不斷，循環如輪，稱為九心輪。即：（一）有分心，即未接觸對象以前，毫無知覺思惟之心。（二）能引發心，即對對象能起強烈作用之心。（三）見心，對對象起見、聞、嗅、味等六識之心作用。（四）等尋求心，判斷對象有無價值之心作用。（五）等貫徹心，洞悉對象價值之心作用。（六）安立心，知悉對象之價值後，而能以語言表達之心作用。（七）勢用心，根據前心之決定，進而對對象採取行動之心作用。（八）返緣心，動作既興，將欲休廢時，遂復返緣前所作事之作用。（九）有分心，此即還原至最初之有分心。以上雖分

為九種,然除見心通六識外,餘者無非是意識之作用;又(一)與(九)同為有分心,故九心實為八心。此「有分心」係出自小乘上座部之說,大乘唯識宗則認為有分心係指阿賴耶識而言。[102]

與五心基本一樣,只是細分九心;稍微不一樣的是,第一是有分心,第九是回歸到第一的有分心。因此,相對五心來說,就是上面論述的率爾心之前,必定是等流心。因此,第一心為等流果的存在,中間七心為士用果是認識,第九心是認識完畢回歸到等流果的存在。因此,九心也是名色、觸、六觸入、受四支。

上文提到「大乘唯識宗則認為有分心係指阿賴耶識而言」是不對的,原因是第八阿賴耶識是一世輪迴的開始,要是回歸到第八阿賴耶識,豈不是重新輪迴開始了嗎?除非是說,以種子的形式回歸到第八阿賴耶識,後又從第八阿賴耶識起為有分心。一世的輪迴開始後,必定有一種基礎狀態,與第八阿賴耶識互為依持,要不然第八阿賴耶識就會一直重啓又重啓,也只有這樣才能憶持不忘(第八心)、才能增長:

> 譬如三蘆立於空地,展轉相依,而得豎立,若去其一,二亦不立,若去其二,一亦不立,展轉相依,而

---

[102] 九心輪【佛光大辭典】—— 佛教詞典;http://m.fodizi.tw/f05/61620.html

得豎立，識緣名色亦復如是。展轉相依，而得生長。[103]

這是為什麼識支與名色支必須互緣的原因。有認為從唯識來說，七識就足夠了：六識加個阿賴耶識，不一定要第八識[104]，但這裡可以看得出，必須要有八識，七識是絕對不足夠的。以上所說的基態，就是名色支的等流果，是潛意識。

因此，有分心絕對不是阿賴耶識的識支，而是等流果的名色支。由此可見，要是沒有正確的認識緣起支與四緣、五果之關係，可以衍生許多理論上的謬誤。

八、三果小結

前面說過，緣起支的識到受五支又稱識等五果，即一世的五果。為什麼是果呢？因為這五支負責我們所有的認識、感受與經驗，這就是果，與我們的心、識的認識無關的不是果。那麼為什麼說愛、取、有三支是增上果呢？理由有二：一、造業所得的的業種子也是果，特別是以後將會得到果報；二、今世所造的業，得到的現世報也是果。因此，愛、取、有三支是亦

---

[103]《雜阿含經》卷 12；CBETA 2024.R3, T02, no. 99, p. 81b5-8
[104]《唯識學探源》：「我不是說瑜伽學者如何錯誤，不過說：七識與八識，不一定像護法說的罷了！在我看來，七心論已能解決一切。至少，八識論者能懂得一點七心論的關鍵，對唯識學上諍論的處理，是大有裨益的。」CBETA 2024.R3, Y10, no. 10, p. 109a4-7

因亦果。

緣起支		流轉三果		四緣
緣起支 識等五果 今世果、所引	識		本識、本體	因緣
	名色	等流果	潛意識、存在、認識	因緣、等無間緣
	觸	士用果	顯意識、認識、感受	所緣緣 因緣
	六觸入			
	受			
今世因、能生	愛	增上果	造業得到的種子即果	增上緣 所緣緣
	取		造業得到的現世報即果	
	有			

圖表 33 緣起支、流轉三果與四緣

現有所有的緣起支的論述都沒有清楚的說明觸等三支是顯意識的士用果有別於潛意識的名色支等流果。現有的十二因緣也沒有結構性的解說十二因緣，只是一支接著一支的解說。

第十五節 循環相攝

十二因緣是否是一支接著一支單向行的，有之前提到過的日本學界爭論。

一、觸可先後

《雜阿含 294 經》明顯的將觸支放在六入支之前，幾乎所

189

有的十二因緣理論都是將六入支擺在觸支之前的。兩者有何差異呢？差異在六識做為所緣緣的士用果可以是通過等流果的因緣而起，因此觸支在前；六識起後，六入其實是作意，因此六入或作意可以為先。比如修定，就可以是以作意為先，因此是六入為先；造業也是如此，以作意為先後造種種業。這都是以六入為先。

五遍行的觸、作意兩個心所一直有兩種定義：一、觸、作意，二、作意、觸；這兩者的先後一直是個議題、困擾[105]，這其實是觸支或六入支為先或後的問題：

- 因緣生六識，觸為先，六入為後，因此：五遍行觸先到作意。
- 六識起後，六入可為先，觸為後，因此：五遍行作意先到觸。

因此，解決這困擾的答案也在緣起支，也因此《雜阿含294經》的次第是非常重要的。

以上討論是對士用果六識來說的，對於等流果、第七識、第八識必定是以觸為先，作意為後，因為這些都不具「士用」，用今天的術語來說就是不具有自由意志。

---

[105] 觸心所先，還是作意心所先？陳德良；https://buddhism.lib.ntu.edu.tw/FULLTEXT/JR-MAG/mag161065.pdf

「此二因緣生觸」的重要意義在於，觸支在前是沒有自由意志的，因為士用果六識所有運作都是從等流果七識，也就是習氣而起，只有六識起後，通過作意才有自由意志。但這個作意必須是基於「正見」的「正思維」，因為，若作意基於等流果習氣，則不具有自由意志。

二、流轉四果

因此，十二因緣不能從單向性的去論述，必須從結構性的去理解。要是從四果（除離系果）的角度去理解緣起法，將會發現緣起支其實是循環相攝的。這裡從唯識種子與現行交叉關係說起，如太虛大師的圖，說的就是循環相攝，但這裡將其簡化。

在太虛大師的圖中，種子有自種子、此種子、他類種子等，這裡簡化為種子。太虛大師的圖雖然有許多項，但整個圖只是為一剎那，在一剎那中：

1. 種子生現行：等流果、士用果、異熟果；
2. 現行生種子：等流果、士用果、增上果；
3. 種子生種子：增上果、等流果；
4. 現行生現行：等流果。

以上四項雖都是果也是因，因此第八識中的種子一剎那有

四果。很明顯的異熟果為生、老死二支,前面也提到過之後循環到識支。十二因緣與四果相攝之整體關係如下圖。

十二因緣之循環相攝一

等無間緣 識支	因緣 等流果 名色支	所緣緣 士用果 觸等三	增上緣 增上果 愛等三	增上緣 異熟果 生等二
種子	現行	現行	現行	現行
種子	現行	現行	現行	現行
種子	現行	現行	現行	現行
種子	現行	現行	現行	現行

三世二重因果		
今世果	今世因	後世果

二世一重因果(唯識)		
所引	能生	所生

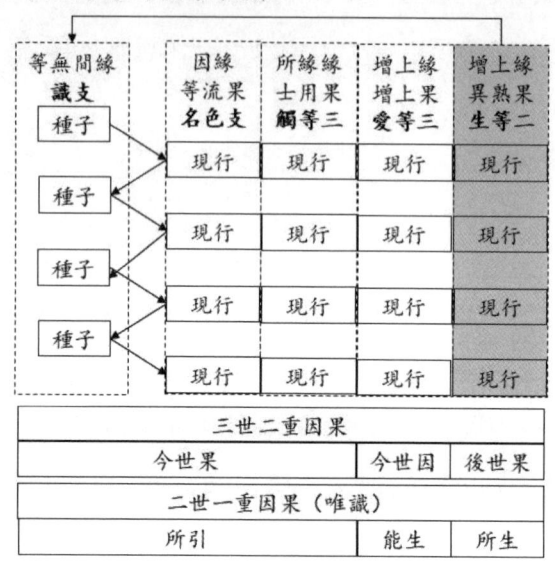

圖表 34 緣起支結構圖八:循環相攝之一:種子與現行四果

　　一般上,唯識理論只是簡單的說種子生現行,現行熏種子,種子又生現行;但實際上,現行可以有四果如上圖。這圖其實是與之前所提到的三世二重因果或二世一重因果圖是一樣的,只是將識支拆開出來,再加上四緣、五果。前二的現行是我們能認識到的,有相應的見分緣相分境;後二的現行則是第八識的見分緣第八識相分內的種子。

三、一世三果

接著要從一世三果的角度再做詳細分析，三果也就是名色、觸、六觸入、受、愛、取、有七支，如下圖：

十二因緣之循環相攝二

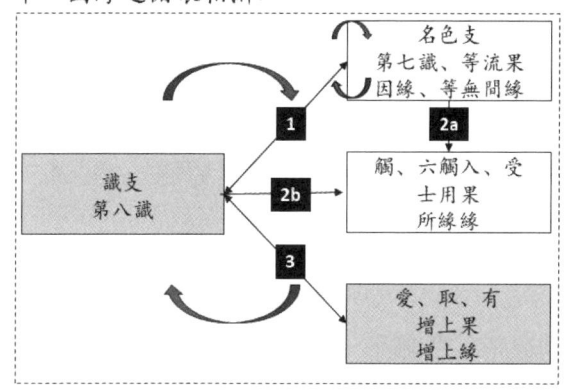

圖表 35 緣起支結構圖九：循環相攝之二：增上果

圖中綫標記為 1 的是《雜阿含 288 經》的「譬如三蘆……展轉相依」；綫標記為 2a. 與 2b. 的是《雜阿含 294 經》的「……此二因緣生觸，此六觸入所觸……」。

標記為 3 的綫對唯識來說是必須的，因為所造之業必須以種子的方式存儲在第八阿賴耶識裡面，這是愛等三與第八識相攝的關係，因此是循環式的相攝。標記為 3 的綫，也出現在太虛大師的圖裡：增上果與第八項即第八識的關係。

增上與士用的關係，是個相對複雜的概念，太虛大師在注解他的圖中說士用果為增上果之一特果。觸等三是士用果，也可以是增上果；另外，愛等三是增上果也可以是士用果。

四、增上意義

1. 增上例子

之前在等流果、士用果各有的八個相應的例子上，下面是是增上果與等流果、士用果相應的例子：

一、 開的車與沿途所有一切，之前學習過怎麼開車。
二、 房間和氣味，對氣味有分辨的能力。
三、 坐的沙發，對沙發的軟、硬與布料的分別能力。
四、 看到的繩子，對繩子、蛇的分別能力。
五、 廚房、墻與時鐘，對這個廚房位置的認識。
六、 教手藝的人、書籍或視頻等內容。
七、 凳、問凳子觸感的人與言說。
八、 水果，與之前學習過如何檢查水果。

2. 增上能熏

總體來說：

- 等流果是種存在，一種潛意識的存在或習氣。
- 士用果是認識，有清晰意識的作用。
- 增上果是造業，但一般談到業就說惡業，但也有善、與無記的。

等流果的習氣必定是通過士用果的認識後，再通過增上果

熏習的。比如例子六，一個人操作一門非常熟悉的手藝是等流果，這幾乎是沒有意識或潛意識的，但之前必定是有清晰意識的士用果學習，而士用果之學習或有人教授教導或許自己不斷的思考這便是增上果，而這學習的結果必定是熏進去第八識，然後第八識再現起循環。

3. 增上果報

《中阿含 171 經》<分別大業經>說果報有分現世報與後世報，要是十二因緣是單向性的，怎麼能夠受現世報呢？因此知道，十二因緣絕對不是單向性的。

上面引用索達吉堪布指出增上果是「造業後成熟在外境上的報應」，愛等三是造業為增上果已經論證過了，因此會循環到等流果、士用果上才有外境上的報應，因此知道必定有循環如上圖。

先不說大環境的外境，例子六中，一個人學習了一門手藝，要是操作得非常出眾，而這門手藝又是非常的有價值，因此，這個人必定會積纍一些財富，生活環境也必定富裕起來，這也是在外境上的報應，當然現世報外還有之前的多世的前世報，這些都是增上果。因此知道必定有循環。

五、一世果因

下圖為一世之內的循環與三世二重因果與二世一重因果的關係：

十二因緣之循環相攝三

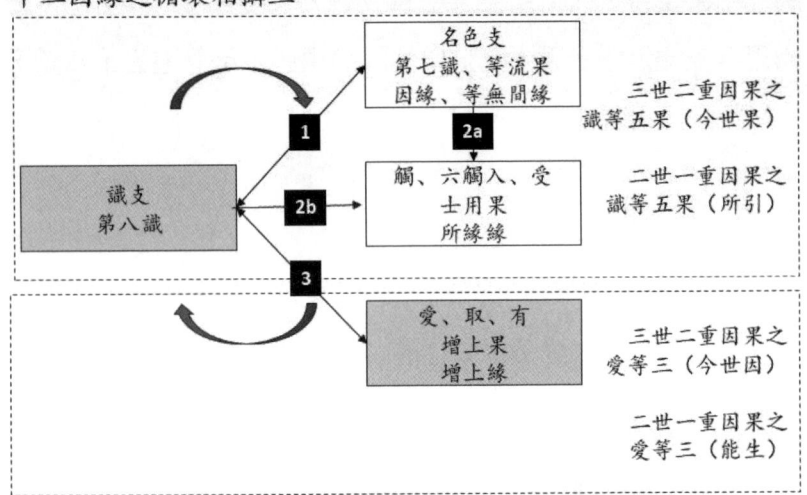

```
                    ┌─────────────┐
                    │   名色支     │
              ┌────→│ 第七識、等流果│     三世二重因果之
              │     │ 因緣、等無間緣│     識等五果（今世果）
              │     └─────────────┘
            ┌─┐        ┌──┐
            │1│        │2a│
            └─┘        └──┘
    ┌──────────┐      ┌─────────────┐
    │  識支    │      │ 觸、六觸入、受│     二世一重因果之
    │  第八識  │←─2b→│  士用果      │     識等五果（所引）
    └──────────┘      │  所緣緣     │
              │     └─────────────┘
              │      ┌─┐
              │      │3│
              │      └─┘
              │     ┌─────────────┐
              │     │  愛、取、有  │     三世二重因果之
              └────→│  增上果      │     愛等三（今世因）
                    │  增上緣      │
                    └─────────────┘
                                         二世一重因果之
                                         愛等三（能生）
```

圖表 36 十二因緣結構圖十：循環相攝之三：二世一重因果

這裡用圖從另一個角度說明一世三果與三世二重因果與二世一重因果的理論是一致的，但是循環，也就是標註 3. 的線是必要。

小乘人不認為有第八識，因此在解釋識支時完全錯誤，沒有將愛、取、有所造之業儲存到識支；雖然唯識的理論有說所造的業會儲存到第八識，也就是識支，但唯識卻沒有如此解釋緣起法的愛、取、有三支。更重要的是這是對緣起正義非常重要一種的結構性認識，因此不是一支接著一支的。

弦論因緣（10）：M理論、型 IIB 弦、型 IIA 弦、惡雜交弦

　　弦理論的M理論、型 IIB 弦、型 IIA 弦就是識支、名色支、與觸等三支為緣起支的識等五果。愛等三支是因：今世因但也是果，屬於增上果。從五果的角度，則有等流果、士用果與增上果三果。為什麼愛等三是因也是果呢？因為根據緣起，只有我們能夠認識到的、感受到的、經驗到的才是真正的果，因此稱為識等五果。而愛、取、有三支在緣起法或對於唯識來說，是第八識在緣或處理種子，本身不具有七識等流果或六識士用果的認識作用，因此只是因。但因為第八識在緣與處理種子之後，七識等流果或六識士用果也因此能夠能夠有認識，因此也是果。

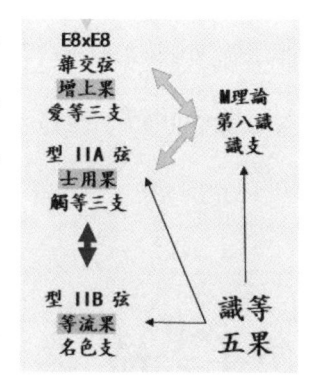

六、剎那十支

　　部派時期，說一切有部的其中之一的緣起說有：剎那緣起，即一剎那間可具足十二緣起支，因為十二有支具五果，又如太虛大師的圖種子與現行，因此一剎那具有五果。但實際上，無明與行非緣起支，實際上只有十支，因為無明是在名色，行是在愛、取、有三支的有，因此一剎那間可具足十二緣起支是錯誤的，應該是一剎那十支。

對於等流果的潛意識是在名色支與士用果的顯意識在觸等三支的無知，以及一支接著一支的解釋十二因緣的錯誤，現有十二因緣的論述都沒有說明流轉四果是同時的，特別是等流果、士用果、增上果。用之前提到過的等流果、士用果、增上果各八項的例子之六：（一）熟練的操作一門學習已久的手藝是等流果必定是潛意識的操作，（二）在這門手藝上繼續學習新的技巧就是士用果也就是必須要有清晰的顯意識，（三）熏進去第八識就是增上果之後再通過等流果的方式現行才有學習。雖然同時，但這三者在前、後剎那有差別。

第十六節 各支五蘊

十二因緣每支都有五蘊在南傳也有，如卡魯那陀沙教授就認為每支都有五蘊，部派時期也有同樣的說法。

一、支與八識

但這個說法對於不認為有第八識、第七識的六識論者來說是模糊的。根據這裡所述：

- 識支：第八識執持根身、器界。

- 名色支：
  o 名一份：第七識：所緣是第八識相分與「我」（相分），
  o 名一分：七識之前六識：色、聲、香、味、觸、法。
- 觸、六觸入、受：六識：色、聲、香、味、觸、法。
- 愛、取、有：第八識緣前七識種子。
- 生、老死：第八識緣前七識種子。

根據唯識，八識各有五蘊，只是色蘊或所緣的對象對於第八識、第七識來說不是色但另有相分境。唯識的八識每個有不同的功能，從八識各個不同的功能差別來看，各支都具有八識：

	第八識	前七識
識支	執持	名色支：根身、器界
名色支	所熏	現行、能熏
觸等三支	所熏	現行、能熏
愛等三支	執持	七識種子
生等二支	執持	七識種子

圖表 37 各支八識

要是以八識來看十二因緣，不僅是合理的，還是輪廓清晰的。

二、五遍行法

觸、六觸入、受、愛、取、有等支主要是五遍行。但因為士用果依等流果的關係，其中隱含五別境、煩惱或善心所，在下一章將會解釋：

- 士用果六識：
  - 觸支是：觸心所
  - 六觸入支是：作意心所
  - 受支是：受蘊
- 增上果六識：
  - 愛支是：想蘊
  - 取支是：等流果之五別境或染或凈，隨之煩惱或善心所
  - 有支是：思心所

三、受想二蘊

受支為受蘊很好理解，至於愛是想心所，在《成論》中：

> 受，謂領納順違俱非境相為性，起愛為業。[106]

因此，愛就是想蘊。愛、想蘊是增上：

> 云何想蘊？謂能增勝取諸境相。增勝取者，謂勝力能取。如大力者，說名勝力。[107]

于凌波於《大乘廣五蘊論講記》：

> 受想二心所立為二蘊，還有它特別的原因。《俱舍論》

---

[106]《成唯識論》卷3；CBETA 2024.R3, T31, no. 1585, p. 11c11-12
[107]《大乘廣五蘊論》卷1；CBETA 2024.R3, T31, no. 1613, p. 851b20-21

上說有三種原因，是諍根因、生死因、次第因。茲先述諍根因：諍者煩惱之謂。芸芸眾生，莫不各有煩惱。煩惱之根源，出之於有情的貪愛與我見。而受與想，就是生起貪愛與我見的原動力。《大毘婆沙論》曰：「受能發起愛諍根本，想能發起見諍根本。」也就是說，貪愛諸欲是以受為原動力，邪倒諸見是以想為原動力。[108]

因此，受、愛二支為分水嶺，要是只是受的「領納順違」，不起愛只是士用果，若起愛則是增上果。

四、有支與思

十二因緣的有支是造業，造業必須有經過思慮，也就是思心所。業有二種：思業、思已業。思業就是心裡想如何如何的做，思已業是具體的執行去做。思已業又有兩種：身業、語業。身業是付諸於身體的行動所造的業，如殺生、偷盜、婬亂。語業則是發動語言所造的業，如妄語、兩舌、惡口、綺語。這些業都是通過思心所後而遭的，因此，有即思心所。

---

[108]《大乘廣五蘊論講記》<第五講、受蘊與想蘊>；于凌波；http://www.book853.com/show.aspx?id=1101&cid=89&page=5

第十七節 正義小結

　　這章主要是為十二因緣建立一個整體的架構，從這裡可以看得出緣起支確實在一個極為緊密的架構下含攝四緣、五果、四聖諦，這才是真正的緣起法。其中是必須將無明與行排除在「內」。

一、通俗緣起

　　另外，雖然十二因緣可以是非常深奧的，如第八識是形而上之體、含攝二十二根等，這個議題將會在以後論述，但十二因緣也可以是非常通俗的。比如前面說過的緣起哲理：識支是「本體」；名色支是心與身——每個人、眾生的最基本的精神與身體形態，也就是基本的「存在」，這心與身在一個人在深度睡眠、昏迷的時候是都具有的，直到生命的終止，這也是為什麼名與色必須互緣，其中的名或精神是潛意識的；於這個基本的「存在」上，如上所示，觸、六觸入、受、愛、取、有都只是六識五遍行的心所分位而已，代表的今天哲學的「認識」與「造作」。

　　緣起支的論述也必須說明有兩種識流：潛意識與顯意識；也必須解說這兩種識流如何融合而造業。從原始佛教，到部派佛教，再到大乘唯識的各種理論都說明：名色支的等流果為潛

意識,觸等三支的士用果為顯意識,兩者合流,因此從「存在」（等流果）上有「認識」（士用果）,「認識」後再因為受到（等流果）染污第七識的污染而有愛等三支（增上果）的「造作」,「造作」又導致生、老死二支（異熟果）的「輪迴」。

二、暗流與浪

玄奘大師的《八識規矩頌》中「浩浩三藏不可窮,淵深七浪境為風」說的前七識。從十二因緣的結構圖來看,第八識如海,名色支內有個七識等流果的潛意識雖然也是浪,但更像是暗流:

> 這種由本身意識的「種子」、「現行」相生的現象,便是「親因緣」,而這類種子就稱「等流種子」。等流,是比喻因與果像流水一樣,相似相類的流動而無間斷,因此它所產生的果報就稱「等流果」。[109]

六識的士用果才是真正的浪,這浪一起即刻完完全全的消失,接著的後浪只是與前浪極為相似,但全然不同,

> 云何安立此一心耶？謂世俗言說一心剎那,非生起剎那。云何世俗言說一心剎那？謂一處為依止,於一境

---

[109] 五、識的三能變 - 星雲大師全集; https://books.masterhsingyun.org/ArticleDetail/artcle9866

界事有爾所了別生,總爾所時名一心剎那。又相似相續,亦說名一,與第二念極相似故。[110]

因此緣起法必須有個第八識與七識的等流果為所持與所依。

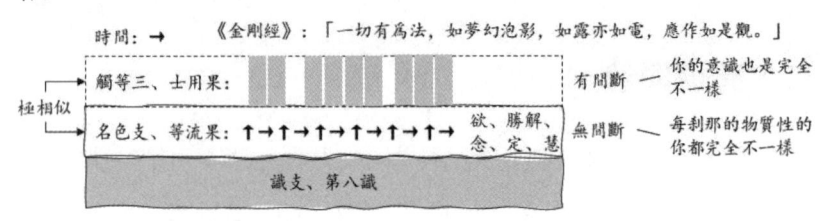

圖表 38 等流果與士用果之無間斷與有間斷

等流果七識與士用果六識在第一念與第二念都是完全不同的,每一念一生即刻滅去。我們以為一樣,是因為第一念與第二念極為相似的緣故。但等流果是無間斷的,因為現行熏種子又種子生現行,因此能夠保留欲望、「見」、記憶、學習、潛能等。欲望、「見」、記憶、學習、潛能等就是五蘊中行蘊的五別境心所。士用果則是有間斷的,因此,完全不能保持欲望、「見」、記憶、學習、潛能等,而是依賴等流果而有的,但之前必須通過士用果的「認識」熏種子於第八識。

如上圖,我們的根身、器界每剎那都是完全不一樣的,只

---

[110]《瑜伽師地論》卷 3;CBETA 2024.R3, T30, no. 1579, p. 291b12-17
[111] ChatGPT 生成:「請給我一張不侵權的圖,圖中有個女教師在黑板上寫著「唯識無境」、「第八識」、「種子」、「緣起」,有個男的學生在做筆記」。筆者加入大腦的圖像。

第三章:緣起正義

是名色支等流果的相續以為一樣而已。我們的顯意識即士用果因為依靠等流果的關係，更是虛幻，前前後後剎那更是完全不一樣。

三、無間似我

比如下圖中的老師在教一個學生，真實是沒有兩個剎那的老師與學生是同一個老師與同一個學生，每一個剎那都是不同的老師與不同的學生。老師、學生、課室、黑板、桌椅、筆記簿、鉛筆等都是每剎那不同的名色支、等流果。因為是等流的關係，都是通過現行熏種子又種子生現行才有像是有的假象。這就是之前所說的「心相續相」，要注意的是：五官、大腦，也都只是假象，都是「住尚無，況用」。

圖表 39 等流果與士用果 [111]

老師在黑板上寫的字句，學生在學習這些字句都是觸等三的士用果。士用果每剎那也是前後剎那都完全不一樣，一生起即刻滅去，只是非常相似。學生因為士用果依靠等流果的關係，因為等流，前剎那看到「唯」字後剎那看到「識」字，因此有記憶的能夠將「唯」與「識」組成一個詞句。當學生看完整個黑板上的詞句已經過了無數剎那，其中沒有兩個剎那是一樣的心、識。

　　我們認為有的相續相，如：八十年前、四十年前、上個月、昨天、前一小時等等的憶念，源頭都是在等流果也就是名色支，完全有賴於：1.自種子生自現行，2.自種子生自種子，3.自現行生自種子，4.前自現行引後現行，即太虛大師的圖中為第一、三、五、七項，才能維持、保留。這些都是四緣的因緣即親因種子，其中第七項則是第七識為等無間緣，因此覺得好像有個「我」。

　　士用果的觸等三只是當前一剎那生起時相似有作用，這是士用果依靠等流果的關係。這就是被掃到地毯下的佛法：「譬如三蘆，立於空地，展轉相依」與「此二因緣生觸，此六觸入所觸」的重要性。

四、心不可得

　　因此,唯識的「識」也是虛幻的,特別是觸等三的士用果六識,比如當我們看到一顆蘋果,已經不是名色支等流果那前一剎那的蘋果了,完完全全只是影像而已。緣起十支皆依一心,一剎那十支與五果,十支與五果都是心的不同相貌。名色支等流果在前,觸等三士用果在後,都是不同的心,同時也異時。前者是潛意識的認識,後者是顯意識的認識。因此,沒有所謂的現在、當下,如《金剛經》說:「過去心不可得,現在心不可得,未來心不可得。」

第四章 緣起實證

　　正當科學家、哲學家、宗教家們在討論意識是否來自大腦，一直談心論識的佛家卻幾乎完全缺席。佛教學者也沒有嘗試應用佛法來解釋大腦的運作，這些事實說明今天的佛教已經與科學生活完全脫節。

　　綜觀弦理論與緣起法之正義，可以再延申到今天科學對大腦的認識。今天，學界：科學家、哲學家、宗教家對於意識是否來自大腦已經開始了論戰。其中許多的科學家中有不少還是物理學的理論學者如一直將科學認識特別是弦理論普及化的格林，諾貝爾物理學獎得主彭羅斯等；可以說各種的意識理論橫空出世，琳琅滿目，可惜的是唯獨沒有看到佛家。

　　最近一個在哲學、科學、真理等方面有數十年歷史的探索頻道《接近真理》的主播庫恩發表了一篇長達 175,000 字的文章[112]，裡面濃縮的記載了 225 個有關意識的理論[113]。這說明了問題的嚴重性：什麼是意識、意識是否來自大腦等問題——說

---

[112] A Landscape of Consciousness: Toward a Taxonomy of Explanations and Implications ; Robert Lawrence Kuhn ; https://www.researchgate.net/publication/377744305_A_landscape_of_consciousness_Toward_a_taxonomy_of_explanations_and_implications

[113] 其中 Robert Lawrence Kuhn 很簡單的介紹了瑜伽行派的理論。

明沒人懂得意識是什麼,這也是今天學界的共識。佛教怎麼說呢?佛教對於意識是否產生於大腦也是沒有共識的,有認為是來自大腦,有認為不是,甚至有認為唯識產生於大腦等的。

在這眾多的理論中,唯心主義有擡頭的趨勢,原因是我們對大腦的認識越多,越讓我們覺得意識不是來自大腦,理由是大腦只有電信號,裡面完全沒有色、聲、香、味、觸等內容。要說唯心,那其中最具爭議性的討論是:意識要是不是來自大腦,那麼意識怎麼成為宇宙或人生的底層邏輯?

說到底層邏輯,那就是以唯識為底蘊的緣起法。前面提過,緣起法不是哲學,而是一種具有完全科學性的宇宙人生的底層邏輯,不是你信小乘、大乘、天臺、淨土或其他派別緣起法就跟著你派別的解說而改變,也不是你信其他宗教或沒有宗教信仰緣起法就沒有作用。緣起法是推動著每一個人、眾生的生死輪迴的流轉,一直到解脫涅槃的底層邏輯,而在流轉為人道時,因為名色支而有大腦。

林國良在《成唯識論直解》的〈前言〉提到:

> 唯識學的認識產生理論與現代科學關於大腦在認識中的作用問題,也非常值得探討。唯識學認為,識的產生,雖需要一定的條件(基本的條件是根和境),但根本上說,識是起源於自己的種子。因此,唯識學者

是不能同意人的認識純粹是大腦神經活動的產物的觀點。如四川研究唯識學的唐仲容老居士指出，瓜芽荳苗是從土中長出，能說它們沒有種子，而是土地生出的嗎？同樣，意識從大腦產生，能說它們沒有自己的種子，是完全由大腦生出的嗎？這樣的說法似乎仍屬既不能証實也不能証偽的觀點。但進而唯識學認為，意識的根（即意識產生的最重要條件）是精神性的第七識，並對此進行了論証。其中，最重要的一點是：前五識依賴於物質性的根，所以都不能具有理性思維、邏輯思維和記憶等功能（用唯識學的語言來說就是都沒有計度分別與隨念分別），意識如果也依賴物質性的根，那也不應有這些功能。雖說如此的論証，也能自圓其說，但這也就意味着：一、大腦不是意識產生的根本原因；二、大腦也不是意識產生的最重要條件。如果真是那樣的話，大腦的作用又何在呢？現代科學關於大腦思維中起重要作用這一結論，已毋庸置疑。所以，如果唯識學認為意識的根源是自己的種子，這樣的說法仍可被看作是一個目前尚不能証實也不能証偽的命題；但認為大腦甚至不是意識產生的最重要條件，這是很難為人們接受的。而第七識又是唯識學八識說的重要一環，第七識一旦動搖，第八識也將動搖，而第八識一動搖，唯識學也岌岌可危

了。因此，第六意識的根究竟是第七識還是大腦？或者說，應該怎樣提出問題？這是唯識學需要認真回答的。

反過來說，即使不是唯識，其他宗派如南傳等，因為佛法中的五蘊中有六識，眾生只是五蘊聚，那麼我們的大腦與六識、五蘊是否是與大腦有密切關係？如何從五蘊、六識來解釋大腦？這難道不是所有護持、維繫佛法者所要做的功課嗎？

第一節 三重之腦

要是意識是宇宙人生的底層邏輯，而這底層邏輯是緣起法，那麼今天科學是否能夠計算出緣起法？前面已經說過，弦理論已經得出緣起法，甚至弦理論的主幹就是緣起法，那麼大腦中是否可以看得出緣起法的痕跡呢？答案的肯定的。

一、三重概述

三重腦是今天被普遍運用的概念來解釋大腦的運作，有以下的三個層次：

1. 生存腦或爬行腦，

2. 情緒腦或邊緣系統，
3. 新皮質或思考腦。

大腦是整個宇宙最為複雜的自然結構，因此今天對於三重腦內的區域劃分，特別是邊緣系統的區分，還是有許多爭議。雖然如此，但大腦的運作具有層次架構的性質是公認的事實。我們將看到三重腦與緣起法、弦理論都有直接關係，這意味著我們的大腦以後可以被數學算出：

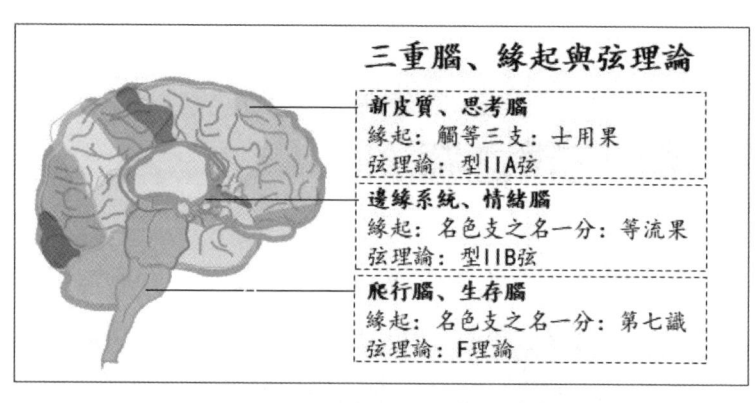

圖表 40 三重腦、緣起與弦理論

以上說明，大腦的結構是緣起法的「識等五果」：除了識支非常隱蔽的不可知外，名色支之一在生存腦，名色支之另一在邊緣系統，而觸等三支則在新皮質。

二、邊緣系統

今天關於腦的認識是三重腦都有認知活動；比如，邊緣系

統有個丘腦，裡面就有感官的功能，而這些感官功能在丘腦有某些但不是真正的認識能力，屬於潛意識的範疇，之後這些丘腦的信息被傳遞到新皮質後才有清晰的認識的作用。對於大腦內部的哪些區塊屬於邊緣系統，現在還是爭議不休，這裡以下的區塊為定義：

- 丘腦：負責眼、耳、舌、身等感覺器官，
- 嗅球：負責鼻感覺器官，
- 下丘腦：表現的是欲心所，
- 基底核：表現的是勝解與慧心所，
- 海馬體：表現的是念心所，
- 後扣帶：表現的是定心所。

以上在下面將有細述。

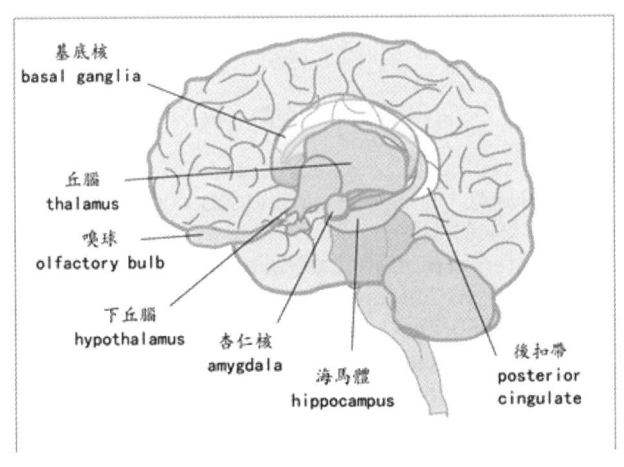

圖表 41 邊緣系統

邊緣系統雖然被稱為情緒腦，但其實是與我們的潛意識有著密切不可分的關係的：

邊緣系統是大腦的一部分，與潛意識密切相關，因為它主要控制情緒、動機和記憶功能，其中許多功能在我們的意識之下運作，使其成為無意識驅動力和行為的關鍵參與者。[114]

但腦神經科學經常稱潛意識為無意識：

有人認為，邊緣系統不僅為情緒的發展提供了基礎，也為社會心理功能以及無意識心理活動的更基本面提供了基礎。[115]

另外：

邊緣系統作為意識、無意識功能的控制中心，並調節許多身體功能。它與獎勵、動機、成癮、情緒、戰鬥

---

[114] Google Generative AI: "limbic system and subconscious"；引用多篇（包括以下一篇）研究報告的鏈接。

[115] The Limbic System: Emotion, Laterality, and Unconscious Mind；Rhawn Gabriel Joseph；ResearchGate；https://www.researchgate.net/publication/21716350_The_Limbic_System_Emotion_Laterality_and_Unconscious_Mind#:~:text=The%20limbic%20system%2C%20it%20is,aspects%20of%20unconscious%20mental%20activity.

[116] Limbic System；ScienceDirect；https://www.sciencedirect.com/topics/psychology/limbic-system#:~:text=The%20limbic%20system%20acts%20as,functions%2C%20attention%2C%20and%20learning.

[117] 這裡只是根據今天科學的方式敘述，以免太過複雜，其實眼不能見色。

第四章：緣起實證

或逃跑反應、記憶、影響自主神經功能的荷爾蒙、注意力和學習有關。[116]

從以上可以看得出邊緣系統是下意識或潛意識的，其中：

- 「邊緣系統作為意識、無意識功能的控制中心」說明：
  o 潛意識的等流果為顯意識的士用果之所依，
  o 潛意識的等流果為顯意識的士用果之所熏，
  o 以上兩者，都通過，看不到的第八識，
- 「並調節許多身體功能。它與獎勵、動機、成癮、情緒、戰鬥或逃跑反應、記憶、影響自主神經功能的荷爾蒙、注意力和學習有關。」說明：
  o 邊緣系統為等流果，等流果為名色支之名，這正是我們要尋找的名與色互緣，
- 「動機、……記憶、……注意力、學習」說的：
  o 分別是欲心所、念心所、定心所、勝解與慧心所。

三、見繩為蛇

這裡先通過一個簡單的例子，說明之前說過的，潛意識與顯意識的，二種意識的合流。下圖的見繩為蛇的例子中，從眼睛看到繩被傳輸到邊緣系統的丘腦（A）[117]，而丘腦傳遞給（也是邊緣系統的）杏仁核（B），杏仁核以為有條蛇下令這個人

跑,但與(B)同時,同樣的信息也被傳給新皮質中負責眼識的視覺皮層(C),然後(有嚴重精神分裂症的除外)認識到不是蛇而是繩,結果這個信息會被傳遞回到邊緣系統的杏仁核(D),這個人停止奔跑。[118]

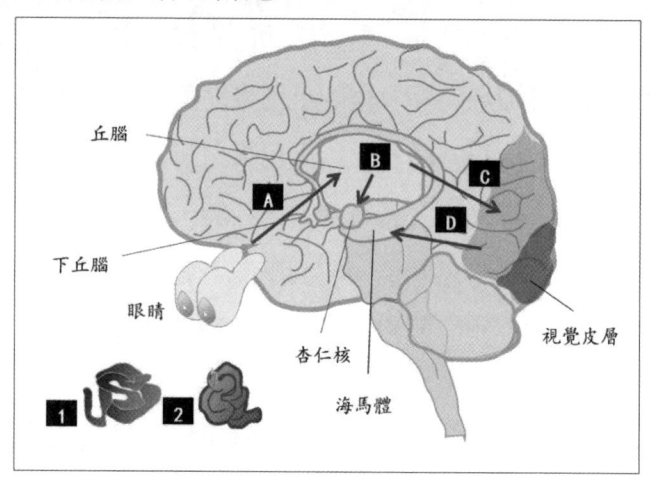

圖表 42 邊緣系統與見繩為蛇

從以上可見,邊緣系統的丘腦與杏仁核有種冥暗的認知作用,丘腦負責一種冥暗的眼識,而杏仁核則是一種冥暗的意識,這些對於今天腦神經科學來說是潛意識或無意識。

四、等流士用

以上就與之前所說的二種意識的合流是一樣的;這裡明顯

---

[118] 這裡只是說個大概,大腦的運作非常複雜,今天還有許多新的認識,這個例子中(D)從新皮質的視覺皮層到邊緣系統的杏仁核之前或許會經過島葉(六識之意識),而(D)後下令跑必須到生存腦的小腦。

看得出這二種意識的合流是有分：邊緣系統與新皮質兩個區塊，那就是之前提到的等流果與士用果。如下圖所示，今天腦神經科學認為丘腦有如一個路由器，源源不斷的一直傳遞信息給新皮質裡面的各個初級與次級皮層。

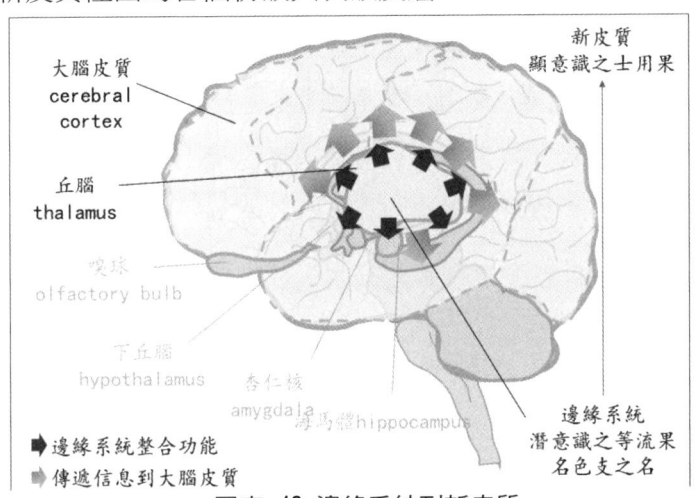

圖表 43 邊緣系統到新皮質

這說明了《雜阿含 294 經》中的「此二因緣生觸，此六觸入所觸」，也就是士用果是通過等流果生起的。這個現象如果只是以六識而沒有七識，是解釋不了的，更何況今天對大腦的認識是所有區塊一直不停的在工作，也說明了等流果、士用果同時而轉，也就是七識與六識同時而轉。

或許有人會提出以上例子其實是三分別：

尋令心麁伺、令心細，此中略有三種分別：一自性分別，謂尋伺。二隨念分別，謂意識相應念。三推度分

別，謂意地不定。[119]

較詳細的定義為：

論云：唯一意識，有三種分別也：一自性分別，謂意識對於現在六塵之境自性，而起分別，故名自性分別（六塵者：色塵、聲塵、香塵、味塵、觸塵、法塵也）。二隨念分別，謂意識昔曾對於六塵之境，追念不忘，而起分別，故名隨念分別。三計度分別，謂意識於不現見事，計較量度，而起分別，故名計度分別。[120]

那麼請接下看，一意識的定義是不對的。

第二節　盲人眼識

在一篇名為《盲人用潛意識的眼睛看東西》的文章[121]：

科學家們正在報告一個盲人能夠看見的非凡案例。

---

[119]《阿毘達磨大毘婆沙論》卷 42；CBETA 2024.R3, T27, no. 1545, p. 219b6-9
[120]《大明三藏法數》卷 8；
[121] Blind Man Sees With Subconscious Eye；DECEMBER 23, 2008； By Joe Palca； https://www.npr.org/2008/12/23/98590831/blind-man-sees-with-subconscious-eye

該案件涉及一名居住在瑞士的中年男性醫生，他的名字縮寫為「TN」。幾年前，TN 兩次中風，大腦兩側各一次。中風嚴重損害了大腦中主要負責視覺的部分，即枕葉皮質。

TN 的廣泛測試證實，儘管他的眼睛沒有問題，但他完全失明了。他看不到眼前的物體，只能拄著拐杖走動。問他是否能看見，TN 會回答："不，我瞎了。"

但神經科學家德格爾德（Beatrice de Gelder）希望進一步研究 TN。她隸屬於荷蘭蒂爾堡大學和波士頓麻薩諸塞州總醫院。首先，她和她的同事在 TN 上重複進行測試，以確定他確實是盲人。

然後他們在走廊上佈置了障礙訓練場。障礙物由日常物品組成。

「一個是一個典型的紙籃；一個是一堆書，」德格爾德說。"它們都有不同的形狀和大小。"

然後她讓 TN 沿著大廳走。

"我們沒有向他提供有關障礙物或任何東西的信息。所以他不知道有障礙物。"

於是TN沿著走廊走去，但他沒有徑直向前走，而是

小心翼翼地繞過每個障礙物。

「他從未碰過任何東西。我們完全感到驚訝，」德格爾德說，她在《當代生物學》雜誌上報告了她的發現。您可以點擊上面的影片連結來觀看此測試。

TN 則對科學家的驚訝感到驚訝。

「由於他沒有看到任何物體，所以他不知道自己取得了任何轟動的成就，」德格爾德說。

以上例子說明，新皮質現象上是士用果，負責明顯的眼識即在枕葉的視覺皮層，但其實眼識不只是在士用果的新皮質而已，因為這個案例中 TN 的枕葉的視覺皮層已經失去功能。此篇文章接著解釋：

> 德格爾德表示，TN 患有所謂的盲症。儘管他大腦中處理視覺訊息的主要部分被破壞了，但他大腦中更原始的部分仍然完好無損，這些部分能夠進行一些視覺處理。畢竟，視覺系統最基本的功能之一是幫助動物避開障礙物或掠食者。 TN 仍然擁有一些視覺能力——他只是沒有意識到自己擁有這些能力。

從這個實例得知，「唯一意識，有三種分別也」的理論是不能解釋這個案例的。但要是以具有七識的等流果做為一種冥

暗的潛意識於杏仁核，其中有冥暗的、等流果的眼識在現象上相應的丘腦裡，就可以解釋了。

第三節 聽而無聞

另外，在一篇名為《對聲音的無意識感知：即使不聽，我們也能聽到差異》的文章中：

> HSE 大學和 RAS 高級神經活動和神經生理學研究所的神經生物學家證明，在被動聆聽時，人類大腦會無意識地區分非常相似的聲音訊號。這項研究發表在《神經心理學》。我們的聽覺系統能夠偵測隱含的聲音。大腦甚至可以區分出非常相似的聲音，但我們並不總是能辨識這些差異。研究人員在他們的研究中證明了這一點，該研究致力於被動聆聽期間的聲音感知（當受試者不試圖明確地聽到差異時）。
>
> ……
>
> 「我們使聲音序列變得更加複雜，假設這將有助於聲音識別。我們會在潛力的增加中看到這一點。但結果

卻出乎意料。我們看到的不是全局不規則性中的 P3b 潛力，而是新興的 N400 潛力，它與顯性訊息處理相關，但也可能出現在隱性注意力中。這種潛力的出現是我們生活中不斷發生的一種隱藏的、隱含的學習形式的標誌。

同樣這也是一種冥暗的耳識，「即使不聽」說的是士用果，「我們也能聽到差異」則應該是位於七識等流果的耳識，也是純粹六識解釋不到的。

第四節　識等五果

這裡先看三重腦的邊緣系統與新皮質的關係。

一、名色觸等

很顯然的，根據以上的討論，大腦與十二因緣大致上有以下的層次性質的結構：

1. 名色支：等流果在邊緣系統，其中：
   a. 前五識在丘腦（眼、耳、舌、身）與一個稱為嗅球（鼻）的位置。
   b. 意識在杏仁核。

2. 觸等三：士用果六識在新皮質。根據對於大腦的認識，邊緣系統的丘腦源源不斷的傳遞信息到以下的區域：

a. 眼識在初級與次級視覺皮層，

b. 耳識在初級與次級聽覺皮層，

c. 鼻識在初級與次級嗅覺皮層，

d. 舌識在初級與次級味覺皮層，

e. 身識在初級與次級觸覺皮層，

f. 意識應該是在島葉。

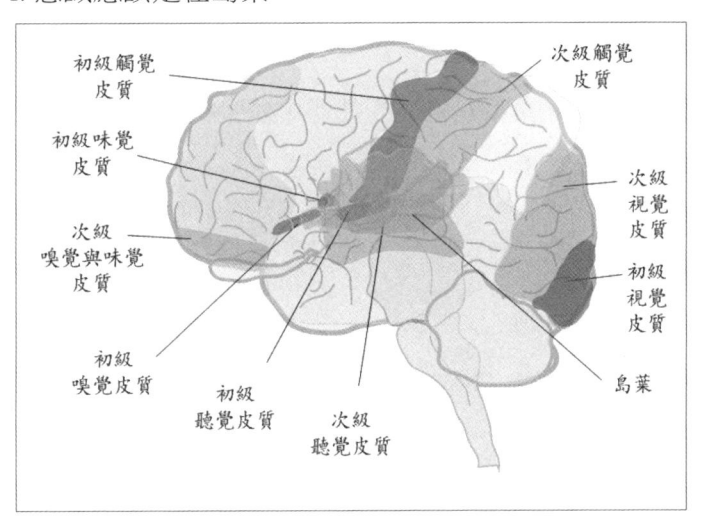

圖表 44 新皮質與六識、士用果

意識應該是在島葉的原因是這個在大腦中的結構在許多功能中發揮作用，包括感覺處理、情緒處理和決策。

感覺處理

- 接收來自身體和環境的感官輸入
- 處理內臟和軀體感覺輸入
- 處理味覺和前庭功能

情緒處理

- 處理正面和負面情緒，包括憤怒、恐懼和焦慮
- 處理痛苦、同情和厭惡等情緒
- 處理人們對氣味和污染及殘缺景象的厭惡感

決策

- 幫助整合行動預期結果的價態、幅度和機率的估計
- 參與獎勵激勵的決策

其他功能

- 自主神經控制
- 感知自我意識
- 汽車協會區
- 高階認知過程
- 感覺運動過程
- 運動學習
- 穩態功能

島葉位於大腦的外側溝。[122]

以下對島葉的描述，說明島葉與意識的密切關係：

島葉被認為參與意識、它在情緒和身體穩態調節等許多相關功能也發揮作用。這些功能包括同情和同理心，感知，運動控製，自我意識，認知功能和人際交往經驗。值得一提的是它與精神病有關。[123]

雖然今天科學對於大腦認識很深入，可是我們對許多區域還是不怎麼了解，島葉便是其中一個。有一篇紐約時報有關島葉的文章能幫助我們了解島葉的功能：

根據神經科學家們的研究，一個長期被忽略的大腦區域，島葉，已開始被視為能夠幫助了解做為人類的我們所擁有的感覺的關鍵。科學家們認為，島葉是社會情緒的源泉如欲望和厭惡，驕傲和屈辱，內疚和贖罪。它能助長人們的道德觀念、同情心、和對音樂情緒的反應能力。從它的解剖結構和它的進化過程來看，能了解人類和其他動物之間的基本差異。島葉也能察覺身體的狀況，如飢餓和渴望，並推動人們去找下一個三明治、香菸、或可卡因。因此島葉的研究，對吸毒、酗酒、焦慮和飲食失調等心理問題的治療提供了新的思考方式。當然，我們對大腦的認識還有很

---

[122] Google Search Generative AI: "function of insular"
[123] Insular cortex ; Wikipedia ; https://en.wikipedia.org/wiki/Insular_cortex

大的空間，島葉的角色可能不是很大。島葉的認識才剛剛起步。在許多的心理鄰域裡，島葉都被觀察到有所活動，這一直是個謎。"大家都對島葉確實有什麼功能還是摸不著頭腦。"加州大學聖地亞哥分校心理醫生馬丁博士・保盧斯說。如果說它什麼都做，那它確實在做什麼？例如島葉在以下的腦部掃描測試時都會亮起來：當人們渴望毒品、感到疼痛、預感疼痛、同情他人、聽笑話、看到厭惡的臉孔、被社會排斥、聽音樂、決定不購買某一樣東西、看到有人作弊並決定懲罰他們、在吃巧克力的時候能分別喜好。[124]

「它什麼都做，那它確實在做什麼？」對於島葉的描述說的就是第六意識。

二、行受想蘊

以上說明識蘊在新皮質，其實在新皮質或大腦皮層裡，五蘊的識、行、受、想蘊俱全。我們大腦的新皮質可以有許多分法，之前說過的通過各個初級與次級皮層看得到前五識的識蘊，而第六意識在島葉。

---

[124] A Small Part of the Brain, and Its Profound Effects；Sandra Blakeslee；The New York Times；February 6, 2007；http://www.nytimes.com/2007/02/06/health/psychology/06brain.html?pagewanted=all&_r=0

新皮質另一個分法是四到五個區塊：額葉、頂葉、枕葉、顳葉、前額葉。

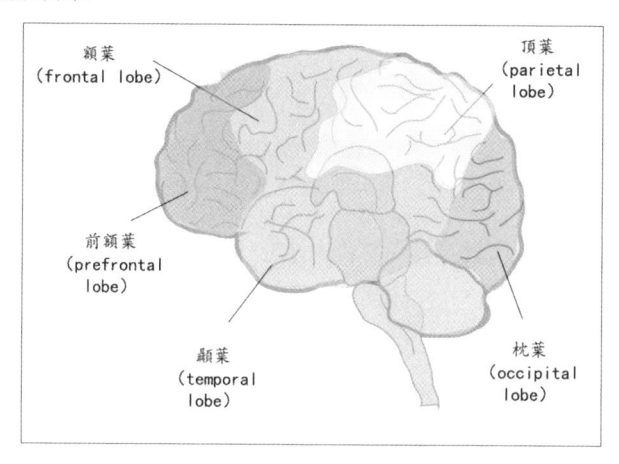

圖表 45 新皮質與行、受、想、心不相應行法

這幾個區塊其實是五蘊之行蘊（額葉）、受蘊（頂葉與枕葉，其中枕葉只有眼識的受蘊）、想蘊（顳葉）、不相應行法（前額葉）。由於篇幅的關係這裡不細述，但可見新皮質確實是識（五種初級與次級皮層與島葉）、行、受、想四蘊俱全（色蘊就是根身大腦），甚至還有不相應行。

士用果六識與新皮質				
六識	識蘊	行蘊	受蘊	想蘊
眼識	枕葉	額葉	枕葉/頂葉	枕葉/顳葉
耳識	顳葉	額葉	顳葉/頂葉	顳葉
鼻識	顳葉	額葉	顳葉/頂葉	顳葉
舌識	枕葉/島葉	額葉	頂葉	顳葉
身識	頂葉	額葉	頂葉	顳葉
意識	島葉	額葉	頂葉	顳葉

圖表 46 士用果六識與新皮質

以上為額葉、頂葉、枕葉、顳葉的分佈與大概的功能圖；四蘊的位置大概為以上的結構（色蘊是大腦本身），可見大腦完全可以根據五蘊來認識。

1. 額葉行蘊

首先讓我們看位在額葉的行蘊。額葉被認為具有以下的功能：

> 大腦的額葉負責管理思考、情緒、個性、判斷、自我控制、肌肉控制和運動、記憶儲存等。正如其名稱所示，它是大腦最前沿的區域。您的額葉是與大腦相關和與心理健康相關的醫學領域的關鍵研究領域。……
>
> 自願肌肉運動：這些是有意的運動，例如移動手去撿東西或移動腿去站立和走動。你的額葉還包含控制說話肌肉的大腦區域。[125]

在額葉有幾個值得一提的區域：

- 前運動區：負責身體的行動，
- 眼動區：負責眼睛的動作，
- 布洛卡區：負責語言的動作。

---

[125] Frontal Lobe；Cleveland Clinic；https://my.clevelandclinic.org/health/body/24501-frontal-lobe

因此，基本上我們所有自願的身體動作包括語言與眼睛都是通過額葉來控制的。

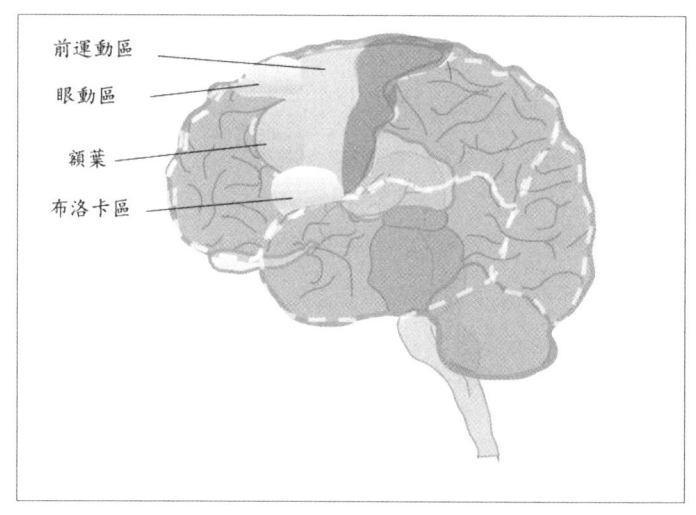

圖表 47 額葉與物理性的行蘊

佛法說我們的身體的行動是意識控制的，因此「大腦的額葉負責管理思考、情緒、個性、判斷、自我控制」很顯然的是屬於行蘊的範疇，特別行蘊中有善、煩惱等心所；善心所有信、慚、愧、無貪、無瞋、無癡等；煩惱心所有貪、瞋、癡、慢、疑、惡見等。

基於「識外無境」與意識不是大腦的產物，行蘊心所是我們的心理的狀態，是無質礙的、非三維空間的事物。但這些行蘊心所的心理狀態，都會通過「前運動區」顯示出來，比如：「貪」愛食物、錢財都會有貪相，「瞋」也有瞋恚、恨、怒相，

「慢」也有傲慢相等。甚至受蘊的苦、樂、憂、喜、捨也會通過「前運動區」表現出來。

表現出來的不止在有身體的物理行為，也可以通過「眼動區」控制眼睛表現出來，比如慈悲或凶惡的眼神慈悲的眼神。其中也包括了發動語言能力的布洛卡區。

基本上所有的言行舉止都是在額葉。

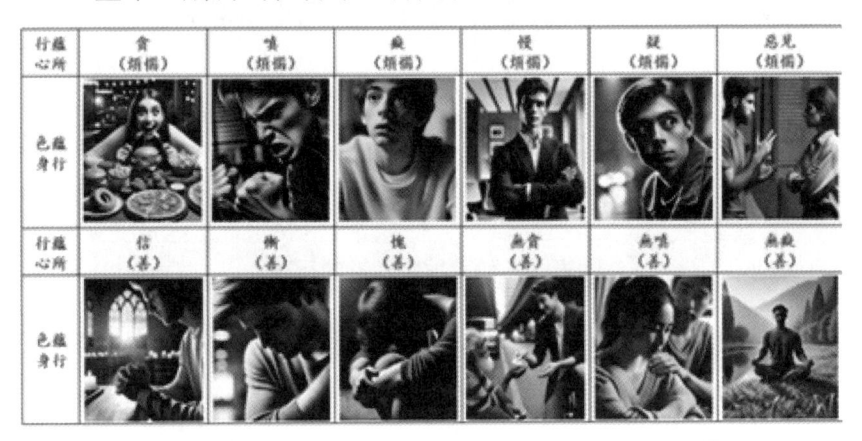

行蘊 心所	貪 （煩惱）	瞋 （煩惱）	癡 （煩惱）	慢 （煩惱）	疑 （煩惱）	惡見 （煩惱）
色蘊 身行						
行蘊 心所	信 （善）	慚 （善）	愧 （善）	無貪 （善）	無瞋 （善）	無癡 （善）
色蘊 身行						

圖表 48 物質性的身體形態表現的是行蘊的心所 [126]

2. 頂葉受蘊

頂葉位在額葉、枕葉和顳葉之間，其中有負責身識的初級與次級觸覺皮層：

---

[126] 圖中的圖片生自 ChatGPT：“請給我一張不侵犯產權的圖，圖中……”。

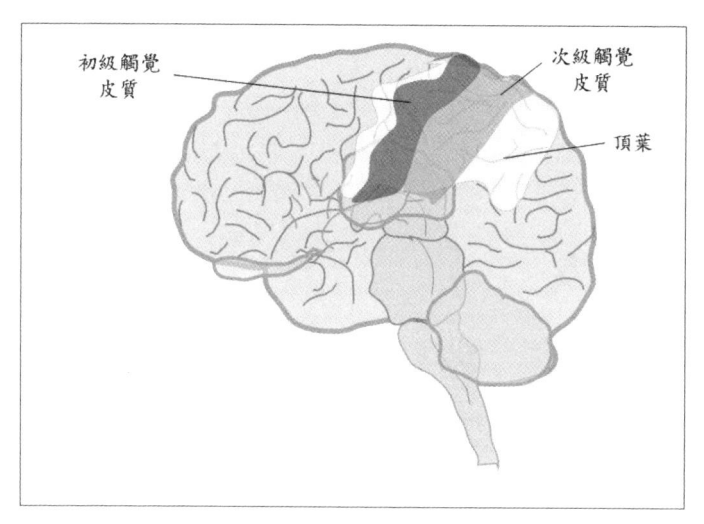

圖表 49 頂葉與受蘊

頂葉的主要功能是：

大腦的頂葉是你理解周遭世界的關鍵部分。它處理您的觸覺，並將來自其他感官的輸入組合成您可以使用的形式。頂葉也能幫助你了解自己與感官所感知的周遭事物之間的關係。……

大腦的這個部分幫助許多不同的區域協同工作。這種合作是您日常生活中使用的許多能力的關鍵。它還包含你的大腦解釋身體上或身體內任何部位的感覺的能力。[127]

---

[127] Pariental Lobe；Cleveland Clinic；https://my.clevelandclinic.org/health/body/24628-parietal-lobe

頂葉除了身識外,主要是感官的處理,「並將來自其他感官的輸入組合成您可以使用的形式」「幫助許多不同的區域協同工作」,因此也是受蘊之所在。

3. 枕葉眼識

枕葉與眼識是一個比較獨特的區域,整個枕葉大部分被負責眼識的初級與次級皮層所占據:

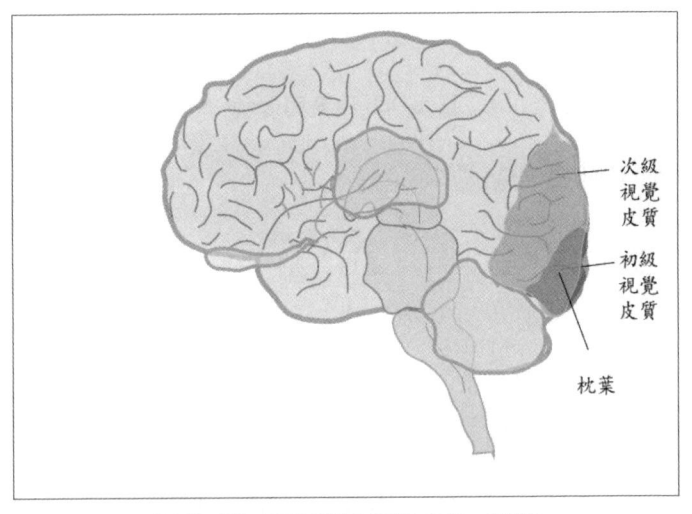

圖表 50 枕葉與眼識的受蘊、想蘊

枕葉的主要功能為:

枕葉是大腦中最小且位於最後方的一個腦葉,是大腦的視覺處理中心。該區域處理視覺訊號並與大腦的許多其他區域協同工作。它在語言和閱讀、儲存記憶、

識別熟悉的地方和臉孔等方面發揮著至關重要的作用。[128]

從以上的功能來看，枕葉不僅是眼識所在，因為「視覺處理中心」、「處理視覺訊號並與大腦的許多其他區域協同工作」、「儲存記憶、識別熟悉的地方和臉孔等」，因此枕葉還有眼識的行、受、想等蘊。下圖顯示枕葉有各種識別功能如物體、椅子、臉部、房子等[129]。

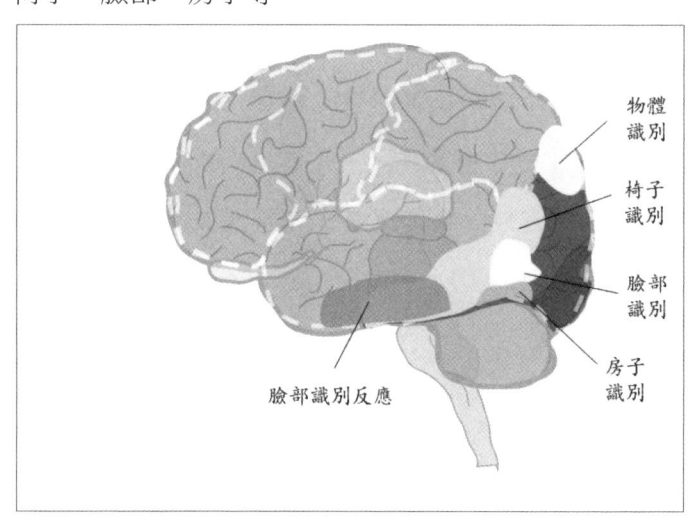

圖表 51 枕葉與顳葉的想蘊

識別就是想蘊的工作，有取相、分別的功能：

---
[128] Occipital Lobe ; Cleveland Clinic ; https://my.clevelandclinic.org/health/body/24498-occipital-lobe
[129] Sensation & Perception - Crash Course Psychology #5 ; CrashCourse ; YouTube ; https://youtu.be/unWnZvXJH2o

五蘊之中,排列於色蘊、受蘊之後的第三位者,是想蘊。《大乘廣五蘊論》曰:

「云何想蘊?謂能增勝,取諸境相,增勝取者,謂勝力能取。如大力者,說名勝力。」

而《大乘五蘊論》說的更簡單,僅曰:「云何想蘊?謂於境界取種種相。」

以上兩段文字,都不能使我們對想蘊有具體的概念。《成唯識論》說的比較俱體,論曰:「謂於境取像為性,施設種種名言為業。」又謂:「想能安立,自境分齊。若心起時,無此想者,應不能取境分齊相。」

三部論著之中,都說到「於境取像」,於此我們探討,何謂於境取像。所謂於境取像,就是心識的意象作用,也就是當心緣外境時,想蘊即辨別種種境界,安立名稱言說。例如眼識緣到一張桌子,想蘊即於此四腿方面的東西上,安立一個桌子的名稱。眼識緣到一朵花,想蘊即分別出這是紅花,不是黃花白花;這是玫瑰花,不是茶花菊花。想之性是取像,以此像安立的名稱,便是未出口的名言。如果心識沒有取像的作用,即沒有名言的安立。若沒有名言,我們大腦中就沒有在任何概念,大腦(事實上是心識)只是一片

空白。[130]

上面清楚的說明識別就想蘊的工作，其中名言扮演重要的角色，這就要提到顳葉的想蘊。

4. 顳葉想蘊

顳葉的功能是：

顳葉是初級和次級聽覺皮層的所在地，為處理聽覺訊息的中樞。

顳葉位於頂葉邊緣的韋尼克區，和語言尤其是語言的理解，有重要的關係。而布洛卡區和語言的產生有很大的關聯，因為布洛卡區和運動皮層（英文 motor strip）相近。布洛卡區異常可導致運動皮層無法控制發聲相關的肌肉，從而導致失語症。

顳葉內側的海馬體在形成長期記憶中扮演着重要的角色。[131]

除了有聽覺或耳識的功能外，顳葉的主要功能之一俱有

---

[130]《大乘廣五蘊論講記》<第五講、受蘊與想蘊>；于凌波；http://www.book853.com/show.aspx?id=1101&cid=89&page=5
[131]《維基百科》<顳葉>；https://zh.wikipedia.org/zh-hk/%E9%A2%9E%E5%8F%B6

認知或辨別功能，英語為 perception，想蘊在英語也恰好是 perception。而認知功能主要靠的是記憶，因此，負責記憶的海馬體就在顳葉的內則。

顳葉裡還有個韋尼克區（Wernicke's area），在這個區域的功能是用來理解單詞的意義。韋尼克區的損傷，導致患者能夠聽見聲音，但無法理解語言的意思。能聽見聲音是耳識，無法理解語言的意思是想蘊與意識，是聽覺或耳識與想蘊的共同關係形成的語言認知能力，這與上面提到過的在額葉的佈洛卡區（Broca"s area）為語言控製能力（發動、發音）為行蘊成為鮮明的對照——語言認知歸於顳葉想蘊，而語言表達歸於額葉行蘊。

下圖顯示顳葉的主要構造：

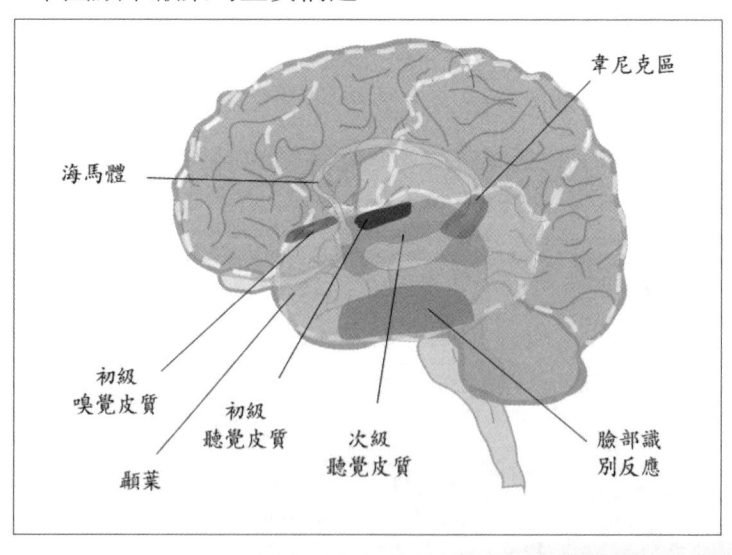

圖表 52 顳葉與想蘊

唯識有名句文的概念，名句文是依音聲而屈曲假立。文是字母、名是名詞、句是由名詞組成的句子，佛法認為此三者都是依附音聲而有，而不是實有。上面提到名言，唯識學的種子有二種：業種子與名言種子，其實業種子也是名言種子。佛光大辭典對名言種子的解釋：

> ……眼根、耳根等有為法……皆以音聲為本，……後心緣上述之音聲加以分別者……第六意識即隨此名言而變似諸法…並…薰附於第八阿賴耶識中，以薰成其自類各別……種子，此種子因係由名言薰習而成，故稱名言種子。[132]

這段正符合顳葉的認知功能、韋尼克區，與在聽覺、視覺、與嗅覺的辨別能力[133]，也就是以上所說的「眼根、耳根等有為法……皆以音聲為本，……後心緣上述之音聲加以分別者」。

5. 受想二蘊

值得一提的是今天對於大腦的覺知能力是通過 sensation and perception 來理解的，西方對於覺知的討論很多都應用

---

[132] 名言種子；佛光大辭典（慈怡法師主編）；https://buddhaspace.org/dict/fk/data/%25E5%2590%258D%25E8%25A8%2580%25E7%25A8%25AE%25E5%25AD%2590.html
[133] Temporal Lobe - Human Brain Series - Part 8；Quantum University；YouTube；https://www.youtube.com/watch?v=RNYM35LyD50

sensation 與 perception 這兩個名詞[134]。而五蘊中的受蘊與想蘊的英譯剛好也分別是 sensation 與 perception。受蘊與想蘊都在行蘊中的五遍行中，為什麼這兩者立為二蘊呢？

【２】受與想何以立為二蘊

所謂想蘊，也就是百法中的心所有法、遍行心所中的想心所。心所有法有五十一個心所，……五遍行心所，均具有此特性。……都沒有受與想的作用來得強。……

受想二心所立為二蘊，還有它特別的原因。《俱舍論》上說有三種原因，是諍根因、生死因、次第因。茲先述諍根因：諍者煩惱之謂。芸芸眾生，莫不各有煩惱。煩惱之根源，出之於有情的貪愛與我見。而受與想，就是生起貪愛與我見的原動力。《大毘婆沙論》曰：「受能發起愛諍根本，想能發起見諍根本。」也就是說，貪愛諸欲是以受為原動力，邪倒諸見是以想為原動力。

先以受來說，受者領納順違俱非境相為性，起愛為

---

[134] What's the Difference between Sensation and Perception? ; Daniel Storage ; YouTube ; https://youtu.be/pEWOqCMKqJw
[135]《大乘廣五蘊論講記》＜第五講、受蘊與想蘊＞；于凌波；http://www.book853.com/show.aspx?id=1101&cid=89&page=5

業。當其領納外境,愛欲心隨之俱起——貪與愛,名異而實同。《大乘義章》曰:「貪染名愛」。故《識論》說受是「起愛為業」。這在十二緣起中說得更明白:「．．．．六入緣觸,觸緣受,受緣愛,愛緣取．．．．」由觸對而於外境有苦樂之受,對苦受憎厭,對樂受貪著於心,眷戀不捨,念念渴求。進一步就是把樂受之境——或人或物、或名或位,攫取執持,據為己有。人人皆由樂受而起愛,由苦受而起憎,這就產生了人間的諍執、家庭間的失和、社會上的不安。追根究底,這貪愛攫取都是由受而起的,所以說它是「諍根」。

再以想來說,想是見諍的根本————根本煩惱中的五見可資參考————見者意見、見解,也可說是思想、觀念。人與人之間,有意見與見解的不同,有思想與理解的各異,這就是見諍。而在學術上、宗教間,見諍的鬥爭尤為強烈。佛陀住世時代,印度有所謂六師外道——六個不同的宗派;六十二見——六十二種不同的見解等,各人都以為自己的學說是真理,誰也不承認自己的見解有錯誤,這就引起了長期的思想鬥爭。近代的資本主義與社會主義之諍,也是見諍————見解之諍,即思想主義之諍。追究這見諍的根源,是出之想——想蘊的想,也就是思想、觀念。

135

由此可知，受想二蘊如今天的腦神經、心理學的認識都是息息相關的。

6. 不相應行

佛法的五蘊除了識、行、受、想、色蘊外，必須提到一個不是五蘊但與五蘊相關的不相應行法。因為五蘊是實法，也就是有能量做為背景、有作用的法。在世親菩薩的《大乘百法明門論》論中，這些法被分為五位：

1. 識蘊被稱為「一切最勝故」，也就是說一起都是由識而其的；
2. 行、受、想蘊是「與此相應故」，也就是與識蘊同時而起；
3. 色蘊則是「二所現影故」，也就是心、識變出來的；
4. 不相應行法是「三位差別故」，這是前三位共同作用而得到的概念。
5. 無為法則是「四所顯示故」。

在這五蘊法共同作用下，衍生出的精神、心理概念等就是不相應行法，是沒有能量做為背景的，不是屬於心的直接作用的，是虛幻的，是概念性的，也稱為心不相應行法。唯識的系統有二十四種：

一、得，（於一切法造作成就也。）二、命根，（第

八識種子,並出入息、暖氣三者,連持不斷也。)三、眾同分,(如人之類,其形相似也。)四、異生性,(眾生之妄性不同也。)五、無想定,(心想俱滅,外道所修之定也。)六、滅盡定,(受想之心滅盡,諸識不起也。)七、無想報,(外道修無想定,命終生無想天,壽命五百劫,想心不行,如冰夾魚也。)八、名身,(依事立名,眾名聯合曰名身。)九、句身,(積言成句,眾句聯合曰句身。)十、文身,(文即是字,眾字聯合曰文身。)十一、生,(諸法生起也。)十二、住,(諸法未遷也。)十三、老,(諸法漸衰也。)十四、無常,(今有後無也。)十五、流轉,(因果相續,流轉不斷也。)十六、定異,(善惡因果,決定不同也。)十七、相應,(因果和合,不相違背也。)十八、勢速,(諸法遷流,不暫停住也。)十九、次第,(編列有序也。)二十、時,(即時節也。)二十一、方,(即方所也。)二十二、數,(即數目也。)二十三、和合,(不相乖違也。)二十四、不和合,(互相乖違也。)此二十四法,有名無體,不與色法、心法及心所法相應,故云不相應行法。

實際上不止二十四,因為如果我們將五蘊的和合,當成一個系統,不相應行法只是一種系統的狀態,而安立的假名概

念;因此,如此由分別而安立的假名概念可以有無數多種。比如得,無論是精神(識、行、受、想蘊)的還是物質(色蘊)的,都只是暫時的一種狀態而給這時候的狀態為「得」。因此,也應該有一個狀態為「失」。比較容易理解的就是「時」即時間、「方」即空間等。

這些不相應行法雖然是「有名無體」,但其概念性的存在,卻正是我們執著的根源,因此不能說沒有。而且,不相應行法因為是五蘊共同作用而有的,因此必須是類似一種共同的筆記本或簿子的存在,要是沒有這個共同的簿子,五蘊是絕對不可能有共同的作用。不相應行法為行蘊所攝,歸於行蘊,行蘊在額葉,而這本簿子就在腦前額葉,如下圖:

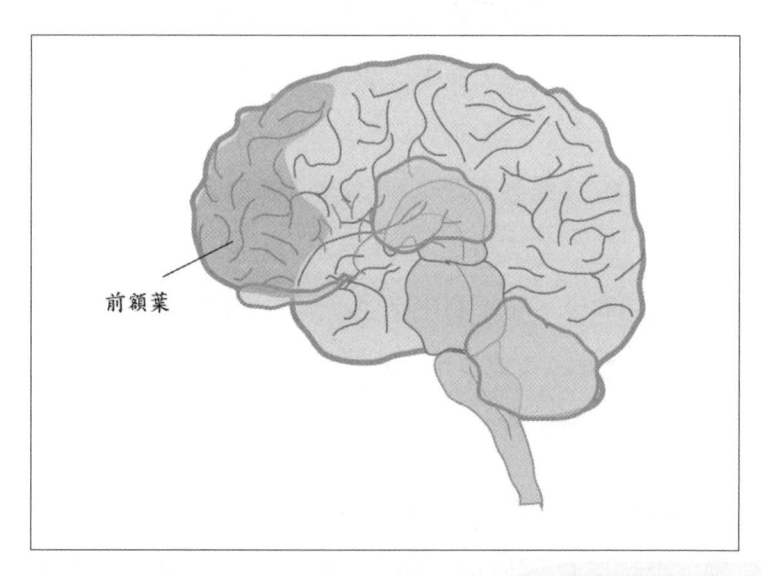

圖表 53 前額葉與不相應行法

要確認前額葉是否是心不相應行法的所在，可以查看時、空在大腦那一個部位：

根據目前的神經科學研究，前額葉皮質在處理空間和時間方面發揮著重要作用，研究表明，該區域內的不同神經群可以分別編碼空間訊息和時間訊息，從而有效地在大腦內創建「時空」表徵；本質上，前額葉皮質幫助我們同時在精神上導航空間位置和時間持續時間，特別是在執行需要工作記憶或複雜決策的任務時。[136]

另外，前額葉的功能簡介則是：

前額葉皮質負責複雜的認知功能，如決策、計劃、推理、工作記憶、衝動控制和社交行為，透過管理更高級的認知過程（通常稱為「執行功能」），本質上充當大腦的「執行控制中心」。[137]

這裡值得一提的是，從現象上來看，因為不相應行法是五蘊的共同產物或共用的簿子，因此，前額葉被誤認為「執行控制中心」，實際上前額葉只是各共同「工作空間」的一本簿子而已。

---

[136] Goggle Generative AI；"space time in prefrontal cortex"
[137] Goggle Generative AI；"function of prefrontal cortex"

三、別境心所

大腦還有很多值得研究的地方,根據唯識的理論,

- 我們精神的運作為識、行、受、想蘊,前面說過從士用果來說都在新皮質,
- 五遍行的:觸(行蘊)、作意(行蘊)、受(蘊)、想(蘊)、思(行蘊)心所是一定有的,
- 另外是行蘊的五別境心所:欲、勝解、念、定、慧心所;這五別境都是在邊緣系統。

簡單來說:

1. 邊緣系統的下丘腦負責我們的欲望,也就是「欲」心所,比如性欲:

   總之,這些案例研究表明,性行為和/或性取向的改變可能與各種邊緣結構損傷(包括下丘腦)組合有關。具體來說,下丘腦似乎介導性欲的神經內分泌和自主神經方面,局部病變會導致性欲減弱或消失。相反,包括但不限於下視丘的病變導致性欲增強。[138]

   又如食欲,下視丘是大腦中調節飢餓和飽足感,即想要吃東西並感到飽足的欲望的區域:

   人類大腦對飲食的控制非常複雜,涉及多個神經系

統。飲食的穩態控制主要涉及下視丘調節食物攝取。下視丘弓狀核控制食欲，包含表達阿片黑素皮質素原（POMC）和可卡因和苯丙胺調節轉錄本（CART）的神經元，這些神經元可降低食欲並增加能量消耗，也包含表達刺鼠相關蛋白（AgRP）的神經元和神經肽Y（NPY），可以增加食欲並減少能量消耗。這些神經元受到週邊激素訊號的調節，這些訊號在下丘腦中作用，抑製或刺激這些神經元來改變食欲。弓狀核中的神經元與下丘腦其他核的其他食欲促進神經元和厭食神經元進行交流，以控制進食。[139]

2. 邊緣系統中的基底核有以下決策的功能，也就是「勝解」心所：

決策：基底神經節的另一項工作是處理如何評估目標

---

[138] "In summary, these case studies demonstrate that alterations in sexual behaviour and/or orientation can occur in association with various combinations of limbic structure lesions, including the hypothalamus. In particular, the hypothalamus appears to mediate neuroendocrine and autonomic aspects of sexual drive, with focal lesions resulting in a reduction or abolition of sexual drive. In contrast, lesions including but not restricted to the hypothalamus have resulted in increased sexual drive. "；Neurological control of human sexual behaviour: insights from lesion studies；Amee D Baird, Sarah J Wilson, Peter F Bladin, Michael M Saling, David C Reutens；National Library of Medicine；https://pmc.ncbi.nlm.nih.gov/articles/PMC2117556/#:~:text=In%20summary%2C%20these%20case%20studies,mediation%20of%20human%20sexual%20drive.

和風險。它還處理影響你的情緒和動力的信號。這意味著它也正在學習和養成習慣、規劃和執行任務等方面發揮作用。[140]

3. 邊緣系統的海馬體是負責記憶,也就是「念」心所:

心理學家與神經學家對海馬的作用存在爭論,但是都普遍認同海馬的重要作用是將經歷的事件形成新的記憶(情景記憶)。[141]

---

[139] "Control of eating in the human brain is complicated and involves several neural systems. The homeostatic control of eating primarily involved the hypothalamus in regulating food intake. The arcuate nucleus of the hypothalamus controls appetite and contains neurons which express pro-opiomelanocortin（POMC）and cocaine- and amphetamine-regulated transcript CART）, which decrease appetite and increase energy expenditure, and neurons which express agouti-related protein（AgRP）and neuropeptide Y（NPY）, which increase appetite and decrease energy expenditure. These neurons are modulated by peripheral hormonal signals, which act in the hypothalamus to inhibit or excite these neurons to alter appetite. The neurons in the arcuate nucleus communicate with other orexigenic and anorexigenic neurons in other nuclei of the hypothalamus to control eating. "；Central Nervous System Regulation of Eating: Insights from Human Brain Imaging；Olivia M Farr, Chiang-shan R Li, Christos S Mantzoros；National Library of Medicine；https://pmc.ncbi.nlm.nih.gov/articles/PMC4834455/#:~:text=of%20cerebral%20activity.-,Homeostatic%20brain%20systems,;%20%5B38%2D40%5D）.

[140] "Decision-making：Another job of the basal ganglia is processing how you evaluate goals and risks. It also processes signals that affect your emotions and your motivation. That means it also plays a role in learning and forming habits, planning and carrying out tasks, and more." Basal Ganglia；Cleveland Clinic；https://my.clevelandclinic.org/health/body/23962-basal-ganglia

4. 「定」心所應該是在一個名為後扣帶皮層（posterior cingulate cortex）的邊緣系統區域，因為有大量的研究顯示這個區域與注意力有很大的關係。[142] 而且後扣帶皮層是預設模式網絡（default mode network）的一部分，預設模式網絡是一個與大腦各區塊有高度交互作用的大範圍網絡，也是大腦休息時活躍的一組大腦區域。

它是預設模式網路中的關鍵節點，在個人檢索自體記憶或規劃未來時，以及在大腦活動「自由運行」的不受約束的「休息」期間，它的活動也會增加。然而，其他證據表明該區域具有高度異質性，它可能在調節注意力焦點方面發揮直接作用。[143]

通過冥想的研究，後扣帶皮層區域有顯著的改變，同時海

---

[141] 《維基百科》< 海馬體 >；https://zh.wikipedia.org/zh-hk/%E6%B5%B7%E9%A9%AC%E4%BD%93
[142] Echoes of the Brain within the Posterior Cingulate Cortex；Robert Leech, Rodrigo Braga and David J. Sharp；The Journal of Neuroscience；https://www.jneurosci.org/content/32/1/215
[143] "It is a key node in the default mode network and shows increased activity when individuals retrieve autobiographical memories or plan for the future, as well as during unconstrained 'rest' when activity in the brain is 'free-wheeling'. However, other evidence suggests that the region is highly heterogeneous and may play a direct role in regulating the focus of attention."；The role of the posterior cingulate cortex in cognition and disease；Robert Leech, David J Sharp；National Library of Medicine；https://pmc.ncbi.nlm.nih.gov/articles/PMC3891440/#:~:text=The%20posterior%20cingulate%20cortex%20is,the%20consequences%20of%20focal%20lesions.

馬體也有顯著的改變。這兩個區域對阿茲海默症病人來說是有明顯的縮小，而阿茲海默症病其實是正念、靜觀的反面。另外一個有顯著改變的區域是杏仁核，杏仁核區域的大小與潛意識的恐懼、壓力有關，杏仁核越大顯示這個人有更多的恐懼心理或壓力，反之則是較少的恐懼心理或壓力[144]；較少的恐懼心理或壓力也是定力的體現。

5. 「慧」心所在邊緣系統的位置值得探索，應該是在基底核的位置因為它負責「情感和獎勵學習等高級認知功能」：

> 基底核（英語：basal ganglia）又稱基底節、基底神經節，是大腦深部一系列神經核團組成的功能整體。它是位於大腦皮質底下一群運動神經核的統稱，與大腦皮層，丘腦和腦幹相連。目前所知其主要功能為自主運動的控制、整合調節細緻的意識活動和運動反應。它同時還參與記憶，情感和獎勵學習等高級認知功能。基底核的病變可導致多種運動和認知障礙，包括帕金森氏症和亨廷頓氏症等。[145]

其中：

---

[144] Neuroplasticity - How Mindfulness Reshapes The Brain | Dr Sara Lazar ; Brahm Centre ; YouTube ; https://www.youtube.com/watch?v=wP9X6QIaflU

[145]《維基百科》<基底核>; https://zh.wikipedia.org/zh-hk/%E5%9F%BA%E5%BA%95%E6%A0%B8

亨廷頓舞蹈症（Huntington's Disease, HD）是一種遺傳性疾病，會導致腦細胞死亡。早期症狀往往是情緒或智力方面的輕微問題，接著是不協調和不穩定的步態。隨著疾病的進展，身體運動的不協調變得更加明顯，這方面的能力逐漸惡化直到運動變得困難，無法說話。心智能力則通常會衰退為痴呆。[146]

勝解心所與慧心所同在基底核，說明這兩個心所的密切關係，如《勝解心所法與慧心所法的關係》：

論中說，勝解是於境印可，知境是境，信境是境，不錯謬，不猶疑。比如說心對花對月時，就會勝解其為花和月，不猶疑，能夠信己所解，不輕易被轉，即是勝解。勝字突出了對於境界解的程度，接近於境界的真實性。但還不是最後的完全確信，也沒有証得境界的真實性。所以後邊還有個慧心所法，慧心所法現前的時候，才能証得境界了，確信了境界，完全知道了花和月的境界。

勝解相當於知其然，慧相當於知其所以然，一個是解，一個是証，勝解是淺慧，是慧的基礎，慧是究竟的最後的認知。在佛法的修証上，勝解心所法相當於

---

[146] 《維基百科》〈亨廷頓舞蹈症〉；https://zh.wikipedia.org/zh-cn/%E4%BA%A8%E4%B8%81%E9%A0%93%E8%88%9E%E8%B9%88%E7%97%87

解悟，慧心所法相當於証悟。解悟要想變成証悟，要經過念心所法和定心所法兩個階段，將所解的法牢牢的印持於心中，念念不忘，修成禪定，心念定於此法不間斷參究，最後心開確信，大智慧現前，就証悟了。

勝解花和月，是世俗的事，好像並不太難，隻要具足世俗法的理念和知識，六根正常，沒有遮障，就會勝解花和月，其中也含藏一些比較淺的解慧。而在佛法上達到勝解的程度，是不太容易的，要具足佛法上的相關知識和理念，也需要修行三十七道品，減輕業障的遮障，才能勝解，但距離証還有相當一段路要走，還要完善一定的因緣條件才能順利的証。[147]

基底核即勝解與慧心所，「同時還參與記憶」就是上文中提到的念念不忘，就是勝解、慧、定心所共同作業，都是在邊緣系統即都在五別境。

四、等流別境

上面說等流果在邊緣系統，而邊緣系統裡面有突顯的五別境，那麼等流果與五別境是否在經綸中有明確的描述呢？這裡

[147]《勝解心所法與慧心所法的關係》；生如法師；https://www.shishengru.com/tip-tc/2008.html#:~:text=%E5%8B%9D%E8%A7%A3%E7%9B%B8%E7%95%B6%E6%96%BC%E7%9F%A5,%E6%B3%95%E7%9B%B8%E7%9
5%B6%E6%96%BC%E8%A8%BC%E6%82%9F%E3%80%82

可以從另外一個角度去思考：因為邊緣系統是被認為是潛意識的，等流果也是潛意識的，那麼潛意識是否代表五別境的勢力是比較強盛的呢？答案是肯定的，因為五別境的欲心所就是潛意識推動我們的力量，以上已有例子說明性欲與食欲。勝解與慧心所也是一直引導我們，特別是確立我們的世界觀，也就是「見」；下面有關邪勝解是染污作意的解說。定與念心所位於的後扣帶皮層與海馬體與多種疾病有關如阿茲海默症病、還有下面提到的想象障礙症等有關，這二者還會相對的對杏仁核有增強、減弱的作用。比如上面提到的修冥想導致杏仁核縮小，這意味著杏仁核中的潛意識的第六意識不會有過多不必要的反應。

因此，雖然經論無論有沒有明確說明五別境在等流果的勢力是強盛的，但從以上推理來說是完全合乎道理的。

五、腦與五果

等流果是名色支，士用果是觸、六觸入、受共四支，加上識支，一共是五，也是前面提到過的一世果報為識等五果，都在大腦可以看得到。其中愛等三支雖然是增上果，能夠造業，之後會說明在大腦的哪些區塊，要注意的是增上果也可以是士用果，這個之後會有再細述。識支是極為細秘的，因此現象上是看不到的，到這裡從大腦已經看到了名色支與觸等三支。

十二因緣之識等五果於三重腦（第一果：識支，為第八識，細秘不可觀察）						
第二果：名色支：等流果		第三、四、五果：觸、六觸入、愛三支：士用果			
潛意識		顯意識				
生存腦	邊緣系統	新皮質、大腦皮層				
等流果一分	等流果一分				
第七識 染污意	等流果六識 五別境	第六意識	前五識	行、受、想蘊	不相應行法
小腦、腦幹	丘腦、嗅球、下丘腦（欲）、基底核（勝解、慧）、海馬體（念）、後扣帶（定）、杏仁核（意）等	島葉	五種感官之初級皮層與次級皮層	行蘊：額葉 受蘊：頂葉、枕葉 想蘊：顳葉	前額葉

圖表 54 大腦與識等五果

從上圖可以看得出，大腦的結構完全是根據十二因緣、唯識而有的，甚至層次性、結構性，都是完全一樣的：根據緣起支一層接著一層的。值得一提的是，在五蘊的定義中，不相應行法歸行蘊，這裡也看得到：行蘊在額葉，不相應行法在前額葉。

現在剩下第七識、名與色怎麼互緣還沒有解說。

第五節 名色互緣

佛說識、名色二支「譬如三蘆，立於空地，展轉相依」，

其實是三,也就是名色支之名與色是互緣的,問題是除了南傳略微有提到外,所有論述將這樣重要的一句置之不理,至今沒有具體的理論來說明為什麼是三?名與色又怎麼的互緣?要知道識支與名色支是緣起法的開始也是緣起法的核心,要是不解這句則接下來餘支將會是全錯,這就是今天緣起法的問題與現狀。

前面說過,名色支整支為等流果,等流果自然的有包含有色,其中名有第七識一分、與等流果餘識一分,這裡利用今天科學對腦的認識,從第七識、等流果餘識如何緣色的角度來解釋。

一、末那緣色

今天對大腦的認識顯示,要是位於生存腦的小腦或橋腦受到損壞,那麼一般人即使意識清醒,還是控制不了身體的行動。為什麼?佛教怎麼從佛法來解釋?僅憑六識是解釋不了的。

1. 意與身行

這是為什麼有第七識的理由,做為第六意識之意根,由第六意識思心所啟動的身體上的行動應該是由第七識來執行的,因為從緣起支來看,只有名色之名,也就是第七識能夠與色互

緣，以上見繩為蛇的例子中，我們知道即使杏仁核下令奔跑，最後執行的，還是位於生存腦的小腦。因此知道，生存腦現象上即第七識所在。

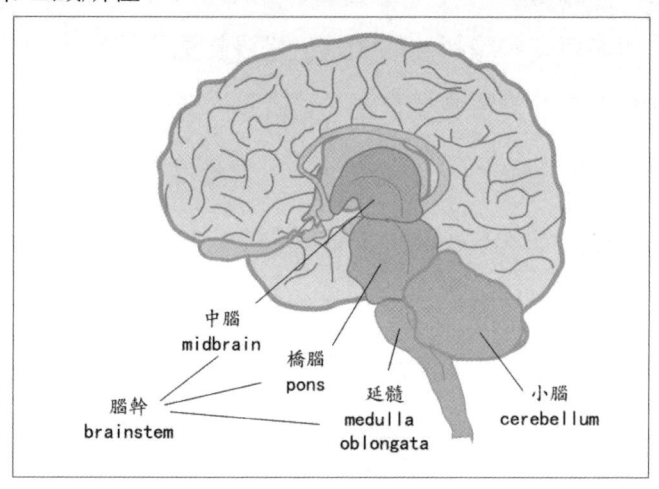

图表 55　生存腦

這裡用一個例子大概說明：

安安騎自行車。騎自行車這個動作就是等流果，其中是有生存腦的小腦（第七識）在控制身體的運動（名緣色），是以前通過士用果學習，增上果熏到第八識，第八識之因緣種子再起來，經歷時間等流果自然而然的操作，因此就學會了。

這天，當安安在騎自行車時，有隻狗從後面追過來，起初她沒有察覺到，這時還是等流果（邊緣系統與生存腦）在工作的。當眾人喧嘩的時候，安安聽到了叫

喊聲的是等流果（邊緣系統）傳給士用果（新皮質）的。她往後看，發現了狗追過來，這也是士用果（新皮質）。之後安安要使勁加速，這也是士用果，但加速這個指令，應該是（一種通過思心所的增上果）先傳到第八識（下圖1。），在下一剎那等流果生起時（下圖2。），位於生存腦的第七識得到這個指令才緣根身加速（下圖3。）。

這是因為只有第七識能夠緣色（名緣色），六識根據結構圖是不能夠直接緣色的，也就是六識包括第六意識是不能直接指揮身體的行動。即使第七識做為第六意識的意根，第六意識是不能直接下達指令給第七識，原因是第七識、等流果為名色支與第八識是恆轉，這恆轉等流如洪流，不是士用果的六識可以打斷的。況且，如果六識可以緣根身的身體，那麼契經也應該說「觸緣色」、「六入緣色」、「受緣色」等等。

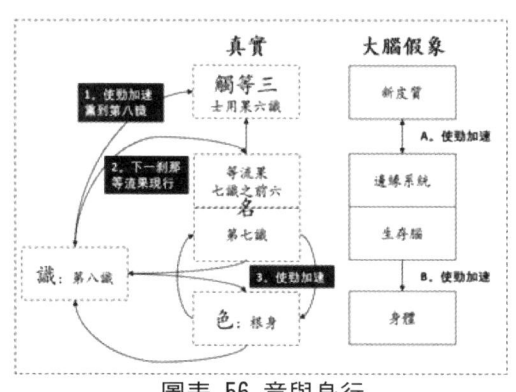

圖表 56 意與身行

大腦看到的只是假象,其中新皮質下令(A。)到生存腦控制身體(B。);但真實是有個看不到的第八識做為核心經過1。,2。,3。三個步驟:

- 識與名互緣,
- 識與色互緣,

這裡說明了:

- 名與色互緣。

這才是真正意義上的「譬如三蘆……展轉相依」。

以上是不是將原來簡單的東西複雜化呢?之前已經說明,唯識是不認為有身行、說話聲音的,前面說過這些只是心相續相,第八識為心,因此一切都必須回到第八識。

根據唯識的理論,第八識的見分是緣(管理、處理、異熟)其相分的種子,而第七識的見分有兩個相分:一、第八識的見分,二、在第八識的見分上現起一個「我」的影像。這裡說第七識現象上位於小腦,能夠直接緣第八識所變的根身,因此像是有行動,這緣的應該是第八識的見分。

具體上第七識如何通過第八識緣根身、色,還是直接能緣,是值得深究的。羅時憲在《唯識方隅》課中就提到第七識

如何緣第八識，諸論師有許多不同的說法[148]。要是根據「譬如三蘆，立於空地，展轉相依」，名與色應該是能夠直接互緣，也因此第七識能夠直接緣這是因為名與色都是因緣生的等流果之關係。

2. 閉鎖綜合

閉鎖綜合症（Locked-in syndrome（LIS），pseudocoma）是指：

> 患者雖然意識清醒，但卻由於全身隨意肌（除眼睛外）全部癱瘓，導致患者不能活動、不能自主說話的一種綜合症。……病因：和大腦皮層功能損害、皮質下功能保留的植物人不同，閉鎖綜合症患者的病變部位一般位於腦幹的特定部位，大腦半球沒有損害。[149]

另外：

> 如果腦幹中風，可能會讓患者突然之間感到眩暈，步態不穩，看東西有兩個影，講話含糊不清，並影響意識狀況。更嚴重的話會到「閉鎖症候群」（locked-in syndrome），患者全身除了眼睛之外的的自主隨意肌，都無法活動，所以患者會四肢癱瘓、無法說話，但意識和認知是正常完整的（大腦皮質功能正常），

---

[148]《唯識方隅講記》<第二冊>；羅時憲；第 720 頁
[149]《維基百科》<閉鎖綜合症>；https://zh.wikipedia.org/wiki/%E9%97%A D%E9%94%81%E7%BB%BC%E5%90%88%E5%BE%81

但因為患者無法傳遞訊息,甚至常被認為是植物人,而只能活在自己的世界,像被鎖在禁錮的單人房般,難以讓外界知道自己的想法。

以上的腦幹的特定部位在橋腦:

腦橋包含大腦、脊髓和小腦之間的重要神經路徑。在閉鎖症候群中,腦橋受損會導致從大腦、脊髓到身體肌肉的所有神經中斷。這會導致身體癱瘓。腦橋受損也會影響腦幹中對臉部控制和說話很重要的中心,導致您無法做出臉部表情、咀嚼、吞嚥和說話。[150]

這說明生存腦的就是名色支之名——名與色互緣。

3. 小腦受損

生存腦的小腦受損對於行動也是有影響:

小腦(cerebellum)在大腦下方,腦幹後上方,與維持平衡和精細動作的技巧有重要的關係。小腦也像大腦一樣,分成左右兩半。體積大腦總體積的十分之一,小腦能接收從內耳、感覺神經、聽覺、視覺等來的資訊,讓身體不同區塊的肌肉協同合作。

---

[150] Locked-in Syndrome (LiS); Cleveland Clinic; https://my.clevelandclinic.org/health/diseases/22462-locked-in-syndrome-lis

不管你是正在做著棒式鍛鍊核心，或是靠牆深蹲鍛鍊大腿，還是輕鬆走走路、切切菜，都是需要很多不同區塊的肌肉協同。所以小腦雖然並不負責"開始"一個動作，但能夠幫忙統整各區塊的肌肉動作，讓我們能動作協調。

當我們開始新的一樣動作訓練，像小朋友學騎腳踏車，國中生練打籃球，中年時開始練健身，在這些動作學習的過程中，小腦都扮演了重要的角色，能讓我們學會「微調」，控制姿勢、維持平衡，並讓這些自主動作逐步變得協調。

小腦如果受損，並不會讓人癱瘓（如果是大腦額葉的運動皮質區受損或脊髓神經受損，就可能會讓人癱瘓），但會影響精細動作或動作學習，也難以維持平衡和姿勢，看起來比較笨拙，捉不準動作的時機點。[151]

小腦其實是中樞神經系統的主要部分：

中樞神經系統（central nervous system，縮寫：CNS）是神經系統中神經細胞集中的結構，位於生物體中軸，主要功能是整合（傳遞、儲存、加工）從生

---

[151] 植物人不等於腦死－認識小腦與腦幹（懶人包）；白映俞醫師；照護線上；
https://www.careonline.com.tw/2019/04/brain.html

物體各部分收到的資訊,並調節和控制生物體各部分的活動,使其做出適當反應。[152]

因此小腦病變會出現很多症狀:

小腦是我們中樞神經系統中很重要的一個構造,它的功能包括了動作的協調,肌肉張力的調節,以及姿勢與步伐的控制。小腦有病變時就會出現許多的症狀,其中最重要的就是運動及平衡失調。患者無法很平順的完成一個動作,而執行一項動作的速度也會變慢。我們觀察時可以看到患者的肢體會搖搖晃晃,動作的精準度也會變差。[153]

這也是名與色互緣。

4. 多巴胺素

多巴胺(dopamine)是一種大腦神經的傳導物質,最重要的功能是讓大腦產生「獎勵機制」,也就是當做了某件事而感到快樂,研究證實運動、食物都能促進多巴胺分泌[154]。但現有

---

[152]《維基百科》< 中樞神經系統 >:https://zh.wikipedia.org/wiki/%E4%B8%AD%E6%A8%9E%E7%A5%9E%E7%B6%93%E7%B3%BB%E7%B5%B1

[153] 遺傳性小腦萎縮症;台大醫院神經部;https://www.ntuh.gov.tw/neur/Fpage.action?fid=4230#:~:text=%E5%B0%8F%E8%85%A6%E6%98%AF%E6%88%91%E5%80%91%E4%B8%AD%E6%A8%9E%E7%A5%9E%E7%B6%93%2C%E5%BA%A6%E4%B9%9F%E6%9C%83%E8%AE%8A%E5%B7%AE%E3%80%82

對多巴胺的認識是,它其實是欲望的來源:

> 大眾普遍認為多巴胺是產生愉悅的物質,但目前藥理學研究認為多巴胺其實是記錄誘因顯著性的物質。換句話說,多巴胺表示對某個結果的欲望或厭惡,然後推動人去使它實現,或是避免它實現。[155]

多巴胺雖然在大腦不同的區域都有被發現,但分泌的區域是:腹側被蓋區(Ventral Tegmental Area, VTA)與藍斑核(Locus Coeruleus)。

> 腹側被蓋區 (VTA) 和藍斑 (LC) 被正式描述為具有分離功能的多巴胺 (DA) 和去甲腎上腺素 (NA) 的主要來源。不同研究的比較表明,這些神經調節劑在多個領域有很大重疊,例如共享的生物合成途徑和從 LC 末端的共同釋放、會聚神經支配、受體和轉運蛋白的非特異性以及共享的細胞內訊號通路。 DA-NA 交互作用主要在前額葉皮質和海馬中進行研究,但鑑於兒茶酚胺神經支配的多樣性,它可以擴展到整個大腦。 LC 可以同時向大腦傳送多巴胺和去甲腎上腺素。在這裡,我們簡要回顧了 DA 和 NA

---

[154] 增進睡眠、遠離憂鬱 3招幫助大腦分泌快樂激素「多巴胺」;陳蔚承;康健;https://www.commonhealth.com.tw/article/84132
[155] 《維基百科》<多巴胺>;https://zh.wikipedia.org/zh-hk/%E5%A4%9A%E5%B7%B4%E8%83%BA

系統之間的分子、細胞和生理重疊,並指出了它們的功能意義。我們認為 DA 和 NA 可能並行發揮作用,以促進學習並維持正常認知過程所需的狀態。 NA 和 DA 的各種訊號模組已成為治療學開發的目標。了解兩個系統的重疊對於更有效地干預一系列神經精神疾病至關重要。[156]

腹側被蓋區是位於上圖的中腦(mid brain)而藍斑核則是位於橋腦(pons)前背部,都是位於生存腦:

> 藍斑在中樞神經系統內的投射很廣。其目標區包括脊

---

[156] "Ventral tegmental area (VTA) and Locus Coeruleus (LC) are canonically described as the main sources of dopamine (DA) and noradrenaline (NA) with dissociate functions. A comparison of diverse studies shows that these neuromodulators largely overlap in multiple domains such as shared biosynthetic pathway and co-release from the LC terminals, convergent innervations, non-specificity of receptors and transporters, and shared intracellular signaling pathways. DA–NA interactions are mainly studied in prefrontal cortex and hippocampus, yet it can be extended to the whole brain given the diversity of catecholamine innervations. LC can simultaneously broadcast both dopamine and noradrenaline across the brain. Here, we briefly review the molecular, cellular, and physiological overlaps between DA and NA systems and point to their functional implications. We suggest that DA and NA may function in parallel to facilitate learning and maintain the states required for normal cognitive processes. Various signaling modules of NA and DA have been targeted for developing of therapeutics. Understanding overlaps of the two systems is crucial for more effective interventions in a range of neuropsychiatric conditions. "; Dopamine and Noradrenaline in the Brain; Overlapping or Dissociate Functions? ; *Yadollah Ranjbar-Slamloo, Zeinab Fazlali ; Frontiers in Molecular Neuroscience ; https://www.frontiersin.org/journals/molecular-neuroscience/articles/10.3389/fnmol.2019.00334/full

髓,小腦,下丘腦,丘腦的中繼核團,杏仁核,端腦基底部,以及大腦皮質。藍斑產生的去甲腎上腺素對腦的大多部位具有興奮性作用,從而加強覺醒狀態,並預備腦的神經元對未來刺激的響應。據某些估計,藍斑內的單個神經元可以通過其巨大的軸突分支激活幾乎整個大腦皮質。[157]

現象上,生存腦是第七識的所在,包括小腦與腦幹的結構;而第七識不僅是等流果也是士用果的核心,也因此「藍斑在中樞神經系統內的投射很廣。其目標區包括脊髓,小腦,下丘腦,丘腦的中繼核團,杏仁核,端腦基底部,以及大腦皮質」。

這裡也說明名緣色、色緣名。

二、等流緣色

名與色應該是能夠直接互緣也體現在邊緣系統裡。之前說等流果是在邊緣系統的位置,而邊緣系統有下丘腦、基底核、海馬體與後扣帶皮層等,分別代表的五別境心所的:欲、勝解與慧、念與定。在解說欲心所時,引用了下丘腦中的一些作用,這裡重複:

下丘腦位於腦的底部,具調節體溫、血糖、水平衡、

---

[157]《維基百科》<藍斑核>; https://zh.wikipedia.org/zh-hk/%E8%93%9D%E6%96%91%E6%A0%B8

脂肪代謝、攝食習慣、睡眠、性行為、情緒、荷爾蒙（例如：腎上腺素及皮質醇）以及自律神經系統的作用。它接收從自律神經系統而來的訊號，並決定相應的行動。[158]

有許多研究顯示下丘腦控制身體的荷爾蒙水平並在性欲中起著關鍵作用。它也與飢餓和口渴等其他先天行為有關：

> 總之，這些案例研究表明，性行為和／或性取向的改變可能與各種邊緣結構損傷（包括下丘腦）組合有關。具體來說，下丘腦似乎介導性欲的神經內分泌和自主神經方面，局部病變會導致性欲減弱或消失。相反，包括但不限於下視丘的病變導致性欲增強。這種明顯的矛盾可能反映了這種結構的複雜性及其與其他大腦區域的關聯，下丘腦內的不同核可能發揮相反的功能。

---

[158]《維基百科》<下丘腦>；https://zh.wikipedia.org/zh-hk/%E4%B8%8B%E4%B8%98%E8%84%91

[159] "In summary, these case studies demonstrate that alterations in sexual behaviour and/or orientation can occur in association with various combinations of limbic structure lesions, including the hypothalamus. In particular, the hypothalamus appears to mediate neuroendocrine and autonomic aspects of sexual drive, with focal lesions resulting in a reduction or abolition of sexual drive. In contrast, lesions including but not restricted to the hypothalamus have resulted in increased sexual drive. This apparent paradox may reflect the complexity of this structure and its associations with other brain regions, with the possibility that different nuclei within the hypothalamus serve opposing functions.

對視覺刺激或射精過程中引起的性喚起的神經影像學研究發現，包括下丘腦在內的皮質下區域被激活。例如，Ferretti 及其同事發現在勃起的初始階段下丘腦活化達到峰值，並認為下丘腦可能引發明顯的性反應。這些觀察結果支持了病變研究的發現，即下丘腦是調節人類性欲的關鍵大腦區域。[159]

上文提到小丘腦的勃起，這是下「丘腦—垂體—腎上腺軸」的一些操作：

也被叫做邊緣系統-下丘腦-垂體-腎上腺軸（LHPA軸），是一個直接作用和反饋互動的複雜集合，包括下丘腦（腦內的一個中空漏斗狀區域），腦垂體（下丘腦下部的一個豌豆狀結構），以及腎上腺（腎臟上部的一個小圓椎狀器官）。這三者之間的互動構成了

Neuroimaging studies of sexual arousal elicited by visual stimuli or during ejaculation have found activation of subcortical regions, including the hypothalamus18,19,20,21 For example, Ferretti and colleagues21 found peak hypothalamic activation at the initial phase of erection and suggested that the hypothalamus may serve to trigger an overt sexual response. These observations support the findings from lesions studies that the hypothalamus is a key brain region in the mediation of human sexual drive. " ; Neurological control of human sexual behaviour: insights from lesion studies ; Amee D Baird, Sarah J Wilson, Peter F Bladin, Michael M Saling, David C Reutens ; National Library of Medicine; https://pmc.ncbi.nlm.nih.gov/articles/PMC2117556/#:~:text=In%20summary%2C%20these%20case%20studies,mediation%20of%20human%20sexual%20drive.

HPA軸。HPA軸是神經內分泌系統的重要部分，參與控制應激的反應，並調節許多身體活動，如消化，免疫系統，心情和情緒，性行為，以及能量貯存和消耗。從最原始的有機體到人類，許多物種，都有HPA軸。它是一個協調腺體，激素和部分中腦（特別是參與介導一般適應綜合症（GAS）的中腦區域）相互作用的機制。……

促腎上腺皮質激素和抗利尿激素從一些特殊神經元的末端釋放出來。這些神經元位於下丘腦正中隆起，可以進行神經內分泌活動。這些多肽激素通過血液，經由垂體束中的門脈系統運輸到垂體前葉。在垂體前葉，促腎上腺皮質激素和抗利尿激素協同作用，刺激促皮質激素細胞釋放儲存促腎上腺皮質激素。促腎上腺皮質激素通過血液到達腎上腺的皮質區域，促進腎上腺迅速合成皮質激素，如：利用膽固醇合成皮質醇。皮質醇是一種主要的應激激素，可以作用於身體的多種組織器官，包括大腦。當作用於大腦時，皮質醇可以結合鹽皮質激素受體和糖皮質激素受體這兩種受體。這兩種受體存在於許多不同種類的神經元中。例如：糖皮質激素的一個重要靶組織就是腦中的海馬核團，而海馬區正是HPA軸的一個主要的調控中心。

抗利尿激素可以看作是一種「保水激素」，同時又被稱作「血管升壓素」。當身體缺水時，抗利尿激素釋放，並作用於腎臟產生保存水分的效果。抗利尿激素也是一種潛在的血管收縮藥物。[160]

下丘腦是負責「欲」心所的，但這個區域是受到之前生存腦投射的影響，而以上所說的 LHPA 軸能夠通過各種內分泌來調節身體，很明顯的色緣名與名緣色。

三、各類分泌

生存腦與邊緣系統一直在向整個大腦與全身投射許多分泌，如

> 神經遞質是大腦使用的語言，讓神經元與其它大腦細胞溝通。不僅如此，肌肉也透過神經遞質接受訊號。實際上，這些化學信使將訊息傳遍全身。[161]

下圖列舉一些與生存腦與邊緣系統相關的分泌：

---

[160]《維基百科》<下丘腦—垂體—腎上腺軸>；https://zh.wikipedia.org/zh-hk/%E4%B8%8B%E4%B8%98%E8%84%91%E2%80%94%E5%9E%82%E4%BD%93%E2%80%94%E8%82%BE%E4%B8%8A%E8%85%BA%E8%BD%B4

[161] 7 種連接大腦與身體的神經遞質；Ask the Scientists；https://askthescientists.com/zh-hant/neurotransmitters/

分泌種類	大腦部位	分泌的具體位置：	色→緣名	緣色←名
GABA	生存腦	小腦——中樞神經系統		第七識
多巴胺	生存腦	腦幹	中腦	腹側被蓋	第七識
	生存腦	腦幹	橋腦	藍斑核	
腎上腺素	生存腦	腦幹	延髓		
血清素	生存腦	腦幹	中縫	縫核神經	
催產素	邊緣系統	下丘腦		等流果
荷爾蒙				

圖表 57 腦分泌與名色互緣

這裡不給予一一的解釋，但從上圖可清晰的看出，名色互緣，其中最關鍵的還是小腦與中樞神經系統——名與色是一體的。

第六節 癡見慢愛

上面解說為什麼名色互緣，其中已經看得出生存腦甚至邊緣系統。因為向整個大腦、身體投射各種分泌，因此對整個大腦如新皮質即大腦皮層的運作有很大的影響。這就是唯識所說的染污意，主要來自於生存腦的第七識，但因為第七識與等流果是一體的，因此，等流果或等流果的所在的邊緣系統也受到直接的影響。

一、染污末那

另外，生存腦有以下的特性：

"爬行動物腦"是最先出現的腦結構。它由腦幹（延髓、腦橋、中腦）、小腦和最古老的基底核（蒼白球與嗅球）組成。對於爬行動物來說，腦幹和小腦對物種的行為起着主要的控製作用。這些腦結構調控維持個體生命的一繫列重要生理功能，包括：心跳、呼吸、睡眠和覺醒等等。在腦幹和小腦的操控下，人與蛇、蜥蜴有着相同的本能行為模式：死鬪、偏執、衝動、貪婪、屈服、多疑妄想等等。[162]

以上的「這些腦結構調控維持個體生命的一系列重要生理功能，包括：心跳、呼吸、睡眠和覺醒等等。」重複的說明，名色支之名是唯一能夠緣色的，也是第七識的所在。

而文中「在腦幹和小腦的操控下，人與蛇、蜥蜴有着相同的本能行為模式：死鬪、偏執、衝動、貪婪、屈服、多疑妄想等等。」正是第七識的「四煩惱常俱：謂我癡、我見，幷我慢、我愛」，也就是有染污意。這也印證了緣起正義的理論架構。

---

[162] 人類有三個大腦？——有趣的 Triune Brain 假说；東華君；知乎；https://zhuanlan.zhihu.com/p/24839679

第七節 緣起與腦

從以上得出下圖：

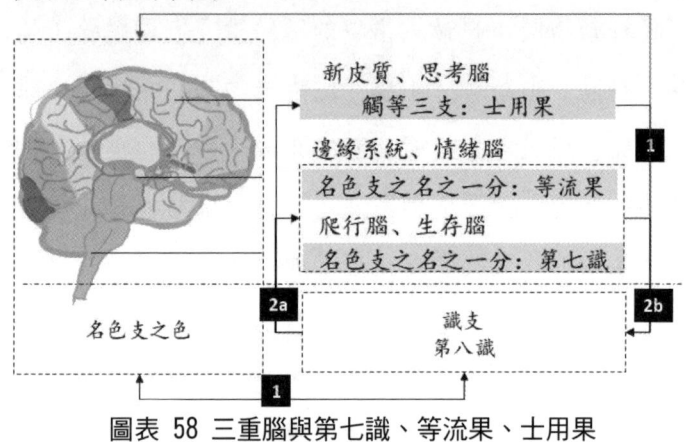

圖表 58 三重腦與第七識、等流果、士用果

上面提到邊緣系統的丘腦中的感官信息：眼、耳、舌、身（鼻在嗅球），除了在邊緣系統內如杏仁核的處理外，也將會傳遞到新皮質處理。因此現象上邊緣系統就是等流果七識之前六，而新皮質就是士用果六識。

上面從現象上的腦結構來看，下圖則是從十二因緣結構來看：第七識與等流果即名，與腦與身體即色是互緣，因此，名緣色、色緣名。不僅如此，因為第七識與等流果為士用果六識的根，第七識為染污意，因此唯識的理論是士用果六識會受到第七識染污意中煩惱的影響，而在愛、取、有三支造業。

如下圖，現象上，第七識所在是生存腦，而生存腦向整個

大腦，包括大腦皮層即新皮質投射多巴胺，因此，這完全符合唯識的理論，但必須用緣起支的結構來解釋。也因此，緣起支若不清楚的解釋名色支裡有染污意是不正確的。

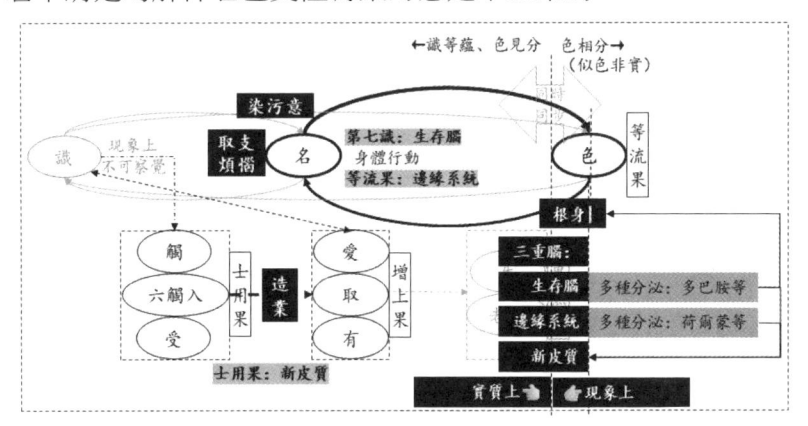

圖表 59 十二因緣之名色支互緣與三重腦結構

上圖也清楚的顯示名色支之名如何緣色，要強調的是，以上只是現象上的同步關係，而不是說意識來自大腦。上圖也顯示，在現象背後有同時同步的形而上的心、識的運作。

第八節 無明理論

今天科學只是著重於現象，迷惑於三維世界，迷惑於色、聲等，不知有心、識。與思考腦（新皮質）結構相互連接的邊緣系統，被認為是負責我們的潛意識或無意識的活動，神經科

學家約瑟夫・勒杜（Joseph LeDoux）在《接近真理》的節目中說道：

> 認知無意識或稱為心理無意識是對訊息的無意識，純粹只是因為它不是意識的一部分。杏仁核處理資訊的方式就是一個完美的例子。杏仁核的情緒與恐懼功能是我研究大腦的主要範圍。杏仁核可以接收訊息並產生情緒反應，它甚至能獨立的學習，這些杏仁核的功能是在新皮質有意識的運作之外。所以杏仁核是一個無意識的情緒過程或是一個情緒化學習的過程，它是存在於意識雷達之下的學習系統。這不是因為焦慮意識把杏仁核藏在底下（佛洛伊德的理論），而是杏仁核本身原來就是在它所在的位置。意識對杏仁核來說是隔絕的。[163]

---

[163] Joseph LeDoux - What is the Nature of the Self?；Closer to Truth；YouTube；https://youtu.be/NQ0DB0Qn7WQ　翻譯經過修飾，原句："The cognitive or psychological unconscious is information that's unconscious simply because it's not part of consciousness. A perfect example of that is the way amygdala processes information that is the part of the brain I worked on in terms of emotion and fear in particular. It can receive information and produce emotional responses and even learn independent of what the neocortex is doing which is required for onsciousness. So the amygdala is an unconscious emotional process or an emotional learning system that lives below the radar of consciousness. Not because it was anxious and you know the consciousness shipped the amygdala down below it's just where it is and the consciousness doesn't have access to that."

第四章：緣起實證

在研究大腦結構時，科學家認為處於邊緣系統的杏仁核有「獨立的學習能力，這些杏仁核的功能是在新皮質有意識的運作之外」，這是因為今天的科學看不到三維現象外的心、識活動，如下圖：

緣起支、大腦與業

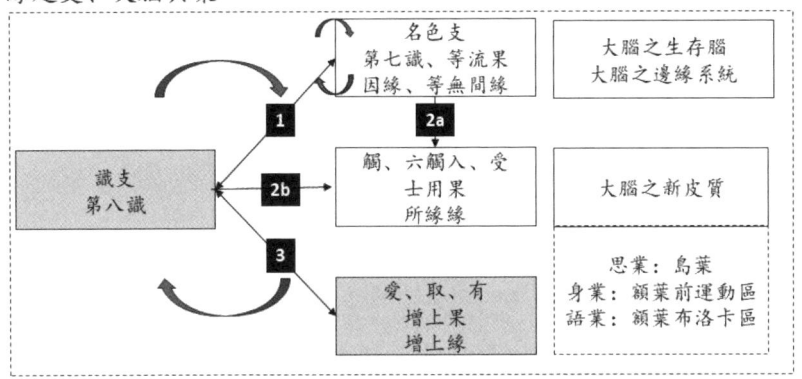

圖表 60 十二因緣結構圖十一：循環相攝之四：三重腦

科學家不知道有個第八識，科學家也不知道有愛等三為增上緣之增上果，新皮質的士用果的經驗通過愛等三熏習到第八識，之後再起得等流果於邊緣系統，因此誤以為杏仁核有「獨立的學習能力，這些杏仁核的功能是在新皮質有意識的運作之外」。

一、染污等流

論典包括唯識至今都只是說六識，雖然有說六識受到第七識的污染，但因為沒有將等流七識與士用六識做清晰的劃分，

因此沒有特別說等流七識受到污染是最嚴重的。上面已經解釋過等流果在邊緣系統，邊緣系統主要的結構突顯了五別境心所，其中就有欲心所在下丘腦，而這欲心所是一直在暗地裡的潛意識推動我們造業的欲望。加上勝解與慧，勝解與慧包括佛法但也包括不正確的見解或邪見，如邪勝解：

【邪勝解】品類足論三卷二頁云：邪勝解云何？謂染污作意相應心，正勝解，已勝解，當勝解；是名邪勝解。

二解：界身足論上三頁云：邪勝解云何？謂染污作意相應心勝解、心印順，是名邪勝解。[164]

因此，邪勝解是會引導染污作意的。前面說過，勝解與慧是在邊緣系統，這是為什麼邊緣系統即等流果七識是染污得最嚴重的：

邊緣系統本身包含許多子模組，它們相互溝通彼此之間以及與下丘腦（另一個關鍵的大腦模組）之間的連結。這下視丘是控制荷爾蒙釋放的主要腺體。事實上，每個邊緣結構最重要的願望是將其訊息傳遞給下丘腦。邊緣結構在某種意義上是自私的，當它們有重要的事情要說時，它們想要獨佔。你可以認為邊緣系

---

[164] 邪勝解【法相辭典】── 佛教詞典；http://m.fodizi.tw/f04/49127.html

統就像一群記者,他們認為自己有一個很棒的視角在一個故事中,下丘腦就是報紙編輯。編輯將講述那個對他來說最響亮的故事。這不是對記者不敬,而是邊緣結構不僅強烈地呈現它們的故事,它們還他們可以用這些策略讓其他人保持沉默,從而阻止他們影響下丘腦。[165]

「邊緣結構在某種意義上是自私的」說明位於邊緣系統的等流果受到染污是最嚴重的。其中,位於下丘腦的欲心所,是等流果的中心,也就是文中提到的編輯,那些記者有如包括位於基底核的勝解與慧。

因此,無明其實是隱藏在名色支的等流果,而不是隱藏在觸支的。

---

[165] "The limbic system itself comprises many submodules, which communicate with each other and with the hypothalamus – another key brain module. The hypothalamus is the master gland that controls hormonal release. In fact, the over-riding desire of every limbic structure is to pass on its information to the hypothalamus. Limbic structures are in a sense selfi sh and when they have something important to say they want exclusivity. You could think of the limbic structures as being like a group of journalists who think they have a great angle on a story, and the hypothalamus is the newspaper editor. The editor is going to run the story that shouts to him the loudest. No disrespect to journalists, but not only do the limbic structures present their story vehemently, they also have tactics that they can use to keep the others quiet and so prevent them from infl uencing the hypothalamus. "; CHAPTER 6 - The limbic (emotional) system ; Science Direct ; https://www.sciencedirect.com/science/article/abs/pii/B9780443068850500148

第九節 水界之腦

《中阿含 30 經》〈象跡喻經〉：

諸賢！云何水界？諸賢！謂水界有二，有內水界，有外水界。諸賢！云何內水界？謂內身中在，內所攝水，水性潤，內之所受。此為云何？謂腦、腦根，淚、汗、涕、唾、膿、血、肪、髓、涎、膽、小便，如是比此身中餘在，內所攝水，水性潤，內之所受，諸賢！是謂內水界。[166]

世人、科學家普遍認為意識產生於大腦，佛教包括有些唯識的專家也是如此認為，但大腦只是內水界，而不是在其他的三大之中，試問怎麼能夠從這內水界生起意識呢？要是可以，那麼同為內水界的「小便」也是否可以產生意識呢？

于凌波在《八識規矩頌講記》解說什麼是識：

識究竟是什麼？事實上，識只是一種「功能」——功用和能力。簡單的說，識就是一種「能量」。我們由下列三種界說，以說明之：

一、識不是一種有質礙性的物質，而是一種功能。識

---

[166]《中阿含經》卷 7；CBETA 2024.R3, T01, no. 26, p. 465a24-b2

有四個名稱,心、意、識、了,唯識家解釋這四種名稱,謂:「積集義是心,思量義是意,了別義是識。」如抬頭見時鐘,這是明了;繼而分別時間,是名分別。而此四種名稱,指的都是一種無質礙性的功能。並且八種識均有這四種功能。都可通稱為心、意、識、了,不過以功能殊勝來說,則第八識積集諸法種子,生起諸法,名之為心;第七識恆審思量,執著自我,名之為意;前六識了別各別粗顯之境,名之為識。以上數者,只是一種能變的法性,而法性是離開名稱言說的境界,唯識之教,是「即用顯體」。說到其體,名為「如如」;說到其用,名為「能變」。「能」則勢力生起,運轉不居;「變」則生滅如幻,非實有性。唯識立論,謂離識之外,無有外境。而所謂識,亦不過為一能變的「功能」而已。

二、識的功能,非局限於肉身,而交遍於法界(全宇宙)。大腦是有質礙性的物質,而識是無質礙性的功能。大腦的感覺神經、運動神經,作用只限於我人的身體;而我人的識,目之所見,耳之所聞,以至於意之所思(所謂法境),山河大地,日月星晨,皆在我人心識之中。識量同於虛空而無極,因此識的功用交遍法界(此係就種子而言,至於識的現行,則隨量之

大小而有局限。)

三、識為種子起現行，而種子起現行必待眾緣。識本來是一種功能，此功能未起現行時，不稱識而稱種子；種子起現行時，不稱種子而稱識。所以種子是潛在的功能，識是潛在功能發生的作用。而種子起現行，必待緣具。此緣有四種，曰因緣、等無間緣、所緣緣、增上緣，此於後文再釋。

「識的功能，非局限於肉身，而交遍於法界（全宇宙）。大腦是有質礙性的物質，而識是無質礙性的功能」，而我們誤以為意識產生於大腦的原因是識支、名色支「譬如三蘆，立於空地，展轉相依」，而大腦只是根身中的相分而已。

識支即第八識與色的根身、器界互緣，大腦只是根身的一部分

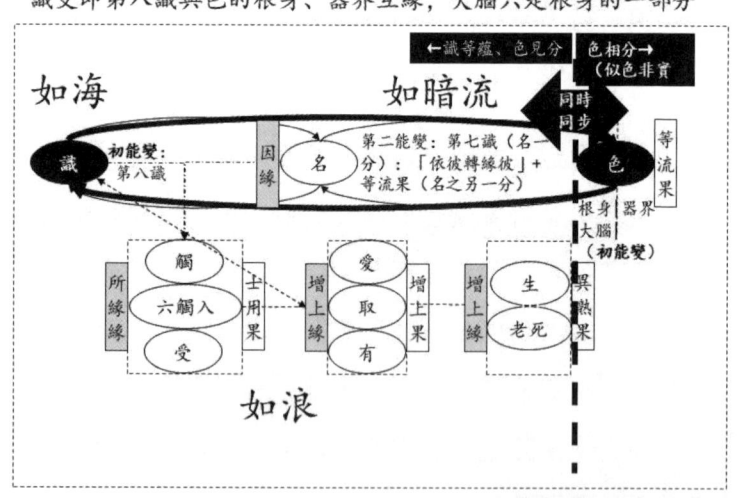

圖表 61 第八識與色的根身、器界互緣，大腦只是根身的一部分

如上圖所示,大腦只是與識支、名色之名等同時同步的三維世界的假象而已。一切精神活動即識、行、受、想蘊都是在三維體驗之「內」即外。

前面說過,第八識與色互緣,因為第八識也緣種子,第八識也與根身、器界互緣。如我們的大腦受到傷害或服用了藥物,影響大腦與我們的意識,是因為第八識緣種子、根身、器界的關係,下一剎那我們的名色支、觸等三支,即「存在」的等流果、「認識」的士用果也受到影響。

因此意識不是來自大腦,而只是與心、識同時同步,因此誤以為是意識來自大腦。前面說過,識支的第八識如海,名色支的等流果為暗流,觸等三支的士用果是浪。也是層次性、結構性分明的。

第十節 實證小結

原始佛教就有的識、名色二支為「譬如三蘆,立於空地,展轉相依,而得豎立,若去其一,二亦不立,若去其二,一亦不立」是在說三,不是說二;也就是說名與色也是互緣的。但至今沒有詳細的理論來說明,是一個理論上的大缺陷,由此

產生很多問題。反之,要是正確的認識「譬如三蘆……展轉相依」,不但可以達到緣起的共識,還能夠解釋許多現象如:等流果與士用果之關係,為什麼小腦受損而失去行動能力,又為什麼意識不是產生於大腦等?

唯識雖然有提到第七識與第八識為「依彼轉緣彼」,而唯識又以第八識為識支,因此第七識已經非常接近名色之名,很可惜的是唯識沒有說明。第七識做為名色支之名一分,是唯一能夠緣色或根身的。這符合唯識的理論:第八識執持根身、器界,而第七識執第八識的見分為相分。因此第七識是緣起支唯一能夠直接緣色或根身的,餘支都不能直接緣根身,這就是名與色互緣。這個可以單從經論上推理得到結論,補上從未有解釋過的名與色如何互緣之空白。

這裡再藉助今天科學對大腦的認識,先結構性的將緣起支標記在大腦的主要區塊,確認了第七識之所在後,可以從現象上確認名與色互緣是通過第七識,因此彌補緣起論述的一大缺陷。

佛教的十二因緣、緣起說的是意識的緣起:流轉與還滅;因此,在學界混戰中與在如繁星眾多的理論中,佛教應該是可以站絕對領導地位的,而不是自身四分五裂,在混亂的學界討論中完全缺陷的。

又今天唯心主義開始擡頭，但一直沒有論據說明意識為什麼是宇宙萬象的底層邏輯，如于凌波所說「識就是一種能量」，一種宇宙最底層的能量。這最底層的邏輯就是緣起支的第八識與種子也是弦理論的 M 理論與弦。

第五章 緣起奧義

　　至今，佛所說的緣起正義的底蘊，絕對是玄奘一系的唯識學，而不是其他宗派更不是如小乘人的小乘思想。而唯識學的世界觀與今天的世界觀，或小乘人的世界觀是截然不同的。要認識唯識世界觀就涉及到許多唯識學的詞匯概念，用來突破四維時空的約束，因此佛說「緣起甚深」。要是采取世俗、小乘認為是實有的三維事物概念，即使學了唯識學也是不能達到思維的突破來瞭解「緣起甚深」的道理。

　　以上說明緣起法不但能夠解說流轉生死的現象，還能得出大腦的運作結構等，原因是緣起法攝一切法。其中還說明了緣起支是如何攝受四緣、五果的，而且緣起支是有系統性、結構性的不是一支接著一支的，還是同時的；甚至還有許多非常深奧不可思議的地方。

第一節 緣起即心

《華嚴經》〈十地品〉：

此菩薩摩訶薩復作是念：『三界所有，唯是一心。如來於此分別演說十二有支，皆依一心，如是而立。何以故？隨事貪欲與心共生，心是識，事是行，於行迷惑是無明，與無明及心共生是名色，名色增長是六處，六處三分合為觸，觸共生是受，受無厭足是愛，愛攝不捨是取，彼諸有支生是有，有所起名：生，生熟為老，老壞為死。』[167]

這段經文說明十二因緣依靠的就是「一心」，但沒有具體的提到這一心就是第八識；另外，緣起支實在沒有無明、行二支，只有十支。

若根據本文以上的論述，則更加的能具體的說明，這「一心」就是第八識。第八識具四果相為第五離系果所依，緣起支也同樣具四果相為第五離系果所依。可以說，緣起支以識支或第八識為錨，第八識在唯識也是心。因此，緣起即心，心即緣起。也因此，一切佛法：四緣、五果、五蘊、二十二根、種子、十二處、十八界等都是心、識、緣起的不同相貌。

---

[167]《大方廣佛華嚴經》卷 37：CBETA 2024.R3, T10, no. 279, p. 194a13-20

緣起支的識支即第八識即心,餘下九支全都只是心的不同相貌。識支、心如阿泰,名色支是阿泰做為兒子,觸等三支是阿泰做為丈夫,愛等三是阿泰做為父親,生等二是阿泰做為兄長。無論是兒子、丈夫、父親、兄長等,都只是一個阿泰,因此「緣起十支,皆依一心」。

至於這個心是真心還是妄心,是一直有爭議的問題:

(1)「三界唯心」的「心」是真心抑妄心呢?

此問題涉及了《十地經》與《十地經論》的心識觀的內容為何?

《十地經(論)》所講的阿黎耶識(阿賴耶識)究竟是真心呢?還是妄心呢?若依照傳統南道地論師(慧光)的看法,則認為「阿黎耶識為真」,依照北道地論師(道寵)的看法,則以為「阿黎耶識妄」;牟宗三先生在《般若與佛性》中則指出:「依地論(《十地經論》)外之思想而分派,則北道派較合一般之想法。如南道派亦有據,則其根據或在此地論本身有視阿黎耶識為真淨之傾向。然此亦無明據。....南北道之爭只在是否阿黎耶識為真淨,不在有無清淨心也。若如此,就世親本人言,地論為其早期不成熟之作,其晚年成熟之思想乃正是奘傳之唯識。」另一

方面,日本學者板本幸男與玉城康四郎則認為「三界唯心」的「心」是隱藏理心(真心)之可能的妄心────板本幸男認為「三界唯心」的「心」可以視成「貪欲心的第六識」,並具有「自性清淨心」的一面;玉城康四郎則認為「三界唯心」的「心」可以視成妄心,但「三界唯心」又可以表示自覺解脫的主體性本身(真心)。由於對《十地經》與《十地經論》的「三界唯心」思想與「心識說」有如上的紛歧解釋,我們有必要再回到《十地經》與《十地經論》的原典,重新探討其「心識說」的內容。[168]

第八識就是緣起支之識支,如前「離系之果」所解釋,如來位、無垢識、無漏位、還滅依持等都必須有第八識即心,只是狀態、名字不同罷了。

再以阿泰為例,阿泰後來出家成了和尚,對他的父母、妻子、兒女、弟妹來說他現在已經是法師與他們沒有關係了。但這個法師還是之前的阿泰,這就是緣起即識支俱四果相為第五離系果之所依。緣起包括緣生也包含緣滅,因此「緣起十支,皆依一心」。

---

[168]《十地經》與《十地經論》的緣起觀與唯識觀之關係研究;曹志成 國際佛學研究第二期;1992.12出版;第310-325頁;http://ccbs.ntu.edu.tw/FULLTEXT/JR-BJ006/bj6_2_13.htm

有學者討論佛教的理論是否是唯心的。佛教的核心是緣起法、緣起支，眾生安安是緣起、眾生寶寶也是緣起、阿泰、阿賢、三界九地無數無量的眾生都是緣起。緣起支的前五支為識、名色、觸、六觸入、受，即使不承認有第八與第七識，「心意識」是大小乘所宗的，那麼佛教的法就必須也是必定是唯心的，除了「心意識」就沒有緣起了。

第二節 識外無境

緣起正義是根據唯識的理論建立的：識支為第八識、第八識具四果相為第五離系果之所依、名色支之名有第七末那識、等流習氣七識種子、第八識初能變變出根身與器界為名色之色等。緣起真理的底蘊就是唯識的理論，而唯識的世界觀是與今天的世界觀是截然不同的，是非常深奧遠遠超出我們能夠想象的。

其中根據唯識，外面我們看到一切，如有身體行動與各種的動都是不存在的。《成論》：

> 然心為因，令識所變手等色相，生滅相續，轉趣餘方，似有動作，表示心故，假名身表。語表，亦非實有聲

性。[169]

即以士用果的第六識為因緣,通過第七識,由第八識變現手等色相,剎那、剎那的好像有動作,假名身表,非離心識之外另有身表。更非甲的眼睛觸到乙的身體,而是甲的第八識托乙的第八識變出乙的身體動作。甲與乙兩者在談話也是一樣,沒有「聲音」。因此,我們的三維體驗都只是假象,是第八識為心相續而生之一幅畫接著一幅畫的假象。

太虛大師在《真現實論》<第十二編　宗體論 第一節　現變實事>:

> 現起變動的如實有事現變實事,即現起變動的如實有事。現起者,在時間上則非過未的而是現在的,在空間上又非隱藏的而是顯現的。變動者,剎那變化的,遷流不息的,轉換無常的,生滅不停的。如此現起變動的,方為如實而有的事物。從反面說之,若非現起的,非變動的,即非如實而有的事物。由此推證,故凡如其實在而有之事物,決定是現起變動的。否則、縱說為現有實事,而實際上決不是如實有事,而是假設為有、錯誤為有、不如實有的,事實上沒有之事。由此故明全宇宙事事物物確實是現起變動的,若非現

---

[169]《成唯識論》卷 1;CBETA 2024.R1, T31, no. 1585, p. 4c18-21

起變動的即非現實，是為現實之基本定義。迷謬違反此現實基本定義的，即可謂之反現實論。[170]

現實是我們所有體驗都是第八識變出的一幅畫接著一幅畫的假象，要是不同意就是反現實論。

第三節 唯一色法

緣起支只有一支具有真正色法，也就是名色支之色，其他都不具備真正的色法。從另外一個角度來看，對於這個道理不認識，因此有說一切有部的十二因緣理論幾乎每一支都有年齡階段的描述，即需要根身為依據。

再從另一個角度來看，《雜阿含288經》說「譬如三蘆……展轉相依……若去其一，二亦不立」，也就是根身受損沒有了，識支、名色之名也沒有了。要是餘支如六處、觸、受、愛、取、有等都有根身或色，那麼契經豈不是要說「譬如四（六處）、五（觸）、六（受）、七（愛）、八（取）、九（有）蘆……展轉相依……若去其一，九（八、七、六、五、四）亦不立」嗎？

---

[170]《真現實論》；太虛；周學農點校；中國人民大學出版社；第331頁

因此可知,緣起支的名色支之色是唯一具有真正色法的一支。

第四節 大腦與業

前面已經說過,一世具有五果:識、名色、觸、六觸入、受,也論證過大腦也有這五(除識支)。從現代哲學的名詞上說:

- 識支、名色支為等流果是一種存在,因此色:根身、器界都在此。這二支必定是緣起支的重心所在,是一世恆轉的,才有「譬如三蘆……展轉相依」之說。
- 觸、六觸入、受三支是一種認識,

之後的愛、取、有三支,嚴格來說是「造作」或造業,也可以在大腦的大腦皮層中看出。

造業的愛支,就是分別,是屬於想蘊在顳葉,其分別的內容是被儲存在海馬體內。海馬體是屬於邊緣系統的,因此是等流果,也是前面所說的「念」心所。因為等流果是恆轉的,而六識增上果的愛支分別,是因緣而起的,因此「念」必須是在等流果。

取,即煩惱;也是說新皮質的增上果六識之運作,是受到位於邊緣系統的等流果與生存腦的第七識污染的;這個之前已經論述過了。接著便是有了,有,就是造業;業有思業、思已業:身業、語業。

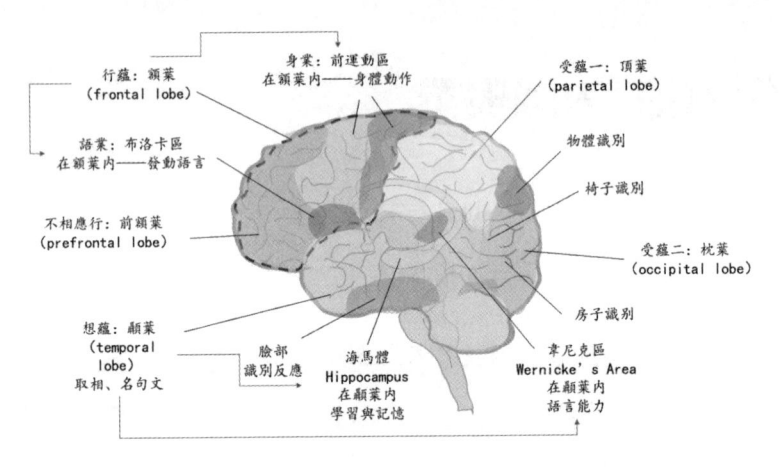

圖表 62 大腦的行、受、想、與不相應行法

思業是第六意識的造作,位於島葉;從上圖看得到在額葉中有負責身體運動的前運動區,那就是身業,也有負責語言能力的布洛卡區,那就是語業。這三種業,都在新皮質;因此,我們大腦的新皮質也有愛等三支的增上果。

第五節 士用增上

之前說過大腦新皮質是屬於士用果，現在又說是增上果，是不是犯上邏輯矛盾的毛病？其實不然，在唯識體系裡，士用果與增上果在某些情況下是一樣的：一、認識；二、造作。其實五果之間特別是增上果與其他四果都有相攝的關係，這也是太虛大師做圖的目的。

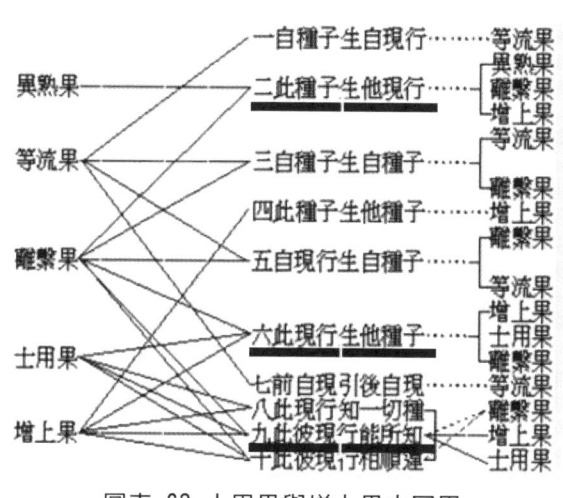

圖表 63 士用果與增上果之同異

士用果（左）的認識（新皮質的識蘊）是通過第九項「此彼現行能所知」的所緣緣而有的。認識之後士用果（左）又可以有造作，這就是第六項「此現行生他種子」的增上緣，種子當然是被收納在第八識裡面。如圖所示，這兩者：一、認識（第九項），二、造作（第六項），可以說是士用果（右），也可

以說是增上果（右）。（第八項此現行知一切種也是士用果的原因是，第八識緣種子而種子對於第八識來說是所緣緣，因此是士用果，換句話說，也是識的認識作用，只是第八識認識的對象是種子。）

因此，愛、取、有三支可以說是士用果，也可以說是增上果，但從「造作」、造業的角度來說是增上果。

增上果有幾個意思：一、「造作」的時候，業力種子被熏進第八識（第六項）；二、熏進第八識的種子雖然是因，但得到這些在第八識的種子也是增上果；三、因為「識外無境」，增上果其實是一種共變機制，背後是第八識處理種子（第八項）；四、熏進第八識的種子遇到緣，異熟後能夠生起現世報是增上果（第二項）。

因此，異熟不是只是隔世，第八識被稱為異熟識是因為第八識一直在異熟種子，比如現世報就是今世的異熟，就是是通過增上緣為第二項「此種子生他現行」得到異熟的現世報或後世報為異熟果或增上果。這才是真正意義的增上果。太虛大師在做這圖時注明：

> 士用果為增上果中之一特果。凡彼為此特殊助力所辦成者，彼即為此之士用果。此唯汎為彼助緣者，彼即為此之增上果。[171]

因此，增上果可以是：

一、士用果的認識而已，或
二、士用果通過思心所的造作，或
三、現世報，或
四、現世報與以往多世在等流果、士用果還未顯現之果（總報與別報的差別），或
五、後世報的異熟果。

因此，增上果是非常廣的。其中，思心所是個中心區域（一、二、相對二、三、四、五、），可以是士用果或增上果。許多經論就提到思心所有增上的作用。

第六節 托色變色

前面說名色支之色是唯一色法，應該是為七識等流果所緣，那麼觸等三的士用果的認識所緣的色是什麼呢？

一、各有見相

以上的討論，引申了一個潛在的、但非常重要的問題。根

171《真現實論》；太虛（周學農校對）；第 262 頁

據唯識來說，每個識包括第八識與第七識都有見分與相分，用今天的術語來理解見分與相分就是一種識的工作空間。之前說過，七識與六識是不一樣的，前者是冥暗的、潛意識的，後者是明顯的、清晰的，那麼是不是七識與六識都各自有自己的見分與相分嗎？

二、視而無見

又前面在盲人眼識說過，TN 其實是「看到」的，「意識」上的動作也是「看到」的，但他自己的士用果的第六意識上卻不知道自己「看到」。從這裡建立的理論來說，這是因為他的等流果七識的第六意識（杏仁核）的工作空間「看到」，但士用果的第六意識（島葉）的工作空間卻是沒有「看到」的，因此很明顯的等流果七識與士用果六識的工作空間是不一樣的。

三、粗細差別

而且在等流果與士用果的例子裡，兩者的粗、細度都差異很大。比如例子 1，一個人開車回家，回到家突然意識到回到家，記不起途中的一切，這是種潛意識的操作。這種操作在沒有突發的情況下是沒有問題，要是有突發情況，而只是潛意識的眼識在操作，沒有顯意識士用果眼識的操作，就會發生意外。因此，明顯的等流七識與士用六識的工作空間裡的內容是

不一樣的,也就是見分與相分的內容都不一樣。

四、因緣而起

　　之前已經清楚說明了,等流果即名色支是一直與識支恆轉相依的,而觸等三支的六識士用果則是因緣而起的,何況名色支的等流果與識支的第八識之勢如洪流,是不能夠被六識士用果所打斷的。因此,六識士用果的見分、相分絕對不能夠是等流果之見分、相分,而必須另有見分、相分。

五、同時異時

　　等流七識與士用六識可以是同時的,比如一個人在操作一門非常熟練的手藝,可以一邊操作,一邊做其他的事情如談電話;在這個情況下等流七識的見分、相分或工作空間必須與士用六識的見分、相分或工作空間是不同的。

　　又如在等流與士用的例子 7. 中,一個人坐在凳子上沒有察覺到臀部的觸感(等流果),但當被問到凳子如何後感受到臀部的觸感(士用果)。這兩種是不同的體驗,但是異時的。類似的經驗在我們的生活上無處、無刻不在。

六、視覺之幻

這裡舉出純粹六識論不能夠解釋的視覺幻覺實證。在一篇名為《世界上6種最讓大腦錯亂的視覺幻覺的解說》[172]的文章中，有許多例子說明我們的六識士用果的眼識的幻覺。比如例子：

- 2. 追逐丁香視錯覺 Lilac chaser，如果「直盯着十字線。大約20秒之後，原本模糊的紫丁色圓點會變淡成灰色。圍着圓圈跳來跳去的點，變成不停轉動的綠色點。」

- 3. 消失的光 Disappearing Light，「在一直注視以上影片中央閃爍的光大約10秒之後，黃色均勻散佈的點會開始消失。一個可能會在另一個消失之後再出現。其中兩到三個點可能會變淡然後再聚集一起。這樣持續隨機的消失又出現，隻要你一直盯着閃爍的光，是不可能訓練你的大腦將他們全部固定在一個畫面的。」

類似的視覺幻覺的例子很多，是純粹以六識見分、相分是不能夠解釋的。主要原因是名色支之色為識支的第八識所變，也是為名色支之名與識支所依，才能為「譬如三蘆，立於空地，展轉相依」，要是這個色是錯誤的，那麼名色支之名，與識支也必定錯亂。因此，錯亂的必定不是名色支等流果眼識之色，而是士用果眼識之色。

---

[172]《世界上6種最讓大腦錯亂的視覺幻覺的解說》；趣味說（umifun）；搜狐；
https://www.sohu.com/a/26834781_125604

錯覺的基本原因是六識士用果的眼識,先托七識等流果的眼識的相分,後六識士用果的眼識另外再變出一個相分。若不直盯或不注視,六識士用果的眼識的相分,一直與七識等流果眼識的相分對接;但一旦在直盯或注視時,六識士用果的眼識因此與七識等流果的眼識的相分脫節,因此生起幻覺。

七、精神錯亂

六識士用果如眼識一般應該是以七識等流果的眼識來托色變色,但以上的例子說明有脫節的時候,這應該是六識士用果之眼識增上勢用太強,以上也提到過士用果也可以是增上果,所變的影像已經偏離了七識等流果的色。

這類例子有很多,比如唯識常用的見繩為蛇例子,就是指在昏暗的情況下或在精神錯亂下,見到繩子以為是蛇。之前提到過見繩為蛇的例子,在邊緣系統的丘腦中的眼識應該只能看到繩子,丘腦看到的不是錯誤的;而是邊緣系統的杏仁核的意識以為是蛇,因此下令奔跑,這是潛意識的恐懼心裡的作用;但這個人不久後停止奔跑。這種一般上是心理上缺乏安全感,但不至於精神錯亂;若精神錯亂則會一直以為是蛇。這是因為他的六識士用果的眼識或意識,一直變出一個蛇的相分。

這類例子還有很多,如「特克斯勒效應」(Troxler

Effect）中，有人玩「血腥瑪麗」（Bloody Mary）的游戲，在對著鏡子喊「血腥瑪麗」數聲後，可以在鏡子中看到駭人的影像。

這些都是六識士用果眼識所變，而名色支的等流果之色，還在一直在運動，與名色支之名、識支互轉、互為依持。

八、夢境所見

從佛法的角度，做夢的是第六意識，但在夢中可以看見各種情景；比如一個人夢到自己在天上飛，這也必定是六識士用果之第六意識所變。要是名色支七識等流果所緣之色境也是在天上飛，那麼突然醒來，豈不是要摔在地上死去？因此，名色支七識等流果必另有所緣之色，其所緣必定為實色。又如在夢境中手上握住一個大元寶，有大元寶的觸感，但實際上手抓住的是床邊的熨斗，熨斗起初不是很燙，還真像是個大元寶；後來熨斗變得非常的燙，做夢的人被燙的觸感弄醒。因此，士用果與等流果所緣是不一樣的，也因此見分、相分都不一樣。

九、因緣分別

以上是根據常理來推理，這裡從唯識的理論來說明。唯識的理論中有所謂的因緣變與分別變：

【因緣變】二變之一,為『分別變』的對稱。即由因與緣的勢力變現者,稱為因緣變;由作意、計度等分別力變現者,稱為分別變。因緣變系以先業異熟(善惡業種子)之力為增上緣,以諸法自身的種子為因所變現者。亦即以名言種子為因,以業種子為緣,而不借計度等分別之力,任運自然變現諸法。又名言種子與業種子皆為諸法真實有用的種子,故此二種子所變現的諸法亦有真體之體用,如五根發識取境之作用,及五境色、香等之實用。此因緣變之法,屬三類境中之性境;或謂帶質境之一分亦攝於因緣變。換一方式詮釋,在八個識中,第八識是由自體所藏的種子而開發的,其所緣的根身、器界、種子也是實體之法,這是因緣變;前五識是分別現量的自性分別識,其相分是從第八識自性種子所生的實法,也是因緣變。第六、七兩識,若是緣取本質的相分,則屬因緣變;若是依計度分別力緣取的相分,則是分別變。第七識緣第八識的見分執為實我,第六識的獨頭意識,緣出龜毛兔角的虛妄境界,都屬分別變。簡單的說,隨著因緣的勢力,從自體種子任運而起,有色、心實體實用者,就是因緣變,也就是三類境中的性境;隨著分別心計度分別的勢力,變現的境,就是分別變。如第六識所緣的龜毛兔角,即三類境中的獨影境;如第七識緣第

八識的見分妄執為我，就是三類境中的帶質境。[173]

　　因緣變與分別便也是緣起法，因此也必須應用十二因緣的結構圖來解說，才能更好的理解。因緣變所變就是名色支等流果之色：

- 「因與緣的勢力變現者，稱為因緣變」主要的四緣為因緣。
- 「因緣變系以先業異熟（善惡業種子）之力為增上緣，以諸法自身的種子為因所變現者」前世的異熟之果。
- 「亦即以名言種子為因，以業種子為緣」主要是因緣，其他三緣為助緣。
- 「而不借計度等分別之力，任運自然變現諸法」任運自然變現諸法即等流果之色法。
- 「又名言種子與業種子皆為諸法真實有用的種子」實有種子即名色支之色為唯一色法。
- 「故此二種子所變現的諸法亦有真體之體用」即實體的色法。
- 「如五根發識取境之作用，及五境色、香等之實用」即實體的色法。
- 「此因緣變之法，屬三類境中之性境」即從實際種子而生。

---

[173] 因緣變【唯識名詞白話辭典】——佛教詞典 - 佛弟子文庫；http://m.fodizi.tw/f04/36105.html#:~:text=%E7%B0%A1%E5%96%AE%E7%9A%84%E8%AA%AA%EF%BC%8C%E9%9A%A8%E8%91%97,%E4%B8%AD%E7%9A%84%E5%B8%B6%E8%B3%AA%E5%A2%83%E3%80%82

- 「其所緣的根身、器界、種子也是實體之法,這是因緣變」如下圖所示。

以上所有的定義都指向如下圖所示的名色支、名色支之色、因緣所生的等流果;前面說過,等流果是唯一具有色法,其因緣所生的等流果就包含了色為實色,是其他三緣不能生的。而分別變則是:

- 「由作意、計度等分別力變現者,稱為分別變」即名色支等流果只有因緣變,分別變是由觸等三士用果所變。
- 「或謂帶質境之一分亦攝於因緣變」這個解釋還是屬於因緣變的部分,但說一分因為觸等三支的士用果也是從因緣變而變,即《雜阿含294經》「此二因緣生觸,此六觸入所觸」,但這裡因為說帶質境已經是開始說分別變了。
- 「換一方式詮釋,在八個識中,第八識是由自體所藏的種子而開發的,前五識是分別現量的自性分別識,其相分是從第八識自性種子所生的實法,也是因緣變」同上。
- 「第六、七兩識,若是緣取本質的相分,則屬因緣變」這裡說的還是士用果之色還沒有與名色支之色脫節。
- 「若是依計度分別力緣取的相分,則是分別變」這裡說的還是士用果之色已經與名色支之色脫節。
- 「第七識緣第八識的見分執為實我,第六識的獨頭意識,緣出龜毛兔角的虛妄境界,都屬分別變。簡單的說,隨著

因緣的勢力，從自體種子任運而起，有色、心實體實用者，就是因緣變，也就是三類境中的性境；隨著分別心計度分別的勢力，變現的境，就是分別變。如第六識所緣的龜毛兔角，即三類境中的獨影境；如第七識緣第八識的見分妄執為我，就是三類境中的帶質境。」這段舉例說明以下的托色變色。

下圖所示：等流七識是必定是親緣名色支之色境相分，而士用六識的色境相分只能是托名色支的色境相分而變出了。

緣起支之托色變色

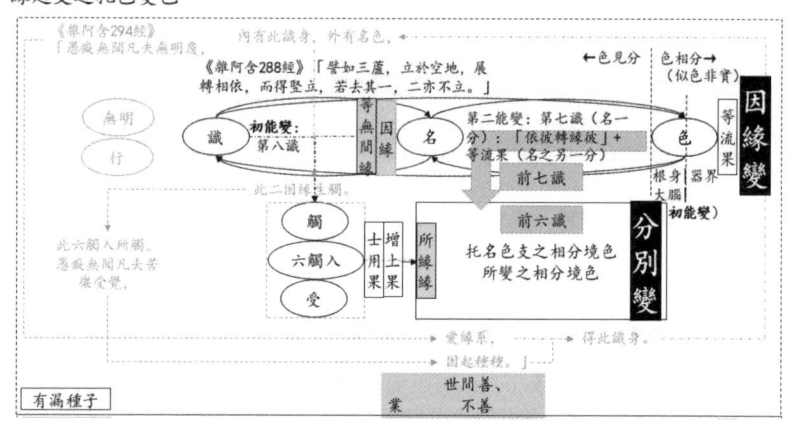

圖表 64 十二因緣結構圖十三：托色變色

士用六識在此托色變色上，能夠有認識、造作；加上識、名色，說識等五果。因此，唯識的因緣變與分別變要是以緣起支的結構來看，更加清晰與更容易瞭解，更符合緣起的道理。

第五章：緣起奧義

圖表 65 視覺錯覺

　　上圖中的物體像是上、下有色差，但要是將橫向中間的部分蓋住，則看到上、下是一樣或非常接近的顏色。首先這張圖的色澤是原來如此的，完完全全是這樣的，這就是因緣變。看上去有色差是觸等三士用果的分別變，這是因為受到橫向中部反色的影響，因此產生錯覺。要是蓋著橫向中部的部分，觸等三士用果沒有受到影響，因此觸等三士用果看到原來的顏色。

　　這兩種變必須用緣起支才能說的清楚，比如上面提到過的夢境是飛天，這必定是士用六識即觸等三支之所緣；等流七識即名色支之所緣緣必定還是躺在床上。又下面提到的「瀕死體驗」，許多患者的記錄中可以看到許多穿越隧道的景象，只是士用六識即觸等三支的所緣，但身體也必定是躺著，這是等流七識即名色支之所緣。

十、想像障礙

想像障礙又稱心盲症：

心盲症（英語：Aphantasia），又稱幻像可視缺失症、想像障礙，是指無法進行視覺想像的狀態。受影響者無法在腦海中想像一幅視覺畫面。很多受影響者同時不能回想起任何氣味、聲音、觸感。其中一些更表示自己不能辨認人臉。[174]

心盲症是當閉上眼睛不能夠將一個物體的畫面清晰的呈現出來：

閉上眼睛，想像你最愛的人的臉，眼睛的顏色，頭髮的質地，皮膚的細節。你能想像嗎？菲利普（Philip）不行。

來自多倫多的今年42歲的攝影師菲利普，有著幸福的婚姻，但他卻無法想像他妻子的面容，因為他無法在腦海中進行想像。當他想起一張面孔時，他想到的是一個觀念，一個智力的概念，而不是一個精神上的畫面。

---

[174]《維基百科》<心盲症>；https://zh.wikipedia.org/zh-hk/%E5%BF%83%E7%9B%B2%E7%97%87

這種新情況被稱為想像障礙（aphantasia）。這種現象的出現促使科學家重新審視我們常常習以為常的東西——人的想像力。研究人的想像力更可以為提升人類視覺心像（visual imagery）的能力，改善記憶力，增強同理心，甚至為上癮和心理焦慮找到新的治療方法，而提供新的見解。[175]

這個症狀主要是不能進行視覺想像或視覺心像，顯然的通過視覺想像浮現在眼識的影像，不是因緣變而是分別變，這類似禪修、冥想的能力。因此有許多關於心盲症與冥想的問題。之前說過，冥想的定心所位於邊緣系統的後扣帶皮層，而修冥想考的是位於海馬體的念心所，因此，有許多研究表明，在心盲症中，後扣帶回和海馬體與心盲症密切相關，尤其是它們之間的連接性降低，這被認為是導致無法形成心盲症特有的視覺心理意象的原因之一；本質上，這些區域之間的溝通受損會阻礙在試圖回憶或想像場景時檢索和整合視覺細節。有關位於海馬體的念心所的例子：

> 作者提出了編輯們認為令人信服的證據，證明海馬體和位於枕葉的視覺知覺皮質的改變以及它們之間的相互作用是導致心盲症相關的自傳體記憶檢索受損的原

---

[175] 患有「想像障礙」是怎樣的情況？；BBC News 中文；https://www.bbc.com/ukchina/trad/vert_fut/2016/06/160607_vert_fut_this-man-had-no-idea-his-mind-is-blind-until-last-week

因。[176]

有關位於後扣帶皮層的定心所的例子：

當參與者看到或想像名人面孔和著名建築時，我們使用 fMRI 來檢查大腦活動。組間比較顯示，低生動度組在視覺化時比高生動度組激活了更廣泛的大腦區域。對整個參與者群體中大腦活動與圖像生動性關係的參數分析揭示了明顯的正相關和負相關模式。具體來說，幾個後扣帶皮質區域與影像生動性呈現正相關係：梭狀回、後扣帶回和海馬旁回的區域顯示出完全的正相關係。[177]

綜合以上，心盲症者的想象障礙，即不能分別變出影像，是因為念心所與定心所的力量不足，因為這兩個心所現象上在邊緣系統，而邊緣系統則是因緣生的等流果，也就是親因、因緣種子力量不足。

---

[176] Study finds link between functional brain connectivity and aphantasia；Neuroscience；eLife；https://elifesciences.org/for-the-press/7ead8959/study-finds-link-between-functional-brain-connectivity-and-aphantasia#:~:text=The%20authors%20present%20what%20the,memory%20retrieval%20associated%20with%20aphantasia.

[177] The neural correlates of visual imagery vividness – An fMRI study and literature review；ScienceDirect；Jon Fulford, Fraser Milton, David Salas, Alicia Smith, Amber Simler, Crawford Winlove, Adam Zeman；https://www.sciencedirect.com/science/article/pii/S0010945217303209#:~:text=We%20used%20fMRI%20to%20examine,in%20visual%20and%20other%20domains.

十一、瀕死體驗

瀕死體驗或靈魂出竅在中國與世界各地都有記載,儘管近代許多科學家已經投入記錄各種實例,但一直沒有找出其中科學理論的依據。這也應該是因緣與分別二種變,如下圖:

圖表 66 瀕臨死亡與因緣變、分別變

躺在床上身體必有「名」來維持其「色」,是一種「存在」;而脫離身體有經驗必定是一種「認識」。前者是等流果後者是士用果,一般上後者的士用果應該是依於等流果的,只是在瀕臨死亡與靈魂出竅的時候,士用果暫時的脫離等流果。

---

178 圖來自 ChatGPT:「請給我一張瀕死體驗的圖。」

弦論因緣（11）：型 IIB 與型 IIA 弦之奇數與偶數膜

　　弦理論的型 IIB 弦與型 IIA 弦都具有膜的，而 E8xE8 雜交弦與 SO(32) 雜交弦沒有膜。型 IIB 弦與型 IIA 弦具有對偶性，就是士用果依等流果生起；此外，型 IIB 弦的奇數膜，可以轉爲型 IIA 弦的偶數膜。這說明兩者的膜是有分別的，特別是型 IIB 弦是具有手性的，而型 IIA 弦不具有手性。具有手性是實色，因為我們的身體都有左右之分；反之，不具有手性說明不是實色。這就是名色支的等流果的色是實色，而觸等三支的士用果的色非實色。因此，知道兩者的見分、相分都是不同的。

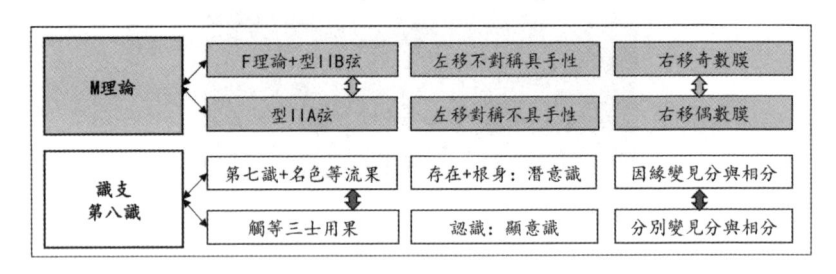

M理論	F理論+型IIB弦	左移不對稱具手性	右移奇數膜
	型IIA弦	左移對稱不具手性	右移偶數膜
識支 第八識	第七識+名色等流果	存在+根身：潛意識	因緣變見分與相分
	觸等三士用果	認識：顯意識	分別變見分與相分

第七節　愛等五支

　　增上緣、增上果還有其他的意思，增上果也可以是異熟果，異熟果也可以是增上果。這些都是緣起支的愛等五支。

一、一切增上

實際上，一切法都具有增上緣，如四緣、五果都具有增上緣，包括一個鮮為被提到的二十二根概念也是增上。

二、賴耶增上

第八阿賴耶識也是增上，為一切因、種子與現行的增上。在第八識也就是識支裡的種子是至關重要的，因為一切能夠被我們認識到的都是果，都是種子的因生起現行，現行之前都是因，因也是種子的異名，是看不到的。這些一切都是以第八阿賴耶識為依持的，因此第八阿賴耶識為一切法之增上。

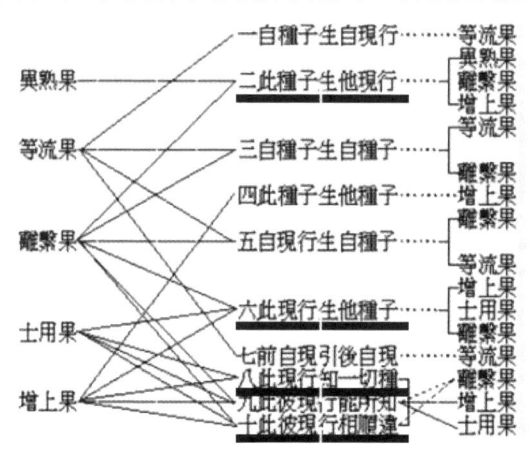

圖表 67 增上果與異熟果

種子對於第八識來說，就是上圖的第八項「此現行知一切種」[179]，意思是第八識通過現行緣一切種子，因此這是所緣緣

---

[179]「一切種子為生現行第八識者」

（第八識讀取、處理、管理、異熟第八識內的種子），從所緣緣的角度理論上是士用果，但真正是增上果，因為有增上的作用。其中第八識一直在異熟種子。所有的現行都會經過第八識的異熟處理，有些現行會有嶄新的種子，有些現行只是熏會之前類似的新種子。

以以上為前提，重複之前士用果或增上果的：

- 一、「認識」：第九項「此彼現行能所知」，到
- 二、「造作」：第六項「此現行生他種子」，
- 接著是第十項「此彼現行相順違」就是有順或有違的機緣讓這些新的「他種子」生起現行，若是沒有，那麼種子還是種子；
- 要是有機緣也就是有「相順」的緣，那麼就會是到第二項「此種子生他現行」得果報了——可以是現世報或後世報；

三、增上之心

如愛、取、有三支就是增上緣得到的增上果。比如貪愛錢財（愛支），之後想盡方法（取支：煩惱），通過各種手段得到錢財（有支）；所得到的錢財便是增上果，這是反面的例子。但緣起不但是流轉所依也是還滅所依，因此愛、取、有三支也是有正面的。比如修習佛法、修增上戒、定、慧等，得現法樂住，也是增上果；再最終得涅槃、證道、解脫，靠的都是增上

緣得增上果。增上果也是異熟果,之前說過的四向四果:從凡夫到初果,從初果到二果、三果,最終得離系的四果。

四、果報增上

因此,增上果的獨特之處是它可以是愛、取、有三支,不只是因也是果。如現世報是增上果也是異熟果,因為不一定是到生、老死,因此異熟果也是增上果,就如索達吉堪布定義的增上果一樣。第八識為一切法的增上緣或增上果。

五、帝釋天網

從以上的論述:共變是增上緣,共變如帝釋天網,而增上緣唯二十二根,因此我們可以說二十二根即如帝釋天網,用今天的術語來說就是一個網絡:

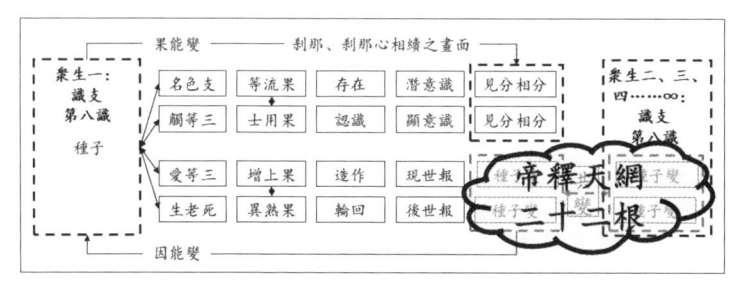

圖表 68 帝釋天網與二十二根

有許多學者把帝釋天網比喻為網絡的;比如《透過因陀羅網與互聯網看華藏世界的一體性》[180]:

本文還透過因陀羅網與現代互聯網的研究，互聯網上的網址類似於因陀羅網上的明珠，每一個網址的背後都是一個網頁，包含各種各樣的內容。每個網頁中又可以包含許多個網址連結，你點選連結就可以看到其所指向的網頁，這些網頁中又可以包含很多個網址連結，如是相互聯繫以至於無窮。

互聯網時代的來臨，讓我們更容易理解和接受自身與他人、與萬物之間重重無盡的相互影響。「因陀羅網境界門」還告訴我們，因緣重重無盡，「主伴圓融」，隨舉其一為主，餘則皆為其伴，皆會受其影響。……

因陀羅是音譯即帝釋天，這裡根據帝釋天網就是共變，就是增上緣，唯二十二根，具體說明宇宙底層共變的能量、機制。

六、因果能變

從四果：等流果、士用果、增上果與異熟果的角度來說，前二是具有認識作用的，雖然等流果是存在，但是潛意識的，只是其中的意識是冥暗的。而後二的則是沒有認識作用的，那麼到底什麼是增上果與異熟果的究竟意義呢？

這必須從「識外無境」的世界觀說起。要是比如我們的身體是「識外」所無的假象，那麼寶寶在做運動，他的身體怎麼

能夠從羸弱到強壯呢？做運動本身就是一種造作，只不過是中性、不善不惡或無記的。我們怎麼能夠通過等流果、士用果來認識寶寶的身體的改變呢？

這裡先瞭解什麼是增上緣，今天對於增上緣的一般介紹是：

> 謂『增上緣』，舉一個例子，以近視或老花眼來作個比喻，視覺模糊要閱讀，實在談何容易，但如果配上適度的眼鏡，那一片的朦朧自然消失，立即字字清楚，那眼鏡對視力而言，就是順增上緣了。[181]

類似以上的解釋是不錯，但只是世俗的認識。若根據「識外無境」來說哪裡有眼鏡、字體等？下面將介紹一種名為「本質」的東西，「本質」為種子所變，增上緣實際上是這些「本質」的具備或不具備，為相順或相違，是太虛大師的第十項「此

---

[180] 《透過因陀羅網與互聯網看華藏世界的一體性》（華嚴專宗學院研究所）；釋天藍；https://www.huayencollege.org/files/paper/grad_thesis/22/%E7%AC%AC22%E5%B1%86--%E9%87%8B%E5%A4%A9%E8%97%8D--%E9%80%8F%E9%81%8E%E5%9B%A0%E9%99%80%E7%BE%85%E7%B6%B2%E8%88%87%E4%BA%92%E8%81%AF%E7%B6%B2%E7%9C%8B%E8%8F%AF%E8%97%8F%E4%B8%96%E7%95%8C%E7%9A%84%E4%B8%80%E9%AB%94%E6%80%A7.pdf
[181] 佛學講座 - 何謂增上緣，；佛學班同學會；http://www.budyuen.com.hk/fxwd_detail.php?id=178#:~:text=%E6%89%80%E8%AC%82%E3%80%8E%E5%A2%9E%E4%B8%8A%E7%B7%A3%E3%80%8F%EF%BC%8C,%E9%A0%86%E5%A2%9E%E4%B8%8A%E7%B7%A3%E4%BA%86%E3%80%82

彼現行相順違」。種子在生現行時，「本質」的具備為相順增上緣，「本質」的不具備為相違增上緣。

增上緣的增上果其實是第八識不斷的、相續的在改變種子的內容即「本質」，就如前面所說的其實沒有身體的動作、聲音等，只是心相續的一幅畫接著一幅畫的假象。這是《成唯識論》所說的「頓現一相」，前一幅畫乍然一現、下一幅畫乍然一現的相續。

這假象後來能夠被等流果、士用果認識或經驗得到是因為第八識一直改變編碼，一直在處理、管理、異熟種子，因此有現世報的增上果與後世報的異熟果。要注意的是，如太虛大師的圖所示，異熟果其實也是增上果，都是第二項「此種子生他現行」的增上緣所生的增上果。

這就必須提到唯識的因能變與果能變：

因能變：梵語 hetu-parināma。又作因變。為「果能變」之對稱。唯識家就諸識變現諸法，分別為因能變與果能變二種，認為第八阿賴耶識中，攝藏產生一切法的原因之種子，由此種子能轉變現起諸法，稱為因能變。又由種子所生起之八識，能各從自體變現出見、相二分，稱為果能變。因能變之「變」為轉變、生變之義；果能變之「變」則為變現、緣變之義。

如下圖所示：

- 增上、異熟二果雖然為果，其實也是因，是因能變即「第八阿賴耶識中，攝藏產生一切法的原因之種子，由此種子能轉變現起諸法，稱為因能變」；
- 而剎那、剎那心相續之畫面是果，是果能變，是等流果與士用果有認識作用，即「又由種子所生起之八識，能各從自體變現出見、相二分，稱為果能變」。

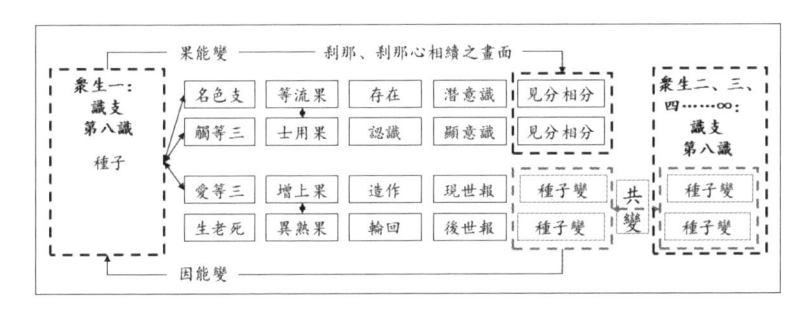

眾生一：識支第八識 種子	果能變 —— 剎那、剎那心相續之畫面					眾生二、三、四……∞：識支第八識
	名色支	等流果	存在	潛意識	見分相分	
	觸等三	士用果	認識	顯意識	見分相分	
	愛等三	增上果	造作	現世報	種子變	種子變
	生老死	異熟果	輪迴	後世報	種子變	種子變
	因能變				共變	

圖表 69 流轉四果與增上變種

每個眾生各自有各自的第八識，裡面的種子是與其他無數無量眾生一起共變。《成唯識論》的「識變」一直是個議題，其中有所謂「一種七現」和「八識現行」的爭議[182]。這些討論都沒有歸位緣起支，因此非常混亂，要是如上圖歸位緣起支就非常的清楚了：一剎那識等五支亦果亦因，愛等五亦因亦果，如太虛大師的圖，都是「識變」。

---

[182]《成唯識論》識變問題研究；張利文；第一章 唯識古學與今學的兩種識變模式；第1~28頁

弦論因緣（12）：E8XE8 雜交弦與 SO（32）雜交弦

　　弦理論的型 II 弦的閉弦左移的時候是增上緣，在這裡非常清楚，因為 E8xE8 雜交弦與 SO（32）雜交弦都有類似波色子弦，而波色子弦具有二十二額外維次。這兩版在唯識是增上果與異熟果，這兩果最顯著是是增上緣，而增上緣「唯二十二根」。這兩版超弦論都沒有膜，說明這兩版或兩果都沒有認識作用，因為，弦右移為所緣緣在型 IIB 弦與型 IIA 弦都具有膜，即有認識作用。但 E8xE8 雜交弦與 SO（32）雜交弦右移都為型 II 弦，這說明這兩果或兩版的所緣緣是型 II 弦，即 M 理論在處理型 II 弦，即第八識在緣有漏種子，即有漏種子為第八識的所緣緣。

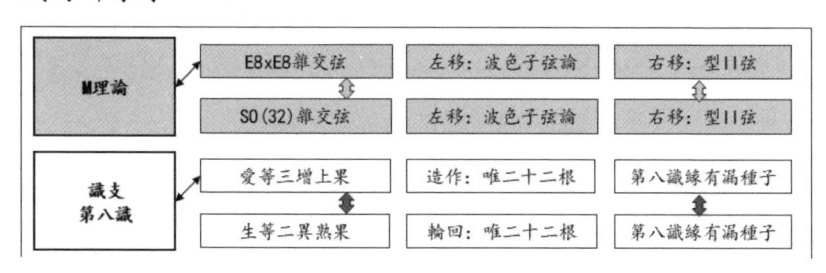

M理論	E8xE8雜交弦	左移：波色子弦論	右移：型II弦
	SO(32)雜交弦	左移：波色子弦論	右移：型II弦
識支 第八識	愛等三增上果	造作：唯二十二根	第八識緣有漏種子
	生等二異熟果	輪回：唯二十二根	第八識緣有漏種子

七、遷流之苦

　　說愛等三支為增上果，對有造善、不善業的人來說容易理解。但有些人貪、嗔、癡都不具或非常的微弱，特別是如信奉其他宗教的教徒，那麼對他們來說愛、取、有三支是否也是增上果呢？這是確定的，因為，他們還是有「見」：身見、邊見、

邪見、見取見、戒禁取。只要這些見一天不去除，也沒有修增上的戒、定、慧，對任何人來說都是輪迴遷流不息的。這就是「行苦」：

> 【行苦】為三苦之一。行是遷流之義，因一切有為法遷流三世，而無剎那常住安穩；見諸法無常，而感逼惱，稱為行苦。亦即除可意非可意以外的捨受法，為眾緣所造，難免生滅遷流，故聖者觀見之，於身心皆感逼惱，故稱為行苦。一切有漏之行皆無常而生滅遷流，故皆為行苦所攝，則非可意之法有苦苦、行苦二種，可意之法則有壞苦、行苦二種。

愛、取、有三支的「有支」就是無明與行的「行」。

第八節 三界共變

從太虛大師的圖來看，宇宙、人、眾生、我只不過是種子與現行的各種交叉關係，但這些交叉關係又怎麼能夠變現整個今天科學所謂的宇宙世界、佛教所謂的三界九地呢？

一、三界種子

《瑜伽師地論》：

復次，此一切種子識，若般涅槃法者，一切種子皆悉具足。不般涅槃法者，便闕三種菩提種子。隨所生處，自體之中，餘體種子皆悉隨逐。是故欲界自體中，亦有色、無色界一切種子。如是色界自體中，亦有欲、無色界一切種子。無色界自體中，亦有欲、色界一切種子。[183]

說明欲界眾生的自體也就是第八識裡，也有色、無色界的種子，因此，通過太虛大師的圖，可以理解欲界的人可以看到整個宇宙，若為人道的我們修所謂的不動業，可以投生到色、無色界去。那具體怎麼去？這就要提到唯識的共變理論。

二、共與不共

唯識的共變有以下四象限，以下四象限是相對一個眾生的自體來說的，比如安安：

1・共中共：山河大地、宇宙星辰，他人如寶寶的身體，
2・共中不共：安安的資產：房宅資具，他人如僕人、寵物等，
3・不共中共：安安自己身體、五官、大腦等，
4・不共中不共：安安的精神世界：識、行、受、想蘊。

---

[183]《瑜伽師地論》卷2；CBETA 2024.R3, T30, no. 1579, p. 284a28-b6

反過來相對寶寶則是：

1. 共中共：山河大地、宇宙星辰，他人如安安的身體，
2. 共中不共：寶寶的資產：房宅資具，他人如僕人、寵物等，
3. 不共中共：寶寶自己身體、五官、大腦等，
4. 不共中不共：寶寶的精神世界：識、行、受、想蘊。

這是唯識的托識共變的理論，因為「識外無境」安安看到的寶寶是安安的第八識托寶寶的第八識變出的一個寶寶。托識就是增上緣，共變的結果就是增上果。這四象限說的其實是不同的種子：

一、自種子：不共中共（根身）與不共中不共（精神）。這些都是因緣種子，因此有識支、名色支的等流果與觸等三的士用果。

二、他種子：共中共與共中不共。這些都是增上緣與增上果，因此士用果也可以是增上果。這些都是十二因緣的餘支。

要是要感果或得果報靠的就是自種子，唯識稱「能辦自果」的因緣種子。

三、重重無盡

香港法相學會的羅時憲教授在《唯識方隅》的課說到：

古時的人很簡單的，認為這個世界就是這樣的。然

後，那個法藏說這個世界是我們的心顯現出來的。我們的心不只一個心的，每個眾生都有個心，互相影響。眾生無量，這個世界互相影響亦無量，總之，就是「重重無盡」的。「重重無盡」在《華嚴經》是這樣說：「那個天帝釋是三十三天的天王，即是現在世俗人叫他做玉皇大帝那個。那位帝釋的座位上面，有一個蓋，好像羅傘那樣的。那個座位上，有個圓形的蓋，以七寶、珠寶、金玉的寶物來裝飾，好像掛飾的樣子。帝釋座上那個蓋，由無數的珠串成的。這粒珠的光映在第二粒珠裡，第二粒珠又映在第三粒珠裡，互相影響，每一粒珠裡面都有無數多粒珠的影。另外一粒珠又會有無數那麼多粒珠的影。」那就是「重重無盡」。[184]

因此，有說共變有如帝釋的網，這就是上圖提到的，無數無量眾生一起共變的世界。這個三維世界就是果，眾生能夠體驗與認識的果。果報的顯現必須是自種子而起的——是因緣，他種子共變就是太虛大師的圖所說的——增上緣。

弦論因緣（13）：弦理論的平行宇宙

前面提到過量子力學裡有無窮維的希爾伯特空間，到弦理

---

[184]《唯識方隅講記》<第一冊>；羅時憲；第138頁

論有平行宇宙，實則有無數的 M 理論或第八識，這就是這裡所說的重重無盡。

四、共變根身

不僅外在的宇宙世界是共變的，眾生的各自根身，以上為不共中共雖然主要是各自的親因、因緣種子所變為「不共」，但也是無數無量眾生共變的為「中共」。這裡舉個例子：阿泰殺魚、吃魚。這是阿泰的第八識變出一條魚給他殺，給他吃；同時，這條魚的第八識也是變出個阿泰來殺它，吃它。這不僅是唯識的世界觀，更重要的是阿泰因此造殺業。有認為眾生的根身不是共變的，而只是自己變的，要是如此就沒有所謂的殺業了。

五、現後世報

從緣起支來看，又有兩種共變：

- 現世報共變——愛等三支增上緣共變之增上果，
- 後世報共變——生、老死二支增上緣共變之異熟果。

愛等三支造業可以得現世報或後世報，就是之上面提到的圖中的第二項「此種子生他現行」的增上果（現世報）與異熟果（後世報）。

六、二十二根

什麼是「此種子生他現行」的增上緣得到的增上、異熟二果呢？那就是《成論》的：

若爾，何故〈決擇分〉說二十二根一切皆有異熟種子，皆異熟生？[185]

《法相辭典》<二十二根有無異熟等分別>:

瑜伽五十七卷八頁云：問：幾有異熟？答：一、十少分。問：幾無異熟？答：十一十少分。問：幾有異熟助伴？答：最後三，能助有可愛異熟法，令轉明盛；能感決定人天異熟。問：幾是異熟？答：一、九少分。問：幾有種子異熟？答：一切皆有。問：幾非異熟？答：十二九少分。問：幾是異熟生？答：亦一切。種子所攝，異熟所生故。[186]

也就是說，二十二根都有異熟種子，那麼「此種子」就是異熟種子。因為，現世報（增上果）與後世報（異熟果）都是增上緣（「此種子生他現行」），《成論》在解釋增上緣時指出：

---

[185]《成唯識論》卷2；CBETA 2024.R1, T31, no. 1585, p. 8a16-17
[186] 二十二根異熟非異熟分別；《法相辭典》；朱芾煌；https://www2.buddhistdoor.net/dictionary/details/%E4%BA%8C%E5%8D%81%E4%BA%8C%E6%A0%B9%E7%95%B0%E7%86%9F%E9%9D%9E%E7%95%B0%E7%86%9F%E5%88%86%E5%88%A5

然，增上用隨事雖多，而勝顯者，唯二十二，應知即是二十二根。[187]

也就是說，無論怎麼說有什麼、什麼、等等做為增上緣的世俗解釋，實際上增上緣最勝只有二十二根。

因此，一眾生從中國投生到邊地，從人道到天道，從天道到惡趣，從人到色界等等，一邊在造業，一邊生、老死二支異熟果的後世報已經開始被第八識編碼了，而編碼靠的就是二十二根。而從現在一處地到未來另一處地，就是與有相同業力的眾生在未來另一處地共變那處地，因此二十二根就是一種共變的機制。

因此，緣起支除了必須攝受四緣、五果、五蘊等法外，也必須攝受二十二根法；也因此，二十二根法也是緣起。

第九節 托種變色

根即種子，種子即根。前面說過，外境并不存在，我們覺得好像有個外境是因為心相續，即第八識變出一副接著一副的

---

[187]《成唯識論》卷 7；CBETA 2024.R1, T31, no. 1585, p. 41a9-10

畫面。要知道，若這理論屬實，那麼現代科學所謂的物理學原子等的運動、生物細胞學所謂的細胞等的活動等等都因為「識外無境」，都只是煞有其事的假象。

今天外小即外道、世俗、科學與小乘等認為，離開我們的心外有實在的事物。但實際上，我們所經驗到的是一幅一幅的畫面，有如看電視機上的螢幕一樣，乍然一剎那一剎那出現在眼前的，這就是唯識所說的識變。具體識怎麼變，那麼就要深入瞭解二十二根。

一、根即種子

其實，不但外境是沒有，甚至包括根身也是沒有的，一般以為根身為四大所造，但《成論》：

> 發眼等識，名眼等根。此為所依，生眼等識。[188]

《述記》解說眾多論師的其中一個觀點也是《成論》的觀點：

> ……唯種子者，陳那等義，以《二十唯識》說五色根皆是種子……[189]

---

[188]《成唯識論》卷1；CBETA 2024.R3, T31, no. 1585, p. 4b2-3
[189]《成唯識論述記》卷2；CBETA 2024.R3, T43, no. 1830, p. 269b11-12

林國良在《成唯識論直解》：

但眼等五種感覺機製，並非可通過現量方式來認識，只是因為它們能引發五識，通過推理得知它們是存在的。這五種感覺機製隻是〔能引發五識〕的一些功能，所以並非識外〔另有地、水、火、風四大等，由它們〕造就〔五種感覺機製〕。既然識外的有對色，按理而言不能成立，所以，它們應該隻是由內識變現，由於它們能引發眼識等五識，所以稱為眼等感覺機製。以它們為依托對象，能生起眼識等五識。〔所以，五識沒有識外的所依色〕[190]

因此，根身只是內識裡面種子所變的，內識就是第八識；那麼第八識怎麼變出一副接著一副的畫面呢？那就是二十二根，一種共變的機制。

二、縱橫緣起

二十二根是一個非常重要但被忽略的法，其中有些根被解釋成物質性的根，但要是五根都沒有，都是由第八識的種子所變，非四大所造，那麼二十二根又怎麼會是物質性的根呢？每個眾生皆有各自的二十二根，要瞭解二十二根，必須先從其結

---

[190]《成唯識論直解》；林國良；第63頁

構開始。《俱舍論頌疏》卷 3〈分別根品二之一〉：

> 或流轉所依，及生住受用，建立前十四，還滅後亦然。
>
> 釋曰：或言，顯此是餘師意，約流轉、還滅立二十二根。言流轉者，以識為體，於生死中流轉故也。流轉有四：一、流轉所依，謂眼等六根。二、流轉生，由女、男根從彼生故。三、流轉住，謂由命根依彼住故。四、流轉受用，由五受根能領納故。上來約四義立前十四根，思可知也。言還滅者，生死止息名為還滅，取涅槃得為還滅體。還滅位中，同前四義，立後八根：一、還滅所依，謂信等五根，一切善法生之本故。二、還滅生，由未知當知根，正定聚中此初生故。三、還滅得住，由已知根，令涅槃得相續起故。四、還滅得受用，由具知根，受用現法樂住故。……[191]

由此，二十二根的結構分為縱橫兩種[192]：

- 縱向：流轉、還滅、通二，
- 橫向：依、受、生、住。

縱向的定義已經說明了二十二根具有緣起的緣生流轉與緣

---

[191]《俱舍論頌疏》卷 3〈分別根品二之一〉：CBETA 2024.R3, T41, no. 1823, p. 835a10-26

[192]《俱舍論頌疏表釋》；智敏上師著述集；第 50~60 頁

滅還滅的二種性質。以下為二十二根每一根的位置：

- 流轉：
    - 依根：眼、耳、鼻、舌、身，
    - 受根：苦、憂，
    - 生根：女、男，
    - 住根：命。

- 通二：
    - 依根：信、勤、念、定、慧，意，
    - 受根：樂、喜、捨，
    - 生根：——，
    - 住根：——。

- 還滅：
    - 依根：——，
    - 受根：具知，
    - 生根：已知，
    - 住根：未知當知。

《俱舍論》記錄的是說一切有部的法，這裡清楚的看得出，根據說一切有部認為「二十二根是流轉還滅的一切能量」。

還滅三根也稱為三無漏根。之前說過，緣起支的緣生流轉

對唯識來說是有漏種子而緣滅還滅是無漏種子，有漏種子是依流轉根即流轉種子，無漏種子是依還滅根，即還滅種子。因此，二十二根也是緣起，也必定是緣起支所攝。

三、唯二十二

我們經驗到的，像是有的實在的事物，都只是自己的心變出來的。那我們的心怎麼能夠具體的變出宇宙萬象呢？要是我們的心真能夠變出煞有其事的森羅萬象的宇宙，那麼這種變必須要有解構性的、系統性的變，那就是二十二根。

之前說過名色之色，是唯一具有真正色法，為等流果所緣，而士用果所緣的色，則是托彼色變出另外的相分境的色。現世報的增上果與後世報的異熟果都是增上緣，增上緣「唯」二十二根。而二十二根皆有異熟種子，皆異熟生就是托種子變色——因為「識外無境」二十二根不斷的異熟變現世報的色為增上果，變後世報的色為異熟果。

四、宇宙萬象

至於實際上，二十二根怎麼變出今天科學認為是有的東西與其運動，那是因為二十二根的橫向結構，大致上從今天科學的不同層次上，依據二十二根的依、受、生、住有以下層次結

構：

- 物理：依：引力、受：電磁力、生：弱力、住：強力
- 生化：依：氫、受：氧、生：氮、住：碳
- 細胞：依：粒綫體、受：溶酶體、生：中心粒、住：細胞核

　　第八識內的種子根據以上的結構，一副畫接著一副畫的相續變：根身器界一直在異熟，一直在異熟變：核聚變（主要靠弱力）、植物蛋白變（主要靠氮）、細胞變（主要靠中心粒）等，這是都是靠生根，因為生根就是增上緣。因此世界有成、住、坏、空；坏實際上是生，也是生根也是異熟，因為沒有坏就不可能有生。第八識也因為異熟的功能最寬、廣而稱異熟識。

五、緣起心法

　　前面說過，五根都只是種子，而不是四大所造，那為什麼契經卻說為四大所造？其實四大只是方便的根據世俗現象來說，四大也是二十二根的依、受、生、住所變；甚至所有佛法、緣起法，如四緣、五果等等也都是二十二根的依、受、生、住所變：

- 四大：依：風、受：水、生：火、住：地。
- 五蘊：依：識蘊、行蘊、受：受蘊、生：想蘊、住：色蘊。

- 四緣：依：因緣、受：所緣緣、生：增上緣、住：等無間緣。
- 四果：依：等流果、受：士用果、生：增上果、住：異熟果。
- 有支：依：識、名色、受：觸等三、生：愛等三、住：生、老死。

因此，不是離開心而有四大、四緣、五果、十二因緣、八識等等，因此知道二十二根也是心的另外一個相貌。根即種子，宇宙萬象都只是種子不同的活動狀態而有的，而種子與現行剎那、剎那的在變，因此，第八識能夠一幅畫接著一幅畫的在變。

六、心生萬象

《解深密經》卷3〈6分別瑜伽品（三）〉：

佛告慈氏菩薩曰：「善男子！當言無異。何以故？由彼影像，唯是識故。善男子！我說識所緣，唯識所現故。」

「世尊！若彼所行影像，即與此心無有異者，云何此心，還見此心？」

「善男子！此中無有少法，能見少法；然即此心如是生時，即有如是影像顯現。……」[193]

以上這段其實是反映說一切有部的「二十二根是流轉還滅的一切能量」，如下圖所示：

二十二根		依根		受根	生根	住根
二十二根	流轉	眼、耳、鼻、舌、身		苦、憂	男、女	命
	通二	意		樂、喜、捨		
		信、勤、念、定、慧				
	還滅			具知	未知當知	已知
緣起：心法	緣起十支	識、名色		觸等三	愛等三	生、老死
	四緣	因緣		所緣緣	增上緣	等無間緣
	四果	等流果		士用果	增上果	異熟果
	五蘊	識	行	受	想	色（之相分）
宇宙：萬象	六大	識、空	風	火		地
	色、無色界	四無色界	色界四禪黑洞	色界三禪星雲	色界二禪恆星	色界初禪行星
	歐拉公式	iπ	i sin(π)	cos(π)	e	1
	物理：四大		引力	電磁力	弱力	強力
	物理：波色子	卡拉比邱	引力子	光子	W+/W–波色子	膠子
	化學	六顆外維次超弦	氣體	液體	等離體	固體
	生化分子		氫	氧	氮	碳
	細胞		粒線體	酶溶体	中心粒	細胞核

「此中，無有少法，能見少法；然，即此心如是生時，即有如是影像顯現。」《解深密經》

圖表 70 二十二根：流轉與還滅所有能量即心

七、男女二根

二十二根中的「生根」有男、女二根，要是沒有眼等物質性的五根，那麼男、女二根怎樣都應該是物質性的根吧。許多解說二十二根認為男、女二根是物質性的；這是對唯識的道理沒有信心的緣故。要知道劫初的人是沒有男女之別的，又今天還有很多動物都是無性繁殖的[194]，又佛教的色界眾生也都是沒有男女之別。

在下面將從至少五個不同角度解說為什麼恆星太陽是二

---

[193]《解深密經》卷 3〈6 分別瑜伽品（三）〉；CBETA 2024.R3, T16, no. 676, p. 698a29-b9
[194] 12 種無性繁殖的動物；動物資訊站；百度；https://baijiahao.baidu.com/s?id=1756036018872756547

禪天的眾生、行星如地球是初禪天的眾生；他們的「身體」與我們人類的身體的增長過程，和人類男性精子進入女性卵子後受精胚胎到嬰兒出生的過程是完全一樣的。如下圖所示，有如韓、港、臺、日的電視劇一樣，背景、演員不同但劇本是完全一樣的。

二十二根：變——生根的男女二根只是一種符號

現象層次	生根	住根	結果
粒子物理學 二禪天恆星與元素增長	弱力 舊的元素：轉換中子與質子	強力 結合中子與質子	新元素
生物化學 初禪天行星與植物增長	氮 吸收氮	碳 結合氫、氧、氮	新成分
細胞 人體內細胞的增長	中心粒 分解細胞	細胞核 兩個細胞核	人體內的新細胞
細胞到人：男女二根 受精卵到胚到出胎	中心粒 受精卵後分解	細胞核 兩個細胞核	胚胎增長到出生

圖表 71 男女二根只是一種符號

　　恆星的增長是通過物理層次「生根」的弱力，將現有的元素分解：將質子、中子分開，之後物理層次「住根」的強力組合成新的元素。同樣的，行星地球上的植物實際上是地球的毛髮皮囊，在生化層次通過吸收「生根」的氮，之後「住根」的碳再重新組合成為新的成分。我們人體的細胞也是一樣，細胞中「生根」的中心粒首先一分為二來分開細胞內的細胞器，

之後「住根」的細胞核也一分為二,再後來分裂為兩個細胞得到新的細胞。人類男性精子裡面有四個細胞器:粒綫體、溶酶體、中心粒、細胞核,女性卵子則沒有中心粒。當女性卵子受精後,男性精子裡的中心粒啓動同樣的劇本,因此受精胚胎慢慢的增長到出生。現象上,弱力、氦、中心粒就是二十二根的「生根」,男女二根只是一種符號如弱相互作用力就是 W+/W- 波色子。

其實「生根」也是異熟,在數學是 e 或歐拉數。眾生從無始以來的流轉,也因此無始以來都一直異熟未曾停止。而二十二根皆有異熟種子,即是通過這二十二根的機制無始的一直的、未曾停止過的托種變色——共變三界九地的色,這就是緣起。

第十節　五果同時

十二因緣不但不是一支接著一支的,是有系統性、結構性外,這些結構性的五果還是同時的。同時不一定是完全一剎那具有二心,應該是如同電腦一般的時間切片(time slicing),如從識與等流果,到士用果,到增上果,到異熟果,再回到識

與等流果等等,其中也有離系果。如《瑜伽師地論》卷3:

> 如經言:起一心,若眾多心。云何安立此一心耶?謂世俗言說:一心剎那,非生起剎那。云何世俗言說一心剎那?謂一處為依止,於一境界事有爾所了別生,總爾所時名一心剎那。又相似相續,亦說名一,與第二念極相似故。[195]

根據唯識,種子生起剎那如果不現行,即刻滅去,在滅去之前,前一剎那的種子將會以同樣的內容在下一剎那保存回到第八識裡,這也包括無漏種子[196]。

據此看太虛大師的圖,一剎那具有五果同時。這類似有人在銀行開了五個不同貨幣的戶口,只是離系果貨幣那個戶口賬上是空的;眾生皆有二十二根,其中就有無漏根,只是這個人的無漏根因為還未修梵行,因此還沒得力的緣故。

之前提到過等流七識與士用六識可以是同時的。又今天對大腦的研究是整個大腦是整體不停在工作,也就是等流果、士用果、增上果一直在運行,其中運行有如電腦的時間切片。

在增上的同時,第八識又在做未來世的編碼,那就是異熟果。

---

[195]《瑜伽師地論》卷3:CBETA 2024.R3, T30, no. 1579, p. 291b12-17
[196] 有說有些眾生沒有無漏種子,但眾生皆有二十二根而其中就有無漏三根。

這也是部派時期，說一切有部的其中之一的緣起說：剎那緣起，一剎那間可具足十二緣起支，實為十支，因為十支具五果，因此一剎那具有五果。

第十一節 緣起性空

　　有說小乘是業感緣起，唯識是第八阿賴耶識緣起，以上論証說明第八阿賴耶識緣起就是業感緣起。又有說中觀是性空緣起，其實在原始佛教就有，《雜阿含 1202 經》：

> 汝謂有眾生，此則惡魔見，唯有空陰聚，無是眾生者。
> 如和合眾材，世名之為車，諸陰因緣合，假名為眾生。
> 其生則苦生，住亦即苦住，無餘法生苦，苦生苦自滅。
> 捨一切愛苦，離一切闇冥，已證於寂滅，安住諸漏盡。
> 已知汝惡魔，則自消滅去。[197]

《唯識三十頌》的：

> 由假說我、法，有種種相轉，彼依識所變……

也是同樣的道理，只是給出更具輪廓的細節如太虛大師的

---
[197]《雜阿含 1202 經》卷 45；CBETA 2024.R3, T02, no. 99, p. 327b7-15

圖顯示，宇宙、人、眾生、我，都只不過是種子與現行的剎那剎那的交際而已，因此第八阿賴耶識緣起也是性空緣起。

第十二節　界即識支

緣起的最深奧的意義在界，《成論》中證明有第八識的其中一個理據是界，界即十八界。《成論》：

何應知此第八識離眼等識有別自體？聖教正理為定量故。謂有《大乘阿毘達磨契經》中說：

無始時來界，一切法等依，由此有諸趣，及涅槃證得。

此第八識自性微細，故以作用而顯示之。頌中初半顯第八識為因緣用，後半顯與流轉還滅作依持用。界是因義，即種子識，無始時來展轉相續親生諸法，故名為因。依是緣義，即執持識，無始時來與一切法等為依止，故名為緣。謂能執持諸種子故，與現行法為所依故，即變為彼及為彼依。變為彼者，謂變為器及有根身。為彼依者，謂與轉識作所依止，以能執受五色根故，眼等五識依之而轉。又與末那為依止故，第六

意識依之而轉。末那意識轉識攝故，如眼等識依俱有根。第八理應是識性故，亦以第七為俱有依。是謂此識為因緣用。由此有者，由有此識。有諸趣者，有善惡趣。謂由有此第八識故，執持一切順流轉法，令諸有情流轉生死。雖惑業生皆是流轉，而趣是果，勝故偏說。或諸趣言通能所趣，諸趣資具亦得趣名。諸惑業生皆依此識，是與流轉作依持用。及涅槃證得者，由有此識故有涅槃證得。謂由有此第八識故，執持一切順還滅法，令修行者證得涅槃。此中但說能證得道，涅槃不依此識有故。或此但說所證涅槃，是修行者正所求故。或此雙說涅槃與道，俱是還滅品類攝故。謂涅槃言顯所證滅，後證得言顯能得道。由能斷道斷所斷惑究竟盡位證得涅槃，能所斷證皆依此識，是與還滅作依持用。[198]

「界是因義，即種子識」，種子識是第八識的別名，因此界就是第八識，因為識支是第八識，因此界即識支，為緣生流轉與緣滅還滅所依，因此界即緣起。

十八界可以被攝入十二處，而佛說過：

---

[198]《成唯識論》卷3；CBETA 2024.R3, T31, no. 1585, p. 14a10-b12

一切有者,唯十二處。[199]

這句有被認為,佛說我們只是六根與六境的組合,因此不要執著,但這樣純粹從哲理的角度去理解十二處的想法就離奧義甚遠了。真實是宇宙有個處所或地方,這個處所或地方是流轉與還滅涅槃的所依處、地。宇宙、人、眾生、我、聖者等等都只是這個處地的投影罷了,因此不要執著,但不能說沒有,因為涅槃証得也是依靠這個處地。這個處地是遠超乎我們可以想象的,若用純粹用哲學思維、或三維思想來看這十二處就完全不理解佛所說的法了。

*

第十三節 非大非小

前面提到五根都不是四大所造,根據陳那的解說五根即種子,現在又說「界是因義,即種子識」,而《攝大乘論本》:

> 復次,阿賴耶識中諸雜染品法種子,為別異住?為無別異?非彼種子有別實物於此中住,亦非不異。然阿賴耶識如是而生,有能生彼功能差別,名一切種子

---

[199]《阿毘達磨俱舍論》卷20〈5 分別隨眠品〉;CBETA 2024.R3, T29, no. 1558, p. 106a25-26

識。[200]

說明種子與一切種子識是非一非異的，也因此，在唯識，界也是種子的異名。

要知道，第八阿賴耶識與界的行相是極為廣大的，它覆蓋三界九地、整個宇宙世界，而種子的行相卻是極細微的，而但兩者卻是非一非異，因此知道真實是非大非小的，是超越二元對立的。也因此真正意義上的根是非大非小的，是遠超我們能夠想象的，要是以物質性的根來論緣起法則是離真理太遙遠了。

因此，根在唯識有分净色根與扶根塵。净色根就是這些非大非小的根——非大：小到為種子，非小：大至為心、第八識、界。因此，净色根絕對不是有些人認為的神經系統。至於扶根塵很明顯的只是之前所說的相分境的假象，神經系統也只是相分境的假象罷了。

第十四節　無境何觸

---

[200]《攝大乘論本》卷1；CBETA 2024.R3, T31, no. 1594, p. 134c11-14

這裡再說一個不可以我們的思維或語言文字的局限性來理解佛法。「六根、六塵、六識，三事和合生觸」這「三事和合」的就是界、十八界，是小乘、大乘都共認的。要是有物質性的根，那麼不是應該說：根觸境生識，那不是更好理解嗎？這是唯物主義的思想，小乘采取的是這種思路，但這明顯的不符合契經原意。甚至有些大乘、唯識一邊說「三事和合生觸」也一邊采取同樣唯物主義的思路，才會誤認五官是物質性的。

前面說過，對於唯識來說根只是種子，種子也是界的別名，更何況「識外無境」，十八界中的六識界外境（六塵界）都沒有東西，哪裡來的觸？可知觸另有奧義。

這裡采用電腦操作的例子以方便瞭解：

在一臺電腦裡，有許多程序。我們將八識視做為這些程序，其中第八識是一種支配所有程序的操作系統（如 Windows），而第七識是一種中斷處理程序（interrupt handler），前六識是各種的應用程序。在電腦操作的時候，可以是八識的任何一識。現在要是電腦內有一個程序的信息（比如耳根、聲塵）通過網絡或讀取（共變）被更新了，這臺電腦必須有種中斷機制（interrupt mechanism），直通電腦的處理器，無論現在是什麼程序在操作都必須中斷，讓第七識（中斷處理程序）接手。第七識接手後看是什麼信

息被更新，比如是聲塵（信息），第七識會先將這個信息保存下來，給第八識（操作系統）；再把自己的位置轉給第八識，讓處理器處理第八識。第八識上來後，將會把耳識的程序調出來，轉讓處理器來處理耳識的程序。

從這個例子得出：

1. 類似這個中斷機制才是真正意義上的「觸」，而不是有觸摸的觸，
2. 為什麼第七識為等無間緣，
3. 《雜阿含294經》「此二因緣生觸，此六觸入所觸」的意思，
4. 唯識的識轉、識變的意義，
5. 其中，種子是類似各種程序的編碼。
6. 六塵、六境因為外境都無，就必須是信息。

以上都在界的範圍，這是為什麼界是緣起最深奧的意義之一，而觸的真正意義是種子（因為對應的塵、境的更新）的被激活後識的現起。

這比喻是否恰當？下一節將會說明十二處的六塵處其實是信息，下一章的第四節「種子現行」將說明信息其實也是一種能量，綜合這二者，這比喻不僅是合理，也是必須的。基本邏

輯是外境都無,又根本沒有物質性的根,哪裡來的觸?

弦論因緣(14):物理學說你永遠不能真正觸摸任何東西

物理學有個泡利不相容原理(Pauli exclusion principle)說兩顆電子因為都是費米子是絕對不能有相互接觸的。所有的物體組成的原子外帶都是電子,因此也可以說兩顆原子也是絕對接觸不了彼此的。根據今天科學的認識,所有物體的組成是靠原子與原子之間彼此不間斷的交換電子,組成電子雲。其中原子根本沒有接觸過彼此,只是彼此交換電子形成結構。宇宙萬物都是如此,包括我們的身體。因此原子與其外帶的電子彼此完全沒有接觸到彼此,那麼比如我們的手接觸到物體後的感官意識只是假象,這是為什麼物理學說你永遠無法真正觸摸任何東西。我們的觸只是幻覺。[201]

根據唯識,我們能夠「認識」的對象,是因為種子遇到恰當的緣,生起識,比如眼識看到蘋果,是眼識生起一個見分,去看一個像是蘋果的相分。因此,不是我們的眼睛的眼根接觸到蘋果傳到眼睛的光被我們看到;這樣的理論是十分的難以令人明白與相信。但因為種子是弦,弦理論中弦之間相互作用強的時候,自然的膜就會生起,膜上也自然的有開弦。弦理論

---

[201] Why Physics Says You Can Never Actually Touch Anything ; Jaime Trosper ; Futurism ; https://futurism.com/why-you-can-never-a0ctually-touch-anything

已經算出唯識的理論，那就是種子生識，自然的有見分與相分。

因此，真實是從來都沒有我們認為的所謂物理性的觸，「三事和合生觸」的「觸」非彼觸。

第十五節 質即信息

根據唯識的「一境四心」，人道的我們所看到的水，對天人來說琉璃，對魚來說是窟宅，對餓鬼則是膿血。為什麼會這樣呢？這是因為不同果報的眾生，托種所變的色是不一樣的。在因緣變與分別變曾經提到過「本質」的概念。下圖右邊取自羅時憲的《唯識方隅》[202]，「本質」是一種由種子所變的「東西」，對應的是相分境的內容。因此，同樣的本質，對不同果報的眾生，會有不同的影像。至於「本質」是什麼，至今唯識沒有詳細的解釋。

「本質」必須是「一境」而「四心」只是幻象，因此「一境」是最終的真相，是緣起法非常重要的一環，至今沒有說明是什麼是一個缺陷。

但我們知道，在唯識所有眾生的一切經驗都是來自種子，

---

[202]《唯識方隅》；羅時憲；第91頁

又根即種子。種子也是界的別名，而界即十八界。種子遇到恰當的緣現行生起七識，又十八界為十二處所攝。因此，很明顯的，十二處的六根處也就是種子，十二處中六塵的內容就是「本質」，如下圖左邊。

因此，「本質」便是「六塵」或其內容，本質是種子所變，更進一步的說明以上的托種變色。比如，我們看到的水，如以上所述，是無數眾生的第八識裡面種子，共變其中的「本質」，也就是「色塵」的內容，因此我們看到水，天人看到琉璃等。

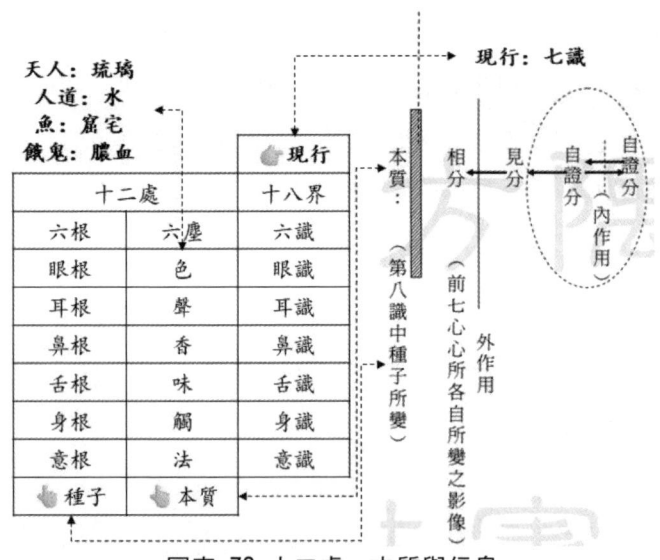

十二處		十八界
六根	六塵	六識
眼根	色	眼識
耳根	聲	耳識
鼻根	香	鼻識
舌根	味	舌識
身根	觸	身識
意根	法	意識
👉種子	👉本質	

天人：琉璃
人道：水
魚：窟宅
餓鬼：膿血

現行
本質：（第八識中種子所變）
現行：七識
相分（前七心心所各自所變之影像）← 見分 ← 自證分 ← 自證分（內作用）
外作用

圖表 72 十二處、本質與信息

要是說有一種內容如唯識所說的「本質」或佛典所說的「六塵」，可以根據不同的天人、人、魚、餓鬼等場景，而相應的變出不同的影像，那這「本質」或「六塵」會是什麼呢？

第五章：緣起奧義

這些「本質」或「六塵」的內容只可能是一種信息。

又因為「識外無境」，而心、識卻能夠變出森羅宇宙萬象，除了心、識、根等為能量外，必定有其共享的信息內容，而要保存這些共享的信息內容必須有個共同的處所、地方，要不然就沒有什麼東西可以做為「本質」來共變，即使變也必定混亂。那個處所、地方就是十二處、十八界。這是眾生共享、共變的信息，也是從此緣起，因此釋尊說：「一切有者，謂十二處」。因此，十二處、十八界不是一種哲學概念，而是有宇宙有這樣的一個處所、地方。

從另外一個佛法的法法相攝的角度來看：

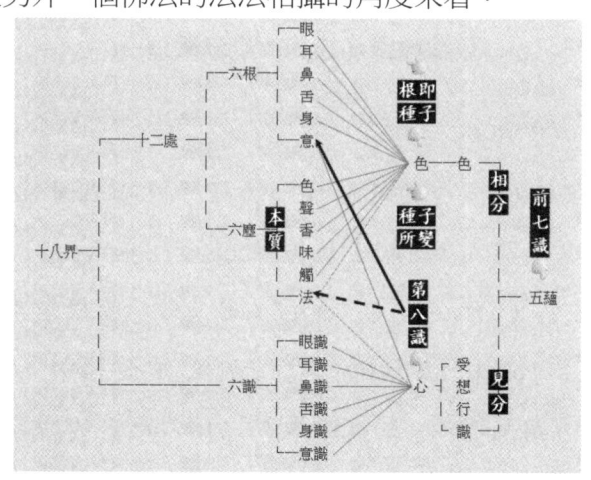

圖表 73 十二處、十八界：第八識、種子、本質

上圖取自于凌波居士的《八識規矩頌講記》[203]，筆者加上

---

[203]《八識規矩頌講記》；于凌波居；https://book.bfnn.org/books/0115.htm

標記。十八界總的來說可以分為：色、心。色為前五根加六塵，從唯識來說根即種子，因此六塵必定是種子所變，即羅時憲圖中的本質。根與塵又各分二：根分淨色根、扶根塵，塵分內界、外界。真正是淨色根為種子，扶根塵為塵之內界即根身，塵之外界為器界。見第九章第三節之三「本來面目」。

心即第八識，可以被攝入到意根、法塵。又色、心可以衍生出五蘊，為前七識。色蘊為相分，餘蘊為見分。因此，這張圖與羅時憲的圖是一樣的，只是角度不同、細節不同罷了。這再次的說明本質即信息，宇宙有這麼樣的處所、地方，無數眾生托質變色。

弦論因緣（15）：全息原理

1. 宇宙信息

在弦理論取得進展的期間，物理學界有個非常重的事件。一群以李奧納特·蘇士侃（Leonard Susskind）與傑拉德·特·胡夫特（Gerard 't Hooft）等為首的物理學家與史蒂芬·霍金（Stephen Hawking）之間對於霍金輻射（Hawking radiation）與黑洞熵（black hole entropy）的討論。霍金認為當宇宙物體墮入黑洞後，有關這個物體的信息，將會跟著永遠消失。蘇士侃等卻依據量子理論的信息不滅原理（bits are indestructible）認為，這信息不滅的定律是比熵變更重要的物理定律。宇宙的熵變定律是物理學非常重要的物理定

律，蘇士侃還為此制定物理學的 -1 定律——信息不滅定律——比熵變定律還重要，他認為信息是絕對不可能消失的。

這群當時相對名望不是很高的物理學家與物理學的泰斗霍金力爭，結果是令世人非常驚訝的。他們的結論是，黑洞的表層存在著一個二維的事件視界（event horizon），這二維平面儲存著有關這黑洞所有的信息，包括所有墮入黑洞的物體的信息。這一結論有著深遠的意義，因為後來經過延伸得到的結論是宇宙萬物所有一切都有一個二維平面，層層疊疊的儲存著有關某個範圍內的三維空間里所有的信息。

比如我們的身體就附有個二維平面，記載著我們身體內外的所有信息，這信息包括了我們剛吃的晚餐，正在消化的午餐，還有沒有被完全消化掉的早餐，甚至在腸胃里食物殘余等。我們這身體的二維平面又附在我們身體所處在的房間，這房間的二維平面同樣的記載著有關這房間的所有信息，包括里面所有的灰塵。這房間的二維平面又附在這房子的二維平面等、如此層層疊疊上去。

總結來說這個宇宙像是一個巨大的全息圖，因此物理學家還成立了全息原理。這發現與理論給許多人遐想空間，認為我們生活在一個虛擬世界，而有模擬假說類似的理論，認為我們生活在一個被電腦模擬的世界。

蘇士侃當時尋思這是一個怎麼樣的空間能夠儲存這些信息，而且認為他有生之年可能也無法得知。意外的是，不久，這二維空間很快的被另一個叫做反德西特／共形場論對偶性的弦理論猜想實現了。

2. 全息原理

1997年底，弦理論學者胡安‧馬爾達塞納（Juan Maldacena）發現一個在反德西特時空（AdS）的量子引力理論等於其邊界上的共形場論（CFT）。這個理論稱為反德西特／共形場論對偶性（Anti-de Sitter/Conformal Field Theory Correspondence），完美的實現了全息原理。以下摘錄弦理論學者加來‧道雄（Michio Kaku）的《平行宇宙》一書：

> ……弦理論可以推導出一種新型的全息宇宙學說，引起了不小的轟動。……馬爾達塞納證明，在一個五維宇宙與它的"邊界"之間存在著對偶性，而這個"邊界"則是個四維宇宙。尤為奇怪的是，任何生在這個五維空間的生靈，從數學上說就等於生活在這個四維空間的生靈。沒有任何辦法可以把它們區分開。讓我們做一個粗略的比喻，設想在魚缸中遊弋的金魚。這些魚認為它們的魚缸就等於全部現實世界。現在再設想，這些金魚的二維全息圖像被投射到了魚缸的表面。這一圖像再精確的顯現了原來的金魚，只不過它

們現在是平面的。魚缸中的金魚的每個動作都在魚缸表面的平面圖像中得到反映。在魚缸中遊動的魚和生活在魚缸表面平面圖像中的魚都認為它們自己是真魚,對方是幻象。兩種魚都是活的,都像真的魚一樣的活動。那麼哪種說法是真確的?事實上兩者都對,因為他們在數學上是相等的,無法區分的。

如下圖粗略的比喻,金魚缸里面的金魚被投射到魚缸表面,魚缸里面的魚也就是我們熟悉認知的宇宙世界是真實的,可是在魚缸表面的投影也是真實的,問題是雖然數學上是相等的有可能兩者都是真實的嗎?

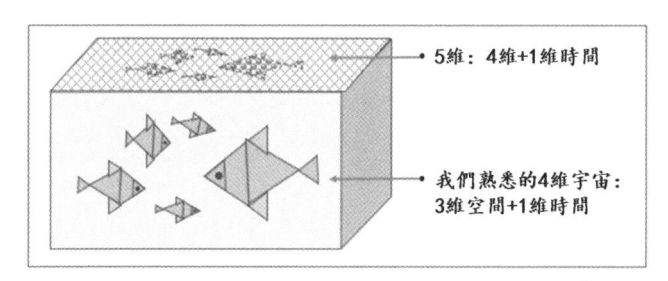

5維:4維+1維時間

我們熟悉的4維宇宙:3維空間+1維時間

3. 底層信息

早在蘇士侃與胡夫特建立全息理論之前,物理學大師約翰·阿奇博爾德·惠勒(John Archibald Wheeler)已經提出了"萬物源於比特"(It from bits)的想法。雖然惠勒貴為物理學的大師,可是在早期許多物理學家不太認真看待這個想法。一直到近年來,這個宇宙萬物源於信息的思想已經開始被認真的看待。

對"宇宙的最基本的元素是什麼？"這個問題有很多答案，一些物理學家認為是微粒子，有的認為是能量，甚至是時空。其中一個更激進的理論認為，信息是宇宙中最基本的元素[204]。對於一些理論家來說，信息不僅僅是對我們宇宙及其中的東西的描述，它更是存在的最基本的現實，物理學家保羅·戴維斯（Paul Davies）稱之為現實的"本體論底層"[205]。

4. 信息即質

宇宙全息圖，是有這麼的一個維次或空間，裡面記載了宇宙所有的信息，這個空間就是十二處之六塵處，也是唯識所謂的本質。全息圖是通過反德西特／共形場論對偶性算出的，而反德西特／共形場論對偶性在唯識代表的是根身與器界，全息圖必定有另一面，那就是十二處之六根處，而這六根處就是二十二根的依根。

唯識借用《華嚴經》裡帝釋天網因喻來形容共變，實為二十二根是種子共變的機制。所變的是本質，本質即信息，即十二處的六塵處，是宇宙有這麼的一個地方、處所。在她的

---

[204] The basis of the universe may not be energy or matter but information；Philip Perry；August 27．2017；BigThink；https://bigthink.com/surprising-science/the-basis-of-the-universe-may-not-be-energy-or-matter-but-information/

[205] Is Information Fundamental？; Kate Becker；April 26．2014；NOVA；https://www.pbs.org/wgbh/nova/article/is-information-fundamental/

《宇宙全息圖：創世中心的信息》書中，裘德・柯里文（Jude Currivan）寫道：

> 直到現在，科學才開始趕上歷代聖人、薩滿和先知們的形而上學洞見與經驗，而這些洞見與經驗可用「帝釋天網」的隱喻來描述。在這方面，一個引人注目的假設是全息原理，這一理論最早由荷蘭理論物理學家特・胡夫特於1993年提出。他主張，一個表面上是三維空間的區域內所包含的所有信息，都可以表現在其二維邊界上的全息投影。
>
> 隨著我們的探討，我們將深入探索並審視不斷浮現的證據，這些證據表明宇宙本身就是一個宇宙全息圖，其中蘊含著內在的自相似信息模式與和諧秩序，這些特性構成了所有尺度上物理現象的基礎。[206]

---

[206] "It's taken until now for science to start to catch up with the metaphysical insights and experiences of sages, shamans, and seers throughout the ages that are described by the metaphor of Indra's net. Compelling in this regard is the hypothesis of the holographic principle, first mooted by Dutch theoretical physicist Gerard 't Hooft, who in 1993 put forward the proposal that all the information contained in a region of apparent three-dimensional space can be represented as a hologram of the information held on its two-dimensional boundary. As we go on, we'll explore and scrutinize the unfolding evidence that our Universe is indeed a cosmic hologram, embodying its innate attributes of self-similar patterns of information and harmonic order that underlie all physical appearance on all scales of existence." The Cosmic Hologram: In-formation at the Center of Creation；Jude Currivan；第19頁。

這裡再次說明，種子通過帝釋天網的隱喻，即二十二根的機制共變，共變的對象是全息圖，全息圖是宇宙有這樣的一個地方與處所，即十二處。下面有個更多關於十二處與全息圖的論述。

第十六節　齊識而還

《雜阿含 287 經》記載了佛現觀緣起的過程：

我憶宿命未成正覺時，獨一靜處，專精禪思，作是念：『何法有故老死有？何法緣故老死有？』即正思惟，生如實無間等，生有故老死有，生緣故老死有。如是有、取、愛、受、觸、六入處、名色。何法有故名色有？何法緣故名色有？即正思惟，如實無間等生，識有故名色有，識緣故有名色有。我作是思惟時，齊識而還，不能過彼，謂緣識名色，緣名色六入處，緣六入處觸，緣觸受，緣受愛，緣愛取，緣取有，緣有生，緣生老、病、死、憂、悲、惱、苦。如是如是純大苦聚集。[207]

---

[207]《雜阿含經》卷 12；CBETA 2024.R3, T02, no. 99, p. 80b25-c6

其中的「齊識而還，不能過彼」是釋尊的名句，為什麼是「齊識而還，不能過彼」呢？這是因為從緣生的角度來看，只是十支、四果的有漏種子的現行，現行熏回種子，一直在循環不息。不是離開這十支、四果另外有一個叫無明、行的東西、概念等的存在做為開始。而且無明、行還是無始的。換句話說，識等十支、四果循環不息沒有一個開始，因此「齊識而還，不能過彼」。

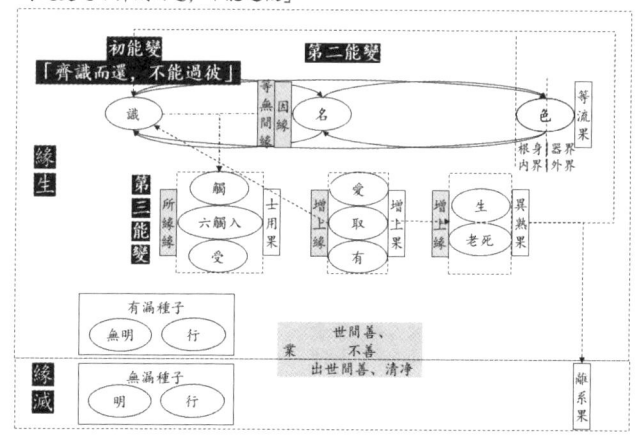

但從緣滅的角度，卻能夠觀到從流轉的無明、行的有漏種子，轉到涅槃的無漏種子與其離系果，而脫離以上的循環不息。

圖表 74 緣起支之「齊識而還，不能過彼」與唯識三能變

宇宙的現實真相是以上一堆的有漏與無漏種子與現行，有漏種子現行後又復現行熏種子的循環不息；如太虛大師的圖一般，其中沒有一個所謂的無明或行做為開始，但卻可以經過緣

滅得到無漏種子的解脫,從此得到整個緣起法的總觀,因此得無明、行非緣起支。

此外,「齊識而還,不能過彼」的另外一個主要原因是,緣起支的底蘊是唯識的。如上圖所示,識支即唯識的初能變,名色支即唯識的第二能變,觸等三支即唯識的第三能變。印順導師在《唯識學探源》:

> 唯識學中,以入胎識作前提,因入胎識所藏的種子,漸漸的生起根身,就是「因心所生」的唯識。它是根據十二緣起中的識支,和從識到名色、六入的過程。[208]

可惜的是,從來沒有經論在這個基礎上,根據緣起支擴展開來。

第十七節　奧義小結

前兩章建立十二因緣與四緣、五果的關係,這裡論述增上緣、增上果、第八識、共變等與二十二根的關係,二十二根裡有流轉與還滅根,因此也是緣起,也必定與十二因緣相攝。這裡也論述了界,界也是流轉與還滅所依,因此也是緣起。界即十八界可被攝入十二處,因此十二處、十八界都是緣起法,也

必定與十二因緣相攝。

所有一切的認識、經驗、現象都必須以緣起法來解釋。

如上圖的年輕女性或老婦人，這張圖原來如此，是「因緣變」是名色支等流果。觸等三士用果沒有注意去看的時候，「分別變」接近「因緣變」。但若注意看年輕女性或老婦人時，觸等三士用果的「分別變」則脫離名色支等流果的「因緣變」，因此或看到年輕女性或看到老婦人，這些都是緣起。

圖表 75 如下圖的年輕女性或老婦人

弦論因緣（16）：分別變與左移對稱性

今天科學認識到許多視覺幻覺的例子，比如以上提到過的，這年輕女性與老婦人的例子等，都應該與觸等三士用果即型IIA弦的左移對稱性，在建立我們的三維空間體驗模型有關。這是一個值得研究的方向。

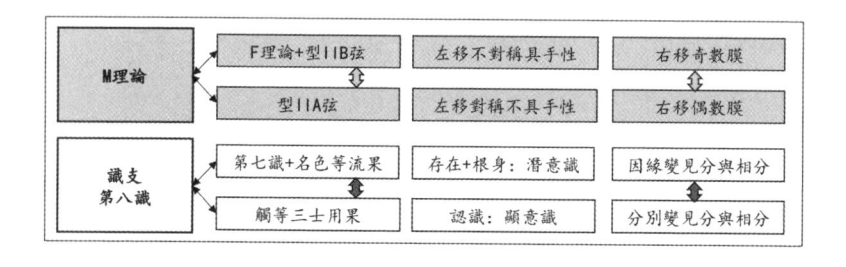

M理論	F理論+型IIB弦	左移不對稱具手性	右移奇數膜
	型IIA弦	左移對稱不具手性	右移偶數膜
識支 第八識	第七識+名色等流果	存在+根身：潛意識	因緣變見分與相分
	觸等三士用果	認識：顯意識	分別變見分與相分

208《唯識學探源》；CBETA 2025.R1, Y10, no. 10, pp. 36a13-37a2

第六章 弦論因緣

　　1920 年代當愛因斯坦發現了廣義相對論,當時他得到的結論是宇宙是在擴張的。但那時候的科學家都認為宇宙是固定的,因此愛因斯坦將廣義相對論修改。到後來發現宇宙是擴張,又將廣義相對論修改回來。現代科學從地平說到地心說,再到日心說,再到今天的宇宙觀的改變是巨大的。假設在流行地平說的 500 年前的歐洲,當時的科學家門突然得到廣義相對論的解說,他們認為地是平的思維能夠理解嗎?同樣的,真實的宇宙觀不是唯物的而是唯心的,弦理論學者用唯物思維能夠理解嗎?對物理學家來說,他們膜拜的數學,是神的語言。但當他們的神說出最終的真理,許多物理學家因為不明白其中道理,開始嚴厲的批判神的最終啟示。

　　林國良在《成唯識論直解》的〈前言〉中,他談到唯識的現狀時指出唯識學面臨現代科學的嚴峻的挑戰。其中提到:

> 應該說,唯識學是佛學中最能與現代學術進行交流的一種理論,近代一些唯識學者甚至對其與現代科學的會通也抱有極大的希望。確實,如果佛教認為自己所說的都是真理,甚至是一種前瞻性的真理(即超越了

現代科學認識範圍的真理），那佛教所說的真理就應與現代科學所証明了的真理並行不悖。

要找出「佛教所說的真理就應與現代科學所証明了的真理並行不悖」的證據，就必須從唯識的種子、第八識等法下手，其他佛教宗派不具有類似細節來印證其科學性。也因此，必須完完全全的采取唯識的世界觀。

第一節 弦論爭議

弦理論在物理學界是極具爭議性的，強力支持弦理論的如格羅斯等弦理論學者也自認——沒有人知道弦理論是什麼。弦理論今天的狀況是，有一班物理學大神如威騰等，強力支持弦理論，也另外有一班物理學學家強力反對。如物理學大神諾貝爾獎得主彭羅斯爵士，他認為弦理論得出的各種額外維次與我們的世界沒有關係，還有物理學家彼得沃伊特（Peter Woit）說：

弦理論不單只是錯的……弦理論已死。

表示弦理論是錯得非常的離譜。

這裡已經說明，弦理論學者其實已經計算出佛法的緣起

法、四緣、五果、八識、二十二根、十二處、十八界等法，但卻不自知；原因是科學家如小乘人等認為三維空間的東西是真實的，不知道無質礙的非內非外的心、識比三維空間的事物更真實。他們的世界觀還是局限在唯物主義，不知道弦理論已經是唯心的理論。他們對需要認識最終真理必須的概念與詞彙完全沒有認識，如 500 年前的歐洲科學家還是停留在之前的物理理論的概念中。此外，他們對現有的理論有嚴重的錯誤認識，比如認為弦是粒子是錯誤的，因為弦是種子只是因，而粒子是果。

這些都在下面會提到並總結。總而言之，要瞭解一個理論，必須要理解其中的概念，比如要知道量子力學說什麼，起碼要懂得波粒二象性、測不准原理、量子糾纏等，若是不願意理解這些概念，怎麼懂得什麼是量子力學呢？我們今天就處於這樣的一個特殊時期，要理解真理必須應用完全不同的詞彙，那就是理解佛法的理論，要不然是不能夠理解的。要是不理解緣起法、四緣、五果、八識、二十二根、十二處、十八界等法，又怎麼知道弦理論是什麼呢？

第二節 統一理論

　　弦理論是今天科學宇宙的最底層邏輯，而緣起法則是佛教宇宙人生的最底層邏輯，兩者是一樣的，只是用的詞彙完全不同而已。弦理論是統一上個世紀最偉大的人類發現：廣義相對論與量子力學的理論。這兩者在無數的實驗與應用都說明了它們的準確性，似乎不可置疑。但問題是，真理只有一套，而廣義相對論是極為大的理論，反觀量子力學是極為小的。其中還有許多的矛盾，如前者是定域性的，也就是說一個區域的運動對周圍區域的運動有時間的約束，而後者則是非定域性的如量子糾纏可以在無限大的宇宙同時。數學上兩者也不能結合。因此，科學家認為有必要尋找統一兩者的理論，時間過了將近一世紀，唯一有希望夠統一二者的是弦理論。但弦理論出現許多莫名其妙的東西，遠遠超出他們認知的範疇。

　　弦理論其實是由許多數學猜想組合的一套理論，問題是這些數學猜想在很多時候非常的有用，但卻不能做預測，實驗也不能證實其中的理論。其實這些數學猜想每一個都是緣起法，只是今天的科學家完全沒有學習過緣起法，因此非常困惑。

第三節 極微緣起

　　唯識是否認有極微的，但唯識也說外境都不存在，因為都只是心識顯現的相分而已。因此，今天科學所謂的極微，也是心識所顯現的相分境，不能說完全沒有。又根據佛法，一切法都是緣起法，那麼今天科學的物理學中的極微也應該是緣起。儘管今天的科學是唯物主義，但是否當他們在尋找最終真理的時候，可以通過計算得出緣起法而不自知呢？數學可以得出佛法似乎很不可思議，但玄奘法師說「法謂軌持」，也就是法是有規律的，這規律不是數學性的是什麼？

　　弦理論從 57 年前開始，認為宇宙所有一切都是弦衍生的，包括極微。代表極微的都是一根根的弦；57 年來弦理論發展到許多莫名其妙的物件如膜等等，這 57 年來，沒有人知道弦理論是什麼。而唯識則認為宇宙所有一切都是種子衍生的，從種子可以生起萬法。那麼弦與種子兩者是否是一樣的東西呢？其實兩者完全是一樣的只是用的詞彙完全不同而已。羅時憲在《唯識方隅》課時說到：

> 第八識，它自己有它自己的相分，種子是相分的一部分。第八識它自然變現那個相分，那個相分是由第八識的相分種子變的。那個相分變起之後，例如我的眼識見到一個山，就是眼識自己變的影子。但這個影

子，這個 image，不是沒有實質的，這個影子後面有一個實質存在，這個影子猶如照相機裡面的那個影像。實質是那個人，在此處被你照相的那個人，不然他不能現出影像的。那個稱為本質，即是實質，那個實質是第八阿賴耶識的相分。譬如我見到一個山，那個山的本質就是阿賴耶識的相分。阿賴耶識為何會變出那個山呢？阿賴耶識裡面含藏很多種子，那個山的草是綠色的，綠色的種子起現行就變綠。那些泥土是黃的，那些黃的種子起就變黃。那個山裡面是泥造的，泥有泥的種子起而變泥，而泥是微粒子造成的，每一個微粒子都有它自己的種子一齊起。即是說那個山是由無量那麼多種子一齊起，而形成一個山。其實並不是有一個整個的山，是無量無邊那麼多種子一齊起。我們見到它是一個整個的山，其實就沒有整個的山；整個的山是我們在意識裡面，把那些材料綜合起來，說它有一個整個的山。這是《金剛經》所謂之一合相，是執著來的。[209]

「……泥是微粒子造成的，每一個微粒子都有它自己的種子一齊起。即是說那個山是由無量那麼多種子一齊起，而形成一個山。」嚴格上來說，每個眾生自己的第八識中有無數無量

---

[209]《唯識方隅講記》<第二冊>；羅時憲；第 400 頁

的種子，其中有代表著微粒子的因，當這些因、或種子現行，現行之後就有每個眾生各自的相分境上，顯現出像是微粒子所堆積成泥等的一座山。其中的種子就是弦理論的弦，而第八識則是弦理論的 M 理論。

第四節 種子現行

這裡重複的說弦是種子，因此弦不是粒子，弦理論學者錯誤的將弦當作粒子。只有弦或種子被激活，唯識稱為緣，弦理論稱為弦之間相互作用強，之後才有現行；現行，唯識稱為見分、相分，弦理論稱為膜、膜上開弦；這才是粒子，只是像是有的而已。

在第五章之第十五節「質即信息」舉出的例子中，是十二處中信息的改變導致種子的被激活，為什麼信息改變會導致種子的被激活呢？最近有個以為物理學家梅爾文·沃普森（Melvin Vopson）指出，信息的操作必須依靠能量，因此信息本身就是一種能量，因為愛因斯坦的 E=mc2，信息甚至也可以是一種質量 [210]。所以不僅根是種子、是種力量，塵也是種力量，也是種子，也因此界即種子。

```
┌─────────────────────────────────────────────────────┐
│ 現行見分上的粒子    這才是粒子,像是有而已          │
│                                                     │
│   [草地圖]        現行:見分、相分(前七識          │
│                   之所緣),膜、膜上開弦:          │
│                   • 型IIB弦:等流果                 │
│                   • 型IIA弦:士用果                 │
└─────────────────────────────────────────────────────┘
┌─────────────────────────────────────────────────────┐
│ 代表粒子的因、種子    不是粒子                     │
│                                                     │
│   [弦圖]          種子(第八識之所緣),弦          │
│                   (M理論之所緣):                  │
│                   • E8xE8雜交弦:增上果             │
│                   • SO(32)雜交弦:士用果            │
└─────────────────────────────────────────────────────┘
```

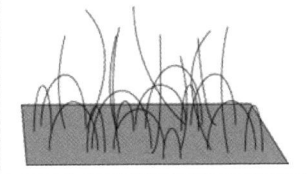

圖表 76 弦理論的種子與現行

如上圖所示,膜與膜上的開弦才是我們能夠認識到的,稱為粒子,為前七識所緣。因為只有等流果與士用果才有「認識」作用,弦理論為型 IIB 弦與型 IIA 弦。其餘兩果不具「認識」作用,只是第八識在處理種子、共變種子。

第五節 維次與識

弦理論中有許多的數學猜想與物件,弦理論其中一個常受到異議者攻擊點是弦理論中的數學猜想裡的額外維次。原因是

---

[210] Melvin Vopson - Talking about Information Physics ; Information Physics Institute ; YouTube ; https://youtu.be/Hchyml0i0p8

這些額外維次都不能被證實。

在弦理論之前,所有的理論如廣義相對論與量子力學都是三維空間加一維時間的,除了在量子力學中出現了一個至關重要的數學模式:希爾伯特空間(Hilbert space),這希爾伯特空間裡面有無數的維次。宇宙所有的物質都是通過這個希爾伯特空間產生的。問題是,過了一百年,一直到今天沒有人懂得這個希爾伯特空間是什麼,物理學家只是會用這個數學模式。其實這個沒人懂得是什麼的空間已經預言了之後的理論是會有額外維度的出現,其中的無數的維次說明了物質是無數眾生共變的。

弦理論中有各種的額外維次,大概來說有:

- 波色子弦論:22 額外維次,加上 4 時空維次,共 26 維次;
- 超弦論(有五個不同的版本):6 額外維次,加上 4 時空維次,通常被說為 10 維;
- M 理論:超弦論 +1,共 11 維次;
- F 理論:超弦論 +M 理論 +1,共 12 維次。

以上是根據這些數學猜想的被發現的前後次序排列。這裡用「被發現」的理由是這些數學猜想是自然的被局限在這些維次數目上,完全不能更改,要是稍微更改整個數學模式就會崩潰。

以上弦理論所得出的額外維次如十維次、十一維次等令人有許多遐想，但實際上，這些弦理論的額外維次——即扣除四維時空後的維次，就是心、識、根之所在。這似乎非常不可思議，但之前提到過于凌波給識的定義是：

1. 一種能量，
2. 一種能變：「能」則勢力生起，運轉不居；「變」則生滅如幻，非實有性。
3. 無質礙，
4. 交遍法界——全宇宙，
5. 從種子生起。

從弦理論來說，從其理論得到的計算基本上是具有各種額外維次的，其中的弦也是有額外維次，都符合以上于凌波給予識的定義。

一般科普說十維或十一維，前者是五版的超弦論，也就是五果；而後者是超弦論加上 M 理論共十一維。但有個非常重要的 F 理論，一直到最近被忽略，如果加上 F 理論一共是十二維，扣除四維時空，得到八額外維次，正好是八識——其中的 M 理論是第八識與 F 理論是第七識。

唯識的八識每個都有不同的功能特性，弦理論的八額外維次也是一樣。這裡舉個例子：之前提到過《攝大乘論》中說種

子與第八識是不一不異,在弦理論中,弦與 M 理論也是不一不異的:

> 要是假設十一維次的其中一維被捲到極度微小的圓圈。在這種情況下,這被二維膜捲起來圓圈的維度看起來就像是一根弦。[211]

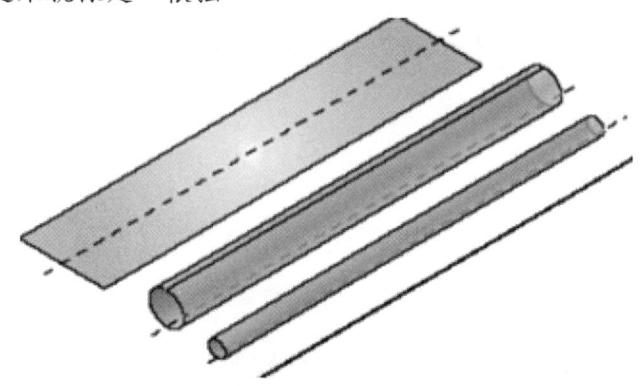

圖表 77 M 理論的第十一維次像是一根弦

說明弦即種子,M 理論即第八識。在第一章之第五節「弦論緣起」說過,第八識的「果」相,這是第八識的「自相」。

不僅如此,波色子弦論是具有二十六維次的,扣除四維時空,得到二十二額外維次;波色子弦悄然的出現在二版本的超弦論:E8xE8 雜交弦與 SO(32)雜交弦。這兩版雜交弦對應

---

[211] "Now, suppose that one of the eleven dimensions is rolled up into an extremely tiny circle. In that case, a 2-brane that encircles the rolled-up circular dimension looks just like a string."; Warped Passages: Unraveling the Mysteries of the Universe's Hidden Dimensions; Lisa Randall; 第 435 頁

的是增上果與異熟果，這兩果最勝的四緣是增上緣，增上緣「唯」二十二根。這正好說明具有二十二額外維次的波色子弦論就是增上緣，二十二額外維次即二十二根。

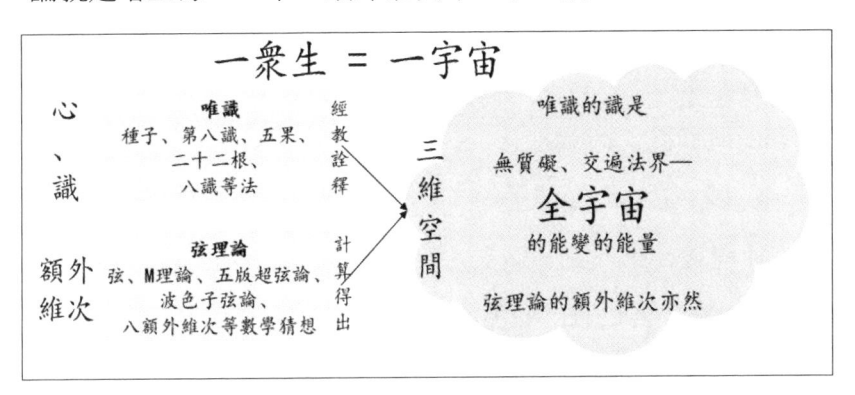

```
                    一眾生 ＝ 一宇宙
心              唯識              經
、         種子、第八識、五果、    教       唯識的識是
識         二十二根、             詮    無質礙、交遍法界─
           八識等法              釋   三
                                     維    全宇宙
額         弦理論               計   空    的能變的能量
外     弦、M理論、五版超弦論、   算   間
維         波色子弦論、          得    弦理論的額外維次亦然
次     八額外維次等數學猜想     出
```

圖表 78 心、識、額外維次與宇宙

　　之前通過《解深密經》經句、羅時憲舉的例子、于凌波對識的定義等提到：從唯識來說，整個宇宙都是心、識所變出來的。只是這些變，特別是在今天科學昌明的時代，不能再以含糊的方式流傳下去，必須要有更具體的理論依據來認識，這就是弦理論的各種數學猜想，如上圖。「站在更高的維次」是今天許多人喜好用的詞語，比如「站在四維看三維」等。但如上圖所示，其實不存在物理性的維次，因為我們所謂的宇宙就是一眾生的自己的宇宙，這些額外維次都是此一眾生的額外維次。

第六節 弦論緣起

這裡列出各種弦理論的數學猜想與十二因緣的關係：

1. 弦：種子，
    a. 型II弦：有漏種子
    b. 型I弦：無漏種子，
2. M理論：第八識、識支，
3. F理論：第七識，名色支之名一分，
4. 型II弦有四版超弦論：有漏種子、流轉四果：
    a. 型IIB弦：等流果，名色支，
    b. 型IIA弦：士用果，觸等三支，
    c. E8xE8雜交弦：增上果，愛等三支，
    d. SO（32）雜交弦：異熟果，生、老死二支，
5. 型I弦有一版超弦論：無漏種子、還滅之果：
    a. 型I弦：離系果，
6. 反德西特/共形場對偶性：根身/器界，
7. 二十二額外維次的波色子弦論：二十二根，
8. 膜、膜上的開弦：見分、相分，
9. 全息圖：十二處、十八界。

值得一提的是弦理論學者在得出統一廣義相對論與量子力學後，得到的不是只有一版理論，而是五個版本的超弦論，而

且每一版像是只是描述真理的部分而不是全部，這就如下圖所示是五果。其中最常用的是型 IIB 弦，也就是等流果。直到最近，型 IIB 弦是他們比較專注的一版。因為型 IIB 弦是名色支，如之前說過，只有名色支的色是實色。

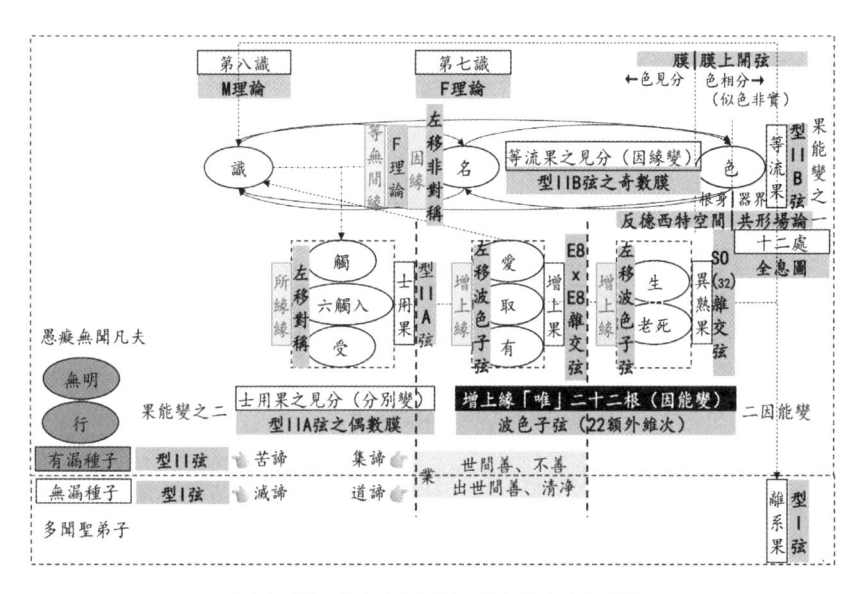

圖表 79 緣起法是弦理論的主幹理論

可以說玄奘大師所糅合的《成唯識論》，就是今天弦理論的手冊。

弦理論手冊
《成唯識論》
護法等菩薩 造
唐・玄奘法師 譯

M 理論——第十一維	初能變——第八識
弦	種子
膜、膜上開弦	見分、相分
反德西特/共形場論	根身、器界
全息圖	十二處、十八界
五版超弦論	五果：四果相、第五所依
型 IIB 弦	等流果：名色支
型 IIA 弦	士用果：觸等三
E8xE8 雜交弦	增上果：愛等三
SO (32) 雜交弦	異熟果：生等二
型 I 弦	趣系果
弦的形態	四緣
型 II 弦左移非對稱	因緣
型 II 弦右移對稱	所緣緣
型 II 弦左移玻色子弦	增上緣
F 理論	等無間緣（第七識）
二十二維次波色子超弦論	增上緣（「唯二十二根」）
型 II 弦、型 I 弦	有漏種子、無漏種子
弦論地景、人擇原理	界地隨他業力生：三界九地
平行宇宙	眾生心
F 理論——第十二維次	第二能變——第七識
超弦論：型 IIA 弦——十維次	第三能變——前六識之士用果
共八個額外維次	共八識
M 理論、型 IIB 弦、型 IIA 弦、E8xE8 雜交弦、SO (32) 雜交弦	十支緣起：識、名色、觸等三、愛等三、生等二

圖表 80 弦理論手冊

　　換句話說，《成唯識論》所描述的唯識學，是有實在的自然依據的法則，不是一種哲學思想。

第七節　法法相攝

　　以上不只是清單而已，因為其中有許多細節，如弦理論稱為對偶性，在佛法即法法相攝性。對偶性是一個數學猜想，可以轉變到另一個數學猜想，兩者是一樣（等價）的。如：

1. M理論與型IIB弦、型IIA弦、E8xE8雜交弦、SO（32）雜交弦、型I弦有對偶性，那就是識支的四果相為第五離系果所依；
2. 型IIB弦、型IIA弦、E8xE8雜交弦、SO（32）雜交弦都是型II弦為有漏種子，而型I弦是無漏種子；
3. F理論與M理論與型IIB弦有對偶性，那就是識支與具有第七識的名色支互緣；
4. 型IIB弦與自己有對偶性，這是名緣色，色緣名；
5. 型IIB弦與型IIA弦有對偶性，而型IIA弦又與M理論有對偶性，這是《雜阿含294經》的「……此二因緣生觸」；
6. E8xE8雜交弦與M理論有對偶性，對唯識來說是增上果，業種子儲存在第八識；
7. E8xE8雜交弦與SO（32）雜交弦有對偶性，這是增上果成熟到異熟果也就是愛等三支到生等二支；
8. SO（32）雜交弦與型I弦有對偶性，型I弦是離系果，而得離系果是從認識佛法（士用果：觸等三支）有「正見」，後修增上定等增上學（增上果：愛等三支）、最終通過異熟得無漏根的離系果；
9. 反德西特/共形場對偶性的前者是通過型IIB弦，即根身是通過等流果的因緣得出的。
10. M理論、反德西特/共形場對偶性、型IIB弦、全息圖有非常緊密的關係，即第八識、根身器界、等流果因緣，

十二處、十八界的關係。

可以說弦理論的對偶性就是佛法的法法相攝。如上圖所示，所有弦理論的數學猜想與緣起法的內容是不多不少的、完全吻合的。

第八節 四緣五果

通過以上的清單與其對偶性即相攝性，可以確認弦理論的主幹正是佛教緣起支。從這裡還可以再深入。

一、流轉四果

如四版的超弦論（流轉四果）：型 IIB 弦、型 IIA 弦、E8xE8 雜交弦、SO（32）雜交弦有以下的特性：

一、 等流果：型 IIB 弦：左移：非對稱性，右移：奇數 D 膜，

二、 士用果：型 IIA 弦：左移：對稱性，右移：偶數 D 膜，

三、 增上果：E8xE8 雜交弦：左移：相似波色子弦，右移：型 II 弦，

四、 異熟果：SO（32）雜交弦：左移：相似波色子弦，右移：型 II 弦。

弦理論弦有閉弦與開弦兩種，物質都是附在膜上開弦，有些科學家比如天體物理學家卡爾認為這些膜就是意識的工作空間。確實這些膜就是見分，膜上的開弦就是相分。

五版超弦論 | 五果	開弦|波色子弦	←增上緣	所緣緣（能）→	所緣緣（所）
下二：名色、觸等三支	弦11弦	←型11弦左移	型11弦右移→	等流果與士用果之對象
型IIB弦 | 等流果	移動形態	不對稱，取決於	因緣|增上緣	因緣與所緣緣	附著在	於一個奇數維度
型IIA弦 | 士用果		對稱，無論是否	因緣|增上緣	所緣緣|因緣	D-膜上	於一個偶數維度
E8xE8雜交弦 | 增上果	E8xE8對稱群像是玻色子弦	增上緣|因緣	所緣緣|增上緣	種子（型11弦）為
SO(32)雜交弦 | 異熟果	SO(32)對稱群像是玻色子弦	增上緣|因緣	所緣緣|增上緣	第八識（M理論）之所緣緣
型I弦 | 離系果		SO(32) 對稱群

圖表 81 弦理論中的四緣、五果

二、認識即果

緣起支一世有五果即「識等五果」，因為這五果有真正的認識作用，也就是能認識就能受果報，流轉四果有兩果具有認識，而有兩果不具有認識。

1. 具有認識

- 型 IIB 弦是等流果七識，有自己的膜，膜在奇數維次；因此，七識有自己的見分、相分。型 IIB 弦左移是非對稱性，是有手性（chirality），也就有分左右手，是真正的色法——即唯一色法、實色。

- 型 IIA 弦是士用果六識，也有自己的見分、相分。但型 IIA 弦的膜是跟著型 IIB 弦所轉過來的，因此士用果的見分、相分是托等流果的見分、相分而變——即托色變色。

只有型 IIB 弦與型 IIA 弦有膜，因此只有等流果與士用果有認識作用，儘管等流果是「存在」其意識是冥暗的。這二者皆有所緣緣，前者的所緣緣是奇數維次的膜，後者則是偶數維次的膜。

2. 不具認識

其餘二果增上果與異熟果都不具認識作用，因此不是緣起支的識等五果；只是托種變色，因此與增上果、異熟果對應的 E8xE8 雜交弦、SO（32）雜交弦都沒有膜。

據實，這二果也是有認識或所緣緣，但為第八識緣或認識種子，也有見相二分，這應該是 M 理論的 M5 膜。

三、四緣面貌

四緣就是弦，或種子的不同運動狀態，因為種子不同的運動狀態因此有四緣。

1. 右即所緣

所緣緣：型 II 弦右移代表所緣緣：
- 前二果：等流果與士用果（型 IIB 弦與型 IIA 弦）右移之所緣是見分、相分即膜；因此有「認識」，儘管等流果七識的「認識」是冥暗的。
- 後二果：增上果與異熟果（E8xE8 雜交弦與 SO（32）雜

交弦），右移之所緣緣為型 II 弦，即第八識緣有漏種子，有漏種子為第八識之所緣緣，換句話說，型 II 弦為 M 理論之所緣緣。

2. 增上因緣

型 II 弦左移代表增上緣，特殊的是型 IIB 弦，因為左移非對稱性，因此，型 IIB 弦的增上緣為因緣、親因。

3. 左即增上

與增上果、異熟果對應的 E8xE8 雜交弦、SO（32）雜交弦，左移都帶像是有二十二額外維次的波色子弦，因為增上緣「唯」二十二根，因此，為真正的增上緣。

4. 等無間緣

等無間緣在唯識是第七識、在弦理論即 F 理論。

弦因為各種不同的運動，如同種子與緣，而有宇宙森羅萬象，由此可見，弦理論也得出四緣、五果。

第九節 識外無境

根據唯識的「識外無境」，唯識是絕對的唯心理論，因為

色法只是在相分上的似色,而相分本身是心、識的一部分。這在唯識稱為親所緣緣,三維空間的事物是疏所緣緣,是不能被緣的,這個在之後有例子說明。其實弦理論已經得出「識外無境」,只是弦理論學者的世界觀,也因為唯物主義,還沒有真正的認知。

首先,弦其實代表的只是粒子的因,而不是粒子本身,弦其實是一種潛能,與唯識的種子一樣是因,不是粒子的果,可以說因與果是不一不異。

弦在相互作用強的時候,就會有以上的膜的出現,這時就有開弦附著在這些膜上——用唯識的語言就是種子遇到恰當的緣(弦互相作用強),生起現行:現行就會有見分(膜)、相分(膜上的開弦)的出現。

因此,弦在還沒有現行之前,只是因,現行後有膜與膜上的開弦代表的是粒子,這就是果,才是真正的粒子,其實還只是好像是粒子的似色。膜不是三位世界的存在,而是額外維次的物件,也就是以上所說的,是一種無質礙的存在,因此就是識的一部分。

由此可見,弦理論其實已經算出唯識的「識外無境」,只是局限於本身的認知,還不知道已經得到真理了。但諾貝爾獎得主格羅斯就曾多次的說:「我們不是生活在普通時空,而是

生活在超空間。」他覺得非常的困惑。[212]

因此，今天的弦理論學者都是物理學家，三維世界的事物是他們的使命。這也是他們的誤區，認為三維世界的事物才是實體，這十幾個讓他們不能認識到四維時空外才是實體。這是為什麼唯識稱為唯識，因為只有識，沒有外境。

第十節 非大非小

自從量子力學被發現以來，有許多人認為量子力學的內涵描述的就是意識。要知道量子力學是極微小的，在極大尺度上不能夠與廣義相對論結合，而真實卻是非大非小：因為種子極微小，而識變出的宇宙卻可以是極為大的，識是交遍整個宇宙的。因此，要說量子力學描述的是意識那就差得太遠了；何況，廣義相對論在意識上扮演更重要的地位，因為廣義相對論中的時空扭曲是「地」的概念，也是《八識規矩頌》中的「界地隨他業力生」，因此統一二者的弦理論才是真正描述意識的理論。弦理論就有一種詭異的 T 對偶，半徑為 R 的宇宙等於

---

[212] David Gross - We don't live in ordinary spacetime but in super-space；YouTube；https://youtu.be/8x9hC2erLx4

半徑為 1/R 的宇宙是等價的，説明弦理論是非大非小的真實。

弦理論的弦在極微小的六個額外維次內振動，因此代表不同的粒子；但後來這些額外維次被發現也可以是極為大的；一直發展到現在，弦理論學者也開始認識到真實是亦大亦小的。亦大亦小是犯了邏輯上的錯誤，而且「見」落在兩邊，非大非小沒有邏輯錯誤，也是中道。

因此，弦理論學者認為弦理論是量子理論是錯誤的，真實是弦理論如佛法、唯識是非大非小的。

釋惟賢法師在《唯識札記》中寫道：

三、近代佛學者對於種子的認識

（一）支那內學院歐陽漸（又名歐陽竟無）先生提出：
1. 種子是一種能，此能既不是心，也不是色，遍於宇宙，故起念時，種子現行，一念即可包括全宇宙。
2. 種子起現行的時候，相分不離見分，見分代表識心分別，識心分別的發生就攝盡全宇宙，其中就沒有大小之分，小可入大。大可攝小，故無一處不是法界，此與天臺宗的一念三千相同。3. 瞭解種子真諦，必須依靠止觀，人見道後初地以上菩薩方能夠契證。

（二）閩南佛學院田光烈教授提出，種子是一種功能，

一種力,是亙萬古不變,充滿宇宙的。種子生現行,現行即是宇宙森羅萬象,各式各樣的事物。現行是果,種子是因,由果溯因,可知種子就具有生命性、運動性、能變性、能化性、綜合性、整體性、全息性、全能性、全知性、染淨性、善惡性、超越時空性。又以現代科學講,形成了電磁場、功能場、資訊場等,這些場都離不開種子,故種子是超載時空,超越心物界限,人我界限,微觀與宏觀的界限。依華嚴教義講,種子交遍法界,事事無礙。根據此理,故種子由染轉淨,轉識成智後,可發神通,神通能六根互用,不為時空所限制。在眾生界中,各有阿賴耶,各有宇宙,全眾生界合起來就是大宇宙,相容相通,如光光相罔,無有障礙。[213]

顯然的,弦理論或大或小的維次到膜的生起,正是「種子起現行的時候,相分不離見分,見分代表識心分別,識心分別的發生就攝盡全宇宙,其中就沒有大小之分,小可入大。」而「又以現代科學講,形成了電磁場、功能場、資訊場等,這些場都離不開種子」說明弦理論的弦就是種子。

---

[213]《唯識札記》;釋惟賢;第53頁

第十一節 地的概念

上面說過，廣義相對論其實在意識的作用比量子力學還要重要，因此引力子在統一二者是至關重要的，弦理論自然得出的閉弦的引力子就是「因」，「因地」的因，引力的出現為「果」，這就是緣起。弦理論雖然極具爭議性，但其吸引許多學者的原因之一是自然的出現引力子，引力子是統一廣義相對論與量子力學的關鍵。

一、地球佛教

今天科學對宇宙的認識是浩瀚的似乎沒有邊界。今天科學通過各種理論、儀器已經深入的解說宇宙的模型。在這個過程中，科學家發現地球，甚至太陽系是極為渺小的。我們認識到的物質在浩瀚的宇宙中只有 5% 左右，其他 95% 為暗物質與暗能量。那麼做為地球上的我們更是渺小到不值得一提。雖然佛教也說三千大千世界，即使對宇宙的描述再如何玄妙，但如什麼風、什麼水、什麼山之類是極為俗氣、混沌的。

要做為宇宙真理的底蘊起碼必須說太陽系是什麼，特別是弦理論被利用來計算黑洞，也必須說明黑洞是什麼。要不然，這些佛法雖然把宇宙世界說得非常的廣大、什麼阿彌陀佛的淨土如何廣大非常的玄奇，但要是一個太陽系都解釋不了終究

還只是地球上的佛教，佛法又怎麼能做為宇宙萬法真實的底蘊呢？今天佛教的思維，一個地球、太陽系都出不去，因此都只是「地球佛教」。

二、十七地論

玄奘大師西行取經的主要目的原來是《十七地論》，這便是後來的《瑜伽師地論》。稱為十七地的原因是此論在前面一大部分描述各種的「地」。可以從因也可以從果來看這些地，除了三界九地還有如聲聞地、菩薩地等等。簡而言之，你造什麼樣的業，有沒有修行，怎麼修行，因此有種種的因，接著便會之後有出生到什麼樣的地的果。要注意的是因也是在地上造業與修行的；因此，「地」即「引力」就是為一切法之所依、所持，《八識規矩頌》中的「界地隨他業力生」說的「界地」就是這個道理。

《十七地論》裡大篇幅的介紹無色界、色界的眾生，這些眾生在唯識的系統裡是非常重要的。無色界、色界各有四重天，共八地，加上欲界之地，共為三界九地。

三、三界九地

正當科學家們在討論什麼是意識、什麼是意識體之際，佛

教已經說宇宙有許多其他的生命體。韓鏡清先生在《攝大乘論》第8講中說到：

"云何最勝？"，為什麼是最好呢？他底下就一一的駁這個安立在旁的上不合適，"若五取蘊名阿賴耶，生惡趣中一向苦處最可厭逆眾生一向不起愛樂，於中執藏不應道理"，你要是五取蘊是阿賴耶，這要生在惡趣裡，提到惡趣，大家要注意，底下還有很多提到三界九地，這就表示印度原來它的宇宙觀，跟中國有不同，中國現在雖然也講惡趣，也講下油鍋什麼的，但是惡趣還不象印度的惡趣那麼多。

在世界宇宙的情況，印度它講的有欲界、有色界、無色界。我們天文學裡提不到無色界，色界是不是能提到呢，對各種星球裡頭，是不是也有沒有欲的這種色界，跟欲界不同的這種色界，是不是有？這都是問題。所以這個問題，其中的惡趣來說，這已經跟中國的漢族宇宙的說法有所不同，雖然現在也認為它是下油鍋啊、吊死鬼啊、閻王爺啊等等，但是這個恐怕跟印度對宇宙看法有好多不同，中國是變了樣的。所以我提一下這個問題，因為底下關涉到的很多，色界、無色界，跟現在天文學上有好些也不一樣，恐怕有很大差別，尤其無色界，我們怎麼認識無色界，跟前頭

我們心法怎麼認識？

對於韓鏡清來說，怎麼樣科學性的去認識這些無色界與色界的眾生是極為重要的。換句話說，要是這些都不存在，整個唯識體系也必然崩潰，反之，要是存在則說明唯識體系的科學性，遠遠超越今天科學的認識。

四、弦論地景

弦理論是否有「三界九地」的概念呢？絕對有，只是弦理論的思想被唯物主義所矇蔽。弦理論的「地景」（string theory landscape）就是佛教的「三界九地」：

> 弦論地景是弦論的一項重要概念，反映了所有的物理參數，因此形成充斥著大量維度的地形，如同高山和谷地一般。處在谷地的流形，是屬於穩定真空，也是多維地景的極小值——我們的宇宙即位於此一狀態。
>
> 概念
>
> 因為參數不只一個，我們實際上應把這個真空能量曲線想像成是一個複雜、多維度山脈的剖面，美國史丹佛大學的色斯金將此描述成弦論地景。由於這個多維地景的極小值（球可以停駐的凹陷底部），對應著時空的穩定組態（包括膜與通量），所以稱為穩定真空。

真實的地景只容許兩個獨立的方向（南北向與東西向），而這也是我們所有可以畫出的方向。但是弦論地景因為可以擁有上百個方向，因此遠比真實地景來得複雜。弦論地景的維度不應與世界的真正維度相混淆；每個座標軸所測度的，並非物理空間中的某些位置，而是幾何的某個面向，例如把手的大小或膜的位置等。

弦論與多重宇宙

IIB型弦論可對應到F理論，並且可以求得10500個解，亦即有10500種不同組態，各自對應不同的宇宙形式。

地景說即推測：整個宇宙實際上是一團擴張中泡泡裡的泡泡，每層泡泡擁有自己的物理定律。其中僅有極少數的泡泡，適合像星系和生命等複雜結構的形成。我們宇宙便是隨機佔據了某塊谷地，發展出現今萬物。[214]

「……形成充斥著大量維度的地形，如同高山和谷地一般」就是這裡所說的「地的概念」。「弦論與多重宇宙」說的

---

[214]《維基百科》；弦論地景；https://zh.wikipedia.org/zh-tw/%E5%BC%A6 %E8%AB%96%E5%9C%B0%E6%99%AF

就是許多眾生的宇宙,特別是「弦論地景」加上「IIB 型弦論可對應到 F 理論,並且可以求得 10500 個解,亦即有 10500 種不同組態,各自對應不同的宇宙形式。」說的就是無數無量眾生的識支、名色支,因為前面已經論述過型 IIB 弦裡面必有 F 理論,就是名色支的等流果,名色支等流果必定與識支即第八識「譬如三蘆,立於空地,展轉相依」同時。因為,第八識即 M 理論,因此有無數無量的 M 理論。也因為第八識即心,因此「弦論地景」即「三界九地」有無數無量的眾生。

與「弦論地景」相關的是「人擇原理」(anthropic principle)。「弦論地景」中大量可能的宇宙或「真空」(vacua)可以透過只有與生命相容的宇宙才會被觀察到這一事實來解釋。這是因為我們所處的宇宙本質上是由我們生存的條件所選擇的[215]。「人擇原理」最早期提出者卡爾認為,「人擇原理」能夠解釋天體的形成,也能解釋人與人的意識等[216]。「弦論地景」說明了「地的概念」中的「三界九地」,「人擇原理」的「生命相容的宇宙才會被觀察到」說明了的「三界九地」有無數無量的眾生。

---

215 The Cosmic Landscape;Wikipedia;https://en.wikipedia.org/wiki/The_Cosmic_Landscape#:~:text=5%20References-,Background,this%20multiverse%20the%20%22landscape%22.
216 Consciousness and Cosmology with Bernard Carr;New Thinking Allowed with Jeffrey Mishlove;YouTube;https://youtu.be/nkic9q1YI10

五、色不離識

所有的色法都離開不了心、識,因此,我們今天認識的「各種星球裡頭」是有色界四禪天結構的,只是今天科學缺乏這些認識,其中:

- 初禪:離生喜樂地;
- 二禪:定生喜樂地;
- 三禪:離喜妙樂地;
- 四禪:捨念清净地;

佛教五蘊中的受蘊可以簡單的分為苦、樂、憂、喜、捨五種或五受根;苦、樂、屬於身受,即身體上的;憂、喜、捨是屬於心理上的。物理學的電磁場其實就是五受根的顯現:

五受根		物理力
身受	苦	電力、電場
	樂	
心受	憂	磁力、磁場
	喜	
	捨	單極子

圖表 82 五受根與電磁場

以上可以從翻查今天的物理天文學的觀察與研究報告、結論、與理論,可以得到以下的結構:

- 初禪:離生喜樂地:有不定到強的電(樂)磁(喜)場,

即行星；
- 二禪：定生喜樂地；有非常穩定到非常強的電（樂）磁（喜）場，即恆星；二禪天的喜是世間最強，因此恆星的磁場最強；
- 三禪：離喜妙樂地；脫離磁（喜）場但有很強的電（樂）場，即星雲；三禪天的樂是世間最強，因此星雲的電場最強；
- 四禪：捨念清淨地；到這裡只剩下引力，其中因為捨，因此有單極子，單極子越多，引力越加速旋轉，即黑洞。

因此，今天科學觀察到的天體都是佛教色界的眾生。這裡從色界眾生的禪定的相貌來說明初禪到四禪分別是行星到黑洞。（見附錄1。）

色界四禪的禪定從初禪的淺到第四產的深，《瑜伽師地論》對於每上一個層次，這麼修習，狀態是什麼都有詳細的描述。大致上禪定越深心法與色法要求，或是心理與物理的條件越少。從以上也可以看得出，禪定越深，物理現象的表現越少[217][218]。

根據以上的定義，可以看得出初禪、二禪都有喜、樂。喜的心理現象反映在磁場上，樂的心理現象反映在電場上。但是

---
[217] 更多細節見：《瑜伽師地論》宇宙；https://yqyz.wordpress.com/
[218] 更多細節見：「三界唯心，萬法唯識」的宇宙；YouTube；https://youtu.be/NlWNJCerlU0

初禪與二禪的差別在於初禪的電磁場不規則且弱，二禪的電磁場規則而強。為什麼都有喜樂但卻又有差別呢？這是主要是因為初禪還有尋、伺的心理狀態，到了二禪以上則沒有尋、伺。其中還有其他因素如初禪還有諂等的心理狀態。

初禪與二禪都好喜、樂的感受，到了三禪因為厭惡喜對內心的擾動，因此舍離了喜的心理狀態，也就是沒有了磁場，剩下的是「妙樂」也就是強的電場。根據《瑜伽師地論》的解說，三禪的樂是世間最高的，也因此電場非常的強。再上四禪的舍念清淨，覺得樂也同樣擾動內心狀態，結果把樂也給舍掉了，因此應該沒有電場，但應該會出現單極現象。要注意的是，各層禪天在舍掉某一種狀態之前，那個當前的狀態便是最強的。比如：

- 二禪上三禪之前，還有喜樂，因此喜是最強的，也就是磁場最強。
- 三禪上四禪之前，還有樂受，因此樂是最強的，也就是電場最強。
- 四禪上無色界之前，還有捨受與念，因此舍、念是最強的，也就是單極與引力最強。

要是根據以上的分析，很容易能夠將四禪的有情眾生與行星、恆星、星雲、黑洞根據今天物理天文學做匹對。

1. 初禪行星

初禪因為還有尋、伺,雖然到了初禪頂也就是大梵天還是有伺,除此之外,初禪還有眼、耳、身識,而且只是脫離了憂根。但到了二禪以上已經沒有尋、伺,也沒有眼、耳、身識,更進一步脫離了苦根,因此初禪的喜樂無法與二禪相比,也因此初禪的電磁場非常不規則且弱。

其實人類對於宇宙天文現象還是不是很理解,如《百度百科》<行星磁場>[219]解說:

> 行星磁場,是指行星周邊的磁場,它的產生機理,仍然是一個迷。關於它產生的原因有多種假說,這些假說雖然能夠解釋一些現象,但都有它們的理論缺陷。行星磁場理論還是一個理論假設而已。

這篇文章《太陽系八大行星磁場各不相同,產生磁場的竟是來自自轉和核心》[220]分析太陽系的行星,各有各的不同的磁

---
[219]《百度百科》<行星磁場>;https://baike.baidu.com/item/%E8%A1%8C%E6%98%9F%E7%A3%81%E5%9C%BA/1421933#:~:text=%E6%AD%A4%E8%A7%82%E7%82%B9%E8%AE%A4%E4%B8%BA%EF%BC%9A%E8%A1%8C%E6%98%9F%E5%86%85%E9%83%A8,%E5%AE%83%E4%BA%A7%E7%94%9F%E4%BA%86%E8%A1%8C%E6%98%9F%E7%A3%81%E5%9C%BA%E3%80%82&text=%E8%A1%8C%E6%98%9F%E6%A0%B8%E4%B8%AD%E5%A4%AE%E9%83%A8%E5%88%86%E7%94%B1%E4%BA%8E,%E6%AF%94%E8%BE%83%E6%9C%89%E5%89%8D%E9%80%94%E7%9A%84%E5%81%87%E8%AF%B4%E3%80%82
[220] 太陽系八大行星磁場各不相同,產生磁場的竟是來自自轉和核心;個人圖書館;http://www.360doc.com/content/20/0409/05/682382_904757862.shtml

場：

- 地球的磁場是由我們特有的液態金屬內核產生的，地球24小時不停的旋轉會產生足夠的液體運動來刺激磁場，從而源源不斷的提供保護我們的磁場動力。在我們之前瞭解了八大行星之後，我們就知道了，除了金星和火星之外，我們太陽系的其他行星都有磁場，但它們的形式又和地球有所不同。

- 水星的磁場和地球一樣，是由液態金屬在其核心的運動產生的，並且是幾大行星中磁場較為顯著的。但是既便如此，水星的磁場比地球的磁場弱100倍，並且水星的磁場較為特殊，和地球較為均勻的磁場不同，水星內部磁場的南北不對稱，因此亮起磁場先的集合形狀不同，水星的磁場是北半球磁場幾乎是南半球的三倍。

- 金星沒有磁場，可能是因為其自轉的週期太長的原因，它的一個自轉週期要240個地球日，但是它仍然受到使用不同類型磁力的太陽風的保護，這感謝於它的高層大氣，電離層和太陽粒子相互作用。它的形狀像彗星尾部的磁性版，金星的磁場形狀像極了水母的觸手末端。

第六章：弦論因緣

- 火星上的磁場很弱，如果人類暴露在火星的表面，可能面臨著各種癌症的風險。其實火星雖沒有磁場，但是它卻有強大的磁性地殼場，怎麼說呢，如果能夠讓這個特殊的場浮於星球表面，那麼就會產生磁場。

- 木星是我們太陽系最大的行星，它有著非常大的磁場，產生的磁層更是大於太陽。和我們地球不同的是，木星的磁場不是由他的內核產生的，而是由外核（液態金屬氫組成）中的元素互相作用產生的。

- 木星的核心究竟液態還是固態至今不得而知，但是科學家一致認為，木星的快速自轉（不足10小時的超快自轉）也被認為可以驅動該區域電流，是產生行星強大的磁場的原因。

- 土星是唯一一個磁場和他的旋轉軸對齊的行星。他的場是由液態金屬氫產生的，迴圈岩石核心，土星的磁場大約是木星磁場的20分之一，比地球的磁場微弱一點。由於其較弱的磁場，它的磁場僅能延展到土衛六軌道上。而且土星的自轉也非常快，十個小時多一點，它是幾大行星中形狀最扁的，就是和它超快的自轉有關。

- 天王星的磁場比其他行星的稍微複雜一些。天王星的

- 磁場是極度傾斜的，不與旋轉周對齊約 59 度，磁場是從星星的中心流出的。因為磁場偏離中心，在某些地方天王星有兩個極點，而在其他地方它則有四個極點。科學家猜測，天王星這種奇怪的磁場可能是和其內部的海洋中的電流有關。

- 海王星的磁場和天王星相似，它的磁場也是明顯偏離中心並且遠離其旋轉軸傾斜。科學家認為，海王星在靠近表面的地方發生了磁場或是電子的互相作用。而如果磁場是在其核心產生的，那麼磁場將很有可能直接穿過行星的中心。

總而言之，各種行星有各種不同的磁場狀態從無到強，就是初禪眾生的心理狀態。初禪是離欲界最近的色界有情，雖然離開了欲界欲，欲界的煩惱，但是還是有很多的尋、伺、諂等心理狀態。尋、伺、諂能夠導致內心的擾動，也因此行星的磁場非常的不規則且從無到弱到相對的強。

其實人道的我們也如同初禪眾生都是五蘊聚，因此也有物理四大現象，也因此有從心臟發出的磁場[221]，但是這比起色界初禪有情又更加的是不規則與微弱許多。

---

[221] 神奇的心臟電磁場，遠超你的想像；知乎；https://zhuanlan.zhihu.com/p/268623979

2. 二禪恆星

上面說到，我們人類對於行星的磁場的形成還是不是太瞭解，只是認識到行星的磁場相對不規則與較弱。上面也提到過：二禪上三禪之前，還有喜、樂，而喜是世間最強的，也就是磁場最強。今天宇宙天文學對於恆星的磁場，是規則的也是很強。儘管如此，人類還是對恆星的磁場不太瞭解，如美國國家航空航天局 NASA 的一篇文章《NASA：瞭解磁性的太陽》[222] 報導：

我們不確定太陽磁場的確切位置，

位於馬里蘭州格林灣爾特的美國宇航局戈達德太空飛行中心的太空科學家迪恩·佩斯內爾說。

它可能靠近太陽表面或太陽深處——或者在很寬的深度範圍內。

有篇澳洲悉尼大學 2016 年 01 月 05 日的文章《在大多數恆星中發現了強磁場》[223] 的報導：

由澳洲悉尼大學領導的一個國際天文學家小組發

---

[222] NASA: Understanding the Magnetic Sun；Nasa；https://www.nasa.gov/science-research/heliophysics/nasa-understanding-the-magnetic-sun/

[223] Strong magnetic fields discovered in majority of stars；The University of Sydney；https://www.sydney.edu.au/news-opinion/news/2016/01/05/strong-magnetic-fields-discovered-in-majority-of-stars.html

現，強磁場在恆星中很常見，並不像以前認為的那樣罕見，這將極大地影響我們對恆星如何演化的理解。……

利用美國宇航局開普勒任務的資料，該團隊發現僅比太陽稍大一點的恆星內部磁場高達地球磁場的 1 千萬倍，這對演化和恆星的最終命運具有重要意義。……

"這非常令人興奮，而且完全出乎意料，"澳洲悉尼大學的首席研究員、天體物理學家副教授鄧尼斯·斯特洛說。……

"由於以前認為只有 5-0% 的恆星擁有強磁場，目前關於恆星如何演化的模型缺乏磁場作為基本成分，"Stello 副教授說。"對於我們對恆星演化的一般理解，這些領域被認為是微不足道的。"

"我們的結果清楚地表明，需要重新審視這一假設。"

"現在是理論家研究這些磁場為何如此普遍的時候了，"Stello 副教授總結道。

從以上報導，可以看得出對於恆星應該有很強的磁場的認

識也是近年來的事。

3. 三襌星雲

以上科學家對於行星的磁場不是很瞭解,到了恆星瞭解比較多,但是以前認為只有 5-0% 的恆星擁有強磁場,到後來在大多數恆星發現了強磁場,說明我們人類還是不甚瞭解這些宇宙天體。

到了行星狀星雲(簡稱星雲),對於星雲的磁場也是不是很瞭解。中國科學院上海天文臺的一篇新聞《年輕行星狀星雲 K3-35 的磁場測量進展》報導:

在小或中等品質恆星的演化晚期,典型形態為球狀的拱星包層,它會演化成具有高度不對稱形態的行星狀星雲。 這一天體物理過程至今仍然沒有被很好地解釋,磁場通常被認為在這一過程中起到了一定的作用。然而,對於行星狀星雲中磁場的觀測資訊非常匱乏。

但是有些星雲被測量到有磁場,如《維基百科》<行星狀星雲>:

在 2005 年 1 月,天文學家宣佈在兩個行星狀星雲的中心恆星檢測到磁場,並且假設這些磁場要為全部或

部分的形狀負責。

為什麼星雲有磁場呢？不是說三禪是「離喜妙樂」，舍離了喜受也因此沒有磁場嗎？那麼要看這篇 2005 年 01 月 05 日 Univese Today 的文章《磁場可以塑造星雲》提到：

> 直到最近，磁場是形成行星狀星雲的重要成分的觀點還只是一種純粹的理論主張。2002 年，首次發現了這種磁場存在的跡象。射電觀測揭示了巨星的環繞星殼中的磁場。這些環繞恆星的包層確實是行星狀星雲的祖先。然而，在星雲本身中從未觀察到這樣的磁場。為了獲得行星狀星雲中存在磁場的直接線索，天文學家決定將注意力集中在應該存在磁場的中心恆星上。

以上首先說明磁場在星雲是非常難得觀察到的，被觀察到的磁場也是最近的事，這觀點等同中國科學院所說的「對於行星狀星雲中磁場的觀測資訊非常匱乏」。

以上這篇文章在上一段之前提到：

> 有幾種方法可以在行星狀星雲附近產生磁場。在星雲被噴射的階段，恆星發電狀態可以產生磁場。對於發電機狀態的存在，恆星的核心必須比外殼旋轉得更快

（就像太陽的情況一樣）。磁場也有可能是恆星演化先前階段的化石遺跡。在大多數情況下，恆星中的物質具有很高的導電性，以至於磁場可以存活數百萬年或數十億年。這兩種機制，結合噴射物質與周圍星際氣體的相互作用，將能夠塑造行星狀星雲。"

這上段說明兩點：1. 磁場是在星雲被噴射的階段產生的，2. 磁場是恆星演化先前階段的化石遺跡。這兩點都很清楚的說明星雲的磁場是被拋離的或是餘留下的痕跡，也很具體的在形相上說明了磁場是三禪脫離的喜受。

也注意下面這一段：

在大多數情況下，恆星中的物質具有很高的導電性，以至於磁場可以存活數百萬年或數十億年。這兩種機制，結合噴射物質與周圍星際氣體的相互作用，將能夠塑造行星狀星雲。

這裡的「具有很高的導電性」就是三禪的「妙樂」了。

過了十七年，雖然有少數星雲被測量到有磁場，但是對於這些磁場的狀態還是不是很瞭解，但普遍認為星雲的形狀與磁場有關。要是單純從星雲的狀態去思考，星雲的物質是前期恆星被噴發拋出的餘留物質，而磁場要為這些物質的形狀負責，

那麼這些磁場一定是非常不規則的,也是前期恆星被捨棄掉的,這就是三禪的離喜狀態。

4. 四禪黑洞

《瑜伽師地論》是唯識學派的主要經論之一,四禪的境界對唯識學派來說非常重,因為唯識學認為四禪的境界是通往見諦的主要途徑。同時黑洞因為俱有許多神秘的因素是許多宇宙天文愛好者非常嚮往的天體。兩者是描述同樣的物體嗎?

之前做過分析,第四靜慮只剩下捨與念。其中的「捨」,一般解說為五蘊的行蘊的「行捨」心所,是行蘊的四十九個心所之一,「念」也是行蘊的四十九給心所之一。《瑜伽師地論》一般用「清淨鮮白」來形容四禪,因為四禪不同之前的三禪,其心已經再也沒有受到喜、樂等的有擾動。「捨」或「行捨」雖然是個行蘊心所,但恒常在「行捨」的狀態必定會引五受的「捨受」。況且,根據《瑜伽師地論》所說:

- 初禪脫離憂根
- 二禪脫離苦根
- 三禪脫離喜根
- 四禪脫離樂根

四禪只有捨受,捨受也是心受,應該會表現在物理力的單極現象上。如同憂、喜是心受屬於磁場,捨受也是心受。

同樣的單極也稱為磁單極子,是一個非常有爭議的議題,如 NewScientist 2007 年 08 月 26 日的一篇文章《統一理論的證據可能存在於黑洞中》[224]:

- 大多數大統一理論 GUT 預測單極子會散佈在宇宙中。智利瓦爾的維亞科學研究中心 (CECS) 的物理學家克勞迪奧‧邦斯特 (Claudio Bunster) 說:大多數的大統一理論 GUT 預測單極子會散佈在宇宙中。智利瓦爾的維亞科學研究中心 (CECS) 的物理學家克勞迪奧‧邦斯特 (Claudio Bunster) 說:"單極子非常有彈性,在電磁學、量子理論和 GUT 理論中一次又一次地出現。""但我們找不到一個。"

- 這種困境促使 Bunster 和比利時布魯塞爾自由大學 (ULB) 的同事 Marc Henneaux 開始了新的探索。"我的直覺是它們躲在黑洞裡,"邦斯特說。"即使是一個小孩也可能有這種天真的想法,因為這正是黑洞的著名之處──隱藏東西。"

- 他們的計算確實表明黑洞可能隱藏著磁單極子。更重要的是,這也可以解釋黑洞是如何開始旋轉的。

---

224 Evidence for unified theory may lie in black holes ; NewScientist ; https://www.newscientist.com/article/dn12542-evidence-for-unified-theory-may-lie-in-black-holes/

- 狄拉克已經證明單極子應該將量子自旋傳遞給其他物體。Bunster 和 Henneaux 的計算表明，對於黑洞來說，這種效應是顯著的。當單極子穿過黑洞的事件視界時——沒有任何東西可以逃脫黑洞引力的邊界——這種量子自旋被轉化為經典的機械運動，單極子使黑洞旋轉。
- "起初這看起來很奇怪，但後來我們意識到這很自然，"邦斯特說。"我們開始解釋丟失的單極子去了哪裡，但我們最終以一個的價格解決了兩個謎團。這是一個好的理論的標誌。"
- "這是一個非常美妙的想法，"諾貝爾獎獲得者、加利福尼亞州聖巴巴拉市卡弗裡理論物理研究所所長大衛格羅斯說。"我們對黑洞形成的機制知之甚少，當然可以想像，你可以通過投入單極子將它們泵入並使其旋轉。"

「行捨」引發的「捨受」，「行捨」與「念」是行蘊心所，前者為單極，加上引力，「單極子使黑洞旋轉」正好的描述了近兩千年前《瑜伽師地論》所說的四禪的「捨念清淨」。

到了十五年後的今天，有許多關於黑洞在重力單極子的研究。一篇在就在今天 2022 年 01 月 22 日發表的文章《首張黑洞圖像為引力磁單極子研究帶來新發現黑洞》[225] 報導：

Chakraborty 繼續說道,他和他的合著者有一個主要的目的,那就是顯示引力磁單極子——或 NUT 參數——如何影響陰影的大小和形狀以及在 M87 是否可以排除它的存在。"為了證明這一點,我們使用了 M87 的第一幅圖像的觀測參數值並發現非零的引力磁單極子仍跟目前的 EHT 觀測結果相一致,"Chakraborty 說道。

　　M87 是個黑洞,M87 裡有引力單極子說明了「捨念清淨」。

六、下地依上

　　之前說過《瑜伽師地論》說三界眾生各自的第八識裡面有三界一切種子,現在從另外一個角度來看宇宙三界眾生的世界:無色界是上上界,色界是上界,我們的欲界是下界。佛教世界的形成有以下次序這個排列是有依附性的,一般上,下界下地是依附於上地上界的。比如色界初禪天依附色界二禪天,二禪依附三禪等等;我們欲界則是依附初禪天的。這個概念在佛教所說的三災就很清楚。

七、恆星演化

　　今天科學說宇宙的形成,再到宇宙之後的毀滅。但佛教說

---

225 首張黑洞圖像為引力磁單極子研究帶來新發現;EPJC;http://www.eeook.com/viewnews-110726.html

世界毀滅、形成已經歷了無數次，因此各經論從世界的毀壞即三災開始。三災雖然說是世界的毀壞但其實是世界的形成，因為沒有毀壞就沒有形成：

- 火災：是因為人中有一，升二禪天；初禪以下包括欲界被火所壞；
- 水災：是因為人中有一，升三禪天；二禪以下被水所壞；
- 風災：是因為人中有一，升四禪天；三禪以下被風所壞；

《瑜伽師地論》中，火災一共七次，到一次水災，重複七次（四十九次火災、七次水災）後，再有七次火災（共五十六次火災）到風災。如果詳細閱讀對照今天物理天文學對恆星的演化，三災說的就是恆星的演化，其中有恆星數次、星雲數次、到黑洞的形成。

火災導致初禪即行星以下包括欲界的我們人類被火所壞，很明顯的火災是與恆星也就是我們的太陽有關，因此人中有一升二禪天，說的是太陽的演變。《地球最終命運 首度捕捉恆星吞噬行星》的視頻說：

……宇宙當中恆星與萬物有生有死，天文學家最近首次捕抓到行星被類太陽恆星吞噬瞬間，似乎也預料到50億萬年之後，太陽系也同樣上演同樣情況，到時候地球將被太陽一口吞下。[226]

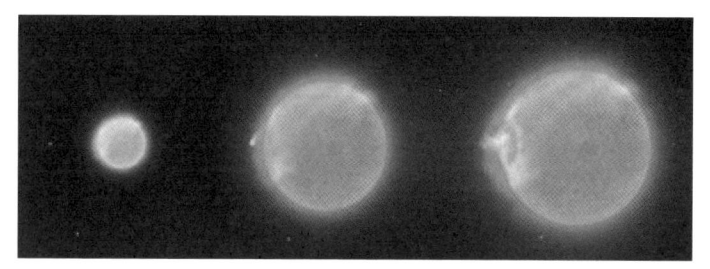

圖表 83 火災：恆星吞噬行星──地球的最終命運[227]

火災過後是水災，水災過後又是火災，其中的水災說的是星雲，因為星雲是恆星的「搖籃」也是恆星的「墳墓」：

> 天文學家已經識別了可能是從來見過的最遙遠的恆星誕生和死亡的場所。⋯⋯⋯⋯這意味著，雖然在星雲中編織的氣體卷須代表恆星誕生的場所，但在同一大質量物質雲中的這個大空無潛在的標志大規模的恆星死亡－－使這個遙遠的星雲既是一個恆星的搖籃又是一個恆星的墳墓。[228]

恆星演化從恆星開始之後到星雲，星雲是恆星的「搖籃」也是恆星的「墳墓」，因此有七次火災一次水災，重複七次之後，最終是有七次火災之後到風災。在《恆星從形成到演變成

---

[226] 地球最終命運 首度捕捉恆星吞噬行星；台視新聞 TTV NEWS；YouTube；https://youtu.be/-Gsgz9FURwg
[227] 目睹恆星吞噬行星，預示地球可能的最終命運；天文新知；臺北市立天文科學教育館；https://tam.gov.taipei/News_Content.aspx?n=EF86D8AF23B9A85B&s=2FEEAD49D3FB72E7
[228] 極端遙遠的星系揭示恒星從它們的搖籃到它們的墳墓的故事；新浪博客；https://blog.sina.com.cn/s/blog_9bdadbb90102z024.html

黑洞！》一文中：

……

恆星演化

當氫氣和氦氣的星雲在重力作用下聚結時，就會出現恆星。通常需要來自附近超新星的沖擊波來啟動聚集在一起並變得更密集的氣體。

恆星的形成通常發生在氣體星雲中，星雲的密度大到足以使氫原子通過化學結合形成氫分子。

……

最後可能形成黑洞

恆星最終會耗盡可以燃燒的物質。這首先發生在恆星的核心，這是恆星最龐大的部分。核心開始因引力而坍塌，產生了極端的壓力和溫度。

……

在更大質量的恆星中，一旦核心的密度變得難以置信的高，引力坍縮就會變得更加顯著，也更有可能形成黑洞。[229]

---

[229] 恆星從形成到演變成黑洞！；每日頭條；https://kknews.cc/science/mlez536.html

風災其實就是黑洞的誕生，也是恆星演化或三災最終以黑洞為結束。

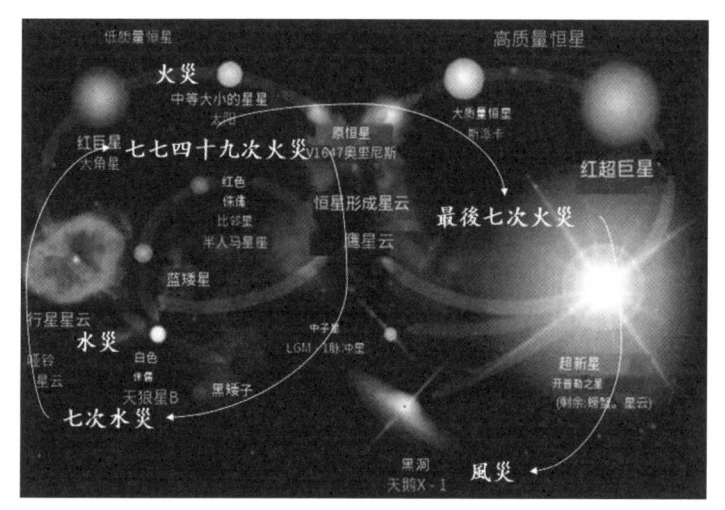

圖表 84 三災與恆星演化 [230]

因此，火災描述的就即是二禪天恆星的誕生，水災則是二禪恆星的毀滅與三禪星雲的誕生，風災則是二禪恆星的毀滅與四禪黑洞的誕生 [231] [232]。因此，三災也是緣起，恆星演化也是緣起。

八、三災世成

---

[230] 原圖取自：太陽聚變到第幾位元素了？ 以太陽的質量最終能聚變到什麼元素？；新浪網；https://k.sina.cn/article_6419461847_17ea136d700100efde.html?from=science
[231] 更多細節見：《瑜伽師地論》宇宙；https://yqyz.wordpress.com/
[232] 更多細節見：「三界唯心，萬法唯識」的宇宙；YouTube；https://youtu.be/NlWNJCerlU0

上面的風災或黑洞的形成，其實是世界形成的開始，自此之後有：

- 四禪眾生有一，下生到三禪，因此有水輪；
- 三禪眾生有一，下生到二禪，因此有火輪；
- 二禪眾生有一，下生到梵天王、梵輔天、梵眾天等；
- 梵天王、梵輔天、梵眾天等即行星與其衛星。

意思是黑洞形成後，接著有星雲、恆星、行星、行星的衛星等出現。這裡不重複星雲與恆星，至於行星與他們的衛星可以參照今天物理天文學的研究。比如木星、土星就有許多不同種類的衛星，看得出，比如木星是梵天王，其他的衛星可以分為梵輔天、梵眾天等。《瑜伽師地論》：

> 餘一切處，應知亦爾。復從第一災頂，有一有情由壽等盡故，從彼沒已，生初靜慮梵世界中，為最大梵。由獨一故、而懷不悅。便有希望：今當云何令餘有情亦來生此。當發心時，諸餘有情由壽等盡故，從第二靜慮沒已，生初靜慮彼同分中。如是下三靜慮器及有情世間成已。[233]

第一災頂說的是二禪天，「生初靜慮梵世界中，為最大梵」說的是初禪梵天王的前世是二禪天。《比一些恆星還大的木星，為什麼沒能成為恆星？》[234]：

第六章：弦論因緣

太陽系中有太陽和八大行星,而太陽這顆恆星品質佔據了整個太陽系總品質的 99.86% 以上。而在剩餘的天體當中,木星的品質最大,木星的主要成分和太陽一樣,都是氫和氦。那為什麼木星沒有成為和太陽一樣的恆星呢?在宇宙中,有一些恆星還沒有作為行星的木星大。比如,在距離我們 600 光年之外的地方,存在著一顆銀河系中最小的恆星——EBLM J0555-57Ab。它的半徑僅有木星的 84%,那為什麼它比木星小,卻能成為恆星呢?原因是 EBLM J0555-57Ab 雖然體積趕不上木星,但是品質卻是木星的 85 倍,這就導致它小小的體格擁有巨大的能量,足以引發核聚變反應,也就是成為一顆恆星必須具備的條件。在天文學界,一直流傳著這樣一句話:品質為王。一個天體的品質大小,可以決定很多事情,比如:天體的種類,天體的演化和壽命等等。想成為一顆恆星,就必須有足夠大的品質發生核聚變,點亮自己。……

木星就是那個前世是二禪的眾生下生到初禪的。接著《瑜

---

233 《瑜伽師地論》卷 2;CBETA 2024.R3, T30, no. 1579, p. 286c4-10
234 比一些恒星還大的木星,為什麼沒能成為恒星?;搜狐;https://www.sohu.com/a/465241634_120971237#:~:text=%E6%9C%A8%E6%98%9F%E7%9A%84%E4%BD%93%E7%A7%AF%E5%8F%AA%E6%9C%89%E5%A4%AA%E9%98%B3,%E6%88%90%E4%B8%BA%E4%B8%80%E9%A2%97%E6%81%92%E6%98%9F%E4%BA%86%E3%80%82

伽師地論》的「當發心時，諸餘有情由壽等盡故，從第二靜慮沒已，生初靜慮彼同分中。」說的木星出生之後，跟著有許多的二禪眾生下生到初禪做為木星的衛星即梵輔天、梵眾天：

截至 2023 年 2 月，木星擁有 95 顆已確認的天然衛星，為太陽系中衛星系統第二大的行星。當中最大的 4 顆，統稱伽利略衛星，由伽利略於 1610 年發現，這是首次發現（除了月球）不是圍繞太陽的天體。19 世紀末起，越來越多更小型的木星衛星被發現，……

木星的衛星之中有 8 顆屬於規則衛星，它們沿幾乎呈正圓的順行軌道公轉，軌道相對木星的赤道面傾斜度近乎零。4 顆伽利略衛星的質量最大，足以形成近球體形狀。其餘 4 顆規則衛星的體積則小得多，軌道更接近木星，是木星環塵埃的主要來源。剩餘的 87 顆衛星都屬於不規則衛星，它們分別有順行和逆行軌道，距離木星較遠，軌道傾角和離心率都非常高。這類衛星都很可能是曾經圍繞太陽公轉，之後被木星所捕獲的天體。自 2003 年以來，共 38 顆已發現但未命名的不規則衛星。[235]

以上說明，有些木星的衛星是梵輔天，有些則是梵眾天。

---

[235]《維基百科》< 木星的衛星 >；https://zh.wikipedia.org/zh-hk/%E6%9C%A8%E6%98%9F%E7%9A%84%E5%8D%AB%E6%98%9F

梵輔天與梵眾天因為他們還有「尋」、「諂」的心理狀態，因此只能出生成為衛星。在佛教，梵天王不只一個，我們的太陽系就有數個。這就是世界的形成——太陽系的形成是緣起，太陽系的形成也是緣起[236][237]。

當「初禪」與「彼同分」即行星與行星的衛星形成之後，「如是下三靜慮器及有情世間成已」即其他的六道如人道、畜生道的有情世間也跟著完成。因此，行星與其衛星也是緣起。

九、色到無色

唯識的理論說明，色界頂是四禪天，而無色界的眾生也是屬於四禪的。因此：

> 與有時的假設相反，黑洞外部的長期演化可能會受到量子引力效應的影響。這是因為霍金輻射的反作用也使得曲率在視界之外成長到普朗克值。此時以及不久的將來，愛因斯坦方程式很可能會被量子引力效應，特別是傳統的量子穿隧效應所違反。在其他地方，我們有理由預期時空的演化將受經典愛因斯坦方程式的支配。這些為黑洞的長期演化提供了什麼條件？

---

[236] 更多細節見：《瑜伽師地論》宇宙；https://yqyz.wordpress.com/
[237] 更多細節見：「三界唯心，萬法唯識」的宇宙；YouTube；https://youtu.be/NlWNJCerlU0

得到的一個令人驚訝的結果是，愛因斯坦方程式承認一個球對稱真空解，該解描述了黑洞穿隧到白洞。這個時空並不與伯克霍夫定理相矛盾，因為它與克魯斯卡爾時空局部等距，但不是整體等距。結果揭示了一個有趣的場景：（i）黑洞視界僅在經典極限下才是事件視界；（ii）在蒸發結束之前，捕獲層會穿隧到反捕獲層；（iii）黑洞內部經由隧道通往白洞內部；（iv）坍縮的物質彈起。目前正在深入研究這一情景、其可能的天體物理意義以及其與黑洞資訊悖論的相關性。[238]

「黑洞內部經由隧道通往白洞內部」是說黑洞是色界頂四禪，白洞是無色界也屬於四禪。「坍縮的物質彈起」說這無色界四禪沒有物質。

色界的眾生是喜歡物質的，這在佛典上稱為色有；而無色界的眾生則是不喜歡色的，因此稱為無色有，我們人道欲界則是欲有。黑洞是色界四禪眾生，無色界就是白洞。黑洞是所有物質不能逃脫的地方，白洞則是沒有物質能夠進入的地方。黑洞從理論計算被得出，到最近被確實過了一百年，白洞因為根

---

[238] Black to white transition of a charged black hole；Antoine Rignon-Bret, Carlo Rovelli；https://hal.science/hal-03336564/document#:~:text=INTRODUCTION,the%20collapsed%20matter%20bounces%20out.
[239] GRB 060614; Wikipedia; https://en.wikipedia.org/wiki/GRB_060614

本看不到是更難被觀測的。

但一項名為異常的"伽馬射線暴"（GRB 060614）爆發事件[239]，通過深入研究之後，科學家認為，我們可能已經發現了一個白洞存在的証據。科學家認為一個黑洞能夠形成一個白洞；當一個新的白洞形成時，他將把之前一世做為黑洞所吞噬的信息噴出。這就是色界四禪天上生到無色界去。因此，白洞也是緣起。

白洞是否存在是有爭議性的，要是有人說沒有白洞，必須反駁說愛因斯坦的廣義相對論算出黑洞，但他本身都不相信有黑洞的存在。

十、色的粗細

為什麼色界有四禪天，又怎麼能夠從初禪到四禪呢？這是因為禪定的觀想的內容的不同：

> 云何淨惑所緣？謂觀下地麁性、上地靜性。如欲界對初靜慮，乃至無所有處對非想非非想處。云何麁性？謂麁性有二。一、體麁性，二、數麁性。體麁性者，謂欲界望初靜慮，雖皆具五蘊，而欲界中過患深重，苦住增上，最為鄙劣，甚可厭惡，是故說彼為體麁性。初靜慮中則不如是，極靜、極妙，是故說彼為體

靜性。數麁性者，謂欲界色蘊有多品類，應知應斷，如是乃至識蘊亦爾，是故說彼為數麁性。如是上地展轉相望，若體麁性、若數麁性，隨其所應，當知亦爾。如是麁性，於諸上地展轉相望，乃至極於無所有處，一切下地苦惱增多，壽量減少；一切上地苦惱減少，壽量增多。非想非非想處唯靜、唯妙，更無上地勝過此故。以要言之，有過患義是麁性義。若彼彼地中過患增多，即由如是過患增多性故，名為麁性。若彼彼地中過患減少，即由如是過患減少性故，名為靜性。此是世間由世俗道淨惑所緣。何以故？彼觀下地多諸過患，如病、如癰，猶如毒箭，不安隱性，以為麁性；觀於上地與彼相違，以為靜性。斷除下地所有煩惱，始從欲界乃至上極無所有處。此是暫斷，非究竟斷。以於後時，更相續故。[240]

這裡只是簡單的從體粗性來說[241][242]：

- 初禪：行星：固體（地）
- 二禪：恆星：等離體（火）
- 三禪：星雲：液體（水）

---

[240]《瑜伽師地論》卷 27；CBETA 2024.R3, T30, no. 1579, p. 434b14-c9
[241] 更多細節見：《瑜伽師地論》宇宙；https://yqyz.wordpress.com/
[242] 更多細節見：「三界唯心，萬法唯識」的宇宙；YouTube；https://youtu.be/NlWNJCerlU0

- 四禪：黑洞：氣體（風）
- 無色：白洞：暗物質

因此，下地的色或物質是粗糙的，而輾轉上地的色或物質是最勝妙的。至於無色界有認為沒有物質，大乘經論認為無色界的眾生，因為「意入法入」，因此還有一些非常細微的物質。以上顯示白洞是無色界與暗物質有關，那麼是否有理論顯示二者的關係呢？那還真的有《白洞可能是暗物質的神秘組成部分？》：

> 一項新的研究發現，理論上黑洞完全相反的白洞可能構成了神秘暗物質的主要組成部分，而這些暗物質被認為是宇宙中大部分物質的組成部分。研究人員說，其中一些奇異的白洞甚至可能早於大爆炸。黑洞擁有強大的引力，即使光，宇宙中最快的東西，也不能能逃脫。圍繞黑洞核心不可見的球形邊界，標誌著它的不返回點，即它的視界。黑洞是愛因斯坦廣義相對論的一個預言。另一種被稱為"白洞"，就像一個反向的黑洞：而沒有任何東西能從黑洞的視界逃逸出來，可以輸入一個白洞的視界。
>
> ……
>
> ……現在，Rovelli 和研究的合著者，西班牙巴斯克

地區大學的 Francesca Vidotto 認為，這些微小的白洞可以構成暗物質。

這就是：

大乘宣說，無色界中，猶有色故，意入法入。[243]

意思是無色界的眾生還是有細微的物質。

十一、黑洞緣起

類似以上，從許多不同角度，說明今天物理天文學所觀察到的宇宙，其實就是色界、無色界的眾生，還有很多，這裡不能一一的論述。

弦理論在物理學發展史上，一直備受爭議，為其確立威望的是在計算黑洞，弦理論精準的計算出其他理論得不到的結果，這說明弦理論是非常正確的。值得一提的是，弦理論的計算是從型 IIB 弦開始的，如以上所示，型 IIB 弦就是等流果。有時計算的時候會利用型 IIA 弦，如以上所示，型 IIA 弦就是士用果。《超弦史話》：

將型 II 弦緊化在五維的環面上，由於 T 對偶，我們既可以從 IIB 出發，也可以從 IIA 出發，比較簡單的是 IIB 中的構造。我們要構造一個既帶三種荷的黑

洞……。[244]

型 IIB 弦，即名色支，即等流果；因為型 IIB 弦與 M 理論有對偶性，自然裡面有 M 理論。從緣起支來說，名色支與識支「譬如三蘆，立於空地，展轉相依」，因此名色支中必有識支，因此黑洞也是緣起。型 IIA 弦是士用果是觸等三支，即認識，說明黑洞也有認識。問題是黑洞的認識是什麼？黑洞的認識就是「捨念清淨」，「捨」就是上面提到的 M87 裡有單極子，因此黑洞也必定是緣起。

理論上，弦理論是能夠計算出每一個眾生的，只是其他如我們欲界眾生因為五蘊精神與有機物的色法，是非常難計算的。黑洞是四禪天眾生，因為其五蘊的狀態非常的低，沒有嗔、諂、尋、伺、入息、出息等，受蘊沒有苦、樂、憂、喜只有捨受，色法是最勝妙的無機物，因此非常的容易計算。南傳權威卡魯那陀沙教授所說：

> 名是受、想、思、觸、作意五種遍行心所，色是有機物，名和色組成一個生命體。[245]

對色界、無色界的眾生來說就不合適了，因為色界特別是色界頂黑的的眾生：

---

[243]《大乘義章》卷 8；CBETA 2024.R3, T44, no. 1851, p. 632a18-19
[244]《超弦史話》<第十二章黑洞>；李淼；第 141 頁
[245]《早期佛教：中道觀的理論與實踐》；卡魯那陀沙教授；第 29 頁

彼觀下地多諸過患,如病、如癰,猶如毒箭,不安隱性,以為麁性;觀於上地與彼相違,以為靜性。斷除下地所有煩惱,始從欲界乃至上極無所有處。

已經暫時斷了下地的色之多過患粗性,比如不會因為有機物的細胞身體得到細菌感染等,也不會被刀劍所傷等,得到靜性。

弦理論算出黑洞的緣起,假以時日也比能算出星雲、恆星、行星等。宇宙有無數無量天體,也就是有無數無量的 M 理論、型 IIB 弦、型 IIA 弦等,這就是佛教的眾生心的緣起。

十二、吾皆星塵

「我們都是星塵」是上世紀美國著名天文學家家卡爾·薩根 (Carl Sagan) 留給世人的名句。這句話的意思是組成我們人類身體所有的元素都是宇宙無數恆星生命盡頭餘留下的物質。

> 巖石、空氣、水、你的身體⋯⋯地球上一切的一切,都是由曾屬於恆星的某一部分物質所構成的。46 億年前,我們的太陽從死亡恆星的殘骸物質中誕生。1 億多年後,地球也誕生了。如此看來,我們的確都是由星塵構成的。我們體內的原子是某個早在地球存在之前就已經死亡的恆星的一部分。我們很難弄清宇宙

的大小,我們很容易把宇宙想象成是離我們很遙遠的某種東西,某種與我們並無關系的事物,但這其實是種錯覺。在宇宙中,沒有這裡和那裡之分,一切都是相同的。同樣的物理定律、同樣的原子、同樣的宇宙。正如我們是宇宙的一部分, 而宇宙也在我們的生命中。[246]

這是為什麼三災開始的火災,也就是二禪太陽的演化能夠毀壞初禪地球與地球上欲界的我們。這也是為什麼世界的形成是三災過後,先有四禪的風災即四禪黑洞的誕生,後有三禪、二禪、初禪才到我們。這也是之前所過的「三界共變」:

> 復次,此一切種子識,若般涅槃法者,一切種子皆悉具足。不般涅槃法者,便闕三種菩提種子。隨所生處,自體之中,餘體種子皆悉隨逐。是故欲界自體中,亦有色、無色界一切種子。如是色界自體中,亦有欲、無色界一切種子。無色界自體中,亦有欲、色界一切種子。[247]

做為欲界人類的我們,必須有色界恆星、行星的種子,因此才能共變,才有我們星塵的身體。要是我們欲界人道沒有二

---

[246] 為什麼說我們都是星塵?;易網;https://www.163.com/dy/article/IEUPTLRF0511D3CN.html
[247]《瑜伽師地論》卷 2;CBETA 2024.R3, T30, no. 1579, p. 284a28-b6

禪恆星、初禪行星的種子則火災也毀滅不了我們。

十三、因緣引力

色界、無色界是否存在對如韓清净先生來說是非常重要的，要不然佛教包括大乘甚至淨土，連一個太陽系都解釋不了，只不過是「地球佛教」罷了。根據唯識的理論，要是有個人一世殷勤的修習二禪定，若持續無間斷的修習，那麼這個二禪定的種子和因，就被種在他的第八阿賴耶識裡。在他的下一世，就成為他的等流果了。也就是他將會出生到二禪天那一地去。《八識規矩頌》「界地由他業力生」說的是第八識即識支，這就是緣起。種子是因，等流故稱為等流果，等流果即名色支，也就是弦理論的 M 理論與型 IIB 弦。

弦理論學者的一個很大的錯誤認識是以為弦就是微粒子、物質，其實弦只是種子而種子只是「因」，與其相對的「果」為微粒子、物質是不一不異的。因此，有些弦或種子，并沒有顯示所謂的微粒子或物質，其中就是引力子。廣義相對論與量子力學的結合，必須要通過引力子的計算才能結合，但弦理論計算出引力子已經將近 60 年，至今還沒有發現引力子的存在。

綜合以上的「地的概念」討論、「界地隨他業力生」、三界九地、下地依上、三災世間壞、空、成、住等，說明引力子

與引力其實是「地的概念」由來。引力子是「因」，引力是現象則是「果」。又因為通過型 IIB 弦為「因緣」生的等流果之計算出黑洞，很明顯的引力子，儘管有多不可思議，就是親因、因緣種子。這裡重複之前二十二根之相關內容如下：

二十二根	依	受	生	住
物理「因」	引力子	光子	W-/W+波色子	膠子
物理「果」	引力	光子	W-/W+波色子	膠子
		電磁力	弱力	強力
弦理論	開弦	開弦		
	反德西特	共形場論		
根身、器界	根身、五官身體	器界、宇宙世界		
四大	風	水	火	地
四緣	因緣	所緣緣	增上緣	等無間緣
四果	等流果	士用果	增上果	異熟果
四版超弦論	M理論、型IIB弦	型IIA弦	E8xE8雜交弦	SO(32)雜交弦
緣起支	識、名色	觸等三	愛等三	生等二
四禪天體	黑洞	星雲	恆星	行星

圖表 85 引力就是因緣

儘管有多不可思議，由以上可見；引力、風（黑洞）、因緣、等流果、識與名色支，都是二十二根之依根所變，因此，出現在弦理論的引力子就是因緣，是「因」，不是引力，引力的出現是「果」。引力子為一切法的因緣是為什麼有很多人相信「吸引力法則」的原因。

下面在「根身器界」將說明，弦理論的反德西特/共形場對偶性算出的實際上是唯識的根身、器界。反德西特那邊只有引力沒有量子力學的力量，但卻完完全全的等於共形場，而共形場那邊只有量子力學卻完全沒有引力。這說明引力子是

「因」，在引力出現為「地」上的「果」，從這裡認識到這個宇宙世界。

弦理論之前的廣義相對論與「觀察者」有密切的關係，可以說在廣義相對論「觀察者」就是一切。因此，到了弦理論的弦在相互作用強時，會生起膜與膜上的開弦。這些弦就能辦自果的「因緣」種子，當被激活生見分、相分。「觀察者」就是通過膜與膜上的開弦，即唯識所說的見分、相分來「觀察」、認識這個世界。

十四、藏識深密

這裡說引力子就是「因緣」種子、引力現起就是「果」，因此其中必定有相連的 M 理論即第八識，因此就是緣起。

佛教有沒有此說呢？當然在經論沒有，因為這些都是現代概念與名詞，但驚人的是太虛大師卻在 70 年前得出以上一樣的答案，並很似乎預判到之後弦理論的出世。但有學者以「荒謬」、「牛頭不對馬嘴」、「可笑」來批評太虛大師：

當然，太虛對西方科學、哲學的會通很多都是荒謬的。例如，他認為愛因斯坦的相對論在根本上"故溯愛恩斯坦相對論之本以窮其末，實與唯識論符契"而彼以電子原子為本之唯物論，適與相對論，犯了本末

倒置焉。太虛對西方自然科學、哲學的了解是十分有限的，因此，這樣的會通難免有牛頭不對馬嘴之嫌。而且佛學與科學、哲學等西方文化之間顯然存在著一定的理論界限，對二者進行生搬硬套地會通難免會得出一些可笑的結論。[248]

首先，之前說過佛觀真理悟道，他說出的法假名佛法，不是佛法。因此，佛教要講的是真理，佛說出的真理正是眾多科學家、哲學家正在尋找的真理。其次又怎麼會「顯然存在著一定的理論界限」呢？這也是之前說過，許多人為了做學問、交功課、為生計所做之事，與尋找、瞭解真理完全無關。再來，太虛大師本著尋找、理解真理的角度，因此完全沒有佛法、科學、哲學等的界限。這是今天許多學者的通病，甚至還在佛法內畫地自圈，做教史、脈絡、古文、古本等的對比等學問。例如，什麼什麼宗與什麼什麼派的發展脈絡不一樣不能比較等，這之間就憑空因為分別建立了許多的界限。

太虛大師在《愛恩斯坦相對論與唯識論》[249] 一文中：

此其知識論上之空、時、物質緣起說，雖未逮藏識緣

---
[248]《從"非本體"到"心性本體"——唯識學種子說在中國的轉向》；沈庭；第 188 頁
[249]《法相唯識學·下冊》<愛恩斯坦相對論與唯識論>；第 83 頁；https://www.dizang.org/tx/zw/p05.htm

起說之深密,亦庶乎近之矣!其云最始之真體,羌無經驗之靈性,今可譯之以藏識。忽焉出現於此,其最初所覺知者,即此場野及其中凡物之全體,則藏識頓現器界根身也。覺其本身與此場野為二物,則末那執藏識為內自我也。設此靈性具有軀體,以為其致思之中心,於是始有彼此之分辨,則第六識依薩迦耶見所起我我所之分別也。過此以往,前六識分合以了其別別之境:彼花也,蜂也,此手也;蜂之先在花而後來手也,則物體與空間、時間、皆熾然現前也。

從思維愛因斯坦的廣義相對論,太虛大師說「雖未逮藏識緣起說之深密,亦庶乎近之矣!」,聯想、聯繫到了「藏識」即第八識,稱譽之雖然沒有得到第八識的細節,但已經非常非常接近第八識了。第八識即緣起支的識支,即弦理論M理論。

「藏識頓現器界根身也。覺其本身與此場野為二物」這是說識支,後有名色支之色即根身、器界,即第八識變根身、器界。同時「末那執藏識為內自我也」是名色支之名的第七識,第七識與第八識互緣。這就是「比如三蘆,立於空地,展轉相依」,因此是「知識論上之空、時、物質緣起說」。這識支、名色支也就是弦理論的M理論、型IIB弦、F理論。

「設此靈性具有軀體,以為其致思之中心,於是始有彼此

之分辨,則第六識依薩迦耶見所起我我所之分別也。過此以往,前六識分合以了其別別之境就」這段說的就是「此二因緣生觸,此六觸入所觸」即觸等三支,這就是弦理論的型 IIA 弦,而且是基於型 IIB 弦的。

因此:

故溯愛恩斯坦相對論之本以窮其末,實與唯識論符契。而彼以電子、原子為本之唯物論,適與之相反而本末倒置焉。

因為之前開頭「此其知識論上之空、時、物質緣起說」,這裡說廣義相對論符合唯識的理論,因此,廣義相對論符合基於唯識的緣起法。這也是這裡論述緣起法是弦理論的主幹一樣。「彼以電子、原子為本之唯物論」說的是量子力學,駁斥唯物論是錯誤的。

太虛大師 1947 年圓寂,弦理論的第一版始於 1968 年,其中經歷了數次革命,1980 年代、1995 年等,才得以完善,一直到今天還沒有人知道弦理論是什麼。又因為廣義相對論的出現,引力只是時空的扭曲,一直到今天有許多人認為不需要有引力。而隱藏在廣義相對論的引力子卻是弦理論統一的關鍵,因此出現了引力之即「因緣」種子。

太虛大師佛學造詣之深厚遠非一般常人能夠理解,短短的

一文，從思維廣義相對論出發，得出「此其知識論上之空、時、物質緣起說，雖未逮藏識緣起說之深密，亦庶乎近之矣！」，到「故溯愛恩斯坦相對論之本以窮其末，實與唯識論符契。而彼以電子、原子為本之唯物論，適與之相反而本末倒置焉」的理論。這簡直是從唯識、唯心角度，結合廣義相對論，將整個緣起法概括，展現出他驚人的體悟。加上他於 1927 年所做的與弦理論一樣的第八識五果種子現行圖，若太虛大師還在世，必定認可弦理論就是完全與「唯識論符契」的「藏識緣起」。

十五、人體科學

在一個 2025 年 4 月 22 日召開名為「上古醫學與傳統文化研討會」上，曾任職於錢學森開辦的 507 研究所的秘書長宋孔智說，他們建立了一個以意識與信息孤立子為基礎的理論來研究人體科學。宋孔智說：

> 靈界有沒有？我們科學上說的那個靈，實際上是意識，深層次的意識。那麼我們宏觀的意識，不同人都是有差別對不對。你經過訓練的，他這個意識水平，一個博士後，一個中學生，他們兩所考慮的東西就不一樣啊。對不對？
>
> 那麼深層次的東西呢？個體之間差異很大，但是呢，

我們要找他共同的規律，摸索他那個不深同層次的這個物質產生。現在呢經過這40多年的研究，就剛開始我們是錢老在507所，那是每一個禮拜來一次開學術活動，一直堅持了八年。那個時候沒有找到特異功能和氣功的徐三亮。沒有找到徐三亮你的方程就寫不出來。（比如）你要沒接觸到這個電子，你的薛定諤方程你寫不出來。那時候我們所長叫陳信，陳信說這個特別困難，我就不知從哪下手。那時候是沒找到這個東西。

現在經過我們40多年的研究，在理論上我們就是找到了。基本上就是一個孤立子，信息孤力子。這信息孤立子，他是有一種物質，它是好多頻率，這個頻率的傳播速度不一樣，它就射散，彌散作用。但是他有一個低頻的控制，頻率控制它，又可以收縮繼續聚集。這樣它就有散的一面又有集中的一面，所以就成為一個孤力子。它有波粒二象性，它有粒子的特性又有光的特性。

這個孤立子是我們40多年來信息孤立子是我們找到的徐三亮。而且也有方程，現在物理學上除了電子與水平，可以形成孤立子，在引力波也可以形成孤立子。這個就比我們的深入了好多了，到了引力波的水

平就可以到 10 的 -34 次方厘米以下，就是波姆所說的那個突破了那個時空界限的水平。那麼我們這個引力子、孤立子這個水平的儀器研製出來，這個發射儀很可能變成感受器，感受出來那麼我們就可以知道過去和未來了。現在在理論上已經堅持到引力子、孤立子有專門的文章。我們國家就有一個這方面的研究。所以我就覺得這 40 年，我們人體科學的進步是非常大的。好多人都沒看到這一點。

以太虛大師的理論結構來說，「深層次」意識實際上是「藏識」，宏觀意識則是「前六識分合以了其別別之境」。引力子、孤立子就是因緣種子，研究的對象是人體科學，也就名色之色即根身。而其中的信息則是種子之所在即十八界、十二處。這算是非常接近了，但還是局限三維的思維與研究。

十六、法爾引力

弦理論雖然極具爭議性，但其吸引許多學者的原因之一是自然的出現引力子，引力子是統一廣義相對論與量子力學的關鍵。這些引力子不但自然的出現，也是必須的，也是抹不去的。甚至在沒有物質的情況下，引力子也是必須的。荷蘭理論物理學家與弦理論家赫爾曼·弗爾林德（Herman Verlinde）教授說：

如果你透過一個步驟嘗試更詳細地觀察在越來越短的距離內發生的事情，比如你對我們的原子核、原子核內部以及原子核和它們的夸克，以及越來越小的粒子中發生的事情感興趣。如果你暫時忘記引力，你嘗試更仔細地觀察我們是由什麼構成的。因為這個想法，你開始觀察越來越小的尺度，或至少是最小的距離。突然你發現有新的事情發生，至少根據你的方程，你將這個新東西識別為引力。令人驚訝的是，如果你只專注於物質的最小成分而不考慮引力，你會發現引力是不可避免的，這對我來說這是一個非常深刻的教訓。[250]

許多弦理論學者比如英國理論物理學家克利福德·約翰遜（Clifford Johnson）也同樣被弦理論教訓過：

弦理論是我們第一次寫下一個理論，我們說我們想要生活在一定數量的維次中，這些弦必須隨意移動，它們必須遵守我們已經知道的自然規則，如相對論和量子力學。當你把這兩個成分放進去後，理論就會給出一系列需求，而之前的理論並沒有這樣做。它回來告訴你，除非你根據我的規則，否則我不會工作；除非

---

[250] Gravity and spacetime are dictated in String Theory ; YouTube ; https://youtu.be/Y-v_mazunWU

你在 10 維次中工作，除非你描述引力。我們並沒有要求它在某數量的固定維次，我們沒有要求引力，它回來告訴我們引力必須在遊戲中，你必須有不同的維次。這在歷史上，甚至在當時都是非常令人震驚的。**251**

其實這并不是什麼教訓，也沒有什麼好令人震驚的。原因是今天天體物理學在解釋天體形成時就有一個非常大的漏洞。比如恆星與其他天體的存在，要是根據物理學熵增定律，是不能夠成形的。但科學家們卻認為這些天體如恆星在形成時，是允許反熵的。因此，引力自然的出現正好補上這個大漏洞。只是他們不知道如何將這自然出現的引力釘在牆上，他們不知道緣起法、緣起支。

實際上比如恆星是二禪天的眾生，它們的形成就有其自然的「因」，這些「因」現行就出現引力，這些引力的出現就有反熵的現象出現，這些天體才能成形。

確切的以一顆恆星來說，因為是二禪天的眾生，也是緣起，緣起必有第八識即 M 理論，也有等流果名色支即型 IIB 弦，在這裡就有自然的、必須具有的引力。以下將說明反德西特 / 共形場論對偶性的反德西特那邊，即型 IIB 弦那邊就是根身，

因此恆星就是二禪天的根身[252][253]。

引力子在弦理論被計算出來一直到今天還麼被實驗觀察到。但也卻是因為這個問題說明引力子不是粒子是「因」，這個「因」一旦現行就出現引力的現象。因為界地的關係，不同的眾生有不同的界地，二禪天的眾生出生是在二禪天即恆星的那一地。

為什麼日食時月亮正好完全或部分遮住太陽是許多人討論的問題，最近甚至有「地球監獄論」、「月球矩陣倫」等陰謀論。實際上，月球與地球的距離也是界地的關係即「地的概念」。

十七、引力虛擬

前面提到的沃普森在 2025 年 4 月 25 日發表了一篇學術論文《引力是計算宇宙的證據嗎？》，其摘要寫道：

> 利用資訊動力學第二定律和質量－能量－資訊等效原理，我們表明引力表現為降低空間物質物件的資訊熵的需要。這是我們宇宙中資料壓縮和計算優化的另

---
[251] 同上。
[252] 更多細節見：《瑜伽師地論》宇宙；https://yqyz.wordpress.com/
[253] 更多細節見：「三界唯心，萬法唯識」的宇宙；YouTube；https://youtu.be/NlWNJCerlU0

一個例子，它支持模擬或計算宇宙的可能性。在這裡，我們從資訊動力學中推導出牛頓引力，並表明引力是受資訊動力學第二定律支配的熵資訊力。這與 Verlinde 於 2011 年發表的熵重力研究完全一致，但這裡以不同的方法進行了證明。[254]

許多物理學家都不排除，甚至相信我們是生活在一個虛擬的世界，這篇論文卻直接認為引力就是我們活在虛擬世界的最重要證據。這不僅說明引力是「地的概念」，還是識生起的直接因緣，只是沃普森到了門口，卻還是不得其門而入。

十八、無色界地

當愛因斯坦介紹廣義相對論時，因為當時的宇宙觀是靜止的狀態，愛因斯坦因此加入了：

> 宇宙學常數（cosmological constant）或宇宙常數由阿爾伯特・愛因斯坦首先提出，現前常標為希臘文「Λ」，……添加在愛因斯坦方程式中，使方程式能有靜態宇宙的解。若不加上此項，則廣義相對論所得原版本的愛因斯坦方程式會得到動態宇宙的結

---

[254] Is gravity evidence of a computational universe? ; Melvin M. Vopson ; https://pubs.aip.org/aip/adv/article/15/4/045035/3345217/Is-gravity-evidence-of-a-computational-universe

果。……

目前天文物理與宇宙學的研究則讓宇宙學常數死而復生，認為雖然其值很小，但可能不為零。宇宙常數項的貢獻被認為與暗能量有關。

這是出於愛因斯坦對靜態宇宙的哲學信念。在哈伯提出膨脹宇宙的天文觀測結果哈伯紅移後，愛因斯坦放棄宇宙學常數，認為是他「一生中最大的錯誤」。

但是 1998 年天文物理與宇宙學對宇宙加速膨脹的研究則讓宇宙學常數死而復生，認為雖然其值很小，但可能不為零。宇宙常數項的貢獻被認為與暗能量有關。[255]

暗能量占據了宇宙的物質與能量的七成左右。在佛教這是什麼概念？前面說過暗物質即無色界眾生之色，暗能量是否是與無色界眾生有關？首先什麼是暗能量：

暗能量是一種神秘的力量，它導致宇宙加速膨脹。人們認為它是一種具有負壓的能量形式，可產生排斥引力效應，從而有效地將物質推開。這種排斥力是導致宇宙加速膨脹的原因，這現象最早在 1990 年代末期

---

[255]《維基百科》< 宇宙學常數 >；https://zh.wikipedia.org/zh-tw/%E5%AE%87%E5%AE%99%E5%AD%B8%E5%B8%B8%E6%95%B8

被觀測到。[256][257][258]

以上是否與無色界有關呢？《瑜伽師地論》卷 77：

> 世尊！云何修行、引發菩薩廣大威德？善男子！……云何善知心生？謂如實知十六行心生起差別、是名善知心生。十六行心生起差別者：一者……三者、小相所緣識生；謂欲界繫識。四者、大相所緣識生；謂色界繫識。五者、無量相所緣識生；謂空識無邊處繫識。六者、微細相所緣識生；謂無所有處繫識。七者、邊際相所緣識生；謂非想非非想處繫識。……[259]

三界九地中：欲界是下地，色界是上地，無色界是上上地。體型因此從下地、上地到上上地倍增：欲界是「小相」，色界是「大相」，無色界的空無邊處與識無邊處的形象是「無量相」，無色界的無所有處的形象是「微細相」，無色界頂非想非非想處則是「邊際相」到了宇宙的邊際。從以上來看，暗能量即無色界眾生的行相，特別是「相」同「想」，有如此「想」

---

[256] Generative AI "dark energy repulsive force" 的總結，指出以下兩個相關鏈接。
[257] Dark matter ; Cern ; https://home.cern/science/physics/dark-matter#:~:text=Dark%20energy,based%20on%20the%20Hubble%20law.
[258] Dark energy and repulsive gravity ; SelfAwarePatterns ; https://selfawarepatterns.com/2019/01/14/dark-energy-and-repulsive-gravity/#:~:text=However%2C%20it%20appears%20that%20dark,the%20universe%20was%20actually%20accelerating.
[259] 《瑜伽師地論》卷 77 ; CBETA 2024.R3, T30, no. 1579, p. 728a19-b5

則有如此「相」生。「排斥引力效應」的暗能量極有可能是就是無色界「地」之相即「無量相」、「微細相」、特別是「邊際相」。

十九、起無因見

《瑜伽師地論》卷7：

問：何因緣故，彼諸外道依止尋思，起如是見，立如是論：我及世間皆無因生？答：略而言之，見不相續以為先故，諸內外事無量差別種種生起。或復有時，見諸因緣空無果報。謂見世間，無有因緣，或時欻爾大風卒起，於一時間寂然止息；或時忽爾瀑河彌漫，於一時間頓則空竭；或時欝爾果木敷榮，於一時間颯然衰頹。由如是故，起無因見，立無因論。今應問彼：汝宿住念，為念無體？為念自我？若念無體，無體之法未曾串習，未曾經識，而能隨念，不應道理。若念自我，計我先無，後欻然生，不應道理。又汝何所欲？一切世間內外諸物種種生起，或欻然生起，為無因耶？為有因耶？若無因者，種種生起欻然而起，有時不生，不應道理。若有因者，我及世間無因而生，不應道理。如是念無體故，念自我故，內外諸物不由因緣種種異故，由彼因緣種種異故，不應道理。是故

此論非如理說。[260]

這是說有個外道之前生於無想天，命終後又轉生人間。此人本領很大，有宿世通，能憶知他生在無想天及其後之情形。他看到的情景有時「大風卒起」，有時「寂然止息」，有時「瀑河彌漫」，有時「頓則空竭」，或「時欝爾果木敷榮」、或「於一時間颯然衰頹」，因此他思維「見諸因緣空無果報」，「由如是故，起無因見，立無因論」。「無因論」對佛教來說是一大邪見。

無想天是色界頂四禪，壽命一般說是五百大劫，而一大劫有說是 268 億 8 千萬年 [261]，或有說是 13 億 4384 萬年 [262]，無論如何五百大劫是極為漫長的時間。當然上段中的「大風」、「瀑河」、「果木」等不能以字面揣摩，要是以「地球佛教」的思維則是完全違反科學，因為沒有一個如地球的行星、如太陽的恆星系能存在於這麼漫長的時間。

今天宇宙形成的理論是「大爆炸」，時間為 137 億年以前，今天已有許多觀察顯示「大爆炸」理論很可能是錯的 [263]。即

---

[260]《瑜伽師地論》卷 7；CBETA 2024.R3, T30, no. 1579, p. 310c4-23
[261] 小劫、中劫、大劫、三大阿僧祇劫；http://www.vajrayanacf.org.hk/wisdom/html_file/wisdom_bud/kalpa.html
[262]【天南地北聊數學】 佛經中的「劫」是多長的時間？；人間福報；https://www.me00rit-times.com.tw/NewsPage.aspx?unid=668861
[263] 彭羅斯：一個宇宙？還是無數？韋伯望遠鏡震撼發現！；New SciTech 新科技；YouTube； https://youtu.be/UTv48XWZdyY

第六章：弦論因緣

使有「大爆炸」理論屬實,這個無想天的外道曾經經歷了無數的「大爆炸」:「大風卒起」、「寂然止息」、「瀑河彌漫」、「頓則空竭」。從這就必須提到彭羅斯的「共形迴圈宇宙論」:

> 今年89歲的彭羅斯在最近的太空探索組織舉辦的網路研討會上受邀發表重要演說。名為「2030年的太空工作」（2030：SpaceWorks）的即時網路研討會系列為期兩週,邀請了在太空、天文學、宇宙學等領域的領先科學家發表演講。

> 彭羅斯在該學術會議上進一步具體闡述了他所提出的"共形迴圈宇宙論",再次強調:宇宙永恆輪迴、無始無終,宇宙一直存在並永恆存在。在題為"黑洞:大爆炸之前的'時間'窗口?"的講說中,他強調指出,最簡單的假設是,宇宙的"永世子"在兩個方向上無限期地持續,因此它們永恆地存在於過去,並在將來永遠存在于未來。

> 共形迴圈宇宙,英語:Conformal Cyclic Cosmology,簡稱:CCC,是彭羅斯所提出的一種基於廣義相對論框架的宇宙模型,在他的2010年出版的書:《宇宙的輪迴:宇宙的非凡新觀點》(Cycles of Time: An Extraordinary New View of the

Universe）中首次系統論述了這一理論。彭羅斯在這次研討會期間提出了新的證據，以進一步闡述他的這一理論。

彭羅斯提出，宇宙通過無限迴圈進行反覆運算，每個前一次反覆運算的未來類似時間的無窮大被下一次大爆炸奇異性所標識。該理論的基本結構是連接可數序列的開放式 Friedmann-Lemâtre-Robertson-Walker（FLRW）度量時空，每個時空代表一個大爆炸，然後是無限的未來擴展。[264]

但這個理論終究還是類似「無因論」。上段《瑜伽師地論》中「……如是念無體故，念自我故，內外諸物不由因緣種種異故，由彼因緣種種異故，不應道理。」說因此無想天也是有情眾生，也必定是緣起，緣起即心，心即第八識，第八識即 M 理論。其中有甚深的「因果」業報：前前世修「無想定」，後世生「無想天」，之後再出生人道為外道，

二十、宇宙起源

佛教不說宇宙的起源，因為宇宙的起源是無始的。但要是四禪的無想天的眾生的壽命都比今天科學宇宙 137 年前的起源還要長久許多，那麼四禪、無色界是否在今天科學所認識的宇

宙起源之前就已經存在？

無色界天人的壽命分別為：空無邊處天二萬劫，識無邊處天四萬劫，無所有處天六萬劫，非想非非想處天八萬大劫（約等於世間成住壞空八萬次）。[265]

以上說明今天科學認為、認識到的宇宙已經經歷了成、住、壞、空無數次了。之前說過暗物質是無色界眾生的「色」，最近就有物理理論顯示暗物質在「大爆炸」之前就已經存在了[266]。這理論說明了無色界眾生早就存在於今天科學認為宇宙起源於「大爆炸」之前了。而且，最近的詹姆斯韋伯望遠鏡等數據顯示，135 億年前古老星系已經存在的證據，這完全顛覆今天科學的宇宙起源理論[267]。

二十一、鄰近界地

這裡說黑洞等也是有情眾生，那麼相對人來說黑洞的體型

---

[264] 彭罗斯的"共形循环宇宙"最新解说：宇宙永恒轮回、无始无终；星辰獵人；知乎；https://zhuanlan.zhihu.com/p/439581980
[265]《人間佛教》學報·藝文；第二十五期；《天堂的管理法》；星雲大師；https://buddhism.lib.ntu.edu.tw/FULLTEXT/JR-MAG/mag589330.pdf
[266] 大爆炸前已有暗物質？最新理論顛覆宇宙認知！；New SciTech 新科技；YouTube；https://youtu.be/jI8B6OMFITQ
[267] 諾獎得主警示：135 億年前的星系竟然存在？宇宙可能不是我們以為的樣子 | Nobel Laureate: The Universe May Not Be What We Thought It Was；New SciTech 新科技；YouTube；https://www.youtube.com/watch?v=YAx1wBBAt6Q&t=83s

是極為巨大的，這是否有可能？這裡說所有眾生都是緣起，人是緣起，黑洞也是緣起，這就是「緣起甚深」的道理。佛觀一碗水有八萬四千蟲常被用來說佛教是科學的證據。「蟲」既然是有情生命，也是緣起，以地球現有的生命體即眾生來說，身型極為龐大的鯨魚，相對來說比起這些「蟲」就是巨大無比的。這些「蟲」大概在 0.0001 毫米到 0.001 毫米左右，最大的鯨魚在 30 米，那麼從體型上來說鯨魚就是這些蟲的 300,000,000 倍。要是以地球的直徑 12,756 公里來說，相對人類平均高度為 1.6 米，地球的體型只不過是人的 7,972,500 倍。

因此，可以說人只不過是初禪天地球身上的寄生蟲罷了，這就「鄰近界地」。而因為相鄰近的關係，相鄰的「地」有相似性。比如地球就有心跳：

> 地球每 26 秒震動一次，已經持續了 60 多年，"心跳"之謎至今無解

> 1962 年，美國哥倫比亞大學的地震學家傑克·奧利弗，在研究地球的細微顫動時，發現了一個規律的"嘩嘩"信號，每 26 秒跳一下，雖然不強勁，但卻準時得像鬧鐘，他算了算，這信號可能從南大西洋或赤道附近傳來，並且每到北半球夏季的時候會更響亮，就像是地球的心跳一樣。……[268]

地球不但有心跳，對人類、動物有效的針灸療法還被應用到地球：

什麼是地針？

木製魔杖通常被用作非永久性的補救措施

地針療法是風水師用來緩解地理壓力的一種技巧。我們不會使用將銅管錘入地面並留在原處作為永久性治療方法，而是更喜歡使用木製或水晶棒，將其輕輕放入精心澆灌的土穴中，並只在需要協調線路時才保留。此方法更接近人體針灸，並尊重各種基於自然的神秘傳統。[269]

此外，現代科學發現人體也有磁場，特別是位於心臟的磁場非常的強[270]，同樣的，地球為初禪也有磁場，一直到恆星為二禪的磁場為世間最強，過了的三禪星雲就只剩下「之前脫離了的」磁綫。這些都是「鄰近界地」的關係。

---

[268] 地球每26秒震動一次，已經持續了60多年，"心跳"之謎至今無解；搜狐；https://www.sohu.com/a/880184921_121203971
[269] What is earth acupuncture？；https://www.geomancyaustralia.com/what-is-earth-acupuncture/
[270] Science of the Heart；Exploring the Role of the Heart in Human Performance；https://www.heartmath.org/research/science-of-the-heart/energetic-communication/

二十二、沼澤景觀

今天科學對於暗物質與暗能量的來由認識是完全空白的，但筆者將兩者都歸類到無色界眾生，像是投機猜測的。

弦理論學者瓦法這十多年來一直在做一個沼澤景觀（swapland）項目，目的是排除許多的「真空」（vacua）以尋找到一個描述我們宇宙的「真空」。在一篇發佈於 2025 年 5 月 29 日的訪談中，瓦法異常興奮的提到，當計算最小尺度的物質時，無可避免的「將暗能量和暗物質統一起來」[271]。為什麼？瓦法不知道弦理論的主幹是緣起，而無色界眾生也是緣起，無色界眾生的色為最微細故，這沼澤景觀的卡拉比-丘「真空」的解即無色界眾生的種子。

第十二節　齊識而還

《維基百科》<M 理論>[272] 記錄了下圖右邊的一張圖，這

---

[271] Will We Ever Prove String Theory?；Quantamagazine；https://www.quantamagazine.org/will-we-ever-prove-string-theory-20250529/
[272]《維基百科》<M 理論 >；https://en.wikipedia.org/wiki/M-theory

裡將之翻譯成中文,加上 F 理論的部分[273]。弦理論的圖與右邊太虛大師的圖是一樣的,只是細節上有差異。從右邊弦理論的圖,可以看出十緣起支,但以五果的方式呈現。

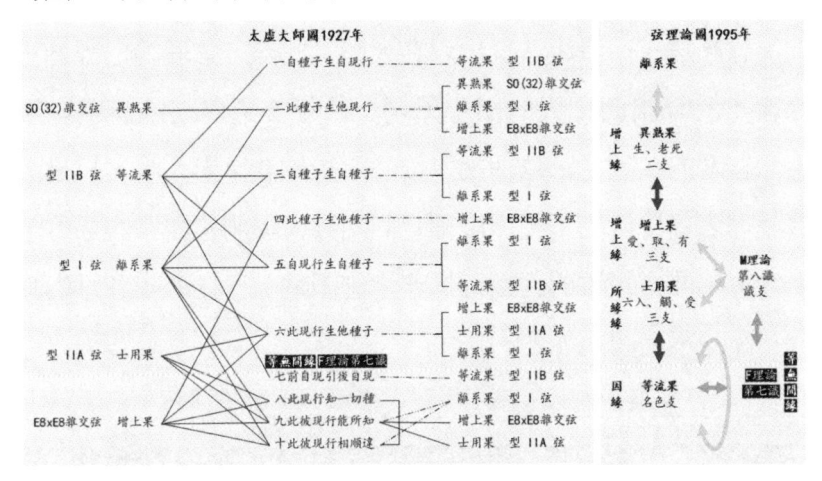

圖表 86 太虛大師圖與弦理論

從流轉、有漏的角度,緣起支除了第一支的識支,餘支為流轉四果,分別為:名色支為等流果,觸等三為士用果,愛等三為增上果,生等二為異熟果。從這兩張圖,筆者怎麼都看不出無明與行。但若加上無漏種子的離系果,即型 I 弦,相對之下,無明與行必定是因此在有漏種子即型 II 弦。這是為什麼佛說:「齊識而還,不能過彼」的原因,因此,緣起支實際上只有十支。

---

[273] 弦理論學者一直到最近覺得 F 理論即第七識是多餘的,因此沒有將 F 理論列入,而第七識在唯識是「我」,因此這就是「法無我」。

第十三節 弦論大腦

物理學家一直尋找一套理論能解釋宇宙萬法，弦理論的主幹為緣起法，而緣起法又出現在大腦；此外，弦理論已經通過緣起支計算出四禪天的眾生黑洞；緣起支是放之所有宇宙眾生而皆准的。因此，弦理論以後必定能夠計算出大腦。只是計算心理因素極低的，極深度禪定的四禪天黑洞是非常容易的，而計算出非常複雜的人類則是非常的困難。但在人工智慧的時代，應該不是問題。

緣起之識等五果於三重腦（第一果：識支，為第八識，細秘不可觀察）						
第二果：名色支：等流果			第三、四、五果：觸、六觸入、受三支：士用果			
型IIB弦			型IIA弦			
潛意識			顯意識			
生存腦	邊緣系統		新皮質、大腦皮層			
等流果一分	等流果一分						
F理論	型IIB弦對偶性	第六意識	前五識	行、受、想蘊	不相應行法
第七識 染污意	等流果六識 五別境				
小腦、腦幹	丘腦、嗅球、下丘腦（欲）、基底核（勝解、慧）、海馬體（念）、後扣帶（定）、杏仁核（意）等	島葉	五種感官之初級皮層與次級皮層	行蘊：顳葉 受蘊：頂葉、枕葉 想蘊：顳葉	前額葉

圖表 87 緣起支、大腦與弦理論

如上圖所示，因為一世有「識等五果」，這五果在弦理論就包括了：M理論、F理論、型IIB弦、型IIA弦。以後用數

學模擬大腦就不是夢了。要注意的是，之前黑洞的計算也是這五果的型 IIB 弦與型 IIA 弦，其中因為對偶性的關係必有 M 理論與 F 理論。

第十四節 無物理學

之前已經論述了「無物理學」的議題，這裡從不同的角度再論述「無物理學」。

一、漏洞百出

以下轉載一篇網上的文章《物理學標準模型中的四個明顯漏洞》[274]：

> 標準模型是粒子物理學的指導燈。從最基本的意義上講，該理論描述了構成正常物質的 17 種基本粒子（六個夸克、六個輕子和五個玻色子），並解釋了它們如何相互作用。

---

[274] Four Glaring Holes in the Standard Model of Physics ; Ross Pomeroy ; RealClear Science ; https://www.realclearscience.com/blog/2022/02/05/four_glaring_holes_in_the_standard_model_of_physics_814954.html

並且它在這方面做得非常出色。近五十年來，標準模型不僅預測了未來的發現（例如頂夸克、τ 中微子和希格斯玻色子），也經歷了幾乎所有實驗的檢驗。

儘管標準模型在解釋宇宙的物理基礎方面取得了無與倫比的成功，但它仍然無法解釋一切。它沒有預測到宇宙膨脹的速度正在加速。它對物質和反物質的不平衡保持沉默。而且它對暗物質隻字未提，而暗物質可能佔宇宙的 27%。

美國理論物理學家加來道雄認為，標準模型中這些令人遺憾的缺陷可以歸結為四個明顯的漏洞。他在最新暢銷書《上帝方程式：探索萬物理論》中對此進行了概述：

首先，標準模型沒有提到引力。這是一個巨大的問題，因為引力是控制宇宙大尺度行為的力量。每當物理學家試圖將其添加到標準模型中時，他們都無法解出方程式。

其次，標準模型是透過手工拼接描述各種力的理論而創建的，因此最終的理論是一個拼湊物。（一位物理學家將其比作將鴨嘴獸、土豚和鯨魚粘在一起，並宣稱它是自然界最優雅的生物。）"

第三，標準模型有許多參數尚未確定（例如夸克的質量和相互作用的強度）。事實上，大約有二十個常數必須手工輸入，而我們根本不知道這些常數從何而來，也不知道它們代表什麼。

第四，它不只有一個副本，而是標準模型中夸克、膠子、電子和中微子的三個相同副本或代數。物理學家發現很難相信如此笨拙和難以駕馭的東西會成為宇宙的基本理論。

加來道雄表示，這四個不規則的間隙表明，一定存在超出標準模型的物理學。

"儘管在實踐中取得了成功，但每個人都清楚，標準模型只是尚未到來的最終理論的熱身運動。"

特別值得深入思考的是第二與第三漏洞：「標準模型是透過手工拼接描述各種力的理論而創建的」與「標準模型有許多參數尚未確定⋯⋯大約有二十個常數必須手工輸入⋯⋯」。

試問是誰在做「手工拼接描述」的工作與「手工輸入二十個常數」到自然或真實裡面去？這是迷信唯物主義與量子力學的人必須回答的問題。反觀，弦理論學者若根據維次的數目，則自然得到這些常數，甚至自然的得到引力子。

另外，理論物理學起碼停滯不前 40 年甚至 100 年，是許多物理學者所公認的事實[275]。在廣義相對論與量子力學之前，物理學界被一個叫做紫外災變（the ultraviolet catastrophe）的烏雲所籠罩。量子力學雖然在 100 年前撥開了這朵紫外災變的烏雲，但今天籠罩著物理學的烏雲卻激增到 62 朵[276]。因此用「漏洞百出」來形容物理學一點不為過。我們對物質理論理解的越多，困擾我們的問題越多，說明宇宙的底蘊邏輯不是物理學而是意識學。

二、真空災變

特別是今天的最大烏雲是真空災變（the vacuum catastrophe）：宇宙量子力學的真空能量密度的理論預測值與觀測值有巨大差異：預測值比觀測值高出 120 個數量級。要知道，120 數量級是 120 次方，也就是 1 相對 1 後面加上 120 個零！：

> 宇宙學常數問題，或稱真空災變，是當今物理學界中待解決的謎團之一，是指理論與觀察之間的一個巨大落差：根據量子場論的推算，真空中的零點能量應該

---

[275] 為何近百年的時間里，物理學幾乎停滯不前？物理已走到盡頭了嗎？；網易；
https://www.163.com/dy/article/GOQ2CFBT0552EL61.html
[276] 物理學為什麼停滯不前了？因為還有 62 種烏雲！盡頭是萬有理論；網易；
https://www.163.com/dy/article/HHL5LV140521CUPU.html

非常龐大,但實際觀測到的真空能量值卻小得多,兩者相差極大。由於真空能量值是計算宇宙學常數的一個關鍵值,若對真空能量的估算出現偏差,整個宇宙模型也會隨之不同。

雖然該能量的理論值依據不同的理論條件(例如普朗克能量上限)而有所變化,但科學家在計算後仍然發現兩者之間的差距高達 50 到 120 個數量級。物理學界認為這漾的差異是科學史上理論與實驗最嚴重的不符,甚至有人稱之為「物理學史上最差勁的理論預測」。[277]

因此,儘管量子力學有多精準,但也必定錯得非常的離譜。縱觀以上,許多人認為必定有一個更深入的真實的萬有理論。

今天科學的誤區是認為只有一個物質性的宇宙,因此認為只有一個宇宙學常數。但實際上沒有物質性的宇宙,只有眾生的心理宇宙,而且不是一個眾生,而是三界九地無數無量的眾生,特別是有色界、無色界的眾生。因此,我們體驗到的或觀察到的宇宙常數,必定是所有眾生共變之加權平均值(weighted

---

[277] 《維基百科》< 宇宙學常數問題 >;https://zh.wikipedia.org/zh-tw/%E5%AE%87%E5%AE%99%E5%AD%B8%E5%B8%B8%E6%95%B8%E5%95%8F%E9%A1%8C

average)。首先,必須通過弦理論計算色界、無色界的宇宙常數,因為他們為上界、上上界,所以他們的占比應該比較高,根據這個比例來計算。大致上舉個例子來說:無色界上二界70%(暗能量)、無色界下二界25%(暗物質)、色界5%(普通物質)。要注意的是,雖然佛教有三界,但佛教也把下界的欲界納入色界,即欲界也是色界的一部分。

三、龐然大物

今天除了弦理論以外,有一個叫做圈量子引力(loop quantum gravity)的理論也在角逐宇宙大統一理論。但除了弦理論學者指出其數學上的許多問題,圈量子引力相對弦理論來說是極度貧瘠的。要知道,撥開上世紀紫外災變的一朵烏雲後,引來一世紀的廣義相對論與量子力學的探索與發展。現在的烏雲達到62朵,二者的大統一理論必定是極具顛覆性的,不可能是一種米奇老鼠的理論,必定是一頭無人知曉的、巨無霸的龐然大物。

四、識為底層

100年前,正當大家在迷惑於紫外災變的現象之時,馬克斯·普朗克(Max Planck)提出了量子假說,帶頭將這朵烏雲給撥開了。儘管當時沒有被人接受,而普朗克本人也不確定,也

踟躕不前。[278] 到後來普朗克說：

> 我認為意識是根本。我認為物質是意識的衍生物。

這說明普朗克認為心、意識正如唯識學所描述的一樣是宇宙萬有的最底層邏輯，而不是唯物主義的物理學。這正是世親菩薩《大乘百法明門論》的開頭：

> 如世尊言「一切法無我」。何等一切法？云何為無我？一切法者略有五種：一者心法、二者心所有法、三者色法、四者心不相應行法、五者無為法。一切最勝故，與此相應故，二所現影故，三分位差別故，四所顯示故。如是次第。第一心法，略有八種：一眼識、二耳識、三鼻識、四舌識、五身識、六意識、七末那識、八阿賴耶識。[279]

第三者色法是「二所現影故」，也就是說色法是第一者心法即識蘊與第二者心所有法即行、受、想蘊所生起的。但如前所說，必須用緣起支的識、名色二支，也就是《成唯識論》中的第八識、第七識、親因、因緣種子、等流果、士用果來具體說明，因為《大乘百法明門論》不具這方面的細節。

---

[278] 談"紫外發散"悖論：光量子假說是如何提出來的；CCTV.com；https://big5.cctv.com/gate/big5/www.cctv.cn/science/special/C13644/20050302/100534.shtml
[279]《大乘百法明門論》卷1：CBETA 2024.R3, T31, no. 1614, p. 855b15-22

里奇·羅爾（Rich Roll）在 Youtube 有 146 萬訂閱，在一個名為「科學正在顛覆我們對現實的理解：一切都關乎意識」的對談會上，羅爾問道：「要是意識是根本，是否能夠解決許多物理學解決不了的問題？」[280] 確實弦理論今天被應用在物理學，但以上顯示，弦理論其實不是物理學而是唯識學。只是今天計算出唯識學的色法而已。再深入分析，廣義相對論是極為大，量子力學是極微小，有如一只大鯨魚與一條小蟎蟲，互相矛盾，數學上又不能自洽，怎麼能夠成立一個「物理學」的家庭？何況，如上所述，真實是非大非小，不是二元對立的，而兩者卻是一大一小，而統一二者的弦理論是非大非小的。

五、心與色法

　　弦理論一直受到很多批判，這些批判被認為是弦理論的缺陷，但正是這些批判缺陷，顯示弦理論才是宇宙真正的底蘊。比如 M 理論與五版超弦論的對偶性，至今沒有人知道為什麼有五版超弦論，這對弦理論來說是一個大尷尬，但正是這個大尷尬才顯示出真理——第八識與五果的關係。

　　另外一個弦理論的大尷尬是弦理論得出許多沒用的無質量粒子，這些都是弦理論學者解釋不了的。這些無質量粒子或許

---

[280] Science Is SHATTERING Our Understanding Of Reality: It's All About Consciousness | Annaka Harris ; Rich Roll ; YouTube ; https://youtu.be/4GL4YvX76wg

正是心法的種子。包括弦理論學者認為的引力子，自然的出現在弦理論，過了近六十年，還沒有被觀察到，這裡多次說明引力子是心法不是色法，或更正確的來說是引力子是非心非色的親因、因緣種子。

六、弦的擺佈

根據現在的弦理論計算，一根根振動的弦可以有很多個模式（mode）與擺部（lobe）基本從兩個到無窮個模式與擺部。下圖顯示一根閉弦，其中有三個擺部：

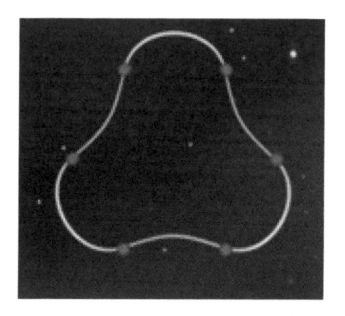

圖表 88 閉弦與擺部 [281]

但為了得到物理學的粒子，弦理論學者將模式局限於最低：只有兩個擺部。因此，筆者猜想若不限制擺部最低的狀態，其計算內容應該更豐富，因此能夠得到森羅萬象的宇宙。

---

[281] Dr S. James Gates on string truncation to fit particle theory ; https://youtu.be/ZBz9YLF2qu8

七、對稱與否

弦理論的型 IIB 弦是非對稱且俱有手性的,而型 IIA 弦弦是對稱且不俱手性的,而這兩版超弦論都是自洽的,這不是很奇怪嗎?前面說過,前者其實是名色支等流果是因緣變,後者則是觸等三士用果是分別變,因此我們意識上虛幻的認識,應該與後者的對稱性有關。比如第五章第六節之九「因緣分別」中的「視覺錯覺」圖第十七節「奧義小結」中的年輕女子與老婦圖。

第十五節 平行宇宙

上面提到許多弦理論學者世界觀與認知的錯誤,導致有許多誤區,如不知道弦是因把弦當作粒子,不知四維時空外的識才是實體因此固執於膜上的物件等。這裡再說一個誤區:平行宇宙的由來。在弦理論,弦是在一個叫做卡拉比-丘空間裡振動的,卡拉比-丘空間裡有六個額外維次,是一種多重摺叠的空間如大腦。

圖表 89 卡拉比 - 丘流形[282]

可愛的是，這個空間能夠自然得出許多物理理論所需要的常數，而不是如量子力學需要特別的從實驗中獲得之後輸入進數學模型；可恨的是，這些常數卻不是完全的符合，只是接近。因為卡拉比-丘空間可以有許多的不同形狀，因此有許多的可能性。這些可能性從原來的數個，發展到後來數百個，一直到10^{500}，甚至無窮個。

時間過了快 30 年，弦理論學者還沒有發現一個適合我們的宇宙，因此弦理論學者認為我們的宇宙不只是一個，還有很多其他我們看不到的物質性的宇宙，因此，弦理論有平行宇宙一說，那就是有很多同時存在的其他物質性的宇宙。其實，在弦理論之前已經有類似如多重宇宙之說。

從唯識來說，宇宙世界只是眾生各自的心、識變出來的，沒有所謂的物質性宇宙。那麼怎麼變？就是無數無量的個眾生，每個都有個第八識，每個眾生在自己的第八識裡有自己各自的種子，互相依托彼此的第八識共變。用弦理論的詞彙來說就是有無數無量的 M 理論，M 理論裡有各種的卡拉比-丘空間與弦，無數無量的 M 理論彼此相連共同得出一個像是我們今天的可觀察宇宙。

---

[282]《維基百科》< 卡拉比－丘流形 >; https://zh.wikipedia.org/wiki/%E5%8D%A1%E6%8B%89%E6%AF%94%E2%80%93%E4%B8%98%E6%B5%81%E5%BD%A2

從唯識來說，因為每個眾生的業力果報都不一樣，但都一起在三界九地上共變世界。因此，沒有獨一的宇宙，也因此，沒有唯一的卡拉比-丘空間，有的只是無數無量眾生第八識即M理論無數無量種類的卡拉比-丘空間。因此，這個弦理論的大問題：恰好是有這個卡拉比-丘空間的困境，才恰好說明是唯識的理論。

第十六節　全息宇宙

上世紀，物理學界有一場轟動一時的事件，原因是眾多科學家與霍金在黑洞信息悖論上有激烈的爭議。最終這個爭議，因為弦理論的橫空出世，精準的根據霍金的構想，精準的計算出黑洞，得以解決；也因此得出另一個奇異的結果——全息圖。在之前的「弦論因緣（15）：全息原理」已經有詳細的介紹。

全息圖理論顯示，宇宙所有的信息都被記錄在一個地方，這個地方被稱為全息圖；宇宙一切只是這個全息圖的投影；也因此許多人，甚至物理學家，認為我們的宇宙世界是個被虛擬的世界。物理學家、哲學家從之前認為微粒子為宇宙的最基本狀態，到後來認為能量為宇宙的最基本狀態，再到今天的全息

圖時代,許多物理學家則認為信息為宇宙的最基本狀態。

在弦理論中,全息圖與 M 理論、型 IIB 弦有密切的關係。這就是釋尊所說的:

一切有者,謂十二處。

十二處即界,界即第八識,與種子(特別是因緣種子)的關係也是非常密切,不一不異的。因此,十二處裡中的六塵,被唯識稱為本質的東西,就是這個全息圖裡面的內容。這個在下面有更詳細的解說。

第十七節 根身器界

一個非常讓人難以想象的唯識理論是,我們的心能夠變出自己的根身與整個宇宙,因此我們所認知的一切都只是自己的心變出來的而已。比如安安看到一個蘋果,這個蘋果是安安的第八識或心所變出來的。這種唯心理論要是沒有信心、沒有證據,很難讓人接受,但這也被弦理論計算出來了。

弦理論有個叫做反德西特 / 共形場論對偶性的數學猜想,這個數學猜想中有兩個宇宙:其中之一是在共形場論的那一

邊,是我們熟悉的宇宙,是擴張的,是通過無數的實驗論證過的宇宙。與其完全相反的是反德西特那邊,是我們從來沒有觀測到的,與我們的宇宙完全不符合的,這是個收縮的宇宙。

要特別注意的是共形場論那邊的理論只有量子力學等理論,完全不具有引力;相反的,反德西特那邊卻是只有引力的弦理論數學,完全沒有量子力學等理論的數學。兩者之間還被一堵無形的牆隔開,全息圖正巧在這兩者的邊界之上。

最奇怪的是:兩者完全相反的宇宙卻能夠通過數學計算,從一邊轉去另一邊,相互轉換,是完全一樣的。

反德西特	收縮的空間	只有引力	多一維次	瓶子中的宇宙
不像是我們的宇宙		沒有量子場論	型IIB弦	
像是有一堵不可滲透的、無形的牆					
全息圖:十二處之六塵處					
共形場論	擴張的空間	只有量子場論		
是我們熟悉的宇宙		沒有引力		

圖表 90 反德西特/共形場對偶性、型 IIB 弦與全息圖

兩個完全不一樣的東西,又竟然是完全一樣的?怎麼解釋?兩邊還可以通過一本「字典」互換,格羅斯說:

一本最奇怪最奇怪的可能字典……[283]

這個數學猜想可以說是非常好用,原因是這個數學猜想非

---

[283] David Gross on 'a strangest strangest possible dictionary';YouTube; https://youtu.be/m51xc_dxJb0

第六章:弦論因緣

常神奇，有些在一邊非常難以計算的物理數學，換到另一邊可以輕易的被算出；兩邊都是如此，可以說這個數學猜想屢創奇跡。有物理學家或弦理論學家說，今天沒有人做弦理論，有的只是投入到反德西特／共形場論對偶性的研究。儘管這個數學猜想戰功赫赫，但這個弦理論猜想因為得到一個收縮的空間，完全與經驗不符，因此經常受到反對弦理論的物理學家的猛烈攻擊。

這個數學猜想實際上，共形場論那邊是我們根身以外的器界宇宙。要注意的是反德西特那邊是從型 IIB 弦演算出來的，而型 IIB 弦之前說過是因緣生的等流果，是名色支，又反德西特那邊被稱為「瓶子中的宇宙」，也有一堵無形的牆，很顯然的，因緣即能夠親辦自果的種子，變出的這邊就是根身。兩者有對偶性是如：

- 從體外（器界即共形場那邊）吸進體內（根身即反德西特那邊）的空氣後又呼出（器界即共形場那邊）。
- 吸取體外的食物到體內。
- 體內消化不了的食物排泄觸體外。
- 從體內流出體外的血液。
- 頭上的頭髮被剪下後不會再增長。
- 阿泰捐贈腎臟給阿賢，腎臟之前是阿泰的根身，是阿泰的反德西特那邊。腎臟在手術檯是器界即共形場那邊。腎臟

被移植到阿賢後，如果成功則變成阿賢的根身，是阿泰的反德西特那邊。

- 人在世的身體是反德西特那邊即根身，去世後第八識不在緣或執持這個身體因此變成器界即共形場那邊。

從以上的例子，體內與體外都有相同，也有不同。

瓶子中的收縮的宇宙說明那就是根身，因為身體受損，身體能自然的修復，是第八識執持根身的緣故。因此，身體有一堵牆，因為這堵牆，根身必定是反熵變的。從唯識來說，修復功能屬於第八識，在弦理論是 M 理論的功能。

正是這個猜想是反映的是真實，才能非常有用，屢創奇跡、戰功赫赫，因為之前的物理理論，如量子場論，都是體內、體外完全沒有分別與界限，所有一切都是同一個場。量子場論也沒有你、我、他、身、物等之分。因此反德西特／共形場論對偶性是最真實的，反映的是個體化的真實，要是不是真實，絕對不會是非常的好用。

真實是如下圖：反德西特那邊其實是十二處的六根處，六根處即親因、因緣種子，為等流果、名色支，弦理論為型 IIB 弦。六塵處即弦理論算出的全息圖，裡面就是信息，為種子所變。一般上六塵處只有色、聲、香、味、觸、法，但對唯識來說六塵都必須是色法的相分境，因此，六塵處必須另有一個內

界為根身,根身外是器界為外界。

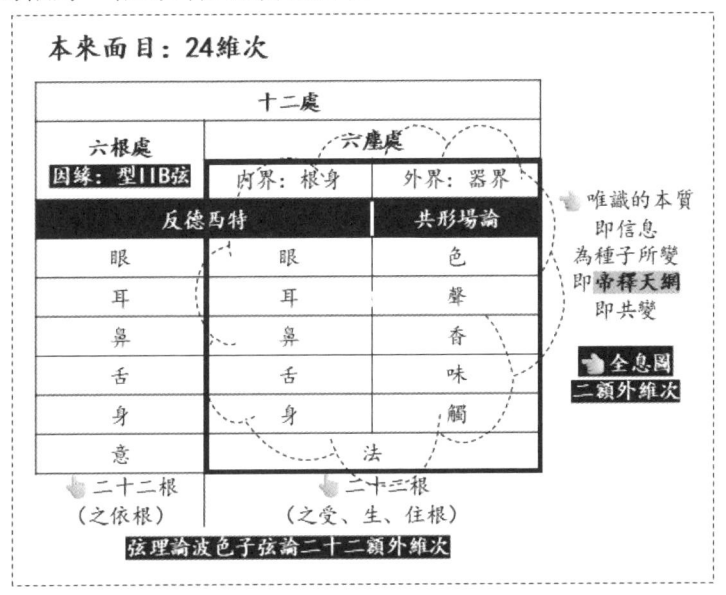

本來面目:24維次		
十二處		
六根處 因緣:型IIB弦	六塵處	
	內界:根身	外界:器界
	反德西特	共形場論
眼	眼	色
耳	耳	聲
鼻	鼻	香
舌	舌	味
身	身	觸
意	法	
👉二十二根 (之依根)	👉二十三根 (之受、生、住根)	
弦理論波色子弦論二十二額外維次		

唯識的本質
即信息
為種子所變
即 帝釋天網
即共變

全息圖
二額外維次

圖表 91 反德西特 / 共形場論對偶性的由來:十二處

內界加上六塵處的內界,就是反德西特那一邊,特別是這就是因緣即型 IIB 弦的所在,前面也說過儘管有多不可思議,引力子就是「因緣」種子,因此反德西特那一邊只有引力。共形場論那邊則是六塵處的外界。因此,全息圖剛好在反德西特與共形場論之邊界。簡單來說,十二處是反德西特 / 共形場論對偶性的由來。這正是格拉斯所說的:「一本最奇怪最奇怪的可能字典」。

以下從另外一個角度來看:

反德西特——根身：名色支、等流果、因緣				
反德西特	收縮的空間	只有引力	多一維次	瓶子中的宇宙
不像是我們的宇宙		沒有量子場論	型IIB弦	
像是有一堵不可滲透的、無形的牆				
全息圖：十二處之六塵處				
共形場論	擴張的空間	只有量子場論		
是我們熟悉的宇宙		沒有引力		
共形場論——器界				

圖表 92 反德西特／共形場對偶性與名色支、十二處、根身、器界

上兩張圖是一樣的，只是角度不同、細節上有不同。前者是基於十二處，後者是基於弦理論。上一章的「質即信息」中，也有十二處與全息圖相關的論述。

第十八節 困境誤區

弦理論有各種各樣的困境、誤區。但正好是這些困境說明，弦理論計算出佛教的緣起法；反之，要是沒有這些困境，還不能說是佛教的緣起法。

認為弦理論是量子理論是錯誤的。因為，真理是「非大非小」的（不可言說亦大亦小，因為這樣就是矛盾），也是非內非外的。比如弦的額外維度可以是非常的小，但也可以是非常的大，特別是膜生起之後是非常的大。廣義相對論與量子力學

第六章：弦論因緣

兩者都戰功赫赫，但完全不能結合，說明真理是「非大非小」的。弦理論需要從額外維次得到三維物體，說明「非內非外」。因此，弦理論絕對不是量子理論。弦理論學者瓦法是發現 F 理論的學者，他最近多次的說「亦短亦長」的事實[284]。（1）

弦理論學者不知道哪些猜想是真實，哪些不是真實。量子力學沒有算出弦、膜、M 理論、五版超弦論、F 理論、反德西特 / 共形場論對偶性等猜想，這些都是緣起法，都是必須的，都是真實。但他們不知所以，因此把這些數學猜想當成工具箱中的工具。約翰遜在一個座談會上說：

弦理論是一堆數學工具箱。

說明弦理論學者完全不知道弦理論是什麼。他們不知道這些數學猜想都是緣起法的不同相貌，不僅是必要的而且是同時的。（2）

弦不是粒子，弦是「因」，所有的弦是無用的，只有在相互強作用力的時候，膜的生起才是「果」，比如代表引力的弦，并不是引力，而是代表引力的「因」，只有這弦生起膜，才有引力的「果」。（3）

引力子 57 年前在弦理論被計算出來，一直到今天還麼被

---

[284] Dark Dimensions: NEW THEORY Unifying Dark Matter & Dark Energy；Curt Jaimungal；YouTube；https://youtu.be/kUHOoMX4Bqw

實驗觀察到,說明引力子其實是「因」,而且不是色法,是心法,或是「非色非心」。(4)

五版超弦論有兩版有膜——型 IIB 弦與型 IIA 弦,所有的物質都在膜上。膜是額外維度的物件,說明真實不是三維空間/四維時空,可是固執的物理學家卻認為得到的物質是真實,其實都是相分上的假象。只有格羅斯說我們不是生活在普通時空,而是生活在超空間。(5)

有數不完的卡拉比-丘空間其實是好事,因為,弦其實是唯識的種子,是因,每個眾生都有各自的因,因此各個的種子都不同,要是沒有數不完的卡拉比-丘空間反而不是佛教的緣起法。(6)

整個宇宙有無數的眾生,根據唯識,每個眾生都有第八識,弦理論的 M 理論就是第八識。第八識裡面就有各種種子。不是整個宇宙只有一個 M 理論,而是有無數個 M 理論,這是真正平行宇宙的概念,也是眾生心的真實。(7)

弦理論不知道為甚麼 M 理論與五版超弦論有對偶性,又為甚麼有五版。根據《成唯識論》,第八識有五果(四為第五所依)相,因此,M 理論與五版超弦論有對偶性。五版超弦論其實就是佛教的五果。(8)

弦理論學者從弦的狀態來命名五版超弦論是不正確的。真實是這五版是果，不是作為因的弦。但弦理論學者不明白所以，只能用弦的狀態來命名。比如型 IIB 弦，其實是果是等流果，不是「弦」因為弦是「因」。因是什麼呢？因就是型 II 弦左移時有非對稱性又具有手性，而又有奇數維次的膜是親因、因緣種子。（9）

　　弦理論計算出黑洞，其實黑洞是唯識四禪天的眾生，整個宇宙都佈滿生命體，只是他們是色界、無色界的眾生，不俱有像是我們的碳細胞的生命體。他們屬於上界，體態與數量自然遠超渺小的人類。這個認識也是「費米悖論」的答案。（10）

　　反德西特／共形場論對偶性是極具爭議性的，這猜想其實算出的是唯識第八識，也就是心，自然的變出根身與器界（宇宙），共形場那邊是我們熟悉的宇宙，而反德西特空間那邊是我們完全不認識的宇宙，認為是不對的，但這其實就是我們的身體，因此是收縮的空間，如我們的身體能夠自動治愈。（11）

　　弦理論計算出許多沒有用的、質量為零的「粒子」，這也是弦理論受到許多猛烈批評的地方。其實這些應該是好事。有些真是沒用、但無質量的「粒子」或許正是心法即心理的狀態。（12）

　　波色子弦論裡有二十二個額外維次，在唯識是二十二根是

增上緣。這個理論是最早被發現的,雖然被放棄卻自然的、悄然的出現在兩版的超弦論裡。放棄的原因之一是其中有個叫做快子的東西,要是快子存在,將會導致一個物理系統非常的不穩定甚至最終坍塌,做為物理學家,儘管快子有多神秘,還是捨棄之為上策。但或許這正是佛教、唯識所要的——當無漏種子生起的一剎那會把一些煩惱種子清除,如此數次之後到涅槃。(13)

所有的東西都是弦變出來的,弦即種子,佛教說是無常,但科學家卻說是完美的。(14)

弦理論學者將弦理論的各種猜想當成工具箱,不知道是法法相攝,而在法法相攝下不僅是動態的,也是有次第的。比如,唯識之第八識為初能變,第七識是第二能變,前六識是第三能變。也就是識支為首,同時有名色支,再有觸等三支。弦理論學者雖然計算出這些法的數學猜想但完全缺乏對這些法的動態與次第認識,因此迷惑不已。(15)

今天的弦理論學者有如彭羅斯回到六百年前的歐洲所見到的科學家。

第十九節 四次革命

上世紀科學家發現廣義相對論與量子力學後，這二者共同的推動了第三次電子數碼化的工業革命。這一百年的改變速度之快、影響之廣，遠遠超過之前的第一次與第二次工業革命的總和。有認為人工智能、機械人是第四次工業革命，但也有反對的因為第四次工業革命必須是具顛覆性的。

第一次工業革命是蒸汽機的應用，其原由是物理學對動力學的認識，是顛覆性的；第二次工業革命是電力應用，其原由是物理學對電力的發現，也是顛覆性的；第三次工業革命是電子數碼化的應用，其原由是量子力學與廣義相對論，也是顛覆性的；以上都是基於對真理、現實、自然的深層、更深層的認識；而人工智慧的應用本身不是建立在對真理、現實、自然的更深層認識之上。因此，有人認為，第四次工業革命必須另有一種新的更深層的科學底蘊。

種子即弦，弦是宇宙真正的最底層邏輯，而不是廣義相對論與量子力學。若將這新的底層邏輯轉為科技，它的影響將會遠遠超過廣義相對論與量子力學所帶來的影響。就如偉大的科學家、發明家尼古拉·特斯拉曾經說過：

自科學界開始研究非物質現象的那一天起，在十年內

所取得的進展,將會超越人類此前幾個世紀所取得的所有成果。

最重要的是,這影響是絕對善性的,因為在這些科技的應用上,必須首先畏懼因果,甚至這些科技應用也可以幫助證道。

有人認為,我們做為人類是不能認識到真理的,他們不知道,佛法是「一切智者」所傳,因此,佛法就是最終的真理,也因此弦理論帶來的工業革命,也是將會是最終一次的工業革命。

第二十節 證自證分

唯識有所謂的「四分說」:相分、見分、自證分、證自證分,分別由不同的論師提出:安慧、難陀、陳那、護法。一分說說的是只有相分,為識的認識對象;二分說認為識的生起有見、相二分;三分說則說識的本體有個自證分;四分說提出在自證分上有個證自證分。這裡一直只提到二分說,並沒有提到後二者。四分說是玄奘大師漢傳法相宗之所宗,但不久前安慧的古本被發現譯成中文後,許多法相宗學者卻認為安慧說得更好。

不是所有的弦理論都有額外維次的。其中美國馬里蘭大學的西爾維斯特·詹姆士·蓋茨（Sylvester James Gates）就是專門從事研究無額外維次弦理論的。這無額外維次的版本除了數學比較艱難外，還是要依靠超對稱理論的，因此也算是超弦理論。詭異的是蓋茨在弦理論數學的演算中，發現了在自然界的規律裡，竟然隱藏著電腦編程代碼。

蓋茨是通過運用一種源於非洲牆藝的阿丁克拉符號（adinkra symbol）來為他的弦理論做代號以便分析，之後發現這些電腦代碼。今天阿丁克拉符號已經被納入物理學：

> 在超引力和超對稱理論相關的表達式中，阿丁克拉符號（Adinkra Symbol）作為一種圖像符號來表示超對稱算術。數學上它們由色帶有限互連的可二分正則簡單圖組成。其名字則來自於阿散蒂人的書寫符號阿丁克拉。[285]

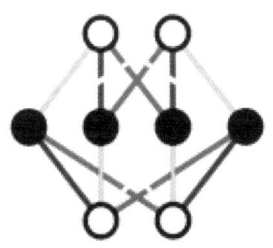

圖表 93 阿丁克拉符號

---

[285]《維基百科》< 阿丁克拉符號（物理學）> ; https://zh.wikipedia.org/zh-tw/%E9%98%BF%E4%B8%81%E5%85%8B%E6%8B%89%E7%AC%A6%E5%8F%B7_(%E7%89%A9%E7%90%86%E5%AD%A6)

這些電腦代碼不只是普通的電腦代碼，而是有如我們上網的網路瀏覽器（web browser）和搜尋引擎（search engine）的 0 和 1 的電腦代碼[286]。換句話說，弦理論的方程式本身具有這種 0 和 1 超對稱性電腦代碼的內容。

最為不可思議的是裡面還隱藏著糾錯碼（error correcting code）。蓋茨通過這些代碼發現，弦理論裡隱藏這一種類似區塊線性自對偶糾錯碼（block linear self dual error correction code）：

> ……這種糾錯碼中其代碼與其對偶相同。這意味著代碼是其自身的對偶，並且該屬性對於代碼的長度和維度具有特定的含義。自對偶碼用於透過修正錯誤來確保在雜訊頻道上可靠的資料傳輸。[287]

這糾錯碼的發現，加上全息原理使得很多人認為我們人類真的是生存在一個被模擬的世界。蓋茨說「沒人懂得這些代碼在做什麼」，明顯的，弦理論中自然的隱藏著的糾錯碼，就是唯識所說的自證分與證自證分。

---

[286] Neil DeGrasse Tyson Freaks Out When Physicist James Gates Finds Intelligent Code in Fabric of Space；Alan Jones； YouTube；https://youtu.be/zYxEW4qExOU

[287] Generative AI：block linear self dual error correction code

統一廣義相對論與量子力學的弦理論是非大非小的真理，根本上不是兩種互相矛盾、互相排斥、或大或小的理論的總和，有如一頭大象不是一根柱子與一堵墻的總和。

第七章 元宇宙喻

佛經中有許多比喻，如《箭喻經》、《鹽喻經》、《象跡喻經》等來闡述佛法。這裡假設一些未來科技，並通過這些科技的利用到元宇宙，來解釋為什麼沒有實色與虛幻的世界。

今天在唯物主義汎濫的時代，要說沒有實色，只是似色是很難令人信服的。可是根據唯識，不但外境沒有，甚至根身的五官等都一樣只是似色非實。前面說過，意識不是源自大腦，又《瑜伽師地論》記載了眼不能見色，耳不能聞聲的論述，那是更加違反今天的科學認識。在此同時，許多物理學家認為我們是生活在一個虛擬的世界，而對科技與其應用有極大話語權的埃隆·馬斯克也說過我們有極大的可能是生活在一個模擬世界裡。

第一節 今天科技

元宇宙科技是今天如網絡會議等的應用的延申，主要是從

平面的視頻感受到三維立體的體驗，在三維的世界就有無限的可能。之前的科技在五個感覺體驗只有眼睛與耳朵。眼睛或畫面的體驗必須戴上目鏡，而耳朵或聲音的體驗必須戴上耳機。若是配上「觸覺手套」與「電子皮膚」則可以得到手與身體的觸覺。但這些還不是完美的，因為還沒有嗅覺、味覺的方案；即使是觸覺、身觸也只是表面上的，而我們真正的觸覺、身體的觸感，是深入身體五府六臟的、立體的。

第二節 未來科技

接著下來的五年或十年，最遲二十年，科技將會朝向更深度虛擬化的方向。

一、元液體 X

假設多年後有種元液 X 的液體被發明，若將元液 X 注入到元宇宙參與者簡稱元者的體內，元液 X 能夠將元者整個身體體內的細胞的磁場完全對接，因此元宇宙服務器能夠傳遞嗅覺、味覺、觸覺到元者的整個身體。比如可以讓元者在元宇宙裡面吃水煮魚時，身體的腸胃也有麻辣的感覺。而且元液 X

因為滲透整身的細胞,能夠帶來更逼真的動感與觸感。

二、元液體 Y

接著假設又有元液 Y 的液體被發明。若注入元液 Y 能夠讓元者在沒有進食的情況下維持生命,甚至能夠增長,身體若有病痛也能得以治療。好處有許多,比如不需要排泄,因為不需要繁雜的食物供應鏈等,維持生命的成本變得非常的低廉。

三、元囊科技

假設不久又有一種元宇宙膠囊的科技,簡稱元囊的問世。因為在元囊裡的元宇宙的參與者簡稱元者是在懸浮狀態,因此元者能夠得到與真實世界觸感無異的體驗,比如開車時突然剎車的感覺等。

第三節 元囊中心

太平洋有個小島國 X 國,這時,X 國的人口暴增,從原來的 7 百萬到 5 千萬。X 國為了解決一連串的問題,打算利用以

上的科技,建立元囊中心。目的是將幾乎所有的人口遷入元囊中心,以解決空間、垃圾處理、食物供應鏈、醫療、養老、財政、行政等一連串的問題。

入住元囊中心的 X 國居民將各自住在一個元囊裡,一邊注射著元液 X,一邊注射這元液 Y。元者居民不需要真正的生活資俱具,通過元宇宙也能如平常一樣的生活,甚至能夠提升生活的素質。

比如元者居民能夠隨意的飲食,比如一天可以吃上十次水煮魚都不怕會有健康問題。居住的空間也大幅的提升,也不需要打掃,因為都是虛擬的沒有灰塵。元者還能夠一邊享受各種體驗,同時在注射元液 Y 時也得到各種疾病的治療。這種情況完全沒有感染性疾病。元者居民還能夠旅行出游到許多真實世界沒有的地方,比如極樂世界、兩千年前的印度與佛對話、到赤壁觀看赤壁之戰等。

元囊中心的操作接近全自動化,由許多的機器人操作。不久後,X 國大部分居民紛紛湧入元囊中心。之後,其他國家也打算效仿。

第四節　真實虛幻

下圖中，真實是在元囊中心裡面，而元者看到的都只是假象，因為根本上是完完全全的不存在，因此能見與所見都是在元囊中心。

圖表 94 元囊中心的真實與虛幻

比如虛幻世界裡面的事物，好像是有東西，特別是有其物理性，但都只是假象，因此唯識說色法只是「似色非實色」。因此，從來未曾有過物理學。

第五節　吃雞腿喻

在元宇宙的世界裡，X 國的元者居民不需要真正的吃食

---

288 圖左來自 Copilot，圖右來自 ChatGPT。

物，因為全都是元宇宙服務器虛擬出來的。比如元者 X 在吃雞腿，其實沒有真正的雞腿，是元宇宙服務器通過元液 X 虛擬出來的。

圖表 95 元宇宙的元者 X 在吃雞腿：其實沒有吃到什麼[289]

既然沒有真正的雞腿，當然元者 X 也沒有真正的吃到，只是有好像有吃到雞腿的感覺而已。雖然元者 X 沒有真正的吃到，只是好像真的有吃到，但身體卻能夠得以增長。為什麼？這是元宇宙服務器根據虛擬的食量，注射相應的元液 Y，在調整元者 X 的頭像或影像。其實在 X 國的元者居民，完全不需要真的雞腿、水煮魚、甚至所有的食物、與所有一切物質，因為一切真的物質，對永久居住在 X 國的元者居民完全沒用，反而是虛擬的、假的才有用。[290]

---

[289] ChatGPT: 這是一張不侵犯版權的圖像，描繪了一位身材豐滿的女士正在享用雞腿，而她的後方站著一位男士。整體氛圍溫暖自然，符合您的需求！如果有任何細節需要調整，請告訴我。
[290] 原始元宇宙：元宇宙、佛教唯識理論、與今天科學（普通話）；YouTube；https://youtu.be/afZk2o8H9q0

第六節 名牌包包

根據唯識的「識外無境」，我們生活的世界就是虛擬的世界，是原始虛擬，而元囊中心的世界則是第二度虛擬。在這些虛擬的世界裏，所有的東西都是假的，因為真的是完全沒有用，反而是虛擬、假的才有用。

元者 X 在還沒入住到元囊中心的世界之前，買了許多的名牌包包。可是現在元者 X 長期居住在元囊世界裏，在這裏元者 X 有許多的朋友在元囊世界辦各種派對，她在出席這些派對要有名牌包包。之前買的真的包包完全沒有用，她必須在元囊世界裏另外購買假的、虛擬的包包，因為，只有這些假的包包才能出席元囊世界的排隊。

有情眾生也稱為「數取趣」，意思如同今天的人沉迷於網絡游戲，不喜歡玩真的東西，但對玩假的東西卻一直很有興趣。

第七節 無境何食

佛教有四食的理論，分為：段食、觸食、思食、識食。多

數甚至所有的解釋都是受到唯物主義的污染,比如觸食是什麼什麼樣的觸,前面已經論述過:從來、根本上沒有所謂的觸。

四食物真正的意義是:

- 段食是指好像有食物,與相似有動作上或行為上的食,從而觸發以下的觸食;
- 觸食實際上是通過以上的動作,因此有種子現行導致眼、耳、鼻、舌、身等識的生起;
- 思食是指好像有吃到的,通過受蘊、想蘊享用到、感受到的食;
- 識食才是真正的食:第八識緣種子、根身、器界,如元宇宙服務器根據食量注射相應的元液 Y,實際上是第八識在改變種子與根身的現行。識食也是《成唯識論》之十理證之一說明有第八識。

基本邏輯是境都沒有,哪裡來的食物?哪裡有食?如「吃雞腿喻」。

第八節 三維科學

時間再過 200 年,地球上的人都居住在元囊中心許多年,當時所有的元者都是在元囊中心出生的。這時,有些科學家出現,他們在探索宇宙的本質是什麼。再過許多年,他們認為有粒子,通過他們數學的計算得到粒子等規律,通過實驗他們看到好像真的有粒子,因此他們很肯定的認為,他們的世界是這些粒子構成的。真實是這些粒子都是元宇宙服務器虛擬出來的,根本沒有粒子,他們看到好像有的例子只是出現在他們目鏡上的 LED 點點而已。

在元宇宙的世界裡的影像,都是一剎那一剎那的在變更,之前提到過的「諸行皆剎那,住尚無,況用?」,也就是在螢幕上的影像是完全沒有作用的,比如螢幕上的眼睛是不能看的。之前也提到過:

> 云何安立此一心耶?謂世俗言說一心剎那,非生起剎那。云何世俗言說一心剎那?謂一處為依止,於一境界事有爾所了別生,總爾所時名一心剎那。又相似相續,亦說名一,與第二念極相似故。

我們的意念,也是一剎那一剎那的生滅,也是全然不一樣的,只是因為極為相似,我們認為是一樣。今天我們的各種學

問、科學等等,都只是將這些剎那剎那的意念連串起來,連貫分析螢幕上剎那剎那的影像,之後得出各種理論。

但真實都是在額外維次的操作,如元宇宙的服務器的操作一樣。今天我們的科學家就是元宇宙裡面的科學家,一直到弦理論。可是因為生活在元囊中心太久了,不知道弦理論是什麼,不知道三維是假象,三維外才是真實。

第九節 疏所緣緣

在唯識,所緣緣有分親所緣緣與疏所緣緣。

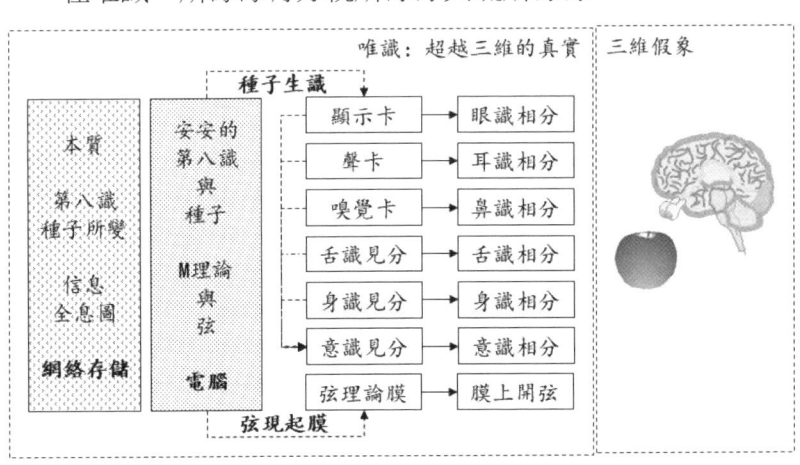

圖表 96 親所緣緣與疏所緣緣

從上圖簡單的來說，安安看到一個蘋果，真實是沒有那個蘋果。安安的眼識見分只能「看到」她自己眼識相分上像是有的蘋果。因此，眼識相分上的蘋果是親所緣緣，而三維世界上好像有的蘋果其實不存在，是眼識的疏所緣緣。我們的眼識只能緣親所緣緣，絕對不能緣疏所緣緣，因為根本沒有疏所緣緣，疏所緣緣只是假象。三維世界的疏所緣緣就有如「吃雞腿喻」中的雞腿，沒有的東西是不能為所緣緣的，只有相分上的假的東西才能為所緣緣。又如今天的網路游戲，裡面有蝙蝠俠、超人、怪獸等，但這些都根本完全沒有，又怎麼能夠成為所緣緣呢？所緣緣必定是相分境，也就是親所緣緣。

唯識學有許多關於親所緣緣與疏所緣緣的討論，這些討論非常的繁瑣。這些討論基本上有「性境」、「本質」，與是否是心、識所變，因緣變、分別變等議題。但這些討論要是不用緣起支、五果來解釋都是不完善的。因為上圖只是適合於士用果六識，也就是觸等三支，如之前「托色變色」已經解釋過，只有士用果六識才有分別變。反觀等流果七識必須是因緣變，也就是名色支必須是因緣變，要不是因緣變則士用果六識看到飛天，豈不是身體也跟著起飛？

第十節　眼不能見

之前說過，我們的眼睛是不能看見東西的，能看見東西的功能真實是上圖的眼識見分。這種完全違反今天科學理論的論述是非常能讓人相信的，但這在元宇宙世界就非常的清楚。比如安安在元宇宙世界裡，可以在元宇宙裡的鏡子上看到自己的眼睛，她的朋友寶寶在元宇宙世界裡也能夠看到安安的眼睛，但在元宇宙世界裡，事實上安安能夠看到的是她自己目鏡上的LED點點而已，這個「能看」的功能不是在元宇宙世界裡安安的眼睛，而是在元宇宙世界之外。

第十一節　元喻小結

元者在元宇宙世界裡看到的一切，只是宇宙目鏡上的LED點點。比如看到一個蘋果，實際上沒有蘋果，只是目鏡LED點點上好像有蘋果，這就是親所緣緣，好像有的三維元宇宙世界的蘋果其實不存在，是疏所緣緣。

元宇宙的服務器就有如第八識即心，在弦理論是M理論。而元宇宙服務器必須靠程序代碼來完成虛擬化，這些程序代碼

有如唯識的種子或弦理論的弦,特別是整個服務器有無數的程序代碼,但只有部分是一個元者能夠感受到的體驗。這些的背後都離開不了信息,在元宇宙是網絡共享信息,在唯識則是共變的本質即十二處,在弦理論則是全息圖。

原始虛幻

唯識	第八識:心	種子	五識見分	五識相分	假有:無、空
	共變的本質即十二處			親所緣緣	疏所緣緣
				只能看到這個假象	不能看到這個

二度虛幻

元宇宙	服務器	程序代碼	目鏡、耳機,元液X,元囊等	目鏡、耳機,元液X,元囊上的電磁態	像是有的真實沒有的元宇宙世界
	網絡共享的信息			親所緣緣	疏所緣緣
				只能看到這個假象	不能看到這個

原始虛幻

弦理論	M理論	弦	型IIB弦、型IIA弦的膜	膜上的開弦	像是有的粒子等物理學,其實沒有
	宇宙全息圖			親所緣緣	疏所緣緣
				只能看到這個假象	不能看到這個

圖表 97 元宇宙喻:唯識與弦理論

在這個「元宇宙喻」,所有在三維世界的一切都是假象,都是沒有的,真實的是在這以外,包括我們的意識也是在元宇宙世界以外,因此,大腦只是同步的假象。同樣的,我們的世界與元宇宙的三維世界的假象都是沒有,假的,真實是三維以外的心、識,因此,唯識稱為唯識。

或許有佛家會反對將第八識比喻成服務器,但「我們生活在一個電腦虛擬的世界」是許多科學家都不能否定的假想。最

近，前面提到過的物理學家沃普森為信息即能量，他再通過信息推理認為，我們是生活在一個巨型電腦模擬的虛擬世界，引力是這個電腦模擬出來的結果[291]。第八識即心，也是緣起的核心，也是眾生的核心，因此整個宇宙都是第八識所變，說的就是如服務器的功能。沃普森認為引力是模擬的結果也再次說明引力是「地的概念」。因為，沃普森的推理是通過信息，也說明了十二處、十八界即信息儲存處。

---

[291] Gravity is Result of Computational Process within Our Universe, Physicist Says；Sci News; https://www.sci.news/physics/computational-universe-gravity-13861.html

第八章 意識爭議

阿含經中對因緣二字常作如下的解釋：

「此有故彼有，此生故彼生，此無故彼無，此滅故彼滅。」意思是宇宙間一切事物，都沒有絕對存在，都是相對的依存關係。這種依存關係有同時、異時兩種現象，異時的依存，就是「此生故彼生，此滅故彼滅。」此是因而彼是果。同時的依存，就是「此有故彼有，此無故彼無。」此是主而彼是從。前者是縱的時間，後者是橫的空間。因此，所謂宇宙，在時間上說，是因果相續，因前復有因，因因無始；果後復有果，果果無終。[292]

此中的「此」就是意識的緣起，不是豆、瓜、籐、麻等物的緣起，但黑洞、星雲、恆星與行星也是緣起。因為緣起法涵蓋宇宙一切事物，因此，緣起法是意識也是大統一理論。前兩句是「緣生」，後兩句是「緣滅」，今天科學家、哲學家在「緣生」法上已經不停的打轉，「緣滅」更是遠超出他們的認識範疇。

---

[292]《佛陀及其教法》<3-1 佛法的世界觀 >；佛陀教育基金會；https://budaedu.org/budaedu/buda1_31.php

物理學經過上世紀的大躍進後，在過去 40 年已經停滯不前，有走到盡頭的跡象。物理學越發展的同時物理學家發現越多的問題——萬物理論、真空災變、暗物質、暗能量、全息圖、多重宇宙等等。這些沒有答案的問題之數量堆積起來比起上世紀廣義相對論與量子力學大躍進前翻了不止十倍。況且越來越多的哲學家包括科學家認為物理學家所謂的萬物理論（theory of everything）只是物理學上的，而實際上與邏輯上應該包含意識在內的萬有理論。因此，21 世紀將會是一個意識科學的新紀元，要深入理解意識，必須從認識緣起法。換句話說，如果不正面的理解緣起法，完全不可能理解意識。如前所示，意識科學就是緣起法，因此必定也必須包含輪迴、涅槃等。今天的科學家、哲學家都沒有考量這些重要的成分，還在討論除了人類的動物是否具有意識等的低級問題，試問他們怎麼能夠理解什麼是意識呢？

第一節　意識科學

　　2024 年 4 月 23 日，在美國亞利桑那大學於圖森市主辦的 2024 意識科學第 30 屆年會上，其中第三會議小組的演講題目

是：「意識與真實」（Consciousness and Reality）。這個以意識科學為主題的年會，每兩年舉辦一次，從 1994 年開始已經歷時 30 年。當年的首次會議，年輕的哲學家查爾莫斯提出了著名的「意識難題」——意識如感官等的經驗現象如何從物質中產生？這意識難題對整個哲學與科學界有很深遠的影響。參加這次首次會議的還有著名的物理學家與得過諾貝爾物理獎的彭羅斯。彭羅斯後來與主辦會議的史都華·哈默洛夫（Stuart Hameroff）根據量子理論提出意識的本質是被包容在腦細胞的「微管」（microtubule）結構內。

第二節　意識代理

第一位演講者是最近出版了一本新書：《眼見非實》（The Case Against Reality）的作者霍夫曼。霍夫曼在今天意識學研究的領域享有盛名，他提出我們生活上所體驗到的與認知到的都只是「耳機」（headset）或只是「使用者桌面界面」（user desktop interface），這些背後就如使用電腦者對於「耳機」與「桌面界面」背後真實的一面完全一無所知。這裡「耳機」與「桌面界面」的概念有點類似唯識的見分、相分。

霍夫曼對今天科學直接做出挑戰，他認為像是占了上風的今天以物質為主的科學終究會被意識學擊潰。他甚至推翻了今天科學持有的進化論信仰，因為我們的意識是從進化中產生的言論從幾率上來說是零。因為要是我們的意識認識的對象是真實的，那麼從幾率上來說我們早已滅絕。而且，他引用眾多物理學家的論據，提出所有基於三維空間甚至四維時空的概念或理論——包括其他的意識理論——都不能成立。

今天科學認為先有我們物質的身體做為基質（substrate），意識才能夠從這個基質生起。霍夫曼認為這是顛倒真實，意識才是最基本的實質而不需有物質做為意識的基質。為了建立整套意識學，霍夫曼提出「意識代理」（conscious agent）的概念。「意識代理」是構建整個以意識為最底層科學的基礎。

他的理論提出如網絡游戲的概念：當你不觀察某些景象的時候，這些影像便不存在，這無異於王陽明的「山中花」心外無物的境界。

關鍵是霍夫曼的夢想不只是空談，他任職於加州大學歐文分校，已得到這方面的研究經費。更重要的是，他的團隊還著力於建立一套以意識為基礎的數學。他指出，他的理論中的數學將說明物質怎麼從意識中生起。

若霍夫曼能成功的建立這套理論，那麼數世紀前的地心說

到日心說，到如法拉第、牛頓、馬克斯韋等大匠的功績，再到上世紀的廣義相對論與量子力學等等的科學大耀進的總和，相對來霍夫曼的成就來說，就有如九牛之一毛。

第三節 你是宇宙

「意識與真實」主題的第二位演講者是一位著名的公共演講家與作家：喬普拉。《你就是個宇宙》（You are the Universe）是喬普拉 2017 年的著作，書中指出每一個人都是一個宇宙，此論述主要基於印度吠檀多與佛教的觀點，並引用今天科學的多重宇宙理論為依據。

他指出今天科學假設宇宙是由物質構成的，但科學家認識的物質少於整個宇宙百分之五，對於其他佔百分之九十五的暗物質與暗能量，我們的科學家是一無所知。而且今天科學認識的物質如原子等具有波粒二象性，當沒有被觀測的時候，這些物質根據量子物理學來說，便會消失到一個叫做希爾伯特的數學空間裡——也就是這些物質在沒有被觀測的時候並不存在。

當科學家被問到物質是如何形成的，他們的答案是：幾率；那麼這些幾率從什麼地方來？答案將會是：從希爾伯特空間；

那麼什麼是希爾伯特空間？答案是：數學空間。總結來說，科學家不知道物質是如何形成的。

因此，基於以生物學為基礎的意識理論 是沒有實質的。反觀我們必須先有意識才能談到生物這個概念，沒有意識根本沒有生物這個概念的出現。

喬普拉列出西方科學與東方智慧的各種差別：西方以物質為基礎，東方卻以意識為始；西方將觀察者與被觀察分開，東方融觀察者與被觀察為一體等等。

要是我問你：「你「看」的體驗在哪裡？」如果你說：「在大腦裡」，這是不合符事實的，因為在大腦裡根本沒有顏色也沒有空間，大腦裡面只有電化學反應（electrochemistry）。同樣的，「聽」的體驗也不在大腦裡，因為大腦裡面完全沒有聲音，只有動作電位（action potential）。

那麼，我們種種的體驗在哪裡產生？合乎邏輯的答案只能是在：意識——一種超越時空的地方。這個結論與霍夫曼的「意識代理」不謀而合或有相似之處。同樣的，喬普拉也認為三維空間與四維時空的存在都是不真實的；他特別強調：大腦與意識是通過一種更深層的超時空的真實而彼此互相輔助的。

有聽眾問道：「今天科學所有的理論都是基於三維空間或

四維時空，這些理論提出者都自認其理論是真實，而你們說這些都是不真實的，那麼其中是否存在邏輯悖論？」喬普拉答道：「我只能說，現實是充滿矛盾悖論的。」另外一個聽眾問：「具有意識的我們必須有身體、意識與靈魂，我的問題是你的意識在哪裡？」喬普拉答道：「我們都是意識都源於意識場（fields of awareness）。」還有一個聽眾問喬普拉如何看待動物是否有意識的問題。

第四節 身心二元

身或心為主，或身心是二元共存，是意識學界爭論不休的大議題，不同的理論有不同的解釋。第三位主講者帕沃·皮爾卡寧（Paavo Pylkkänen）嘗試用戴維·玻姆（David Bohm）提出的量子力學導航波詮釋（pilot wave）以解決這一難題。玻姆被譽為 20 世紀最出色的理論物理學家，他晚年熱衷於建立一套意識理論。

要知道量子力學被發現到今天，從費曼的「沒有人真正理解量子力學」，格羅斯的「過了 100 年我們還在嘗試理解希爾伯特空間」，再到潘洛斯的「量子力學是一個不一致的理論」，

可以說沒有人能夠理解量子世界。今天科學家只能夠在數學上做詮釋，量子世界裡發生了什麼，沒有人知道。雖然今天多數人應用哥本哈根詮釋（Copenhagen Interpretation），但維基百科上就記載了 13 種詮釋。

皮爾卡寧大略的指出各種意識理論在身與心方面的缺陷：唯物主義對心識解釋的匱乏，唯心主義忽略了宇宙中廣泛存在的物質，與泛心論（Panpsychism）的「識」普遍存在於一切包括無機物體的似是而非。他認為一套完整的意識理論必須正面的解釋身心共存的問題。

簡單來說，皮爾卡寧提出玻姆的導航波應該能夠傳遞信息，而導航波有不同階層，因此有個物質性的導航波，此外還可能有個精神性的導航波；前者傳遞物質性的信息，後者傳遞精神上的信息；兩者彼此配合而能有身與心的共存。他的理論沒有決斷這二者的主次之分。

皮爾卡寧還引用玻姆的身與義（soma-significance）的理論以進一步的解說身與心的雙向交通性。在這雙向交通的理論，物質與其相關的內涵如顏色等是有雙向性的。

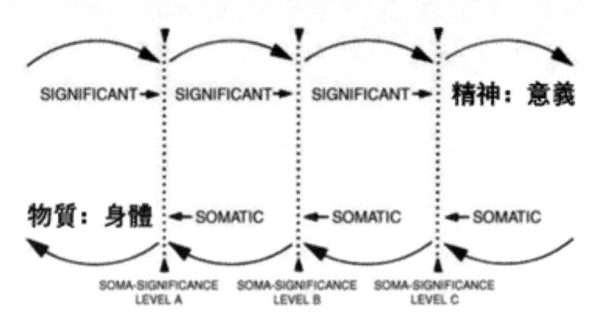

圖表 98 玻姆的身與義理論

第五節 百家爭鳴

今天在意識學這一領域，要說如中國春秋戰國時代的諸子百家的百花齊放、百家爭鳴一點不為過。就這個 2024 美國亞利桑那圖森的意識科學年會上就有許多不同的理論。有學者說：「意識理論就如同牙刷，每個人各有一把都不願意用別人的」。下列幾個比較廣為人知的理論。

全局工作空間理論（Global Workspace）假設意識與一個全局的「廣播系統」相關聯，這個系統會在整個大腦中廣播資訊。大腦中專屬的智能處理器會按照慣常的方式自動處理資訊，這

個時候不會形成意識。當人面對新的或者是與習慣性刺激不同的事物時，各種專屬智能處理器會透過合作或競爭的方式，在全局工作空間中對新事物進行分析以獲得最佳結果，而意識正是在這個過程中得以產生。

比較系統性的有整合信息論（Integrated information theory，IIT）。這是個嘗試解釋意識並且將其量化的理論：其中解釋意識是什麼？為什麼人腦會有意識？以及意識為什麼可能與某些物理系統有關聯？

另外還有之前提到過的——潘洛斯與哈默洛夫共同提出的量子意識模型：諧客觀化還原模型（Orchestrated Objective Reduction Model， OR）。概括來說，此理論客觀還原大腦神元微管的內在結構，由此成為產生意識的一種量子意識模型。這個模型將人腦視為一個量子腦，認為意識的產生是微管中量子引力所導緻的量子波函數坍塌的結果。

此外，有其他的如之前提到過的泛心論、唯物主義、唯心主義還有其他的如虛幻主義等等。

第六節 意識是膜

　　自從上世紀愛因斯坦將時間與空間統一到四維時空之後，物理學家開始對維度有新的認識，認為不同的維度或許是大統一的底蘊，因而對維度有各種憧憬。首先是西奧多·卡魯扎（Theodor Franz Eduard Kaluza）在愛因斯坦發佈廣義相對論後不久，嘗試利用第五維度把引力與電磁力統一起來。當時的物理學界只知道有引力與電磁力，對四大的弱力與強力還沒有認識。

　　到了20世紀末，超對稱（supersymmetry）與弦理論（string theory）的出現，物理學家對維度的認識開始成熟。這些額外維度的認識之後衍生到超空間（hyperspace）、膜（brane）等的概念。超空間是三維空間甚至四維時空以外的空間或存在。設想一顆三維的蘋果，要是將這顆蘋果切成許多的薄片，再將這些薄片攤開鋪平，這鋪平後的二維薄片也就是膜，它就代表之前三維的立體蘋果。

　　今天許多尖端物理學的計算很大程度上依賴這些超空間與膜等的數學模式，因為通過這些超空間與膜能夠更容易與更準確的得出計算結果。它們像是比這些結果更加真實，至於自然界是否真實有這些超空間與膜的存在，至今有許多爭議。

　　更多的物理學家認為這些只是純粹的數學模式或工具。但

對做為這些數學模式有顯著貢獻的物理學家麗莎·蘭道爾（Lisa Randall）來說，這些超空間與膜是真實存在的。還有位曾在霍金底下當過研究生現已退休的物理學家與宇宙學家卡爾認為我們的意識存在的地方就是在這些超空間與膜中——意識只能存在類似這些膜裡。

諾貝爾物理學得主與弦理論的創建人之一的格羅斯也曾經說過：「我們不是生活在普通時空，而是生活在超空間。……事實上，我們不知道這些額外的維度，這就引出了一個問題：「你如何認識普通的維度？……普通時空只是一種心理構造。」這些見解就與喬普拉所說的：「大腦與意識是通過一種更深層的超時空的真實而彼此互相輔助的」一致了。

第七節 分析唯心

對今天科學挑戰最激烈的應該是精萃基金會（Essentia Foundation）。這個基金會的顧問委員會成員就包括上述的霍夫曼與卡爾，其成立的目的可以說是要翻轉今天科學對於意識與物質的認知。這基金會提出的理論是由其主席卡斯特魯普倡導的分析唯心主義（Analytic Idealism）。卡斯特魯普認為今天

的唯物主義是胡說八道，他提出兩個邏輯說明我們認知的對象並不真實，第一是根據熱動力學的第二的熵定律，第二是引用霍夫曼的理論。

要知道熱動力熵是被認為宇宙最重要的定律之一，在這定律下一個系統，可以說整個宇宙也是一個系統，一直在熵變中──也就是這個宇宙的混亂的秩序一直在增加。因此，我們的體驗應該不是渾然有序的，更何況若不是反熵我們的身體與內臟早就融成熵漿或熵灰了。意識是反熵的結論說明今天基於唯物主義生物學的意識理論是不合邏輯的。由此可知，我們體驗的對象不是真實的，而是經過編碼的。

意識是反熵的意思主要身體即根身與體外的世界即器界有根本性的不同，要不然，我們的身體因為宇宙一直在熵變中根本不能形成。答案是在唯識的第八識變根身、器界，在弦理論就是 M 理論「變」反德西特/共形場論對偶性。這在之前提到過量子力學因為沒有個體化的區別，所有粒子都是同一個隱形的場的被激活，那麼怎麼區分你、我、他？又怎麼區分身與物？因此，量子力學離開真實甚遠，到了弦理論就自然的出現許多的個體化理論部件，都是以 M 理論為主，即第八識為住的個體。

卡斯特魯普的理論恰巧與霍夫曼的理論異途同歸。霍夫曼

是推翻唯物主義的進化論與四維時空理論得出「桌面界面」的結論——我們的對真實一無所知——我們的體驗都是經過編碼的。

卡斯特魯普還對唯物主義做出嚴厲的批判——他們試圖將我們的精神體驗與物質的本質混淆——因為物質本質是根本不具有我們精神體驗的內涵的——如顏色、聲音、氣味、嗅道、與觸覺等等。

唯物主義者在以上猛烈攻勢下，除了一些頑固不化的已經開始動搖。事實上，頑固不化的人對物質的信仰要比對宗教信仰更執著。泛心論便是這個唯物主義陣營對意識難題的回應。他們允許意識難題的成立，因此提出「識」普遍存在一切——微小到每顆微粒子都有「識」。這種見解從還原論者（reductionists）的思路來看是再自然不過的。比如我們看到紫色，是通過一顆帶有紅色的粒子加上一顆帶有藍色的粒子的混合。問題是，今天物理學對於物質的認識來自量子場論，這些場下面只是波，這些波覆蓋整個宇宙其中沒有界限，因此泛心論的理論缺乏對界域做出區分——特別是在沒有界限的波濤裡怎麼樣區分觀察者與被觀察。又如我們眼睛通過紅、藍粒子看到紫色，那麼我們的眼睛甚至整個大腦豈不是會發紅、發藍、發紫？

卡斯特魯普提出的分析唯心主義，不是排除今天科學的結果，而是將這些結果通過與我們的精神體驗做相關性（correlates）的對比，從而分析後建立一套唯心主義的意識科學架構。

從哲理邏輯的結論得知：有所謂的被體驗的對象與體驗者的區分、大腦明確的是與某種體驗功能有關、物質是存在的但并不是傳統世俗性的物質概念。在這框架下，我們不能在本質上區分被體驗的對象與體驗者，而被體驗的對象是體驗者的被激活。這樣的定義才有一貫性也與我們的經驗相符；此外被體驗的對象可以被歸含包納（reduced to）到體驗者。

因為大腦掃描與我們的精神體驗有相關性，因此可以將大腦掃描的結果來推論精神意識，但這不代表這些精神意識產生於大腦。因為大腦與我們的意識體驗有直接關係，因此我們經驗到的物質在外象上也與我們的大腦相似。卡斯特魯普引用了數份宇宙觀察文章來支持他這一論點——這些文章的作者通過觀察宇宙得出的結論是——宇宙的結構與我們的大腦的結構非常相似。

為了解決有許多體驗者的問題，在卡斯特魯普的構想下，宇宙原來只有一個「元識」，這個「元識」有自己的想法與情緒（ideas and emotions），這想法與情緒並非我們能夠瞭解的，

特別是這時的體驗不是過我們理解的五個感官得到的。過了一段時間，這個「元識」因為某些原因開始分離（disassociation），他指出在精神病列裡有多重人格障礙的案例做為他構想的依據。分裂之後有第二組的想法與情緒，開始了第二個「識」。

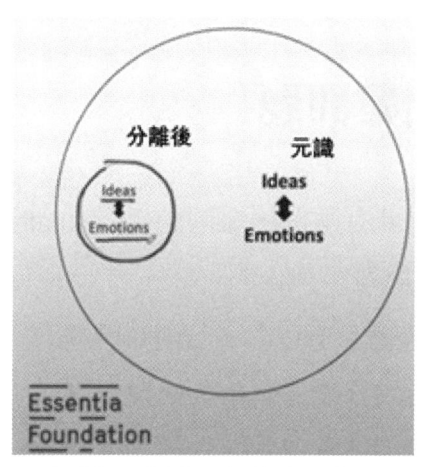

圖表 99 分析唯心主義的元識到分裂

如此發展下去，再經過進化後，這些「識」為了生存開始有了各自的「儀表盤」，這些「儀表盤」是真實外在的縮影，雖然代表真實卻非真實——對於真實我們不具有透明視窗。他指出歷史上與近代上許多哲學家都有類似觀點——儘管用的詞語不一如符號、標記、圖像等。我們能認知的只是這些「儀表盤」上的物件。

卡斯特魯普還對意識層次做出區分：現象意識（phenomenal consciousness）與外顯意識（meta consciousness）。前者是類似

存在與潛意識而後者則是對認知有清晰的體驗而能清楚的表述。

第八節 困難問題

意識科學領域有兩個困難問題（hard problem）。一個是之前提到過的意識難題（hard problem of consciousness），於上世紀 90 年代由查爾莫斯提出。這困難問題的對象是唯物主義者——在沒有識的物質如何生起知覺與意識？相反的，有個物質難題（hard problem of matter），這難題的對象是唯心主義者——也就是物質如何從意識中產生？

這兩者的挑戰咋看之下是平分秋色，但後者像是更困難一些，畢竟我們慣性的認為物質是非常基本的，而且科學上從來沒有從意識產生物質的理論。但一世紀前，量子力學之父馬克斯·普朗克曾經說過：「我認為物質是意識的衍生物，我們無法躲在意識背後，我們談論的一切，我們認為存在的一切，都假定意識的存在。」要知道普朗克具有超敏銳的洞察力，當年大家對困擾物理學家多年的紫外災變一籌莫展的時候，他卻輕易的解決了這一問題，儘管當時他也不知道自己是否是對的。

第九節 意識小結

各種的難題最核心的問題是心物問題，或身心問題：1. 由無有意識粒子組成的身體怎麼樣會有意識？2.怎麼從意識生起身體與整個宇宙世界？前者是對唯物主義的挑戰，後者是對唯心主義的挑戰。

這些其實在緣起法都不是問題，因為西方或現代學者把各種識混為一談，或如小乘人，不知道識有八種。這些困難問題的答案都在緣起支，特別是前二支的識與名色，名色支正是心物問題的答案，但必須提到識支，這就是阿含經的「譬如三蘆」。

嚴格來說，雖然這三十年來意識科學這個領域蓬勃發展，但目前還是在摸索的階段。但其中有個不能忽視的趨勢：因為隨著科學對物理現象的深入理解，許多人發現唯物主義的嚴重缺陷，今天的意識科學已經開始偏向唯心的方向。

當前諸子百家正在競賽，看誰能最先得到一個突破口。但這個突破口的門檻可以說是非常之艱巨，特別是唯心主義必須要證明物質怎麼從意識中產生，就如霍夫曼嘗試建立一套數學來證明。但物理學根深蒂固、脈絡深厚，要從意識數學中無縫連接到物理學簡直是天方夜譚。

但要是弦理論做為意識科學的最底層的數學邏輯,就不需要如霍夫曼一般的將一套不同的意識科學理論接口到物理學中,因為,弦理論本身也是同一廣義相對論與量子力學的數學理論。

這其中還有個現象,除了喬普拉為印度裔外,嘗試建設意識科學的幾乎都是西方白皮膚的學者,東方的黃皮膚學者可以說是幾乎完全缺席。這是非常令人遺憾的,要知道東方人每天在談心論識但卻在這裡完全接不上話。更無奈的是網絡上看到浙江大學的一篇文章:「Stuart Hameroff:當代意識學」[293],這是哈默洛夫被邀請到浙江大學演講的報導,哈默洛夫提倡的意識科學是來自大腦微管內量子波函數的坍塌。未曾想到東方大國竟然會淪落到此境界。

---

[293] 浙江大學;講論現場;Stuart Hameroff:當代意識學;https://rwsk.zju.edu.cn/zjudflt/2016/1212/c3717a402370/page.htm

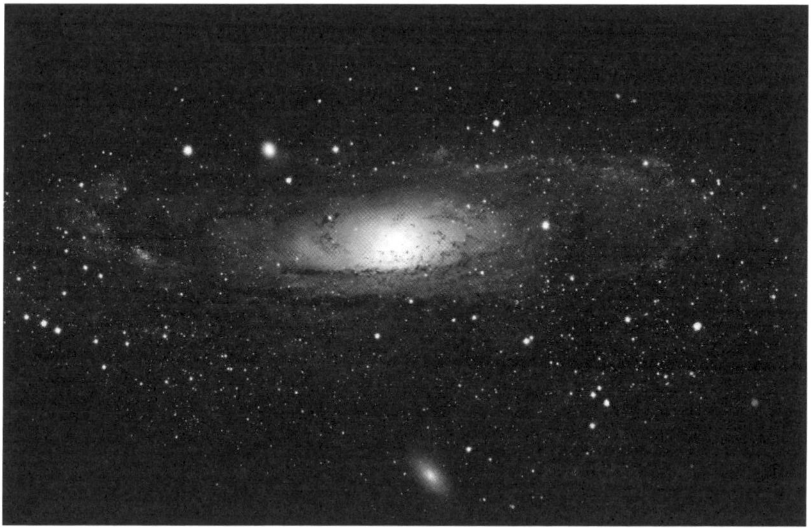

第九章 緣起總結

有些人認為佛法特別是唯識非常複雜繁瑣，但真理不虧欠我們什麼，讓真理變得容易理解。同樣的，有許多人認為意識是非常簡單的，解釋意識的理論不應該是非常複雜的。意識做為宇宙最底層的邏輯，借用物理學的名詞，「因果守恆」、「意識守恆」或「業力守恆」必須為第一定律，但今天許多人犯下了滔天大罪卻似乎生活的非常的滋潤，因此意識科學必須是非常複雜繁瑣的。這是佛陀所說的「此有故彼有，此生故彼生；此無故彼無，此滅故彼滅。」宇宙真相不是如量子力學顯示機率性的，是愛因斯坦所說的「上帝不會擲骰子」的，是「因果不空」的，這已經完完全全的出現在弦理論裡。愛因斯坦的「上帝」就是佛教的「緣起」。

網上搜尋「意識是什麼」與「宇宙大統一理論」，可以看到鋪天蓋地的討論。在這些討論中，佛家完全缺席。同時根據最新的數據顯示，佛教已經不是三大宗教，在展望未來的比例，更是第四、第五的席位也不保。這事實不但說明佛教與今天的思想潮流已經完全脫節，也說明今天的佛教完全喪失了思想領導位置，遠遠沒有釋尊當年的風采。這也說明了今天護法者的傳法方式存在著極為嚴重的問題。

今天學界對意識科學的各種理論，相對佛教緣起法的意識科學來說是不但是極度貧瘠的，甚至在認知上有根本的錯誤。佛教的緣起法不但是意識科學，還是宇宙大統一理論，因為，意識是宇宙的最底層的底蘊邏輯，而這底蘊邏輯是玄奘一系的唯識學。

第一節 佛的教導

「若佛出世，若未出世，此法常住，法住、法界，」說明佛法不是膜拜得到的，即使在佛沒有出世過的世界，佛法一樣存在。《金剛經》中「若以色見我，以音聲求我，是人行邪道，不能見如來。」說得很清楚，佛、佛法不是宗教，前面說過也不是一種哲學，佛法必須是最終的科學。

今天科學的成立靠的是推理，後建立一套理論，物理學做為最底層的科學必須加上數學，通過實驗與重複實驗來建立。簡單來說，具有科學性的理論是能夠在不同地方、時間被重複應用的定律。佛法的理論、定律也必定是有重複性的，也是在不同地方、時間都是有實效的。但佛法的科學與今天的科學有根本上的差異，佛法是佛直接觀察到的，是真正意義上的「悟

道」，而且是佛直接看到的「古仙人道」，並不是通過哲學、推理後建立的理論，之後再通過試驗而得到的。

第二節 法爾如是

佛「悟道」的是緣起法，那麼弦理論學者為什麼也能得到緣起法呢？這就不得不提到弦理論數學的特性。弦理論的數學許多都是自然「發生」的，好像有一股神秘的力量在推動這些計算，比如，額外維次的數目、引力子、自然的得出廣義相對論、幾乎所有量子力學必須的常數等。

特別是額外維次的數目，要是弦理論學者不遵守這些維次數目，整個數學模式將崩潰不成形；但若遵守這些額外維次的數目則自然的能夠得出「夢寐以求」的引力子與自然的得到幾乎所有物理學中必須通過無數試驗得到的常數。

此外，弦理論學者說，要是愛因斯坦沒有來過這個世界，弦理論也能夠自然的推演出整套廣義相對論。更讓弦理論學者墮入迷霧的，是自然產生的各種弦理論數學猜想：波色子弦論、五版超弦論、M理論、F理論、反德西特/共形場論對偶性，

通過弦自然出現的膜，這些猜想之間的各種對偶性，與自然出現的額外維次數目二十二、六、七、八等。

這就是「法爾如是」、「若佛出世，若未出世，此法常住，法住、法界，」，因此佛法並不是宗教而是真理、科學。讓弦理論學者摸不着頭腦的各種對偶性便是佛法中的法法相攝。因此緣起法中必須用四緣、五果、二十二根、十二處、十八界等法才能夠說得清楚；沒有將這些法攝入十二因緣是緣起法四分五裂的根本原因。

第三節 一心二門

為什麼佛可以直接觀察到緣起法但凡夫不能？弦理論學者卻必須依靠數學，與那股神秘力量，來指導他們推算弦理論的各種數學猜想呢？這就必須提到緣起法的核心：識支，也就是第八識，也就是「十（二）有支，皆依一心」之「心」。

對於不認為有第八識為「心」的人如小乘人來說，不知道三界一切所有，都是「一心」即第八識或識支所顯現出來的，不是有實在的我、人、眾生等，這些都是「由假說我、法，有種種相轉」。

比如有個《超級英雄》的電子游戲，裡面有你，你的角色是扮演超人、還有其他人扮演蝙蝠俠、怪獸等，都是「假說我、法」的「種種相轉」而已。根本上沒有所謂的你、超人、蝙蝠俠、怪獸等。因此，沒有所謂我、人、眾生等，這是《金剛經》的「無我相、無人相、無眾生相、無壽者相」。

《大乘起信論》的「一心二門」中，「一心」即眾生心，「二門」即心真如門與心生滅門。要深入的認識「一心二門」，就必須從第八識即心，也就是緣起十支，也就是心的有漏種子的四果相，為無漏種子的離系果所依的認識開始。這就是：緣起、一心、二門、四緣、「五果……，這之前已經論述過了。「二門」就是緣起支的四果相為第五離系果所依。再深入的話，就必須認識二十二根：流轉十有漏根、還滅三無漏根、通二九根。或許有人會反對說《起信論》與唯識是不同體系、脈絡的，但要是佛陀要我們思考佛法，他沒有要我們做體系、脈絡、教史的功課。

要注意的是「眾生心」，「眾生心」具體上有什麼重要的含義呢？眾生心在緣起法上的重要含義是之前提到無數無量眾生的共變，共變靠的是二十二根，也因此平行宇宙在弦理論是必須的。

第九章：緣起總結

一、二十二根

「一心」有「二門」的真義也曾經出現在說一切有部的二十二根的論述。說一切有部認為二十二根是流轉與還滅的所有能量,因此二十二根也是有「二門」。因此是:一心、二門、二十二根。

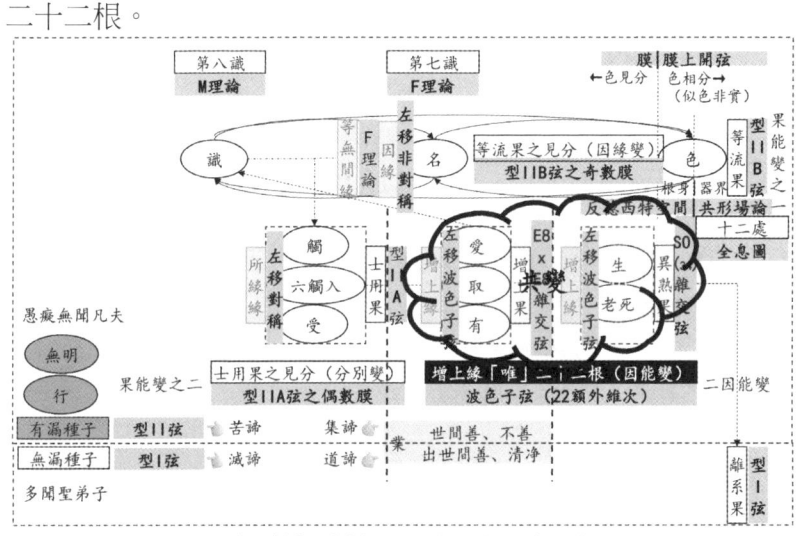

圖表 100 流轉、還滅:唯二十二根

二十二根做為緣起法之一就有「眾生心」之共變的重要含義,這個在之前已經論述過了:增上緣「唯」二十二果,而愛等三增上果與生等二異熟果都主要依靠增上緣的「唯」二十二根。流轉與還滅都是通過這二十二根,從增上果、異熟果到離系果。所以在弦理論出現了波色子弦論、E8xE8 雜交弦、SO（32）雜交弦、型Ⅰ弦。這些完全不是巧合而是異途同歸最終真理的原因。

從「識外無境」的角度來說，外小認為有的外境如豆、瓜等物，都是無的，都是共變的，共變最勝為增上緣，增上緣「唯」二十二根，因此，二十二根是「一心」即「眾生心」的最終相貌之一。

二、處界即心

前面論述過「界即識支」，原因是「界是因義，即種子識」，種子識是第八識的別名，因此界就是第八識，因為緣起支的識支是第八識，因此界即識支，為流轉與還滅所依，因此界即緣起。因此，界也是心。又佛說：

一切有者，唯十二處。

根據唯識，一般上第八識指的是有漏的第八識；但之前也說過，第八識其實也可以是善淨無垢識。又界可以被攝入十二處，因此，十二處也是心。前面也論述過「質即信息」，也就是唯識所謂的「本質」就是十二處的六塵處，由此可知，十二處也是「一心」即「眾生心」的最終相貌之一。

三、本來面目

蘇士侃是弦理論的奠基者之一，他在最近的一個訪談中被問到「全息圖原理與 M 理論的近況如何？」，他說：

所謂的 M 理論確實發生了一件事，它是第一個對該特定理論進行完整量子全息圖描述的例子⋯⋯[294]

對 ChatGPT 問「全息圖原理與 M 理論的關係是什麼？」，這問題的背後其實是「十二處一分的六塵處與第八識的關係是什麼？」。得到的回答很長，但結尾是：

最後的想法：M 理論提供了高維框架，而全像原理告訴我們，這個額外維空間可能只是一個有用的數學工具——現實從根本上來說可能是低維的。

前面說過，界即第八識，界為十二處攝，十二處一分即六塵處即本質即信息；以上「現實從根本上來說可能是低維的」，說的即真實只有十二處，即佛所說「一切有者，唯十二處。」

世俗、科學、外道、小乘等認為有客觀存在的事物，但如「元宇宙喻」所示，有的只是服務器、數據、網路；這些相對來說只是第八識或弦理論的 M 理論，或額外維次與全息圖，或于凌波所說「識」是「一種能量」，除了這些以外什麼都沒有。

二十二根在弦理論是二十二額外維次，二十二根做為一種能量，能夠變宇宙萬法、森羅萬象必有相應的內涵、信息。弦

---

[294] Leonard Susskind: Is String Theory Totally Wrong? ; Robinson's Podcast Clips ; YouTube ; https://youtu.be/6VdNrZLRrf4

理論得出的全息圖是十二處之一分即六塵觸,而全息圖也是一種兩個額外維次的存在。從另外一個角度:十二處之六塵處為「本質」為信息,六根處必定是二十二根的眼、耳、鼻、舌、身、意等的依根。

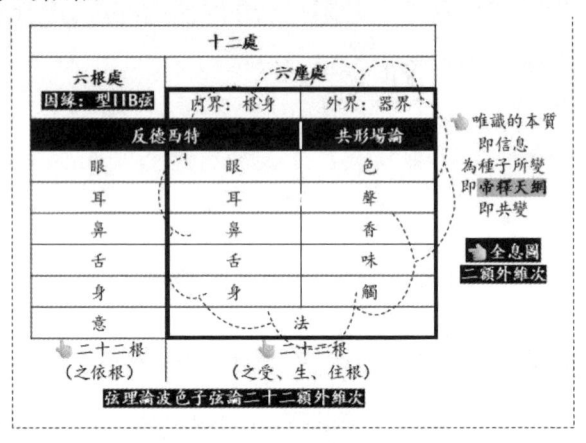

十二處		
六根處	六塵處	
因緣:型IIB弦	內界:根身	外界:器界
反德馬特	共形場論	
眼	眼	色
耳	耳	聲
鼻	鼻	香
舌	舌	味
身	身	觸
意	法	
二十二根(之依根)	二十二根(之受、生、住根)	
弦理論波色子弦論二十二額外維次		

唯識的本質即信息為種子所變 帝釋天網即共變 全息圖 二額外維次

圖表 101 本來面目

從兩個不同的角度說明一個事實:二十二加二或反之,共二十四額外維次即二十二根與十二處;二十四在數學上是一個非常完美奇妙的數字。這二十四維次就是心的「本來面目」。《成論》引用《大乘阿毘達磨契經》:

無始時來界,一切法等依,由此有諸趣,及涅槃證得。

「無始時來界」就是非常的接近「本來面目」。《成論》解:「界是因義,即種子識」,種子識是第八識的別名,因此界就是第八識。

就在今天,有個最新的物理理論說「新研究顯示引力可能源自於量子資訊理論」:

> 一個新的理論架構提出重力可能源自於熵,為幾何學、量子力學和統計物理學之間的深層連結提供了新的視角。這種經過修改的引力理論由英國倫敦瑪麗女王大學的數學物理學家吉內斯特拉・比安科尼(Ginestra Bianconi)開發,並發表在《物理評論D》上,它為統計力學和引力之間根植於黑洞熱力學性質的明確聯繫提供了新的量子信息理論見解。
>
> 量子相對熵
>
> 比安科尼理論的核心是量子相對熵(QRE)的概念。這是資訊理論的一個基本概念,它量化了兩個量子態中編碼的資訊的差異。更具體地說,QRE 是衡量一個量子態有多少資訊被另一個量子態攜帶的量度。……[295]

因為以上所說,引力是「地」上之「果」,存儲信息的地方是十二處、十八界。因此,這句話就是《大乘阿毘達磨契經》的「無始時來界,一切法等依,由此有諸趣,及涅槃證得。」

---

[295] New research suggests gravity might emerge from quantum information theory ; PhysicsWorld ; https://physicsworld.com/a/new-research-suggests-gravity-might-emerge-from-quantum-information-theory/

「心、佛及眾生,是三無差別。」說的就是我們的「本來面目」。我們的「本來面目」只是心與心裡面的種子即 M 理論與弦。我們並不是有個頭,頭上長著眼睛、耳朵、鼻子、肢體等的東西。第八識做為流轉諸趣即流轉四果相與涅槃證得即第五離系果的背後就是十二處,但十二處必須含攝二十二根,這是最終的「本來面目」,也是《楞嚴經》的「根塵同源,縛脫無二。」

四、怪物月光

問題是實際上有沒有這個二十四維次的「本來面目」?這就必須介紹一直還沒提到的,一個共 24 維次的弦理論。但在這之前,就要先簡單的介紹「怪物」(monster)與「月光」(moonshine)兩個數學概念。簡單來說「怪物」或「怪物群」(monster group)指的是有限群(finite group)中最大的一個「散在單群」(sporadic simple group),它有多大呢:

……這一個群的大小是 $2^{46} \cdot 3^{20} \cdot 5^9 \cdot 7^6 \cdot 11^2 \cdot 13^3 \cdot 17 \cdot 19 \cdot 23 \cdot 29 \cdot 31 \cdot 41 \cdot 47 \cdot 59 \cdot 71$,也就是 808017424794512875886459904961710757005754368000000000,長度有 54 位數。54 位數聽起來似乎還好,但是如果認真算一下,是非常可怕的。物理學家說這個數字比我們銀河系中的基本粒子(中子 neutron、

正子 proton）還多……[296]

巨大是這個群被稱為「怪物群」的原因。那什麼是「月光」呢：

> 在數學中，「月光」特別指的是一個迷人的數學概念，稱為「怪物月光」（monstrous moonshine）。這是一個看似毫不相關的兩個領域之間的神秘聯繫：一是「怪物群」（monster group）；另一則是模形式中的模函數（modular functions）。在 1978 年，數學家 John McKay 注意到模 j-函數的 Fourier series 與「怪物群」不可約表示的維數之間出現了一些數字上的巧合（（196884）與（1, 196883））。隨後，Conway 和 Norton 提出了相關的假設，稱其為「怪物月光」。最終，數學家 Richard Borcherds 在 1992 年成功證明了這些假設。

> 「怪物月光」展示了數學中的深邃聯繫，並且在理論物理（如弦理論和共形場論）中也有重要的應用。它是一個數學世界中極為奇妙的例子，讓人看到了抽象結構之間的意想不到的關係。[297]

---

[296] 怪物與月光 (Monster and Moonshine)——淺談 1998 年 Fields Medal 得主 Richard Borcherds 的數學工作；林正洪；https://www.math.sinica.edu.tw/media/pdf/d354/35403.pdf
[297] 向 Copilot 提問：「數學的月光是什麼呢」、「what is moonshine in math」之後稍微修改。

Borcherds 如何證明的呢？這就必須提到 24 維次的弦理論。他從波色子弦論開始，共 26 維次的波色子弦論除了 4 時空維次還有 22 維次，這 22 個維次被弦理論學家捲成微小的球體或甜甜圈形狀的環面。Borcherds 在以上的基礎將 24 個維次捲成一個 24 維甜甜圈表面，然後發現這 24 維次的弦理論具有怪物的對稱性。因為這 24 維次必定有 1 時間維次，加上波色子弦論的 22 額外維次，空間維次只剩下 1 維次，而不是如我們認識的三維次空間。但這并沒有對 Borcherds 造成困擾，因為他感興趣的是模型的數學性質，而不是描述我們世界的物理理論。在他構建的世界中，最低能量下，弦只以 1 種方式振動；在下一個最高能量下，已經有 196,883 種不同的可能性。且留下的痕跡具有模函數形狀的對稱性。

那麼這個極為神奇的「怪物月光」與我們的真實是否有關聯呢？

到此，我們發現這個領域令人驚訝地把許多看似完全沒有關聯的東西連在一起。第一個當然是有限群，第二個是模函數，第三個是李代數的理論，最後甚至連物理都扯入，把弦論也帶進來了，因為頂點算子代數最原始的觀點都是從弦論那邊得來的。

簡單的說，頂點算子代數就是物理上的共形場

論（conformal field theory）的代數結構，而 Monster 是這種代數結構的對稱性（symmetry）。所以最後，有一個直到目前為止都還沒有人能夠回答的問題，Monster 是不是跟實實在在的物理有關？可不可能是宇宙中的一種目前還未知的對稱性？研究物理場論都會提到對稱性。當然這個很大，因為我們的宇宙是非常非常大的。[298]

可惜的是，因為物理學者本末倒置，他們要尋找的是物質：

> Borcherds 的發現引發了純數學的一場革命⋯⋯。但從弦理論的角度來看，它有點落後。將 j 函數與怪物連結的 24 維弦理論模型，與弦理論家最感興趣的模型相去甚遠。史丹佛大學弦理論家 Shamit Kachru 表示："它似乎只是理論中一個深奧的角落，雖然數學結果令人吃驚，但並沒有太多的物理意義。"[299]

對 ChatGPT 提問「數學的怪物月光與真實有關係嗎」，得到的答案的結尾：

> 「數學的怪物月光」與「真實」的關係。這涉及數學

---

[298] 怪物與月光 (Monster and Moonshine) —— 淺談 1998 年 Fields Medal 得主 Richard Borcherds 的數學工作；林正洪；https://www.math.sinica.edu.tw/media/pdf/d354/35403.pdf
[299] Mathematicians Chase Moonshine's Shadow；Erica Klarreich；Quanta magazine; https://www.quantamagazine.org/mathematicians-chase-moonshine-string-theory-connections-20150312/

是否「真實」這一哲學問題：

- 柏拉圖主義（Platonism）：認為數學實體獨立存在，數學「發現」真理，而不是創造它。如果「怪物月光」是某種數學結構，那麼它可能與真實的物理世界有某種深刻的聯繫。
- 形式主義（Formalism）：認為數學只是符號遊戲，並無內在的「真實性」。
- 應用數學的角度：許多看似抽象的數學怪物（如怪物群）最終竟然與物理理論（如弦論中的莫斯特朗數學）產生聯繫，這意味著數學的「怪物」可能隱藏著某種與現實世界相符的結構。

如果「數學的怪物月光」是一種隱喻，它可能意味著：

- 某些極端、異常的數學結構可能與物理世界不直接對應，但仍具有潛在的意義。
- 數學的抽象性就像月光一樣，反射出世界的某些深層結構，但並非直觀可見。

結論：「數學的怪物月光」聽起來像是一種詩意的數學隱喻，可能指代某些奇特但深刻的數學結構，這些結構看似脫離現實，卻可能在未來揭示宇宙的本質。

指引這個「怪物月光」的 24 維次弦理論得出的就是真

心——本來面目,只是剩餘的一個維次不是普通空間的維次而應該是全息圖的維次。

第四節 七處征心

《楞嚴經》中:

佛於楞嚴會上征詰阿難心目所在之處,阿難先後以七處回答之,均為佛所論破,稱為七處征心。楞嚴會前,阿難因乞食而遭遇摩登伽女以幻術誘惑,將毀戒體時,佛遙知之,敕文殊持咒往護阿難歸來。楞嚴會時,佛乃征其心目所在之處,阿難答以目在外而心在內,迨佛征其心不在內時又答以在外。如是輾轉窮逐征詰,至於無所著處。蓋佛欲破除阿難之妄想緣心,使其妄心無所依止,故一一論破,以顯此心遍一切處,無在無不在之妙淨。

(一)心在內。阿難初答「心居身內,目在於外」,佛遂謂:「心若在身內,則應先見身中之心肝脾胃等物,然後才能見外境。若不先見身中之物,心豈在身內?」

（二）心在外。阿難以燈光為譬喻，謂：「眾生心在身外，不見身中，如燈光在室外，故不能照見室內。」佛詰之：「若言心在身外，則身心兩異，各不相知；而今身心相知，豈可謂在外？」

（三）潛根。阿難以琉璃籠眼為譬喻，謂心潛伏眼根裡，若眼見物時，心隨即能分別而無有障礙，如以琉璃籠於眼上而不礙於見物。佛以阿難引喻失義而責之曰：「若以琉璃喻眼，則眼亦可見；眼若可見，即同於境矣！眼若同境，則心境各異，豈可謂心潛伏根內而可分別？」

（四）在闇內。阿難又計：「諸眾生之身，腑臟在中，竅穴居外，如我今者，開眼見明為見外，閉眼見暗為見內。」佛乃問其：「閉眼見暗之時，此暗境界與眼相對否？若與眼相對，暗在眼前，云何成『內』？若不相對，云何成『見』？」

（五）隨所合處。四度被論破後，阿難答以「隨所合處，心則隨有」，佛又詰之：「汝言隨所合處者，若心無體，則無所合；心若有體，則汝以手自挃其身，汝心必能覺知，此覺知心為復內出？為從外來？若於內出，則心在身中；若從外來，則應先見表面。既非

內外,則無出入;出入既無,體性何有?若無體性,誰為隨合?」

(六)在中間。阿難謂:「心在根、塵中間。」佛又問:「心若在根、塵之中,此心體為復兼於根、塵?為不兼於根、塵?若兼於根、塵,則根有知而塵無知,根、塵敵對,有知、無知兩立,云何為中?若不兼者,不屬根、塵,即無體性,中何有相?」

(七)無著。阿難最後答以「一切無著,名之為心」,然佛又詰之曰:「若言不著名之為心者,如世間水陸飛行一切物象,汝心不著,然此等物象為有為無?若言無者,則同龜毛兔角,云何更有不著之物而言不著?若言有者,物在則心亦在,又云何無著?」[大佛頂首楞嚴經卷一] **300**

　　弦理論顯示了心、八識、二十二根、十二處是以一種額外維次的形式存在,不是三維世界的事物,但卻與三維世界的事物不即不離;比如以十維次的超弦論來說,這十維次裡面自然的就有四維次時空與六額外維次。這就是《金剛經》的「無所從來,亦無所去,故名如來」。但要達到這個境界,必須捨棄三界的欲有、色有、無色有不被三界幻像所束縛,證得無上正

---

300 佛弟子文庫;七處征心;http://m.fodizi.tw/f05/61543.html

等正覺才能直接的觀察到真理。小乘人的阿羅漢果也是必須是斷盡欲界愛、色界愛、無色愛的煩惱才能證得，但小乘人還是有「見」，特別是認為三維事物都是客觀上實有的，不知道在三維世界外的心、識才是真實，也因此只能得到阿羅漢果，不能直接觀緣起支。

第五節 膜的世界

要怎麼去理解第一章之第十一節「太陽之光」中太陽的光是各自的第八識所變？安安看到的寶寶是安安的第八識所變，不是離開安安的第八識有個太陽、寶寶等。

一、扭曲時空

前面說過，真實是一個極度扭曲的空間：我們從地平說到地心說，從牛頓幾何，到發現空間的幾何不是簡單直綫的。愛因斯坦通過廣義相對論讓我們認識到時空是扭曲的，一直到額外維次與超空間如膜的出現。真實是沒有時空，時空都只是第八識或心即 M 理論變出來的。格羅斯就曾多次的提出：

空間的概念是注定滅亡的，我們知道時空是一體兩面

的,若空間不存在,那麼時間也必注定滅亡……

對於弦理論學者來說,時空都是湧現的。既然時空是湧現的,那麼額外維次、超空間如膜是否是更真實呢?當許多學者批評弦理論的額外維次是沒有根據的,但對額外維次理論有顯著貢獻的物理理論學者麗藍道爾來說,她深思後認為這些額外維次是存在的。

二、膜與世界

「元宇宙喻」中,真實的只有服務器、數據、網絡,元宇宙中的時空都是服務器構建出來的。比如在目鏡上看到的三維空間所顯示的,是目鏡上的 LED 點點構建的假象。前面用目鏡來比喻唯識的見分即弦理論的膜,那麼膜如何構建三維世界的假象呢?之前的元宇宙的比喻是為了簡化,確切來說見分、膜有也包含如服務器的顯示卡,如下圖所示:

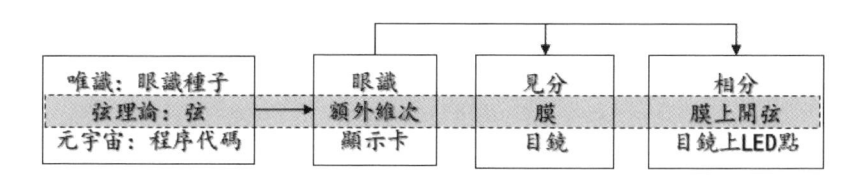

唯識:眼識種子	眼識	見分	相分
弦理論:弦	額外維次	膜	膜上開弦
元宇宙:程序代碼	顯示卡	目鏡	目鏡上LED點

圖表 102 額外維次與膜:顯示卡與目鏡

在元宇宙,若沒有目鏡與目鏡上的 LED 點,就沒有世界。同樣的,沒有膜即見分、膜上開弦即相分,也沒有世界。唯識

沒有具體的說明見分、相分是多少維的，但一般把見分畫成二維如上圖。我們以為有個三維的世界，天空上有個太陽；實際上在膜的世界裡，我們可以將這個三維世界的空間通做幾乎零厚度的切割，得到許多的切片，這切片的組合在弦理論被稱為「體」（bulk）。要是將這些「體」攤開平鋪，那麼這就是一個二維膜了。這個二維平面的膜中的內容與之前三維空間的內容是相等的。

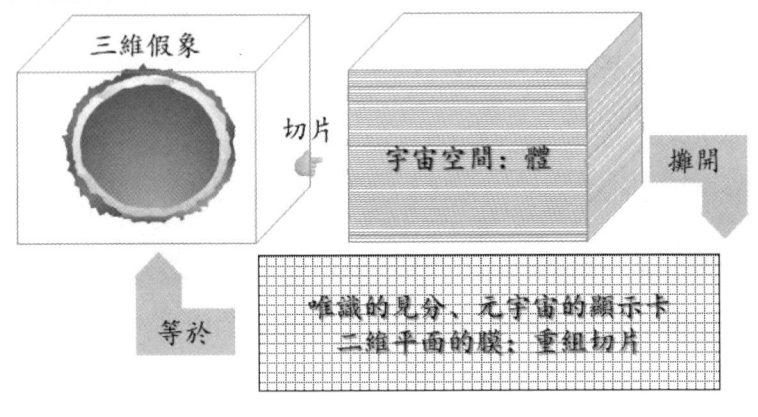

圖表 103 膜的世界

這個膜就是識的見分，膜上的開弦就識的相分，因此，佛法唯識說識是無質礙的，那麼我們的認識必定是在三維世界以外或不即不離的。從大乘佛教的角度來說「一切唯心造」，時空也是心造的。那麼從現代言語來說，必定承認有額外維次、膜等的存在，空間因此也是極度扭曲的如膜。若時空無，額外維次也無，那麼心在哪裡？若沒有膜，能見與所見在哪裡？又如瀕死體驗、靈魂出竅等，眼等五官都是沒有運作的，那麼有

524　第九章：緣起總結

怎麼會「能見」、有認識、有體驗呢？這些也必須有種子、現行、見分、相分而不是五根、大腦才能解釋。

三、工作空間

宇宙學家卡爾退休後，正在積極的探索意識學，他認為意識不是來自大腦，他也認為意識必須有某種的工作空間才能解釋瀕死體驗、靈魂出竅、心靈體驗、清醒的夢等。他認為類似弦理論的額外維次、膜等超空間就是這些工作空間[301]。唯識的見分用通俗的語言來說就是識的工作空間，是「識外無境」必須有的工作空間。

四、因緣分別

這裡說等流七識與士用果六識都有自己的見分、相分，前者為因緣變而後者為分別變。卡爾在另一個視頻就指出許多近代哲學家有類似的討論與理論：物理空間與現象空間[302]。物理空間就是等流果之名色支之色是「似色的實色」。現象空間（phenomenal space）其實指的是感知空間(perception space)就是士用果之觸等三。這兩者在弦理論分別是型 IIB 弦與型 IIA

---

[301] Consciousness and Cosmology with Bernard Carr；New Thinking Allowed with Jeffrey Mishlove；YouTube；https://youtu.be/nkic9q1Yl10
[302] Hyperspace, Consciousness, and Time with Bernard Carr；New Thinking Allowed with Jeffrey Mishlove；https://youtu.be/30JTeWttTac

弦，因此只有這兩版超弦論有膜，其他的超弦論都不具備膜。哲學、腦神經學、佛教理論都異途同歸的指向有「存在」與「認識」之差別，到了弦理論出現了型 IIB 弦和型 IIA 弦。

五、觀察與膜

一篇名為《時間只存在於觀察者眼中》的文章：

對你，對我，對任何一個人。時間之箭始於期預，貫穿經歷，埋入回憶。

但是最新科學理論認為，時間之所以流逝，是因為人類等觀察者的存在。每個人都有屬於自己的時間。

時間之箭的問題已經我們已經討論了數十年。不是懷疑它是否存在，而是在弄清它前進的方向。許多物理學家認為，時間在量子尺度的微小粒子中開始，當微小粒子相互作用影響到了宏觀世界，它所在的空間中就出現了時間。一百年前，愛因斯坦在德國《物理年鑒》（Annalen der physik）上發表了狹義相對論與廣義相對論的論文。他告訴我們時間是相對的，與觀察者在空間裡的運動速度有關。

而今年將被同一刊物收錄的一篇論文中（目前可在

arXiv.org 閱讀），兩位科學家指出，引力的強度不足以讓宇宙中的一切事物按照過去＞現在＞未來的方向走下去。換句話說，時間之箭只屬於觀察者自己。**303**

這是為什麼廣義相對論到了弦理論，弦理論的弦在相互作用強時，會生起膜與膜上的開弦。這些弦就是能親辦自果的「因緣」種子，當被激活生見分、相分。「觀察者」就是通過膜與膜上的開弦，即唯識所說的見分、相分來「觀察」、認識這個世界。

換句話說，廣義相對論與量子力學都是描述「觀察者」的，兩個都極為精準但畢竟是「低像素」，又是二元對立，到了「高像素」與非二元對立的弦理論，自然出現「觀察者」的膜或識的工作空間來認識這個世界。「觀察者」是「歸廣義相對論那邊的」，因為是「地」與「果」，因此引力子真實為親因、因緣種子，是「觀察者」，而量子力學則是「被觀察」的對象，都是在膜上的。

303《時間只存在於觀察者眼中》；煎蛋；https://jandan.net/p/82772

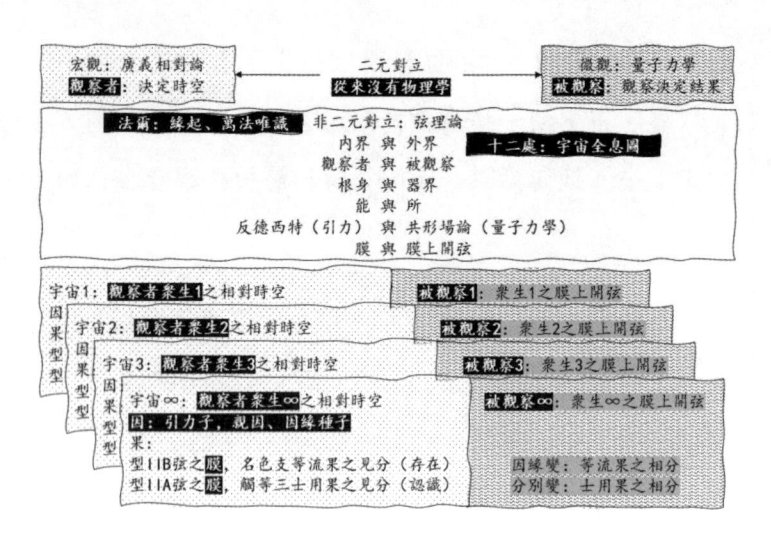

```
宏觀：廣義相對論           二元對立              微觀：量子力學
觀察者：決定時空    ←  從來沒有物理學  →    被觀察：觀察決定結果

         法藏：緣起、萬法唯識     非二元對立：弦理論
                          內界 與 外界
                          觀察者 與 被觀察        十二處：宇宙全息圖
                          根身 與 器界
                          能 與 所
                          反德西特（引力）與 共形場論（量子力學）
                          膜 與 膜上開弦

宇宙1：觀察者眾生1之相對時空          被觀察1：眾生1之膜上開弦
宇宙2：觀察者眾生2之相對時空          被觀察2：眾生2之膜上開弦
宇宙3：觀察者眾生3之相對時空          被觀察3：眾生3之膜上開弦
宇宙∞：觀察者眾生∞之相對時空         被觀察∞：眾生∞之膜上開弦
因：引力子，親因，因緣種子
果：
型IIB弦之膜，名色支等流果之見分（存在）   因緣變：等流果之相分
型IIA弦之膜，觸等三士用果之見分（認識）   分別變：士用果之相分
```

圖表 104 膜的世界：觀察者與被觀察

換句話說，「觀察者」與「被觀察」，都是第八識即 M 理論裡面的弦即種子所變的。這也是反德西特／共形場對偶性即根身、器界的來源。

愛因斯坦也認識到科學的二元對立的問題，他說：

> 人類是我們稱之為宇宙的整體的一部分，受時間和空間的限制。他將自身、思想和情感視為與他人分離的存在，如同意識的一種視覺錯覺。這種錯覺對我們來說如同牢籠，將我們限制在個人慾望和對少數親近之人的情感中。我們的任務必須是拓寬我們的慈悲之心，擁抱所有生靈，擁抱整個自然之美，從而將自己從牢籠中解放出來[304]。

第九章：緣起總結

他認為我們的「視覺錯覺」誤認我們與宇宙是分別存在的，這錯覺如同牢籠被種種欲望所限制，就如《瑜伽師地論》說的眾生被種種貪瞋癡等枷鎖所固縛。作為廣義相對論的發現者，他用不同的語句闡述了上圖的觀察者與被觀察的二元對立的基本問題。這是為什麼弦理論會出現見分與相分、根身與器界，來解決二元對立的困境，這觀察者與被觀察些都歸觀察者即心。

六、弦論之膜

　　緣起八識現行必有見分與相分，因此弦理論有多種膜。型 IIB 弦有 D-1、1、3、5、7、9 膜，型 IIA 弦有 D0、2、4、6、8 膜，分別對應名色支與觸等三。

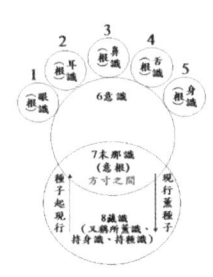

緣起支現行：八識所緣（認識）對象		弦理論	膜（見分、相分）
名色支等流果 前七識	似色實色 - 存在、潛意識	型IIB弦	D-1、D1、D3、D5、D7、D9
觸等三士用果 前六識	虛幻假色 - 顯意識	型IIA弦	D0、D2、D4、D6、D8
第八識（識支）	根身、器界 - 名色支之色	M理論	M2 - 與反德西特/共形場論關係密切
第八識（識支）	種子 - 愛等三增上果 - 生等二異熟果	M理論	M5 - 直接等於 E8xE8 雜交弦 - 間接等於 SO(32) 雜交弦

圖表 105 弦理論的膜 [305]

---

[304] Albert Einstein › Quotes › Quotable Quote；goodreads；https://www.goodreads.com/quotes/369-a-human-being-is-a-part-of-the-whole-called#:~:text=Sign%20Up%20Now-,A%20human%20being%20is%20a%20part%20of%20the%20whole%20called,optical%20delusion%20of%20his%20consciousness.

此外，第八識現行緣根身、器界。這是 M 理論的 M2 膜，M2 膜與反德西特/共形場論有密切關係。另外，第八識也緣種子，因此 M 理論有 M5 膜，第八識即識支緣種子為愛等三、生等二。因此 M5 膜與 E8xE8 雜交弦有直接對偶性，也可間接轉為 SO(32) 雜交弦。

第六節　時即流轉

　　今天最前沿的物理理論學家，包括弦理論外的物理學家，大部分都同意時空是湧現的。空間似乎很容易接受，但時間，特別時間的單向性與時間的流失是很難理解的。因為從數學對稱性來說，空間對稱是能夠被扭轉的，但物理學也得出時間對稱的數學，那怎麼時間就不能被扭轉而是單向性的呢？因此，「時間是什麼」一直是科學家與哲學家討論的熱點議題之一。

　　如這裡所論述，緣起法有緣生與緣滅兩面，時間即緣生、流轉的那一面，因此有三世、有輪迴。緣生可以是三界九地的任何一地，不同界地眾生的壽命、時間的流失速度都不一樣，因為「因」即種子有差異，因此果報的「地」也有差異。如下

---

305 八識規矩頌真實門；八識規矩頌真實門；http://ccubk14.brinkster.net/greatbook/D00/06549.htm

圖所示，宇宙的所有天體都沒有實際的連接，因為引力而運轉，這就「地」的概念，是果的概念。而「地」的不同是果的不同，是因為「因」的不同，「因」即種子、弦，特別是型IIB弦的親因、因緣。

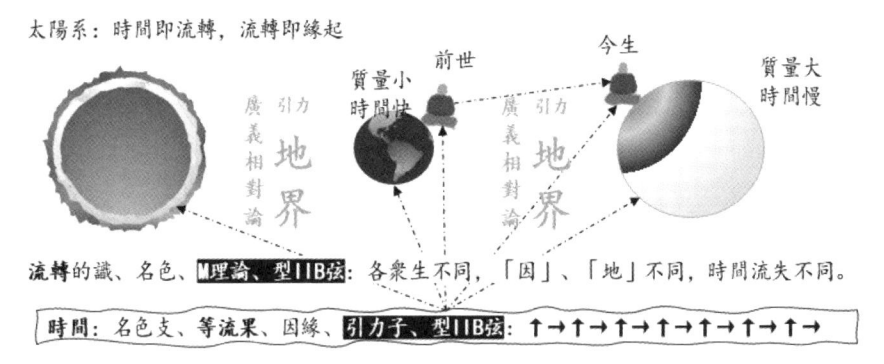

太陽系：時間即流轉，流轉即緣起

流轉的識、名色，M理論、型IIB弦：各眾生不同，「因」、「地」不同，時間流失不同。

時間：名色支、等流果、因緣、引力子、型IIB弦：↑→↑→↑→↑→↑→↑→↑→↑→

圖表 106 時即流轉

一世的流轉為「識等五果」，前二果就是識、名色二支，即 M 理論與型 IIB 弦。因為每個眾生各自有各自的第八識即識支，因此有各自的名色支，名色支是等流果，是從各自的親因、因緣種子生起的。前面說過，無論有多不可思議，出現在弦理論的引力子就是因緣種子，是「因」不是果，是非色非心不是色法，因此觀察不到，只能觀察到「果」的引力。

在愛因斯坦的廣義相對論裡，引力是時空扭曲的現象，與質量有關。質量大則時間流失慢，質量小時間流失則快，因此有不同的時間。上圖一個人從前世一地，到今生一地，因為到了不同的地，因此時間有不同。

但因為這些都是流轉相,而流轉主要是識、名色的等流果存在,等流果即不能停止中斷的意識流,因此時間即流轉、時間即受果報。要是通過修行達到緣滅的解脫,那麼就完全沒有時空的限制。因此,時間就是緣生、流轉、受果報,是「意識守恆」的定律,是「此有故彼有,此無故彼無,此生故彼生,此滅故彼滅。」,要是時間可以被扭轉,就違反了這個宇宙第一定律了。

第七節 自由意志

我們是否具有自由意志,一直是學界激烈討論的議題,近年的導火綫是如《自由否定意志》一文所述的:

> ……美國加州大學心理學家李貝特(Benjamin Libet),他於1982年得出的研究結果震撼哲學界和心理學界,李貝特找來一些實驗對象,用腦電波記錄裝置(Electroencephalography)監測他們的腦電活動,然後告訴他們隨意動他們的手腕。過去一般認為頭腦首先有一個「動手腕」的意念,即自由意志的產物,然後頭腦通過神經控制肌肉,接著手腕就動

了。

但是實驗結果並非如此。腦電波記錄裝置顯示，當實驗對象意識到自己想要動手腕的之前大約 0.4 到 4 秒之間，頭腦實則早已出現要動手腕的神經活動－預備電位（readiness potential），……李貝特在 1999 年指出，「在啟動肌肉之前，腦部顯然已開始了意志的過程」。為了確切地找出預備電位與意念以及行動三者之間在時間上的關連，李貝特于是設計了另一個實驗……如此進行了 30 次測試，結果都是一樣，就是預備電位同樣出現在肌肉運動前 500 毫秒，要動手腕的意念發生在運動前 200 毫秒。[306]

與自由意志的討論相似，劉慈欣的《三體》中的「光錐之內的就是命運」，也是有許多人在熱烈討論。光錐是一個狹義相對論與廣義相對論的概念：

> 在狹義相對論中，光錐（英語：light cone）是閔考斯基時空下能夠與一個單一事件通過光速存在因果聯繫的所有點的集合，並且它具有勞侖茲不變性。光錐的概念同樣可以擴展到廣義相對論中，這時的光錐可

---

[306] Free Won't（自由否定意志）；整合靈性心理學；https://ispti.hk/faq/free-wont/

以定義為一個事件的因果未來和因果過去的邊界，並包含了這個時空中的因果結構資訊。……[307]

以下是光錐概念的示意圖：

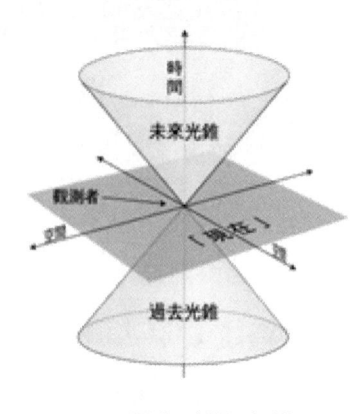

圖表 107 光錐

這些複雜的概念，可以用一個簡單的例子來理解：

……假定太陽現在停止發光，這個事件不會對此刻的地球發生影響，我們只能在八分鐘後，當地球位於太陽停止發光這一事件的未來光錐之內才受到絕對過去發生的這一事件的影響。[308]

換句簡單的話來說，在八分鐘內，太陽發光的事實已經是注定的，那就是「光錐之內的就是命運」之概念。這就是為什

---

[307] 《維基百科》<光錐>；https://zh.wikipedia.org/zh-hk/%E5%85%89%E9%94%A5
[308] 《百度百科》<光錐>；https://baike.baidu.com/item/%E5%85%89%E9%8C%90/1107419

麼李貝特等的實驗得到似乎沒有自由意志的結論，特別是大腦只是假象。又李貝特監測的是額葉的前動區域，但實際的意志應該是在島葉的區塊。

「識外無境」說過，外境並不存在，因為完全「沒有動」，光的傳遞只是假象，真實是太陽的光也是從自己的心，即第八識，即 M 理論發出的一幅幅的心相續相。那麼，怎麼應用緣起法來解釋自由意志與「光錐之內的就是命運」呢？答案就在等流果，在弦理論是型 IIB 弦，如下圖：

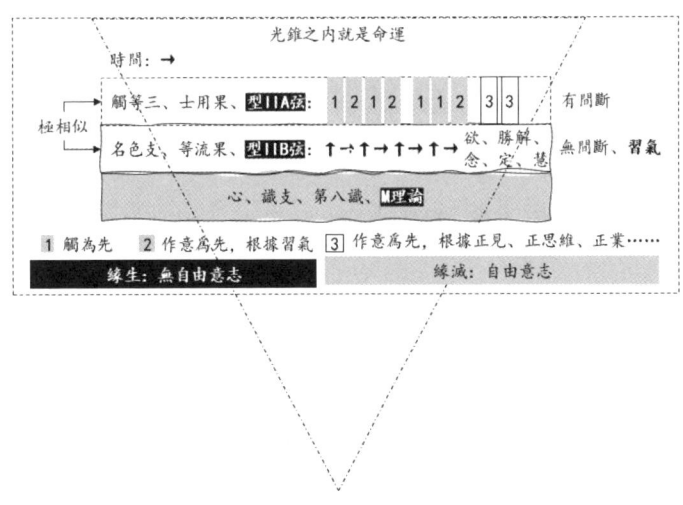

圖表 108 緣起法與自由意志

等流果稱為等流，是一種意識的暗流，在光錐內已經排著隊等著現起，在光錐內是「已經發生了」的，因此是等流。等流果也是習氣種子所生之果，習氣中就有欲、見等。

我們的認識、感受，或我們認為有的意志是士用果，是依等流果而起的，是「觸」為先（上圖的 1.）。即使「作意」或通過意志力（上圖的 2.），像是有自由意志。但因為一般上，像是有的自由意志，是受到等流果的污染，是等流習氣，因此，也不具有自由意志。特別是這些「作意」引導的思、身、語業，就是緣起法緣生的一面。只有通過佛法的「正見」，之後的「正思維」，再「作意」之意志，才具有自由意志（上圖的 3.）。特別是之後的「正語」、「正業」等的出世間之業，這是緣起法緣滅的一面。

如上所示 1. 和 2.，統計概率上占絕大部分，因此，我們的意志絕大部分不具有「自由意志」。這是為什麼能夠聽到佛法並信持即 3. 是世上極為稀有。

《自由否定意志》一文引用愛因斯坦話：

人類自以為是依自由意志而行動，其實是一種錯覺。

《自由否定意志》接著：

……當我們一切的意念都是好的意念，生命便能夠往好的方向發展，我們亦不需要再承受不必要的痛苦。各種宗教都強調戒律的重要性，佛教徒的五戒：要求不殺生、不偷盜、不邪淫、不妄語、不飲酒，甚至認

為「戒為無上菩提本」；基督教奉行「十誡」等就是在勸喻世人要好好使用自由否定意志。

但緣滅除了「自由否定意志」、戒律外，還必須修定、慧等，那就不只是單純的「否定」了。

第八節 腦根悖論

《中阿含經‧象跡喻經》：

諸賢！云何水界？諸賢！謂水界有二，有內水界，有外水界。諸賢！云何內水界？謂：內身中在，內所攝水，水性潤，內之所受。此為云何？謂：腦、腦根、淚、汗、涕、唾、膿、血、肪、髓、涎、膽、小便，如是比此身中餘在，內所攝水，水性潤，內之所受，諸賢！是謂內水界。諸賢！外水界者，謂：大是，淨是，不憎惡是，諸賢！有時火災，是時滅外水界。[309]

契經說得很明白，腦只是水界，因此不是產生意識的地方。若做為水界的腦能夠產生意識，那麼同為水界的髓、涎、

[309]《中阿含經》卷7：CBETA 2024.R3, T01, no. 26, p. 465a24-b2

膽、小便等又為什麼不是產生意識的地方呢？契經已經說明意識不是來自大腦，那麼契經說的就只有是唯識了。

前一章指出，今天已經有許多的學者不認為大腦是產生意識的地方，如：霍夫曼、喬普拉、卡斯特魯普等，但他們沒有清楚的說明我們的五根或五個感覺器官是否也不是五種觸覺所產生的地方。問題是，若五根是產生五種觸覺所產生的地方，而意識不是來自大腦，那麼比如眼睛所看到的東西，這個「看到」去了哪裡？這就違反基本邏輯了。

因此，若認為意識不是來自大腦，必須承認五根沒有作用，就必須完完全全的接受如「元宇宙喻」的世界：「能看」的不是在三維內，而是在三維外。若「能看」是在三維外，那麼「所看」也必定在三維之外。

但這個完全顛覆今天認知的真實，是非常難以令人接受的。因此，許多學者，包括唯識學者在這腦根悖論猶豫不決，甚至因為受到唯物主義思想的污染，違反基本邏輯的認為五根是物質性的。林國良在《成唯識論直解》一書的〈前言〉中提到：

> 首先，物質性的五根到底是什麼呢？唯識學將五種物質性的根分為浮塵根與淨色根。浮塵根是一種粗顯的物質，相當於人們肉眼所見的五官；淨色根則是一種

微細的物質，是五根中真正起認取作用的成分。現代許多人將五淨色根看作是神經系統，但也有人持不同看法。如能十力先生認為，說淨色根是神經系統，只是符合小乘關於淨色根的觀念，不符合大乘對此的觀念，大乘的淨色根，頗有一種神秘色彩。……

大乘、唯識還在討論什麼是物質性的五根是很可悲的事實。唯識有扶根塵與净色根之說，扶根塵指的像是有的物質性的根，是見分上的相分而已。净色根絕對不是神經系統，因為我們通過放大鏡也能看到神經系統，能看到的因為「識外無境」必定也是相分境。就如熊十力所說是「一種神秘色彩」，因此，就是弦理論得出的額外維次。

前面清楚的通過以唯識為底蘊的緣起支說明，我們的意識不是大腦的產物。從另外一個角度，前面引用《瑜伽師地論》的「諸行皆剎那，住尚無，況用？……眼不能見色……」也說明我們的五根或五官是沒有作用的。

雖然經論清楚的這樣說，但有些法師、學者卻認為意識來自大腦。這也是違背基本邏輯，因為五根要是沒有作用，那麼大腦又從哪裡接受外來信息而有作用？我們看到的物質性的五根只是「似色非實色」的物質性的五根，也只是相分境罷了，如「元宇宙喻」。要是能夠「看到」依靠的是物質性的眼睛，

那麼就解釋不了許多現象如夢境、瀕臨死亡、禪定時有的影像等。

更何況「諸行皆剎那,住尚無,況用?」,不但五根沒有用,大腦也是無有作用的。

第九節 萬有理論

在《維基百科》給予＜萬有理論＞的定義是:

萬物理論(英語:Theory of Everything 或 ToE)指的是假定存在的一種具有總括性、一致性的物理理論框架,能夠解釋宇宙的所有物理奧秘。經過幾個世紀奮勉不懈的努力,發展出兩種理論框架:廣義相對論與量子場論。它們的總合,可以說是最接近想像中的萬有理論。廣義相對論專注於研究引力來明白宇宙的大尺度與高質量現象,例如恆星、星系、星系團等等。量子場論專注於研究非引力來明白宇宙的小尺度與低質量現象,例如,亞原子粒子、原子、分子等等。量子場論成功地給出標準模型,並且能夠按照大統一理論將弱力、強力與電磁力這三種非引力統合在一起。

萬有理論是「一致性的物理理論框架，能夠解釋宇宙的所有物理奧秘」[310]。前面已經說過，實際上沒有廣義相對論與量子場論的總和，有的只是弦理論，是非大非小，根本上不是二元對立兩個互相矛盾、互相排斥、或大或小的理論的總和。又如大象不是一根柱子與一堵牆的總和。因此從來沒有物理學。說弦理論的主幹是佛教的緣起法或許有人排斥、非議。在一篇名為《宇宙萬有本體論》的文章開頭：

> 十方無邊際的空間為宇。過去現在未來無窮盡的時間為宙。有為無為色心染淨一切萬法，假名萬有。一切萬法，從本以來，寂滅湛然的，本自不生的，常住不動的，與虛空同體同壽的，同一真如法性，假名本體。又萬有約相而說，本體約性而談，亦即諸法實相也。[311]

雖然這篇文章的作者不詳，卻有佛學泰斗：倓虛老法師、印順老法師、屈映光老居士、李炳南老居士、方倫老居士為其作序。其中印順老法師讚：

---

[310]《維基百科》<萬有理論>；https://zh.wikipedia.org/zh-hk/%E4%B8%87%E6%9C%89%E7%90%86%E8%AE%BA
[311]《宇宙萬有本體論》；金陵白衣定熙集；https://bookgb.bfnn.org/books3/2030.htm#a001

統經論於一極 示佛法之宗本……

李炳南老居士序：

……佛法者何，即於宇宙萬有體證之聖言量也，然宇宙萬有，本屬緣生幻有，空無自體，幻有非實，體空非虛，非即有無以顯空，非即空無以幻有，有與空又非一非異也，真相如是，辯豈易哉。……

方倫老居士題：

……宇宙萬有，皆吾心之所生，心外無一法可得。楞嚴經中，佛告阿難：'色身外洎山河虛空大地，鹹是妙明真心中物。'所以本論以介爾心性，為宇宙萬有本體，此可以破極微實相，及上帝造物等謬論，使一切學人，歸於正見，厥功甚偉。

佛法也是宇宙萬有理論，特別是在三界流轉是為欲有、色有、無色有。那怎麼就不能被科學所算出呢？因此，排斥、非議，最終宇宙大統一的弦理論的主幹就是佛教的緣起法之人，就完全不懂得什麼是佛法、緣起法了。

第十節 科學玄學

上世紀二十年代，在中國學術界有一場有關「科學與人生觀」的學術爭論。參與辯論的學者分成「科學派」和「玄學派」兩派，及後又加入中國共產黨人的「唯物史觀派」，多方展開過持續地激烈論戰[312]。這論戰被稱為科學與玄學的論戰，一直持續到今天。要根本上結束這論戰，必須在所謂的玄學做具體的、哲理的、根本的、結構的、層次的深入研究。

常聽到「科學的盡頭是玄學」這句話，但要是科學的盡頭是玄學，那麼這個玄學必定是科學的，而且必須有足夠的細節。有說儒釋道等都是玄學，也是科學的盡頭，但此言差矣。因為除了玄奘一系的唯識學，甚至包括佛教的其他宗派，儒、道等都是不帶有足夠細節的，更重要的是其世界觀是不明確的或是錯誤的。這些不帶有足夠細節的，世界觀或不明確的或錯誤的玄學，只能從信仰者的角度，似是而非說是科學的盡頭，而不能提供具體的、結構性的、能夠提供可測試性的理論，來確立這個玄學是科學的盡頭。

因此，實際上是「科學的盡頭不是玄學而是唯識學」，特別是唯識學的理論，如此所示，有豐實細節，是完全不賣玄的。

---

[312]《維基百科》〈科學與玄學的論戰〉；https://zh.wikipedia.org/zh-hk/%E7%A7%91%E5%AD%B8%E8%88%87%E7%8E%84%E5%AD%B8%E7%9A%84%E8%AB%96%E6%88%B0

第十一節 語言局限

這裡先說個不能突破語言的限制的「同父喻」：

安安與佳佳是很要好的同學，她們除了外觀長得相似外，也有同樣的喜好、習慣等。她們在香港上大學，同住一間宿舍。安安來自寶島台灣，佳佳來自中國大陸。安安告訴佳佳：「我的爸爸在一家電腦公司就職，他是一名首席执行官，他每天開賓士到公司，業餘嗜好是踩單車。」佳佳告訴安安：「我的父親在一家計算機單位上班，他是行政總裁，他每天開奔馳到單位，休閒運動是騎自行車。」她們不知道，她們所描述的爸爸與父親其實是同一個人。

佛教學者與弦理論學者就如安安與佳佳。

前面說過，緣起支的「觸」與五遍行的「觸」不是我們想象的觸。也說過今天物理學的電磁場從心法上來解釋就是五受根，重要之處在於能夠根據色界眾生的禪定狀態，從今天的天體物理學中能夠尋找它們的是行星、恆星、星雲、黑洞分別為初禪到四禪的眾生。前面也說過佛教的三災，在今天天體物理學就是恆星演化。又色界四禪天各地的物質有粗劣到細妙的不同，即初禪行星的粗糙的固體到四禪黑洞細妙的氣體。以上從

三個不同的角度說明色界的四禪天就是行星、恆星、星雲、黑洞。這些都是必須突破語言的局限才能完全理解得到的，

《瑜伽師地論》還有其他關於引力的描述，以下再從不同的角度，在認識佛教的風就是引力的同時，也再說明什麼是語言的局限。

一、風輪引力

《瑜伽師地論》描述器界與有情世間成之後，接著描述以下一段，其中的大風輪就是物理學的引力的特性與相貌：

> 於虛空中，欲界四天宮殿漸成。當知彼諸虛空宮殿皆如化出。又諸有情，從極淨光天眾同分沒，而來生此諸宮殿中。餘如前說。自此以後，有大風輪，量等三千大千世界，從下而起，與彼世界作所依持，為欲安立無有宮殿諸有情類。此大風輪有二種相：謂仰周布，及傍側布，由此持水令不散墜。[313]

以上：

- 「量等三千大千世間」，也就是如牛頓、愛因斯坦廣義相對論的引力一樣遍布整個宇宙。

---

[313]《瑜伽師地論》卷2；CBETA 2024.R3, T30, no. 1579, p. 286c10-18

- 「與彼世界作所依持」，也就是整個宇宙都是這個引力所執持的，也等於今天科學所說，要是沒有引力，整個宇宙便不會存在。
- 「為欲安立無有宮殿諸有情類」，無色界、色界，包括欲界所有的有情都是彼此依靠，彼此依靠，靠的就是大風輪也就是引力。這又分兩類，有些是有自己的「宮殿」的，有些是沒有自己「宮殿」的。有自己的「宮殿」的如黑洞即四禪等。比如我們欲界的人類便是沒有自己的「宮殿」，必須依附初禪即行星；又如「梵前益天」、「梵眾天」也就是行星的衛星是沒有自己的「宮殿」的，它們必須依附即圍繞著行星「大梵天」如木星等。
- 「謂仰周布。及傍側布。」描述的是愛因斯坦廣義相對論的引力波，因此有「仰周布」和「傍側布」。
- 「由此持水令不散墜」，這個描述的是愛因斯坦廣義相對論中的引力電磁場。

短短的一段話把近三百年人類對於引力的認識全部概括了。

二、引力之波

《維基百科》對引力波的簡述為：

愛因斯坦廣義相對論所描述的引力，是時空扭曲所產

生的一種現象。質量可以導致這種扭曲，質量越大所造成的時空扭曲也越大。當物質在時空中運動時，時空的扭曲也會跟著移動。這些有加速度的物體運動時所產生的扭曲變化會以光速像波一樣向外傳播。這一傳播現象就是引力波。[314]

人類對於引力有這種波的相貌始於一百年前愛因斯坦的廣義相對論，一直到最近才被證明。可是，近兩千年前，彌勒菩薩就說：「此大風輪有二種相：謂仰周布，及傍側布。」

三、引力電磁

現代科學認識引力從牛頓開始，稱為萬有引力，因為整個宇宙所有的質點對應著每個質點都有相互吸引作用。這個認識到了 20 世紀初，科學家認識到一個問題，就是在水星靠近太陽的近日點進動（mercury perihelion）應用牛頓的理論有誤差，這個問題一直不能夠被解決。當時愛因斯坦在運算廣義相對論，還有點猶豫，可是當他運算到水星近日點得到對的答案後大喜，馬上公開發表他的廣義相對論。其中的原因是廣義相對論裡面包含了電磁性，也就是引力電磁性。

同樣的，近兩千年前，彌勒菩薩就說：「由此持水令不散

---

[314]《維基百科》< 引力波 >；https://zh.wikipedia.org/wiki/%E5%BC%95%E5%8A%9B%E6%B3%A2

墜」，風輪指的是引力，這裡其中的水指的便是電磁場，而且這個電磁性（水）是被引力（風）所持的，因此稱為引力電磁性。[315]

四、兩個四大

佛教中有四大的色法，今天專門研究色法的物理學也有四大。佛教的四大依以上世界形成的次序為風、水、火、地，而物理學的四大或四種基本相互作用為引力、電磁力、弱力、強力，兩者是否有關聯？

前面說過四大在物理層次中，風就是引力，水是電磁力，火明顯的是弱力，地則是強力。電磁力與弱力是最先被統一的，兩著是一樣的力量，這就是《楞嚴經》中困擾許多人的：「復云何明水、火二性俱遍虛空，不相凌滅？」弦理論的第一版波色子弦論算出的只有波色子，波色子是一種力量傳遞的媒介，其中有：引力子傳遞引力，光子傳遞電磁力，弱相互作用的媒介粒子傳遞弱力，膠子傳遞強力。

簡單來說色界四禪天與宇宙器界、物理力的四大關係如下：

---

[315]《維基百科》< 引力電磁性 >；https://zh.wikipedia.org/zh-cn/%E9%87%8D%E5%8A%9B%E9%9B%BB%E7%A3%81%E6%80%A7

[316]《維基百科》< 大千世界 >；https://zh.wikipedia.org/zh-hk/%E5%A4%A7%E7%A5%8D%83%E4%B8%96%E7%95%8C

- 四禪：風界、風輪：黑洞：引力：氣體
- 三禪：水界、水輪：星雲：電磁力：液體（星雲英語是 nebulae，拉丁文意思是 mist，也就是薄霧）
- 二禪：火界、火輪：恆星：弱力：等離體
- 初禪：地界、地輪：行星：強力：固體

從以上可以看得出，整個宇宙都是由四大一層一層構建的：

> 每一小世界，其形式皆同，中央有須彌山，透過大海，矗立在地輪上，地輪之下為金輪，再下為水輪，再下為風輪，風輪之外便是虛空。密教五輪塔於此中加火輪，地水火風空從下次第。**316**

以上的「金輪」其實是「火輪」，次第從下往上應該是地、火、水、風，反之則是風、水、火、地。

玄奘大師說：「三界唯心，萬法唯識。」，其實真正意義來說，因為從來沒有物理學，宇宙沒有什麼物理力，物理力其實就是眾生的心的顯現。在「托種變色」論述了種子怎麼通過二十二根的依、受、生、住的結構而又四大，分別也是風、水、火、地。這是：

> 今當先說色聚諸法。問：一切法生，皆從自種而起。云何說諸大種能生所造色耶？云何造色依彼，彼所建

549

立,彼所任持,彼所長養耶?

答:由一切內外大種及所造色種子,皆悉依附內相續心。乃至諸大種子未生諸大以來,造色種子終不能生造色。要由彼生,造色方從自種子生,是故說彼能生造色,要由彼生為前導故。由此道理,說諸大種為彼生因。云何造色依於彼耶?由造色生已,不離大種處而轉故。云何彼所建立?由大種損益,彼同安危故。云何彼所任持?由隨大種等量不壞故。云何彼所長養?由因飲食、睡眠、修習梵行三摩地等,依彼造色倍復增廣,故說大種為彼養因。如是諸大種望所造色有五種作用應知。[317]

「由一切內外大種及所造色種子,皆悉依附內相續心」說的是我們或物理學認為有的物質都只是「內相續心」即眾生各自的第八識裡面的造色種子所造。其中有二十二根是共變的機制,因此「要由彼生,造色方從自種子生,是故說彼能生造色,要由彼生為前導故」說的是像是有的物理世界是通過眾生共變才能有物質。

五、風乾支節

上面通過三種不同的角度說明風輪就是黑洞與其引力現

象,這裡還有另一個不同的角度。《瑜伽師地論》:

> 云何風災?謂七水災過已,復七火災;從此無間,於第三靜慮中有俱生風界起,壞器世間,如風乾支節、復能消盡。此之風界與器世間一時俱沒。所以者何?現見有一由風界發,乃令其骨皆悉消盡。從此壞已,復二十中劫住。[318]

試問有什麼樣的風能夠「壞器世間,如風乾支節、復能消盡」,又「令其骨皆悉消盡。從此壞已,復二十中劫住」?這段經文描述的其實是恆星演化的最後階段的黑洞的誕生,其引力之強能壞世間。

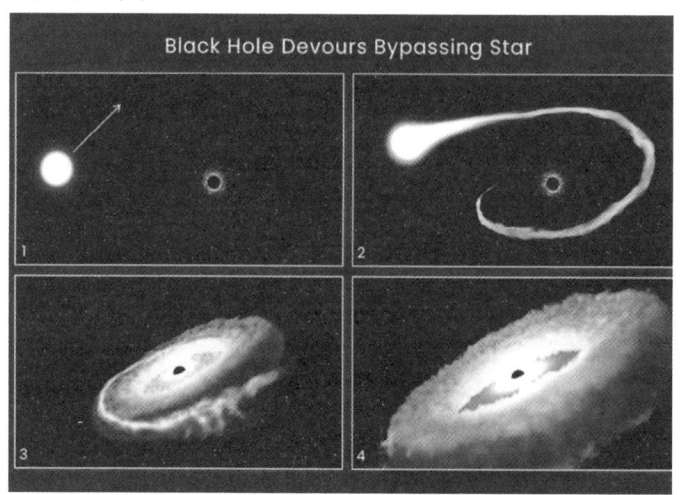

圖表 109 風乾支節:黑洞的引力 [319]

---
[317]《瑜伽師地論》卷 3;CBETA 2024.R3, T30, no. 1579, p. 290a1-16
[318]《瑜伽師地論》卷 2;CBETA 2024.R3, T30, no. 1579, p. 286b21-26

《恆星被黑洞吞噬最後時刻NASA公布震撼影片》：

美國太空總署（NASA）的哈勃太空望遠鏡（Hubble Space Telescope）詳細記錄了一顆恆星被黑洞吞噬的最後時刻。

NASA在1月12日對外公布了相關影片。影片顯示，一個飢餓的黑洞將捕獲的恆星扭曲成甜甜圈形狀，然後吞噬下去，場景十分壯觀。

當一顆恆星足夠接近時，黑洞的引力就會暴力地將其「撕碎」，這一過程被稱為「潮汐撕裂事件」（tidal disruption event）。……[320]

最重要的還是「復能消盡」，這也正是科學家們討論的問題「被黑洞吞噬的星球，最終都去哪里了？」：

黑洞的引力極為強悍，以至於它們可以吞噬宇宙中已知的任何物質，就算是體積龐大的星球，只要進入了黑洞的"勢力範圍"，同樣也無法逃脫被吞噬的命運，那麼被黑洞吞噬的星球，最終都去哪里了呢？……。[321]

---

[319] 恆星被黑洞吞噬最後時刻NASA公布震撼影片：大紀元時報；https://hk.epochtimes.com/news/2023-01-26/834473
[320] 同上。
[321] 被黑洞吞噬的星球，最終都去哪里了？搜狐；https://www.sohu.com/a/577490346_120097420

因此，風災說的就是黑洞的誕生，風輪是黑洞，風是黑洞中的引力。滑稽的是許多解說經論違反科學的說是有什麼樣、什麼樣的風，又這些風怎麼樣、怎麼樣的強，完全是隨意穿鑿附會 [322] [323]。

六、壽命差異

佛教說三界九地的眾生因為福報的不同，因此壽命也有差異。這裡以色界眾生的壽命為例子：

初禪，梵眾天壽半大劫，梵輔天天壽一大劫，大梵天天壽一大劫半。

二禪，少光天二大劫，無量光天四大劫，光音天八大劫。

三禪，少淨天十六大劫，無量淨天三十二大劫，遍淨天六十四大劫。

四禪，福生天一百廿五大劫，福愛天二百五十大劫，廣果天、無想天五百大劫，無煩天千大劫，無熱天二千大劫，善見天四千大劫，善現天八千大劫，色究

---

[322] 更多細節見：《瑜伽師地論》宇宙；https://yqyz.wordpress.com/
[323] 更多細節見：「三界唯心，萬法唯識」的宇宙；YouTube；https://youtu.be/NlWNJCerlU0

竟天一萬六千大劫。[324]

　　前面說過,根據今天科學對於引力與時間的認識,質量大則時間流失慢,質量小時間流失則快,因此有不同的時間。不同的時間是各天有不同壽命的基本原因,是「地的概念」。以上從初禪到四禪,越往上壽命也就越長,說明越往上質量必定越大。這與我們今天科學認識的天體從初禪行星到四禪黑洞完全一致,這些星球天體的質量從行星到黑洞都是往上倍增的,因此引力不同,而且這些星球天體的壽命也是往上倍增的。

七、以錘錘錘

　　要是佛或彌勒菩薩說風是引力,有人會明白嗎?即使會明白,佛教就變成物理學了。以上用至少六、七個不同的角度說明風災就是黑洞的誕生、黑洞就是四禪天的眾生,黑洞中的引力就是風。今天若還是是什麼風什麼風的,什麼水什麼水的、什麼觸什麼觸的等,就是在地上自我畫圈、自我局限。

　　佛觀緣起真理悟道,真理有緣生與緣滅,他說出的真理假名佛法不是佛法,要是研究佛法只是從佛法的詞彙來做功課,有如用錘子來錘錘子。佛教學者嘗試用佛教的專業詞彙來研究佛法,即使再專業的詞彙也不過是錘子,也是以錘錘錘。再過1,000、10,000年還是找不着真理。科學家、哲學家、宗教家都

在尋找真理,真理有如爸爸,佛教憑藉典籍中的描述找爸爸,爸爸出現在眼前卻完全不認得,反觀科學家卻在一步步的接近爸爸——如「同父喻」。

第十二節 空有之爭

大乘佛教一直有空、有之爭:

> 中觀與唯識之間的"空有之爭"在佛教史上延展千數百年,眾說紛紜,迄今仍無公斷。[325]

以下討論釋則生著的《唯識宗與應成派宗義抉擇》的一些議題。此書主要是:

> 應成派對唯識宗的阿賴耶識、唯識無境、自證分、依他起等理論進行了批判,應成派認為唯識宗相關的理論不能成立。如果應成派的批判成立,唯識宗理論體系將被瓦解。本文探究唯識宗與應成派的宗義……從

---

[324]《人間佛教》學報·藝文;第二十五期;《天堂的管理法》;星雲大師;https://buddhism.lib.ntu.edu.tw/FULLTEXT/JR-MAG/mag589330.pdf
[325] 依他起性的空與不空——大乘"空有之爭"辨微;吳可為;浙江學刊;2015年第五期;https://wenku.baidu.com/view/27952f87747f5acfa1c7aa00b52acfc788eb9f1d

正反兩面探入辨。[326]

很可惜的是這部功力深厚的大著最終還是沒有做明確的抉擇，以和事佬的立場收場。

一、語言局限

要解決兩者的爭議，突破語言的局限肯定是關鍵，因此在 < 導論 第一節 「空有之爭」的思想脈絡四、突破語言的限制（一）從存有論和認知論來考量 >：

中觀論者大多批判唯識論者空得不徹底，所以稱唯識宗為「有宗」。[327]

這裡已經說明佛法的核心是緣起，緣起以識支即第八識為一心，從一心有名色支為等流果為「存在」即作者所說的存有論、觸等三支為士用果為「認識」即作者所說的認知論等。這緣起正義是筆者觀察弦理論得出，弦理論已經算出基於唯識的緣起法，只是詞匯完全不同，如「同父喻」。這就是「見緣起即見法，見緣起即見佛。」

弦理論學者不知道緣起法是弦理論的主幹，佛法學者不知道弦理論算出緣起法。今天佛學研究方式是以佛法研究佛法，

---

[326]《唯識宗與應成派宗義抉擇·上冊》；釋則生；第 xix 頁
[327]《唯識宗與應成派宗義抉擇·上冊》；釋則生；第 73 頁

如何能突破語言的限制？以佛法研究佛法，嘗試評析「空」與「有」之爭，各執一詞，弄到猴年馬月，最終必定不能抉擇。佛教還要讓這種學問模式持續多久？50、100、500、1,000年？這種做學問的模式只能將佛教引導入魔法時代。

二、真理哲理

在第一章「哲學思維」說過，哲理必須基於真理，沒有基於真理的哲理純粹只是虛幻分別而已。因此：

> 從龍樹《中論頌》等可以看出，中觀學試圖以空的思想駁倒承許自性有的理論。其批判對象除了佛教外的勝論等派別思想外，還有佛教內的有部、經部的思想。中觀派並沒有建立包羅萬象的理論。籠統地以「無自性」回答了具體問題，這客觀上限制了中觀思想的傳播和接受程度。畢竟，很多的現象和原理需要解釋和闡明。大乘佛教需要包羅萬象的理論，這種理論能消除人們很多的疑問，很多世出世間問題在這種理論中能找到答案。唯識學派完成了大乘佛教構建萬物理論的歷史使命，這種構建在三自性及第八識上的理論被廣為接受，這是瑜伽行派作為一個宗派出現的重要原因。我們應該站在這個高度上，審視中觀學派與唯識學派的關係。[328]

「中觀派並沒有建立包羅萬象的理論」，反觀唯識學或法相宗通過建立一套完整的科學真理來說明心、識的運作，而在這個基礎上提出其空的哲理才是真實的哲理。因此「我們應該站在這個高度上，審視中觀學派與唯識學派的關係。」因為，非基於真理的哲理無異於空中花。

筆者一直從緣起法的角度解釋「識外無境」，說「有」什麼才能「無境」；即使筆者不說「空」，但清醒的讀者必定能領會到其中的「空」。比如：

- 「識外無境」，我們認識到的只是「本質」變的像是有但實際上是無的東西，也只是在見分上的相分而已，如「元宇宙喻」就是「空」。
- 「元宇宙喻」的「無境何食」說明我們像是有吃到，但實際上完全沒有吃到什麼，因此也是「空」。
- 「眼不能見」說明我們的認為我們的眼睛「能看」只是假象。因為「識外無境」，眼睛也只是相分境，如在鏡子看到自己的眼睛，因此也是「空」。
- 識支、名色支因為等流的關係，我們看到一個人，其實這個人前後剎那是完全不同的人，因此是「空」。
- 我們的心、識也是「空」，前後剎那是完全不同的心、識，我們相似有的記憶是名色支等流果前後剎那現行熏種子、

328《唯識宗與應成派宗義抉擇·上冊》；釋則生；第 5 頁

種子生現行才能保持記憶等即「存在」，觸等三支士用果前後剎那都是依名色支等流果而起，只是像是一樣，但前後剎那是完全不同的「認識」，因此也是「空」。

- 「空」不是沒有，如下圖因為有見分、相分、第八識、第七識、緣起十支、有漏種子、無漏種子、四緣、五果、五蘊、因緣變、分別變、因能變、果能變、二十二根、十二處、十八界等依他起性，但也因為是一套套的組合，因此是無自性，才能說明「空」。
- 下面用數學來說明「有」等於「空」。

這種「空」才是徹底的「空」，也是中道。沒有基於建立一套真理上的哲理，只是在語言文字上自創詞匯、翻來覆去、賣弄玄虛的「空」，與古今東、西方的哲學家無異，都是外道。

「空」、「中觀」是基於對真理的哲學思想，或一種觀想的修行方式。「空」、「中觀」本身不是真理，是必須有最終的真理為依據的哲理思想，修行也基於對真理的「中道」觀。

但空宗、中觀卻本末倒置的誤認「空」、「中觀」，比如「無自性」、「畢竟空」等思想就是真理本身，用虛無縹緲的理論來批評唯識的真理。要是對真理不瞭解，談「空」只是空談。說「空」之前必須要知道「有」什麼即真理，「有」得越徹底對「空」才會悟得越徹底，要不然只是玩弄詞匯，徒增虛

妄分別罷了。

三、阿賴耶識

有無阿賴耶識是空有之爭的一個核心論點。在討論是否有阿賴耶識，作者在其中一個注脚寫道：

> 筆者與登巴格西探討此問題，登巴格西介紹陳那、法稱等所屬的唯識派別尊奉七部量論，承許究竟一乘，不承許阿賴耶識。在陳那、法稱的著作中，既沒有發現描述阿賴耶識的行相之確鑿文句，又沒有發現明文否定阿賴耶識。而認定他們不承許阿賴耶識的理由，主要是鑒於第八識具有的維繫業果等重要作用，若承許理應大寫特寫，卻只字未提；反而在意識之分別、無分別等心類辨析上廣泛建立自宗，也廣泛破斥外道心類上錯誤見解，然後闡述由分別轉為無分別瑜伽現量之過程，一路五道行走至解脫之廣大法義。這太過奇怪，所以認定他們自宗不許阿賴耶識。……[329]

「在陳那、法稱的著作中，既沒有發現描述阿賴耶識的行相之確鑿文句」是不正確的，作者已經指出漢傳玄奘大師譯的《觀所緣緣論》裡，陳那菩薩有提到第八識。「而認定他們不

---

[329]《唯識宗與應成派宗義抉擇·上冊》；釋則生；第233頁

承許阿賴耶識的理由，主要是鑒於第八識具有的維繫業果等重要作用，若承許理應大寫特寫，卻只字未提」也是不正確的。首先漢傳唯識學的第八識有不同的相貌：一、自相：阿賴耶識；二、因相：切種識；三、果相：異熟識，這不是業果是什麼？異熟的意思是：一、異時而熟，二、異類而熟，三、變異而熟，這不是業果是是什麼？此外，唯識體系裡的種子是因，就是業，我們體驗到的都是種子是現行，是果。這也是業果。第三章「緣起四果」也提到《成唯識論》說第八識具有四果相，第三章「離系之果」說明為離系果之所依。因此，第八識的業果論包括了世間業果與出世間業果。很明顯的，如登巴格西等沒有讀或沒有讀懂漢傳的《成唯識論》，或是如教三歲幼兒班一樣，「一加一」要把「等於二」給寫上才能明白。

四、違害緣起

另外作者在簡述陳又新的《藏傳佛教對業果關係思想的發展：已壞實有為中心》提到：

> 月稱確定在批判他所認為的有自性的緣起，論證有自性的緣起如何地不成立。前提是唯識宗安立的依他起性、阿賴耶識、唯識無境等違害緣起。[330]

---

[330]《唯識宗與應成派宗義抉擇·上冊》；釋則生；第 222 頁

說「依他起性、阿賴耶識、唯識無境等違害緣起」更是沒有道理的。《成唯識論》：

> 復次,生死相續,由諸習氣。然諸習氣,總有三種：一名言習氣。謂有為法,各別親種。名言有二：一表義名言,即能詮義音聲差別。二顯境名言,即能了境心、心所法。隨二名言所熏成種,作有為法各別因緣。二我執習氣。謂虛妄執我、我所種。我執有二：一俱生我執,即修所斷我、我所執；二分別我執,即見所斷我、我所執。隨二我執所熏成種,令有情等自他差別。三有支習氣。謂招三界異熟業種。有支有二：一有漏善,即是能招可愛果業；二諸不善,即是能招非愛果業。隨二有支所熏成種,令異熟果善、惡趣別。應知我執、有支、習氣,於差別果是增上緣。此頌所言業習氣者,應知即是有支習氣。二取習氣,應知即是我執、名言二種習氣。取我、我所,及取名言而熏成故,皆說名取。俱等餘文,義如前釋。
>
> 復次,生死相續,由惑、業、苦。發業、潤生煩惱,名惑；能感後有諸業,名業；業所引生眾苦,名苦。惑、業、苦種,皆名習氣。前二習氣與生死苦,為增上緣,助生苦故；第三習氣望生死苦,能作因緣,親生苦故。頌三習氣,如應當知。惑、苦名取,能、所

取故。取是著義,業不得名。俱等餘文,義如前釋。此惑、業、苦,應知總攝十二有支,謂從無明,乃至老死,如論廣釋。然十二支,略攝為四:一能引支。謂無明、行,能引識等五果種故。……**331**

習氣是種子的別名,「惑、業、苦」就是緣起,十二有支當然也是緣起。《成論》這段清楚詳細的說明阿賴耶識裡面的種子如何被熏習,又如何有「惑、業、苦」即緣起,也說明十二有支的緣起。

至於依他起性、唯識無境也是緣起法。唯識學建立了一整套的理論說明,宇宙萬法是由許多法組合成的。如下圖,這些法在緣起支有不同的位置,因此,這些法都是緣起法。整個宇宙因為都是基於這些法,才能是有規律的,必定是有依他起性,因此依他起性也是緣起。若要不是依他起性的緣起,豈不是整個宇宙萬象都沒有規律嗎?

331《成唯識論》卷 8;CBETA 2024.R3, T31, no. 1585, p. 43 b19-c

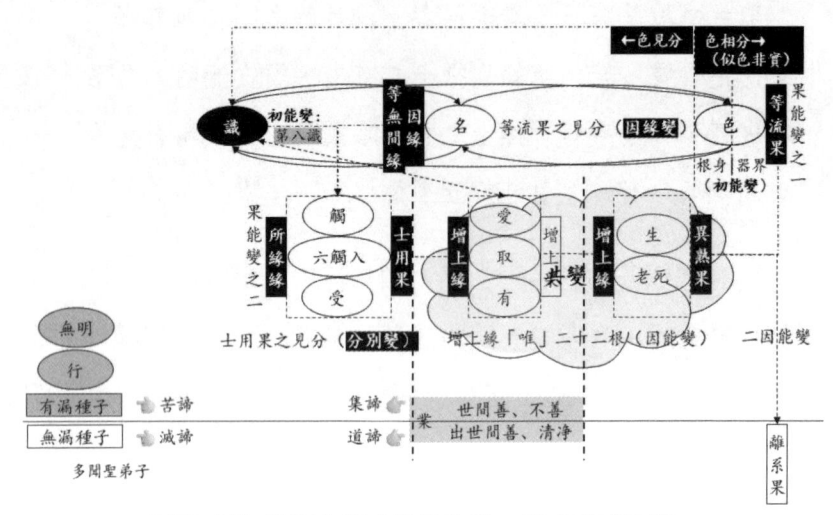

圖表 110 緣起支與「依他起性」與「唯識無境」

「唯識無境」上面已經說過，上圖顯示「唯識無境」也是緣起法、緣起支的重要一環：我們認為像是有的外境包括根身都只是相分色而已，沒有像是有的而已。這是第八阿賴耶識初能變時變出：一、見分、相分，二、根身、器界。因此見分、相分、根身、器界都是緣起。根身、器界都是相分而已，因此「唯識無境」。

所有的法都是以識支、第八識、阿賴耶識即心為中心，因此有依他起性、因此唯識無境。離開了阿賴耶識則沒有依他起性，也沒有唯識無境，也沒有緣起。看來如應成派月稱等不懂得什麼是緣起，特別是否定第八阿賴耶識即違害緣起。

564　第九章：緣起總結

五、舌辨游戲

太虛大師對以上空宗對唯識理論的否定批評道：

觀上兩家諍論，則知入中破他，但為舌辯遊戲，無當正悟！樂著內諍，卒難獨占全勝，徒令外道乘隙，盡滅佛法，故諸佛子應不為此！[332]

太虛大師猛烈地批評說「舌辯遊戲，無當正悟！樂著內諍」到「盡滅佛法」。

筆者曾在一家美國跨國智訊公司任職多年。在90年代末，這家公司投入巨資打算開發一個互聯網的市場。筆者當時為亞太區的技術支持總監。因為這個市場是新的業務，筆者花了大量時間參考當時領導互聯網市場公司的信息，從幾乎零基礎建立一套計劃和指標。不久後代表亞太區出席在美國紐約州總部的一個會議，討論如何開拓這個新興的市場。當筆者展示了筆者準備的計劃與指標，有個美國副總裁批評說，筆者的計劃與指標完全錯誤。筆者當時吃了一驚，因為要是他們有更好的，為什麼之前亞太區向公司總部索取卻沒有要到。筆者問：「請問你們的計劃與指標是什麼？是否可以與我們共享？」這個副總裁的回答是：「我們沒有。」筆者當時傻了。問其他的副總

---

[332]《太虛大師全書》《閱入中論記·第十六編　書評》；CBETA 2024.R3, TX25, no. 16, p. 86a4-5

裁,他們的答案也是:「沒有」。筆者想「你們沒有,但竟然可以說我的是錯的?」筆者差點沒被他們給氣量。當然,以他們這種態度,這個市場不久就被搞黃了。

如作者所說「中觀派並沒有建立包羅萬象的理論」,中觀、應成就如那一批副總裁,自己不建立一套科學、真理、世界觀,還在唯識辛苦建立的一套法上否定說沒有、說是錯的。類似這些「舌辨游戲」,完全只是「樂著內諍」在職場上、學術界、寺院裡也到處可見。自身不踏出自己的舒適圈不學習,或嫉妒別人建立的東西,為了不讓別人看自己的無知,因此只是花心思去搞破壞。這就是太虛大師所說的:「舌辯遊戲,無當正悟!樂著內諍」到「盡滅佛法」。這只能落得一身業報,「故諸佛子應不為此!」

第十三節　太陽之境

在「何為無境」舉過「太陽之光」的例子說:太陽之光,不是心外有個太陽,而是各眾生各自的第八識共變出的太陽之光。《唯識宗與應成排宗義抉擇》<第二章 應成派基本宗義二、唯分別如何安立外境有的自之相>也提到太陽的例子:

太陽的自之相是因為太陽而有,還是因為觀察太陽的樣子的心識而有,還是通過其他方式而有?從存在論上,太陽與心識體性異,太陽才是外境有。外境有的太陽的自之相是依於太陽的因緣而有,不是依於心識的因緣而有,太陽的自之相的所依是體性異於心識的外境有緣起。只要有太陽的緣起,不管有沒有認知太陽的自之相,太陽的自之相都是存在的,這種客觀存在性基於太陽的自之相的外境有的方式。這個存在論前提下,再談與認知彼自之相相關的認知論問題,唯分別安立不能違背這種存在論,否則心識在緣起中的作用就會違背太陽與心識體性異。總之,承許外境有的情況下,認知論是屈從於存在論的。[333]

因為應成派否定唯識的「唯識無境」、第八識等,因此很有創意的發明了許多的詞彙,這些詞彙特別的繞口。作者舉太陽為例,從應成派的思想來說明有個客觀存在的太陽外境,這個例子也應用了緣起、因緣、存在、認識等詞彙。

應成派連一套基本的緣起法都沒有,又怎麼知道什麼是存在(存在論)與認識(認知論)呢?

太陽為恆星實為色界二禪天的眾生,科學家認為終有一

---

[333]《唯識宗與應成排宗義抉擇・上冊》;釋則生;第666頁

天，我們的太陽會燃燒的非常的炎熱，到時候整個地球的生命都將會滅絕，甚至地球的命都不保。這就是《瑜伽師地論》裡的三災中的火災，能毀初禪即地球及以下的欲界即地球上的生命，也是恆星演化的第一步。科學家今天不認為太陽是有生命的眾生。但太陽或恆星，包括所有的天體都是反熵的，如卡斯特魯普所說，唯物主義是胡說八道。因為，要知道熵增對物理學來說是宇宙極為重要的一大定律，要是根據熵增，我們的身體、包括所有的星球天體都不能成形，那麼哪裡來的太陽？

這是為什麼，被掃到地毯下的識、名色二支、三法即「譬如三蘆，立於空地，展轉相依」在緣起支極為重要的原因。因為這二支是執持太陽、眾生的色身即根身，才不會因為熵增溶解為熵醬，這就是「存在」即作者所說的「存在論」。科學家在形容太陽的形成時說：「讓我們假設有一些區域可以有反熵的狀態」，至於為什麼「有一些區域可以有反熵的狀態」，科學家沒有給出解釋。這和有些佛家違反基本邏輯的認為意識不是來自大腦，但五根卻是物質性的根一樣。

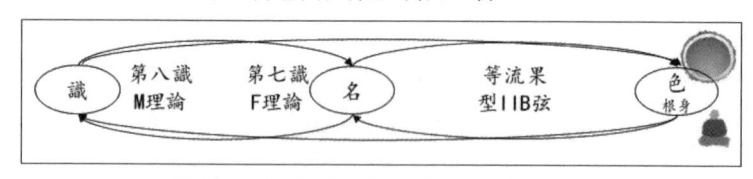

圖表 111 太陽、你、我、他的根身

做為色界二禪天的眾生，太陽本身當然也是緣起，緣起即心，心即第八識。一世的生命有「識等五果」：識支、名色支、

第九章：緣起總結

觸支、六觸入支、受支。名色支為等流果,為「存在」,觸等三支為「認識」即作者所說的「認知論」。

太陽既然是緣起,因此也有其親因、因緣,因此也是有「存在」;太陽也是有「認識」的,太陽的「認識」根據《瑜伽師地論》來說是二禪天的「定生喜樂」。你、我、他到無數的眾生,也是緣起,也同樣的有親因、因緣,也有「存在」、也有「認識」。

太陽、你、我、他能夠看到彼此,如我們「看到太陽」是通過眾生共變的機制,是種子變或因能變。我們只能看到見分上的相分境而已,是果能變,是心相續相,一幅畫接著一幅畫的、剎那剎那的在變。

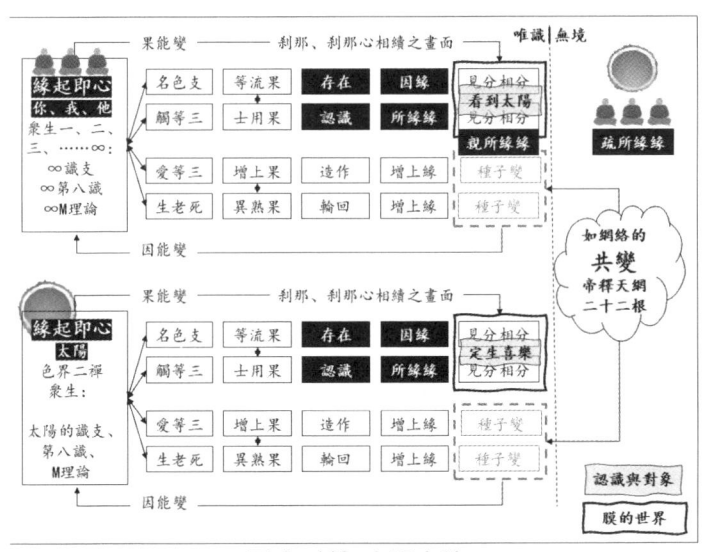

圖表 112 太陽之境

見分、相分境都歸識,見分、相分具體是什麼,與如何操作在「膜的世界」已經解釋過了,因此「唯識無境」。因此知道是「空」,但因為知道「有」識等等之法,因此是「中道」。

以下用類似「元宇宙喻」,再次說明為什麼太陽之光也不是離開心而有的。之前「元宇宙喻」說過,第八識有如元宇宙中的服務器。下面以簡單的網絡會議為例子,每個人都有個電腦,也就是每個眾生都有各自的第八識。

圖表 113 只有螢幕上的太陽如唯識的相分境 [334]

在這個網絡會議中,所有的人看到的太陽都是各自的電腦顯示在螢幕上的影像而已,不是離開電腦、螢幕有個太陽。但其中必定有個網絡,那就是唯識的共變、帝釋天網、二十二根

---

[334] Chat GPT:這是一張網絡會議的畫面,其中有九個參與者,而其中一個人的螢幕被一個太陽圖像遮蓋。希望這符合您的需求,如果有任何調整需要,請讓我知道!

的機制。背後也必定有各種數據即信息。螢幕也是電腦的一部分，就如見分、相分也是心識的一部分，因此「無境」。

空宗對緣起、因緣、存在、認識等等即真理等法是什麼都還弄不明白，自創詞彙的來說真理，如同油桶加漿糊，只能夠是越攪越糊塗。以此佛法研究佛法，佛教又如何能夠不滅？

第十四節 意識科學

這裡重複的說佛教的緣起是意識的眾生緣起，不是豆、瓜、籐、麻的緣起，緣起也包含「三界九地」的眾生，特別是色界、無色界的眾生。一個眾生一世流轉為「識等五果」，在弦理論即M理論即第八識即識支、型IIB弦即名色支、型IIA弦即觸等三支。弦理論學者更通過型IIB弦、型IIA弦計算出色界四禪天的黑洞。要是三界只設二界，欲界就被攝入色界；黑洞是最容易被算出的，因為其心法、色法在色界是最低的。假以時日，星雲、恆星等都能被算出，依賴的還是：M理論、型IIB弦、型IIA弦，也就是「識等五果」。正當學界在尋找意識科學的理論，與辯論什麼是意識之際已經被弦理論算出，但全然不知。

這裡非常清楚的顯示，今天所有意識科學的理論相對佛教的緣起法來說是極度貧瘠的，比如學者定義意識的範疇只是包括人類，這是極度的狹隘。雖然有英國的超心理學研究者魯珀特·謝德瑞克（Alfred Rupert Sheldrake）就提出：「太陽是否俱有意識？」的問題。他認為太陽是具有意識的，甚至所有的恆星、與整個宇宙都具有意識，但他只是眾多學者之一渺小的一個。除了太陽，地球是否是個生命體也是討論的議題，比如《地球可能是一個生命體，它存在呼吸和心跳，人類只是"寄生蟲"？》。這篇文章的結尾是：

> ……引力就是它的"意識"，人類是寄生上地球上的"寄生蟲"。[335]

這就是之前提到的「地的概念」。但至今學界還未能將這些天體組織起來構建為意識科學的一部分。

也有一些佛教學者被邀請到意識科學的討論，但這些佛教法師、學者多是藏傳佛教，宗習中觀不信有第八識、第七識。在這些討論中，就只是一大堆的文字、哲學、理念的對峙，可以說這些討論在領導、協助今天科學與哲學界理解並建立一套完整的意識科學是一無是處。

---

[335] 地球可能是一個生命體，它存在呼吸和心跳，人類只是"寄生蟲"？；搜狐；https://www.sohu.com/a/647900081_100164422

比如 Lelung 仁波切與卡爾、卡斯特魯普的對話[336]，又如傑伊·加菲爾德（Jay L. Garfield）與的卡斯特魯普的對話[337]。但這些對話都只是文字、哲學、理念的交談與交鋒，或許有許些人通過這些對話可以自我覺得滿足，但在建立意識科學可以說是完全無用。這些頻道對話都有大量的追隨者，做為佛弟子因為佛法、緣起法應該具有絕對的領導權，而不是哲學的討論。這就是中觀的「只破不立」即不法的後果，有說有所立就是不空，這簡直就是謬論。

意識是否是虛幻的也是意識科學討論的重點之一。以中觀的八不「不生、不滅、不斷、不常、不一、不異、不去、不來」來說，想到大腦燒掉都難以明白，就算有人說明白，但每個人想象的都未必一樣，結果是一大堆的文字、詞匯、概念等，徒增虛幻分別而已。但要是以唯識的「識外無境」、見分、相分、「心相續相」、「頓現一相」、前後念相續極相似故等，才能更清楚的理解「八不」與意識的虛幻，但這些卻為中觀所排斥。唯識說的「唯有識」或「不離識」，不是說「識」是實有，其實是說「識」也是虛幻的。

---

[336] Bridging Science, Philosophy and Religion with Bernard Carr, Bernardo Kastrup and Lelung Rinpoche；Philosophy Babble；https://youtu.be/uCpsrCV1h1M
[337] Jay Garfield | Bernardo Kastrup: Is consciousness primary? Buddhism & NonDuality compared；Adventures in Awareness；https://youtu.be/m0nPTPLTlds

心物問題是困擾眾多科學家、哲學家、宗教家的一大難題。要是給中觀來解釋，或是說沒有或是說「空」，這是與今天昌明的科學是完全脫節的。這裡在第一章之第十四節「意識與腦」已經給出解釋這個難題的答案，後在第三章「緣起正義」、第四章「緣起實證」、第五章「緣起奧義」等進一步說明。我們的大腦、身體五官都是「住尚無，況用」的，只不過是與心、識同步關係像是有用，真實是無用。

最終意識科學的理論必定是佛教的唯識緣起法。緣起法以識支為中心，識支即心；因為整個宇宙有無數眾生，因此，有無數個心、無數個第八識、無數個 M 理論，弦理論的平行宇宙即眾生心。意識科學無可避免的必須包括輪迴與涅槃，今天學界對意識科學的探索都缺乏這些因素。

第十五節　識與宇宙

安納卡·哈里斯（Annaka Harris）是一名美國作家。她的工作涉及神經科學、冥想、心靈哲學和意識。她是 2013 年兒童讀物《我想知道》的作者，該書講述的是不確定性和現實的本質。她撰寫了 2019 年《紐約時報》暢銷科普書《意識：心靈

基本奧秘的簡要指南》，這書的主要主題包括自由意志、泛心論和意識的難題。[338]

她最近做了一系列的紀實音頻《燈亮：理解意識如何幫助我們理解宇宙》（Lights On: How understanding consciousness help us understand the universe）。她在不久前的一個《接近真理》節目中說：

> 我對此思考得越多，寫得越多，我就越相信，實際上在很多方面，假設意識是根本的，比假設意識從複雜性中產生更有意義⋯⋯
>
> 這項探索始於我寫書的時候，因為我根據神經科學理論和我多年與神經科學家的合作經驗提出了這一論點，我們所了解的關於大腦的一切，實際上是反對意識在大腦出現的論據⋯⋯
>
> 物理學是一門基礎科學，如果我們錯誤地認為所有的物理學、數學以及我們迄今為止所理解的關於時空和量子力學的一切以及其他所有的東西，如果它們在本質上描述的是意識的感覺體驗，而不是無意識的過程，我認為這是一個典範轉移，最終將影響我們未來

---

[338] Wikipedia；Annaka Harris；https://en.wikipedia.org/wiki/Annaka_Harris

的科學研究⋯⋯我認為意識為基礎將會實際上改變我們思考這些物理理論在說什麼⋯⋯

我們還不明白量子力學到底在告訴我們什麼，特別是關於現實的本質，如果意識確實是基礎⋯⋯那麼假設意識是基礎的，實際上有助於我們理解量子力學的悖論⋯⋯

在製作這紀錄片的過程中，我得到一個有趣的結論，那就是它實際上幫助我們了解量子力學有關於宇宙運作的的一些描述⋯⋯

我是純粹從神經科學的角度得出結論，意識是一種已經存在的屬性，並非源自大腦的處理，這實際上更有意義⋯⋯我不相信有任何方法可以透過物理學得出這個結論⋯⋯

如果我們繼續往前，假設意識是基礎的，這實際上有助於理解量子力學⋯⋯[339]

若意識實際上是宇宙最基礎的底蘊，那麼意識必定也是宇宙萬法。要是如此，不是緣起法是什麼？不是弦理論又是什麼？（見附錄1。）

---

[339] Annaka Harris Explores Consciousness and the Cosmos | Closer To Truth Chats ; YouTube ; https://youtu.be/jinkGDp-CZ8

第十六節 頓現一相

前面說過，我們經驗到的事物都是前剎那乍然一現的一幅畫，接著下剎那乍然一現的一幅畫接著在變，這意味著我們今天的科學只是一種「元宇宙喻」中的「三維科學」一樣。

一、無有實體

《成唯識論》：

然識變時，隨量大小，頓現一相，非別變作眾多極微，合成一物。為執麁色有實體者，佛說極微，令其除析，非謂諸色實有極微。[340]

今天世俗、科學認為有個安安、寶寶、安安與寶寶的大腦、車子、房子、地球、太陽、星系等等，都是沒有實體的。都只是當我們去認識的時候「頓現一相」的。霍夫曼也認為我們的認識有如今天電子游戲的場景，沒人去到那個場景，那個場景就不存在；這也有如王陽明所說的山中花。

那麼怎麼從現代人的角度去認識這個事實呢？真實是「頓現一相」，如電子游戲的場景或山中花。這些相都是沒有實體的，如第七章之「吃雞腿喻」，元者 X 以為自己在吃雞腿，

---

[340] 《成唯識論》卷 1；CBETA 2024.R3, T31, no. 1585, p. 4b26-29

其實根本沒有雞腿。第六章之第三節「極微緣起」也提到羅時憲所說山的例子，山也是沒有實體的。

二、全息宇宙

那麼什麼是實體呢？今天物理學家認為我們是生活在一個虛幻的全息圖的宇宙中，有如前面提到的「元宇宙喻」的世界。《宇宙學家稱我們可能生活在全息宇宙中》：

> 隨著理論物理學深入研究現實的基本本質，我們不得不努力解決它留給我們的問題。例如，一些物理學家聲稱我們的宇宙只是一種幻覺，是低維度環境中發生的量子機制的產物，換句話說，是全息圖。[341]

對物理學家來說全息圖是真實，世界只是投影，是虛幻的。

圖表 114 真實與虛幻 [342]

---

[341] 宇宙學家稱我們可能生活在全息宇宙中；Paul M. Sutter；Popular Mechanics；https://www.popularmechanics.com/space/a44269774/holographic-universe/

全息圖是真實是因為裡面的信息是最真實的，這就回到之前的「質即信息」、「處界即心」、「本來面目」等的論述：佛說：「一切有者，唯十二處。」，全息圖是十二處的一分。因此，信息即實體。

三、或遠或近

前面說過，我們的認識也是剎那生滅的，只是前剎那與後剎那極為相似，因此我們才會以為前剎那與後剎那認識的事物對象是一樣的。

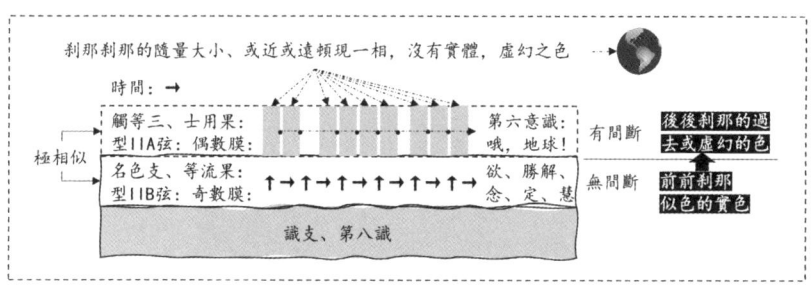

圖表 115 虛幻的認識

況且，我們認識的對象是完全沒有實體的，認識到的事物也因為是「托色變色」，托等流果之色所變，已經是後後剎那了；前前剎那的事物，只是「似色」不是「實色」，即使是有已經是完全不存在了。如義大利理論物理學家與圈量子引力理

---

342 Copilot：請給我一張圖，圖中有個二維的宇宙全息圖，從這全息圖投影到一個地球。

論的創建者之一卡羅·羅維理（Carlo Rovelli）在英國皇家學院演講時所說：

> 這令人震驚，在我看來這也許是現代物理學最令人震驚的結論之一：我們「現在」在這裡，「現在」意味著什麼？「現在」的意義是什麼？我知道「現在」對我來說意味著什麼，你也知道「現在」對你意味著什麼，但這個「現在」是一樣的嗎？[343]

從現象上來說，世俗、科學認為我們看到的東西都是通過光的傳遞，在現象層面來說，比如我們看到的太陽已經是是八分鐘前的太陽了。

圖表 116 「現在」與光的傳遞[344]

---

[343] The Physics and Philosophy of Time - with Carlo Rovelli；The Royal Institute；Youtube；

[344] ChatGPT：1. 請給我一張圖，圖中有個人在看遠處的山，近處的朋友，與自己的手掌。2. 謝謝，可以加上一個太陽嗎？

我們看到的山、樹林、朋友、甚至自己的身體如手掌，因為光的傳遞都需要時間，儘管過去的時間極為的小，但都完完全全是過去的事物。科學家測量出量子糾纏的時間差為 232 阿秒（attoseconds）是最近的網上熱搜：

> 量子過程曾經被認為是瞬時的，但由於先進的研究和模擬，現在可以從時間的角度來理解。維也納技術大學的研究團隊與中國研究人員合作，開發了電腦模型，能夠模擬以阿秒（十億分之一秒）為單位的極短時間間隔內量子糾纏的發展。他們的研究成果發表在《物理評論快報》上，為量子糾纏的產生方式提供了新的見解。
>
> ……
>
> 阿秒時間尺度
>
> 研究表明，平均而言，電子很可能在雷射脈衝擊中後約 232 阿秒被彈射出。可以透過旨在探測這些超快過程的實驗來確認這項測量結果。伯格多夫教授補充道："我們已經在與想要證明這種超快糾纏的研究團隊進行洽談。"

...... 345

---

345 How quantum entanglement unfolds in attoseconds；Space Daily；
https://www.spacedaily.com/reports/How_quantum_entanglement_unfolds_in_attoseconds_999.html

這是一個極微小的數字：232 x 10-18。有人說這是一種我們體驗畫面的幀率，要是將這幀率轉換成每秒有多少幀：

阿秒 (as, attosecond) 是 10^{-18} 秒，即一個阿秒是 10^{-18} 秒的一部分。

如果幀率是 232 阿秒 每幀，那麼要計算 每秒有多少幀 (fps)，我們需要求其倒數：

$$fps = \frac{1 \text{ second}}{232 \times 10^{-18} \text{ seconds per frame}}$$

$$= \frac{1}{232 \times 10^{-18}}$$

$$= \frac{10^{18}}{232}$$

讓我來計算這個數值。

每秒的幀數約為 4.31×10^{15} 幀（即 4.31 千萬億幀）。這是一個極高的幀率，遠超人類可感知的範圍！[>]

圖表 117　CHATGPT 將幀率轉換為多少幀每秒

答案是：4.31 x 1018 即 431 後面加上 13 個零。姑且以這個數字為例，這麼快的幀率，我們的眼睛、大腦能夠處理這麼複雜的、許多不同距離的光源，然後整合起一個如上圖的影像嗎？

羅維理提出以上「現在」的概念源於廣義相對論，不同觀察者的時間是完全不一樣的。比如安安與寶寶，他們倆所認識或經驗到的「現在」都有不同。要是將他們的距離拉遠到地球與仙女座星系，在地球的安安「現在」看到在仙女座星系的寶寶已經是 2.537 百萬光年以前的影像而已。「寶寶」的過去成為了安安的「現在」。現在即使把他們的距離設置在同一客廳裡，即使這麼小的距離，「寶寶」的過去也還是安安的「現

在」。

這是為什麼廣義相對論被統一到弦理論後有引力子的出現，這引力子在活躍的時候變成膜，模上有開弦。對唯識來說，這幅影像是在見分上的相分，也是弦理論膜上的開弦，只有這樣才能將整個宇宙的一切信息整合到一幅影像，即「或遠或近」、「隨量大小」的「頓現一相」。

有如上圖這幅影像，其實沒有實體的太陽、山、樹林、朋友、手掌等，都是「或遠或近」、「隨量大小」的「頓現一相」，後來我們的第六意識將這些圖片的內容與每一幅的影像貫穿起來整合成「一合相」而已。這與看電視上閃爍的螢幕沒有差別。

四、隨量大小

今天的科學「隨量大小」可以以「科學階級」來概括：

科學「階級」向上行，科學與科學亦都變得更加複雜和專門，這些學科就會後來的「實証階段」。學科要升級，就是基於他們的基礎的科目。形式科學（數學、電腦科學）和物理學，被視為最基礎的科學。再升級，就是化學。再升一級，就是分子生物學及細胞生物學。再升一級，就是系統生物學。然後再升一級，就是心理學。最高的階段就係社會科學。[346]

他們認為,科學是「隨量大小」一層層的堆疊上去的:

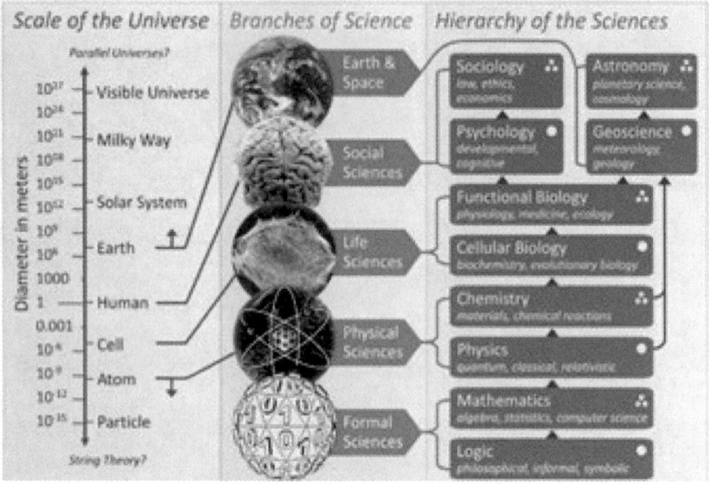

圖表 118 隨量大小的科學階級

科學家也是通過他們的「認識」,也就是他們的見分、相分即膜上的開弦,來做科學工作的。如上所述,既然他們認識到的也都是虛幻的假象,又如何能得到正確的科學結論呢?今天的科學不能說是沒有,我們的日常生活、起居、出行等還是要根據今天科學的三維思維,才能生活下去,但是這些對比真實相差甚遠。比如,日常生活我們還是必須以太陽東升西落為思維,才能生活下去。

又比如今天發射火箭靠的只是牛頓引力之計算,雖然艾薩克牛頓(Issac Newton)是一位非常偉大的科學家,但事實求是,

346《維基百科》<科學階級>;https://zh.wikipedia.org/zh-hk/%E7%A7%91%E5%AD%B8%E7%9A%84%E9%9A%8E%E7%B4%9A

牛頓引力離開真理甚遠。比如牛頓引力裡時空是絕對的，而不是如廣義相對論是相對的，牛頓引力也沒能計算出引力波、引力電磁場等的現象，也沒能準確的計算出水星接近太陽時候的軌道、也沒能計算出黑洞、白洞、暗能量等等。

若將廣義相對論與弦理論對比，廣義相對論雖然得到時空的扭曲現象，也計算出許多牛頓引力沒有得到的數學，但比起弦理論來說也不是真理。特別是如引力子的「因」、M理論、五版超弦論如型IIB弦等、反德西特/共形場論對偶性、全息圖等等，在廣義相對論中都沒有。到了弦理論便得出緣起「因果甚深」的意識學，是最終的真理。

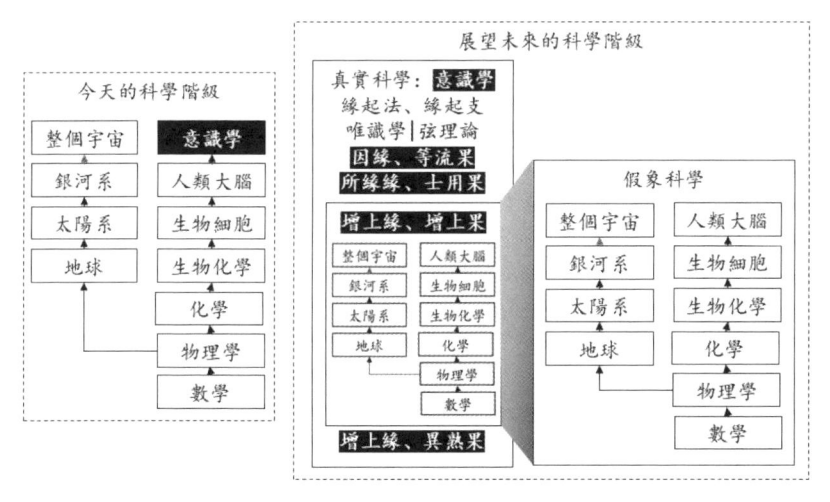

圖表 119 未來科學

如哈里斯所說今天世俗、科學認為意識是從複雜系統中湧現的，如圖左的一層層的堆積上去才有意識，是錯誤的。未來

的科學必定是以意識為底蘊。

不僅如此，因為所有一切認識都是通過種子生起現行「頓現一相」的，并不是今天科學認為的一層層的堆積上去的，因此必定涵蓋所有最終的科學。這是今天科學家、哲學家與眾多學者的盲區，他們認為要是意識是最基礎的，那麼意識科學可以在物理學以下，做為科學的最底層。

但事實并非如此，因為在從種子生起現行，到「隨量大小，頓現一相」之間，都是第八識即 M 理論在操作處理種子、將種子排隊現行，沒有所謂一層層的疊上去的科學層次。一層層堆積上去的只是假象，如之前多次論述過「無物理學」，物理學也只是假象科學，還是有用，但不是真理。第八識或 M 理論處理種子的方式就是「緣起甚深」、「因果業力不可思議」。

今天相似有的、煞有其事的「科學階級」只是增上緣之增上果而已——今天的假象科學有如牛頓引力雖然在不太複雜的情況下也是有效，但真實的科學則是基於唯識學的緣起法的弦理論。

五、最終科學

之前說過，是先有二禪天眾生出生的因，因此出現恆星引力現象將氣體云聚合起來成為恆星，即二禪天的根身。這裡

再舉個例子。一般世俗、科學認為父母的基因被下一代繼承，這是不錯，但更重要的先是這個將受胎出世的嬰兒的因，來繼承甚至在某種程度上改變父母的基因為果。前者的世界觀是錯誤的，後者則是真理，即上圖「未來科學階級」的緣起法、緣起支的部分。其中基因即為增上緣，如下圖左邊太虛大師的圖：

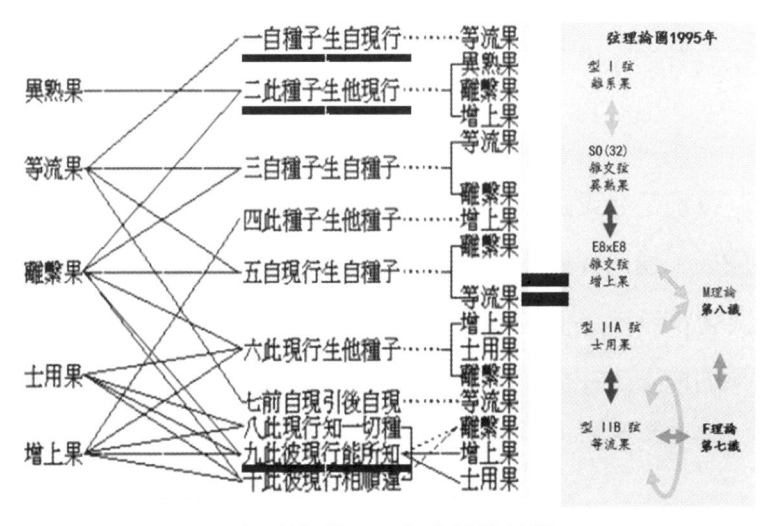

圖表 120 頓現一相之最終科學

今天像是有的、煞有其事的「科學階級」只是增上緣之增上果而已——今天的假象科學有如牛頓引力雖然在不太複雜的情況下也是有效，但真實的科學則是基於唯識學的緣起法的弦理論。

所有我們認識到的，包括今天所有的科學、數學，都只是種子與現行的交叉關係，到最後都是「隨量大小，頓現一相」

的。太虛大師的圖即弦理論的圖，因此，最終的科學是弦理論主導的科學即緣起。

今天若說緣起法是科學或許有人會認為這是偽科學，但緣起法與基於唯識的緣起法早過現代科學至少一千年，而且今天物質主義基石的物理學走入了二元對立的死胡同，精準的說明從來沒有物理學。這些恰恰說明今天唯物主義的科學其實才是偽科學。

特別是今天認為比如我們能夠看到蘋果，是因為有個外在的蘋果，通過我們的眼睛，再通過大腦的訊號處理，這些也將最終會被確定為偽科學，真實是我們各自的第八識有能夠看到蘋果的種子，在種子成熟後生識，識變見分、相分，同時變根身、器界的蘋果。

第十七節　眾盲之盲

說今天的科學是偽科學一定有許多人會反對，那麼我們看看瞎子摸象的比喻：

其觸牙者，即言象形如萊茯根；其觸耳者，言象如箕；

其觸頭者,言象如石;其觸鼻者,言象如杵;其觸者,言象如木臼;其觸脊者,言象如床;其觸腹者,言象如甕;其觸尾者,言象如繩。[347]

事實是,從來沒有萊茯根、箕、石、杵、木臼、床、甕、繩等,有的只有大象。也就是從來沒有物理學、化學、生物學、基因學、腦神經學等等,有的只是基於唯識的緣起法。唯識的緣起法即大象,它不是萊茯根、箕、石、杵、木臼、床、甕、繩等的總和。再多的科學家,若不是如佛陀親證真理,如再眾多的盲人,也是看不到大象。

儘管如此,這些偽科學還是很有用處,如第七章之第六節「名牌包包」假的很好用,真的反而是沒用,特別真的是一時半載也未必用的了。物理學、化學、生物學、基因學、腦神經學等的應用,從「唯識無境」來說都是增上緣共變之增上果。

第十八節 緣起數學

今天要說佛法就是弦理論得出的數學,對多許有人來說是匪夷所思的,甚至會反對佛法最終會被科學算出。

---

[347]《大般涅槃經》卷 30;CBETA 2025.R1, T12, no. 375

一、宇宙語言

其實道理非常簡單，特別是科學昌明的今天，物理學作為最底層的邏輯，一切都要有其數學的規律。要是沒有這些規律則太陽或許明天就不會從東邊升起、旅客乘搭的飛機不會起飛、計算好的大樓建築會無故的倒坍等。因此，一切都要其數學規律才能有「法」為軌來依持，這就是玄奘大師所說的「法謂軌持」，佛法不是說宇宙有個誰建造了許多的無形軌道來持法。

數學被稱為宇宙的語言：

> 世界上存在著一種共同語言，那就是數學。數學的語言是一種全球通行的語言，它可以解釋整個世界的運作。從最簡單的運算，到越來越複雜的科學現象，直至愛因斯坦的相對論，不論你對數學語言熟悉還是陌生，翻開這本書，你將瞭解到數學語言是如何構建我們的世界的。[348]

在《因明邏輯真值量化的探索》李潤生、蔡禮德就應用數學的論述，其中采用大量的「邏輯真值量化公式」[349]。已退休的台灣國立清華大學物理系教授王守益教授，曾經嘗試用物

---

[348]《數學：宇宙的語言》；搜狐；https://www.sohu.com/a/639749118_119659
[349]《法相學會集刊》；第九輯；第 50~120 頁

理學中的數學如波函數、複數、虛數等來解釋佛法[350]。

二、意識數學

認為心、識為宇宙世界的本質一直是東方的主流哲學思想，有千年以上的歷史。而唯物主義的科學，只是在這近數百年得到蓬勃的發展。而理論物理學在近 40 年，已經停滯不前，說明唯物主義已經到了盡頭。這盡頭自然是以意識為底層邏輯，如普朗克認為「意識是根本」，他也「認為物質是意識的衍生物」。又如霍夫曼嘗試建立一套以「意識」為宇宙底層邏輯的數學。卡爾認為弦理論等算出的膜就是意識的工作空間。這些都說明，最終的意識為宇宙底層邏輯必有其數學性，可以被數學算出。

問題是今天學界完全不懂得什麼是意識。比如對意識範疇的定義就非常的狹隘：沒有種子、現行、識支、名色支、因緣、四緣、五果、共變、二十二根、十二處、三界九地、色界、無色界、行星、恆星、星雲、黑洞等等；又對因、果無明。沒有這些認識是絕對不可能得出「意識數學」的。

三、第一人稱

---

[350] 物理與佛學；王守益；

有許多人認為數學只是描述第三人稱視角，不能描述第一人稱的體驗。已退休的宇宙學者卡爾認為，如果在現有的物理學上擴張，就能夠得到第一人稱的體驗。他認為現有物理學的額外維次、超空間就是描述這些第一人稱的體驗。他也認為廣義相對論與量子力學最終會與意識學結合[351]。

　　而當弦理論學者在嘗試探索什麼是物質最小的組合成分，卻發現了弦理論等一堆莫名其妙的數學猜想。之前在量子力學的認識是物質是通過希爾伯特的數學空間而有，到了弦理論物質只是 M 理論中的弦被激活，因此連帶的型 IIB 弦、型 IIA 弦有膜上的開弦。只是他們錯以為弦代表的是粒子，不知道弦代表的是「因」。

　　用唯識的詞彙則是物質只是識支的種子被激活，因此連帶的名色支等流果、觸等三士用果的見分上的相分而已。希爾伯特的數學空間有無數維次，得到像是獨立存在的物質，但弦理論卻將這個物質個體化到一個 M 理論與其連帶的型 IIB 弦、型 IIA 弦，這在唯識就是一眾生緣起的識支、名色支、觸等三支；但這物質必須有無數無量眾生共變。

　　換句話說，廣義相對論與量子力學到弦理論，是個從第三人稱視角到第一人稱「觀察者」體驗的過程，其實沒有獨立存

---

[351] Cosmologist Prof. Bernard Carr On Consciousness And Parapsychology；Essentia Foundation；YouTube；https://youtu.be/weKSf000ENk

在的物質，物質只是無數無量眾生共變的影象，這就是無數無量眾生的緣起。如「膜的世界」所示，廣義相對論是「觀察者」，而量子力學是「被觀察」。因此量子力學中的希爾伯特空間有無數的維次，實際上是無數無量眾生。只是弦理論學者對緣起法完全沒有概念，也從來沒有想過弦理論是意識學，即使有想到但畢竟是「打靶仔」的罪而沒人敢說。

四、萬法唯識

反觀佛教對於緣起說是極度的混亂，也沒有以最通俗的方式從意識學的角度敘述緣起法、緣起支，因此不知道緣起就是學界在尋找的最終的「意識科學」。更沒有想到宇宙萬法的緣起法也是宇宙大統一理論。若從這些角度思考，則緣起法必定具有數學性，若否則因果法就完全沒有所依持了。

數學做為宇宙的語言，就是「三界唯心、萬法唯識」的最終面貌，因此，出現了在弦理論的各種數學猜想中。

五、異熟即 e

這裡要描述的是第八識稱為異熟識，是因為第八識的異熟果相最寬最廣。因此，整個宇宙一直在不停的異熟中：1. 異時而熟，2. 異類而熟，3. 變異而熟。其中有甚深的因果關係，是

因緣業力不可思議的原因，而數學上則是無理數的歐拉數即e。e是個神奇的數字，這個數字掌管著自然界所有的規律：

> 超越數e是個無限不循環小數，其值約等於2.718281828...，e在客觀世界中應用非常廣泛，廣泛到讓人不得不認為它是自然的構造，以e為底的對數被叫做"自然對數"。
>
> 自然界中渦形或螺線型動植物多與e有關，放射性物質的衰變規律要用表達，火箭速度也要用e計算，e還出現在人類意想不到的地方，如計算儲蓄最優利息及生物繁殖問題時，都會不請自來。
>
> e的指數式更是成為最能反映大自然本來面目的"自然律"，當x為複數時，它成了描述自然最萬能的公式。[352]

許多重要的物理學理論都離開不了e。在弦理論，e是M理論即第八識之異熟功能。因為e是無限不循環小數，因此，弦理論即第八識能使到種子即弦，也就是「因」「假使百千劫，所作業不亡」，「因緣會遇時，果報還自受。」成熟到到「果」

六、虛實之間

---

[352] 萬物皆複數；蔡貞東；九州出版社；第210頁。

世俗與今天科學認為我們的三維世界是實有的，但自從虛數的被發現與運用到物理學的各個領域，虛數與其相關的複數空間似乎更加真實。虛數的簡寫是i，為負一的平方根：$\sqrt{-1}$。複數則是含有「虛數單位」的一個數如：a＋ib，其中 a 與 b 為實數。複數分別稱為複數之「實部」和「虛部」。

> 如果沒有虛數的話，現代物理學恐怕很難有所進展。物理學家在很多領域都使用虛數計算……量子力學等領域都需要虛數才能有效完成計算工作……。[353]

虛數與複數在許多科學領域都有被運用到，可以說是無所不在。

> 自從$\sqrt{-1}$離奇古怪的以合法的身份進入了量子力學，這門學科就越來越離奇古怪了。這個$\sqrt{-1}$東西越來越怪，越來越橫。初等數學裡，學生都知道，它根本不存在。到高等數學，學生被告知，說它可以存在，但是虛構的。現在看來，它必須存在，而且是真實的東西。[354]

已退休的物理學教授王守益在他的《物理與佛學》一書中寫道：

---

[353] 數學之書；柯利弗德·皮寇弗；重慶大學出版社；第54頁
[354] 萬物皆複數；蔡貞東；九州出版社；第143頁

我們的自性（卻）在複數空間內……。

接著又寫道：

諸法的實相究竟是什麼呢？從上面的討論看，如果用科學語言來表達，就是它們的本體在複數空間它們的現象在可被觀察到的實數空間的整個景像。[355]

《量子心靈》的作者阿諾德·明德爾博士就將意識與虛數聯繫到一起[356]。以上都說明，虛數其實是真實，實數則其實是虛假。生為有情的我們必須從虛數的世界來認識、操作實數的世界。

七、最美數學

歐拉數在歐拉恆等式中 $e^{i\pi} + 1 = 0$ 是主角，因為歐拉恆等式包含了神奇的虛數、圓周率 π、1、0 等，因此它被譽為「最美數學」。許多二十世紀的科學理論如量子力學特別是弦理論，都有賴此等歐拉恆等式。J. 賓利在《萬物皆數》一書，接近終結的時候闡述一切皆數時，用「迄今最俱有深遠意義」、「神奇莫測而宏偉莊嚴」、「充滿了宇宙無限廣闊的美麗」、「使人產生無限遐想的數學表達方式」來形容歐拉恆等式。物理學家費曼也曾經說它是「數學中最不可思議的公式」[357]。

以上歐拉恆等式的左邊其實可以用第五章中第九節「托種變色」所說的二十二根的橫向依、受、生、住與縱向的有漏、通二、無漏的結構來分解，如下圖：

二十二根	二十二根	依根	受根	生根	住根
	流轉	眼、耳、鼻、舌、身	苦、憂	男、女	命
	通二	意	樂、喜、捨		
	還滅	信、勤、念、定、慧			
緣起：心法			具知	未知當知	已知
	緣起十支	識、名色	觸等三	愛等三	生、老死
	四緣	因緣	所緣緣	增上緣	等無間緣
	四果	等流果	士用果	增上果	異熟果
	五蘊	識、空	行	受	想	色（之相分）
宇宙：萬象	六大	識、空	風	水	火	地
	色、無色界	四無色界	色界四禪黑洞	色界三禪星雲	色界二禪恆星	色界初禪行星
	歐拉公式	iπ	i sin(π)	cos(π)	e	1
	物理：四大		引力	電磁力	弱力	強力
	物理：波色子	卡比比邱六額外維次超弦	引力子	光子	W+/W-波色子	膠子
	化學		氣體	液體	等離體	固體
	生化分子		氫	氧	氮	碳
	細胞		粒線體	酶溶体	中心粒	細胞核

圖表 121 二十二根增上緣變宇宙萬法

歐拉恆等式的證明是：$e^{i\pi} = \cos(\pi) + i\sin(\pi)$，因此，如上圖二十二根的依、受、生、住分別為 $i\sin(\pi)$、$\cos(\pi)$、e，1。這是歐拉恆等式能變宇宙萬法「不可思議」的原因。

八、有等於空

大乘佛教說宇宙萬象是心、識所變，至於具體怎麼變只有法相宗的唯識學提供了許多理論基礎與架構，這些理論、詞彙被稱為法相。但這些法相還有沒有非常的細緻的指出許多如上

---

[355] 物理與佛學；王守益；慧炬出版社；第 70 頁
[356] Awareness of Imaginary Numbers；Quantum Mind；Dr Arnold Mindell；第 90~104 頁
[357] 萬物皆數；彼得•J. 賓利；馬仲文譯；南方日報出版社；第 214 頁。

圖的細節。特別是釋尊說「一切有者,唯十二處」,要是十二處是一切有,又怎麼能夠從十二處變出宇宙萬象呢?

如上圖所示,所有宇宙萬象甚至佛法和緣起法包括四緣、五果都是根據二十二根的依、受、生、住的架構變出來的。宇宙萬象不是混亂的,而是有次序的,因此,心、識所變也必須是有次序。二十二根為增上與增上緣,為共變,因此,宇宙萬象的次序是二十二根的架構。

從這裡得出,虛數 i 的空間實際上是真實,歐拉數 e 則是第八識從這個真實的虛數空間掌管整個宇宙的規律——到了弦理論自然的有弦理論的 M 理論,M 理論即第八識管理著每個眾生的宇宙。歐拉恆等式裡面的虛數與圓周率的乘積 $i\pi$ 即識在虛數空間裡變:八識各自在變,第八識即異熟識,第八識的異熟功能即 e。實數 1 則是所變出相似有的東西。

因為以上歐拉恆等式左邊是這一堆的東西、是「有」、是所有的緣起法;而右邊為零為「空」。因此「有」=「空」,因此緣起性空即中道:緣起是「有」,性是「空」,因此是中道。

「有」可以是「潛有」、「現有」;前者是種子,後者是現行。「有」也分「正有」、「負有」。「潛有」、「現有」、「正有」、「負有」的和積,必須等於 0 即空。這是歐拉數在歐拉恆等式的功能即異熟。

九、佛與數學

根（indriya）是一個古印度哲學術語：

在梨俱吠陀時代就已經出現。婆羅門教教派和沙門教派中都採用這個術語來成立自身學說，如《大毘婆沙論》記載：與佛陀同時代的耆那教施設一根，故於外物計有命想，有些教派施設二根；而勝論派施設五根，數論派設施十一根；還有教派施設百二十根，也有說這百二十根其實是百二十主，「主」即「因陀羅」的意譯。在佛教中，同樣也利用對根這個術語來進行教理討論。部派佛教時期，以二十二根為討論中心，其中以說一切有部對此最為重視。[358]

根的意思是：

世親《俱舍論》認為，根有最勝、自在、光顯三個意思，總合來說，有增上之義。[359]

《阿毘達磨大毘婆沙論》卷2：

生聞梵志往世尊所而白佛言：「喬答摩尊說根有幾？」佛言：「我說二十二根，所謂眼根，乃至廣說。」彼

---

[358]《維基百科》<二十二根>；https://zh.wikipedia.org/zh-tw/%E4%BA%8C%E5%8D%81%E4%BA%8C%E6%A0%B9
[359] 同上。

經豈亦說根所依,彼此二經根聲不異,一謂根體,一謂所依,非所極成,是自妄執,故定應許信等五根亦通有漏。問:「若通有漏,彼所引經當云何釋?」答:「信等五根實通有漏,彼經一向說無漏者。所以者何?依無漏根建立,聖者有差別故。有說,彼經唯說聖道。所以者何?聖者差別依聖道說,非世俗故。」問:「彼經又說,若全無此信等五根,我說彼住外異生品,復云何通?」答:「斷善根者名外異生,謂諸異生總有二種,一內、二外。不斷善根,說名為內;斷善根者,說名為外。彼經意說,若全無此信等五根,我說名為斷善根者,故所引經於我無失。或說,此是經部所說,謂經部師,亦為遮遣分別論者,如前所執,故作是言。世第一法五根為性,非唯爾所。**360**

佛陀時代,根有幾,有說是一、二、五、十一、百二十等,但佛陀卻斬釘截鐵的說是「二十二」。為什麼是二十二至今還是一個謎,也是一個學術議題,在各種的論述中有各種奇異的幻想。二十二其實是二十四減去二,要是單看經論是想到腦焦也想不到的。

上面說過十二處與二十二根是本來面目,而本來面目為二十四維次弦理論得出的「怪物月光」。「怪物月光」也是基於波色子弦論的二十二額外維次。數學家約翰·卡洛斯·拜艾茲

（John Carlos Baez）通過演算一個無窮和（$1+2+3+\cdots\infty$）等於$-1/12$的數學，得出二十四維次。又在這個二十四維次的基礎上，因為要得到物質，通過環面拓撲（torus）與歐拉恆等式，得出二十六維次的波色子弦論[361]。波色子弦論後，弦理論的發展有六額外維次的超弦論、接著第十一維次的M理論、第十二維次的F理論。

弦理論史以上的進展次序，無異於佛陀轉法輪，說緣起法、二十二根、對只有小乘根基的人說六識、對有大乘根基的人說第八識、第七識。兩者歷史次序完全一樣，因為都是有深厚的數學根據的。此外，佛陀也說十二處，這就是弦理論的宇宙全息圖。

十、萬法結構

筆者在弦理論與緣起的論述中，要是弦理論學者采取開放的態度，有許多點是可以做為探索的。比如：十二處、二十二根、二十二根、弦的振動狀態等。具體舉個例子是：波色子弦論中的二十二額外維次因為是二十二根，因此每個維次不是平等的，而是有之前所說的二十二根的橫向與縱向結構。

---

[360]《阿毘達磨大毘婆沙論》卷2；CBETA 2024.R3, T27, no. 1545, p. 8a21-b9
[361] John Baez on the number 24；James Waechter；YouTube；https://youtu.be/vzjbRhYjELo

筆者也猜想二十二根的十一依根的縱向結構：有漏與通二（有漏與無漏）是弦理論超對稱性的由來。波色子弦論是最早的弦理論，之後有五版的超對稱弦理論，額外維次從二十二遞減到六，這些應該是二十二根的依根：有漏有五，通二有六。前者為眼等五，後者為信、勤、念、定、慧、意。

弦理論通過超對稱計算認為一般的粒子，都有相應的超對稱粒子（superpartner），但至今還沒被觀察到。超對稱粒子只是物理性的思維，而色如粒子只是識的相分，不是真實存在的粒子。因此筆者猜想不存在這些超對稱粒子，而且識還有自證分、證自證分，應該會排除生成無用的超對稱粒子。

筆者不認為信等五為依根，依根只是權宜之說，因為信等五都是心所，是一種心理或心、識的功能作用或狀體。依根必須是一種有根本作用的能量，能生萬法、識、現行、見分、相分、物質、根身、器界等。信等五怎麼都不像是有這些作用、能量、功能。信等五應該是與眼等五對稱之根，只是眼等五是有漏，信等五是通有漏與無漏。修行到證道的生起是通過信等五根，因此為通二，整個宇宙的對稱性都應該是來源於此。在對稱的同時有非對稱，比如我們的大腦：

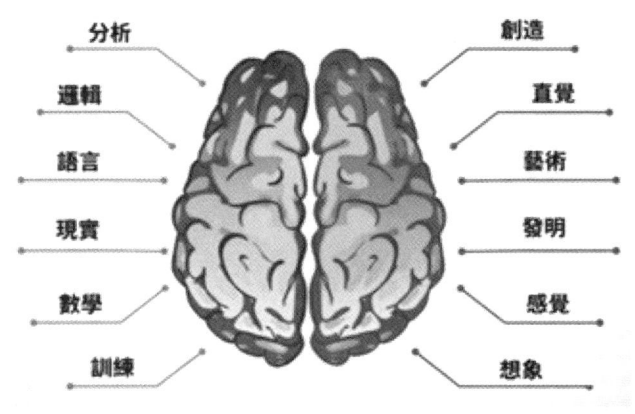

圖表 122 超對稱與大腦

如上圖所示,在對稱中有非對稱性,筆者猜想,眼等五因為是有漏為分別,應該是與左腦有關,信等五則是與右腦有關。(見附錄1。)

十一、快子與漏

波色子弦論必須有二十二個額外維次,要不然整個數學就潰不成形。有二十二額外維次的波色子弦論在數學上,也自然的出現了引力子,也有抹不去的快子。為什麼?

佛教對於凡夫、聖人有極為明確的定義。第三章第十節之九「四向四果」中提到聖人必須與凡夫有根本上的、本質上的差別。在這兩者的分水嶺是在「無間道」中斷除煩惱,煩惱即有漏種子。之後必有無漏根的生起為「解脫道」,也應該是無漏種子的生起,從此有凡夫與聖人之分。

比如從凡夫到初果聖人已經與三惡道無關係了，再往上二果只會再來欲界一次，再往上的三果則不再來欲界受生等。因此在以上描述的分水嶺中必定有些有漏種子即煩惱被「殲滅」。比如：初果「無間道」「殲滅」三惡道的種子、二果「無間道」「殲滅」大部分欲界的種子、三果「無間道」「殲滅」剩餘的所有欲界種子等。

因此，筆者猜想有漏與無漏之間必定與快子有關，特別是「殲滅」是快子的特性之一。波色子弦論有抹不去的快子，而波色子弦論的二十二額外維次即二十二根。二十二根其中有三無漏根：未知當知根、已知根、具知根。因此，這些抹不去的快子與這三無漏根的生起必定有很直接的關係。

綜合「四向四果」與這裡的討論，「無間道」應該是異熟的過程，而有漏的異熟果是 SO(32) 雜交弦、無漏的離系果是型 I 弦。前者是型 II 弦有漏種子，後者是型 I 弦無漏種子。因此，在超弦論被制服的快子應該是隱含在 SO(32) 雜交弦與型 I 弦之間的「無間道」過程，特別是這二者也有對偶性。這也是弦理論可以探索的方向。

第十九節 三不知道

這裡通過：一、通過佛教經綸所構建的緣起正義圖，二、太虛大師的種子現行圖，三、弦理論的 M 理論與五版超弦論對偶性圖，三個似乎完全沒有相干的圖聚焦到一起，說明這三個圖的內涵都是一樣的，說的都是緣起法。

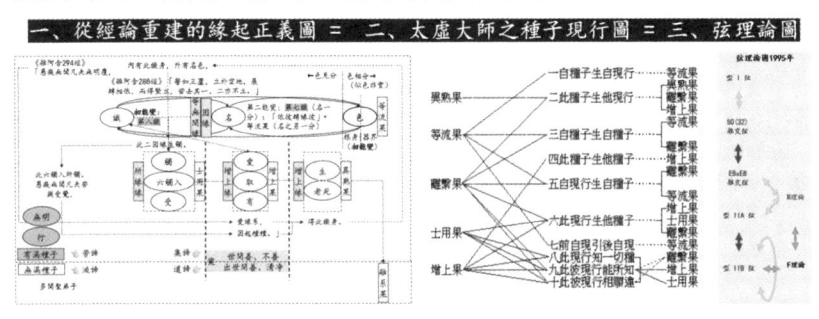

圖表 123 緣起正義 ＝ 種子現行交叉關係 ＝ 弦理論

以上也有賴於弦理論的計算與今天科學對大腦的識，才能重新發現緣起法的真正意義。正當科學家在尋找宇宙最終認的大統一理論，不知這個大統一其實就是意識學，也不知道佛教的緣起法就是他們要尋找的大統一理論。又正當科學家、哲學家、宗教家在探索什麼是意識，不知道答案就是在宇宙大統一理論裡，也在佛教的緣起法裡。又佛家在說佛法、緣起法時，在談空說玄時，不知道緣起法簡單來說說就是意識科學，也不知道緣起法就是科學家要找到大統一理論。

今天佛教界對緣起法的爭議與不知道，物理學者不知道什

麼是弦理論與其爭議，哲學家門對意識的不知道與其爭議，三個看似完全不相干的領域的不知道與爭議，他們不知道最終得到的是將會是同樣的一個答案。

應該有人會反對，將三個完全不相干的、有許多爭議的理論結合起來是混亂的。但要是瞭解佛教緣起法說的就是意識的緣起，那不正是大家在找的意識科學理論嗎？又意識如果是緣起，也是宇宙的基礎底蘊，那麼不就是宇宙大統一理論嗎？表面看上去三者是完全不一樣的，但稍微深入理解則是三者完完全全一樣的。

弦理論不僅僅是筆者起初認為只是描述唯識的理論，更重要的是緣起，是必須通過重建緣起正義才能全盤理解的「唯識緣起」，這正是太虛大師所說的與「唯識論符契」的「藏識緣起」。

筆者這段經歷有如從地攤上撿到許多片面的、沒人知道是什麼的地圖，但有幸翻閱數本也不是很完整的旅遊指南，參照二者，一步步的不但將這些片面的地攤地圖拼合起來，也將不是很完整的旅遊指南補上空缺，而指導筆者的就是佛所說的緣起法。這就是「見緣起即見法，見緣起即見佛。」

第二十節 未解之謎

　　喬‧迪斯本札（Joe Dispenza）在 23 歲時，發生嚴重車禍，撞斷 6 塊脊椎。動了手術後，醫生告知他將會一輩子不良於行。經過一番掙扎，迪斯本札相信意念所具有的力量，深信身心互相影響，因此能夠透過意念改變內在，重新組建自己的脊椎。嘗試屏除一切雜念，在腦中建構自己痊癒的未來。9 週半以後，在完全沒動手術、沒上石膏的情況下，迪斯本札竟然能夠起身走路，至今 30 多年來幾乎未曾背痛過。

　　以上包括瀕死體驗、人體科學等都是今天唯物主義的偽科學解釋不了的現象，探索這些課題的學者苦於不得其門而入，基於唯識的緣起法便是他們苦於尋找的理論機制。

後記

原來打算只是做個大概的論述,但想有些議題必須詳細,不能被簡略,到現在的字數已經翻倍,但還言猶未盡。

【一、佛與佛法】 佛滅度後,有說以戒為師,有說以法為師。筆者認為,若著重於以戒為師,對法沒有真正認識,特別是緣起法的認識,許多戒律都不能持久。就算能持,若沒能真正的瞭解緣起法,所持的戒律也是意義不大。就算這世能持,沒有正見,下世新的因緣戒體也可能被壞。佛當時與今天的外道也有許多的戒律,唯一區分佛教的只能是緣起法,若懂緣起持戒就非常自然。

【二、緣起甚深】 緣起十支可分前五與後五,前五亦果亦因,後五亦因亦果。識等五支是最具爭議的五支。識支唯識說是第八識,第八識與第七識依彼轉緣彼,明顯的是名色支的名。名色支之名有四蘊:識、行、受、想是比較不具爭議,問題是名的識蘊有幾個識?小乘認為是第六意識,唯識起碼有第七識。今天大量的腦神經研究認為我們的潛意識不只意識而已,包括許多如眼、耳等的潛在識別功能,只是我們沒察覺。這些腦神經研究得到的結論是我們的顯意識,即觸等三士用果,如企業的執行總裁或報紙的頭條新聞,只察覺些極為重要的信息,在之前與之下,許多信息都被處理了。因此名必須是

七識。緣起後五支不是哲學思想,而是有非常深奧共變的內涵,要是沒有這些共變的內涵就不能科學性的解釋現世報與後世報,也不能解釋唯識的「唯識無境」即我們認識到的只是「心相續相」。這些法都出現在弦理論裏。

【三、心意識三】心、識不是如許多學者認為是單調的,在唯識,心、意、識為三,分別為第八識、第七識、前六識,也是唯識的三能變。這正是緣起支的識等五果:識支、名色支、觸等三。西方意識學者因為不瞭解緣起的心意識三,因此認為有「無意識」的狀態如植物人。

【四、心為何物】緣起以識支或第八識為錨,緣起即心。十支緣起後九,都是心的不同相貌。識支極為細微(1),名色支為存在潛意識(2),愛等三(3)與生等二(4)為造業生種子,都不能被一般人察覺,一般察覺的只是觸等三的顯意識(5)。我們只察覺五分之一,而這五分之一又是虛幻的、假的。佛教今天有習武的、有表演的、有拜懺的、有說空玄的、有跋涉苦行的、有祈福消災的、有研究古文的、有美術的等等,卻少有說緣起法的,或學了都是似懂非懂。這是近期佛教許多亂象的根源,僧人不相信因果,不知緣起,可說不知心為何物。若深刻認識緣起,必畏懼因果則能抑制亂象,不會為了五分之一假象而犯戒。

【五、緣起架構】所有佛法都歸緣起，在說所有法時都必說明所說法屬於緣起的部位。如慈航法師在《成唯識論講話》提到「俱生受」與「境界受」，前者為「觸」所生，後者反過來生「觸」，這二法在原始佛教經典就有。從識支、名色支因緣所生起的就是「俱生受」，這是五遍行的觸在作意之前。若前六識觸等三生起後，可以反過來，五遍行的作意在觸之前為「境界受」。所有法都附屬緣起法，都需在緣起總框架下說明，若否如許多四緣、五果等的解釋不分天南地北。

【六、開悟緣起】許多人自稱開悟。類似的導師大師一大簍。但怎麼個開悟卻說不出，或說的都是非常玄的東西。許多人憑此行騙，也很多人受騙。佛說：「見緣起即見法，見緣起即見佛」，過去與未來諸佛開悟都必說緣起法。若開悟了說不出緣起法，怎麼能夠說開悟？因此維護佛法的首要任務莫過於搞清楚與扶正緣起法，以為標杆以杜絕以開悟行騙之人。

【七、非豆瓜等】許多學者、法師喜提「緣起」二字，籠統的說外在的事物都是緣起，沒強調眾生緣起。緣起真正的意義是眾生緣起，你、我、他、安安、寶寶、孫中山、秦始皇、狗、貓、老虎、螞蟻、蚊子、四禪黑洞等等等都是緣起，各自緣起必具十支。緣起重點絕對不是外在事物的緣起，雖然物質色法也是緣起，但如豆、瓜、簍、麻的緣起只是共變配角。何況唯識跟不上不承認物質色法的客觀存在，認為有物質色法在

唯識屬於增益執，即把沒有的說是有。

【八、萬物比特】心即第八識如臺電腦。惠勒提出「萬物源於比特」與「參與的宇宙」之說，此二邏輯性的加上「萬物改變比特」，某種程度上說明了基於唯識的緣起法，也預言了弦理論的出現。比特即信息，即十二處的六塵處，十二處開展十八界，界為種子的別名，比特即種子裏面的信息，即全息圖。

「萬物源於比特」是名色支與觸等三是唯識的果能變，也是弦理論的型IIB弦與型IIA弦。「萬物改變比特」則是愛等三與生等二是唯識的因能變，也是弦理論的E8xE8雜交弦與SO(32)雜交弦。「參與的宇宙」是唯識也是大小乘緣起法必俱的共變，是弦理論雜交弦中左移像是波色子弦論的22個維次，在唯識是增上緣「唯二十二根」。

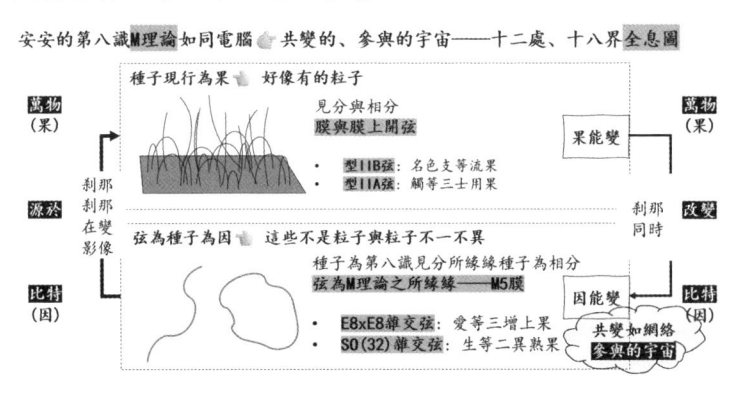

安安的第八識M理論如同電腦 共變的、參與的宇宙——十二處、十八界全息圖

種子現行為果　好像有的粒子

見分與相分
膜與膜上開弦
- 型IIB弦：名色支等流果
- 型IIA弦：觸等三士用果

弦為種子為因　這些不是粒子與粒子不一不異

種子為第八識見分所緣緣種子為相分
弦為M理論之所緣緣——M5膜
- E8xE8雜交弦：愛等三增上果
- SO(32)雜交弦：生等二異熟果

萬物（果）
源於
比特（因）

剎那剎那在變影像

果能變
因能變

剎那同時

萬物（果）
改變
比特（因）

共變如網絡
參與的宇宙

【九、吾皆幾何】我們是自我從現世虛擬下世，不存在電腦。如何虛擬？答案是幾何。「哪裏有物質，哪裏就有幾何。」

是物理名句。這句說物質的生成、存在與幾何脫不了關係。到了近代與今天的物理學，幾何數學的角色更是顯著，可說是主角。如廣義相對論與量子力學等，到弦理論的卡拉比－丘流形都與幾何關係密切。科學家以為這些幾何是我們心識之外的，從這些幾何得出物質，物質後來湧現身體、大腦、意識。卻不知道，這些幾何就是我們的心、意、識。《攝大乘論》說種子與一切種識也就是第八識不一不異，因此種子也是心的不同相貌，而種子即弦即卡拉比－丘幾何流行，因此心即眾生就是幾何，我們皆是幾何。特別是現象上，我們的大腦就如卡拉比－丘流形是宇宙最複雜的摺疊幾何。

【十、幾何造世】弦理論裏有數不完的卡拉比－丘流形，不同的流形可以得出不同的物理定律，也因此有不同的宇宙世界。卡拉比－丘流行中的弦，就是唯識的種子。M理論中的弦就是第八識的種子，弦顯化的世界就是種子變出的世界，因此不存在電腦來虛擬世界。現在通過弦理論我們知道種子裏面有幾何空間，世界就是這些幾何空間所變。如于凌波所說，種子是一種能量，能造根身、器界。

【十一、幾何解數】弦理論在物理學得不到實驗進展，卻在數學領域建立許多豐功偉績，這是從沒有的情況。弦理論能夠解決許多困擾數學家多年的問題，甚至計算得比數學家更精確，因此讓瞧不起物理學家的數學家刮目相看。問題是：整個

宇宙有誰會做數學？那不是我們？那不是人類？因此弦理論得出的其實就是人類的「識」解答數學的功能。若否為何弦理論能解數學難題而其他物理理論卻沒有如此效能？

【十二、幾何識別】在人工智慧的時代，一位對弦理論有認識的英國華裔數學物理學家何楊輝應用卡拉比－丘流形的幾何數學做人工智能。因弦理論學者一直被無數卡拉比－丘流行問題困擾，不知哪個是我們的宇宙，他們建立數據庫來分析不同的卡拉比－丘流形。何楊輝偶然通過這數據庫，發現代數幾何數學有識別的功能。大致上，由上到下的數學代表圖像識別，反之則是語言識別。唯識八個識都有了別功能，特別是前六識的第六意識。同樣的，這進一步的說明弦理論的幾何空間運作就是「識」的操作。

【十三、幾何身語】唯識不認為有身體行動，也不認為有說話聲音。唯識認為這些都是心，也就是第八識的相續假象，剎那剎那一幅幅的畫面的更新。身、語的發動與造業有密切的關係，具體如何解釋是必要的，答案應該也是在幾何。

在沒操縱桿的年代，蘿拉·卡芙特（Lara Croft）游戲裏蘿拉的身體行動是通過數個鍵盤的操作得到的。如「A」鍵是往左，「D」往右，「W」往前，「S」往後等。語音上，要是玩家沒有麥克風，可以通過鍵盤輸入語音（雖然這個游戲沒有這個功

能）。這些鍵的輸入與蘿拉的身體行動、語音有什麼關係？可以說完全沒有關係，如說有，那就是電腦的相續假象。

同樣的如網絡會議，安安一邊說話，傳到寶寶那邊已經不是安安的語音，只是數據被轉換成安安的聲音。我們的身體行動、語音等，也應該是「識」的幾何操作，熏進第八識為種子，下一剎那種子現行像是有身體動作、語音等假象，也是通過這些「識」的幾何運作而能造業。

【十四、負熵生命】一世紀前薛定諤提出「生命以負熵為食」說明生命體是負熵的。一些頑固的物理學家，到今天不認為有「負熵」的存在。若無「負熵」怎可能有生命的存在？又若無怎麼整個宇宙有許多有規律的天體與星系？膜拜唯物主義的有各種藉口自圓其說不承認有「負熵」。但如卡斯特魯普所說，若無我們的身體早就熔化為「熵漿」了。到弦理論通過幾何的推演，自然得出反德西特/共形場論對偶性。至少物理學家認為，反德西特空間那邊是有最大值的或有限的熵，這科學性解釋一百年前薛定諤提出的議題。

反德西特、型IIB弦、F理論、M理論是一組弦理論的數學，分別對應的是唯識緣起的根身、名色支等流果、第七識、第八識。說明反德西特就是根身，也就是薛定諤所說的負熵生命，為M理論即第八識所執持。這是識、名色最重要的二支、

三法甚至可以說是四法,也是地毯下的佛法。

【十五、背景依賴】弦理論有個背景依賴問題,弦理論依賴於一個特定的時空背景,這與物理學對背景獨立的追求相悖。眾生各自第八識裏有無數的種子,《瑜伽師地論》中,三界每個眾生都有所有三界的種子。三界中,因為處的界地不同,因此時空不同。因緣回合時,不同界地種子就會生起被激活,投生到那一界地去。每個眾生的第八識裏都必須具備有三界一切種子,要不然就不能夠如《八識規矩頌》所說「界地隨他業力生」。弦理論學者不理解以上靜態到動態的意義,在 M 理論裏必有無數的卡拉比-丘流形,每個流行有其所依賴的界地。因此弦理論的背景依賴正是唯識所必須。

【十六、鏡像對稱】在弦理論有個鏡像對稱(Mirror Symmetry),是兩種幾何上不同的卡拉比-丘流形可以等價,因此不同的卡拉比-丘流形可以得出相同的宇宙、時空模型。每個眾生如安安、寶寶、康康、佳佳都不同,各自種子也不同即卡拉比-丘流形不同。但他們都生活在一起即界地相同,因此有相同的宇宙、時空模型。除此他們的貓貓狗狗,也各有不同種子,也就是卡拉比-丘流形不同,也都生活在一起,有相同的宇宙、時空模型。

【十七、M2M5】弦理論出現多種膜,宇宙有這些膜嗎?緣

起在唯識是八識現行，識現行必有所緣即認識的對象，因「唯識無境」所緣必有見分與相分。膜就是識的見分，八識所緣不同因此有多種膜。名色支等流果即型 IIB 弦有奇數膜，觸等三士用果即型 IIA 弦有偶數膜。第八識因爲緣根身、器界、種子，因此第八識即 M 理論自然有 M2 膜與 M5 膜。第八識即緣起識支，識、名色支是三法，識與色互緣，色即根身、器界。M2 膜是三維膜，是 M 理論的反德西特／共形場論對應的起點之一，說明 M2 膜就是第八識的見分緣根身、器界。M5 膜是六維膜，當 M5 膜與邊界交互時可以誘導出 E8xE8 雜交弦。E8xE8 雜交弦即愛等三增上果共變種子，M5 膜即第八識緣種子時的見分。

【十八、四大四大】佛教五蘊中的受蘊分爲苦、樂、憂、喜、捨五種。五受根的苦、樂、屬於身受，即身體的；憂、喜、捨是屬於心理的。物理學的電磁場其實就是五受根的顯現，前二是電場，後三是磁場。捨受是物理學家一直在尋找的單極子。這些都對應今天科學對天體的觀察。無論多麼的不可思議，「引力子」是親因、因緣種子，引力出現為果就是「地的概念」。這些聽起來都是非常瘋狂的想法。

前面提到過的哈里斯認爲要是意識是根本，我們就不是由物質組成，後突然才有意識的湧現的。因爲在湧現原理的假設下，必須在物質上添加湧現意識的成分，那倒不如假設意識更

爲根本，是底層覺知的存在。若如此，意識就必須與宇宙的基本力量：引力、電磁力等一樣基本，或更爲基本。因此，她提出意識是如引力一般的根本[362]。

若否如何爲宇宙之根本？這是個無可反駁與否認的基本邏輯，即使如此，她也認爲這個想法接近瘋狂。可喜的是，她已經就這個問題與許多知名的哲學家與物理學家討論。據此，唯識也不認爲有四大，四大也非離識而有。

【十九、我與記憶】佛教證道關鍵是消除「我執」，之前要知「無我」。今天腦神經研究得到同樣的結論，發現無我，我只是記憶的延續。如前述，除了記憶的念心所外，還需有欲、勝解、定、慧心所。世親著的《俱舍論》中，這五加五遍行爲十大地法，到了《百法明門論》分成五遍行、五別境。後五在大腦的邊緣系統，對應的名色支等流果、第七識，或弦理論的型 IIB 弦、F 理論。在太虛大師的圖是：1. 種子生現行，2. 現行生種子，3. 種子生種子，4. 現行引現行。「我」的概念是這五心所的名色等流相續。明顯的世親已察覺到五別境從十大地法分開的重要性。

【二十、記憶在哪】問題是記憶儲存在哪？許多人認爲在腦。這絕對不符合佛教教義，因若如此，前世的身軀已壞，禪

---

[362] Is Consciousness Fundamental? Annaka Harris；Alex O'Connor；YouTube；https://youtu.be/4b-6mWxx8Y0

定不是不能修到前世記憶？謝德瑞克在某講座中提到，腦神經研究花了大量研究經費還是找不到記憶在腦的哪個部位。他認爲再多的經費還是找不到，因爲記憶根本不在腦裏。那在哪？答案是在十二處的法處。

【二十一、腦裂患者】之前「萬法結構」中說佛教的二十二根之信等五根不是信、勤、念、定、慧，而是另有含義。因爲信、勤、念、定、慧只是心所，絕對不是依根。原因是依根必須是根本的，是親因、因緣種子的，能生識的，能生法的一種力量。因此這五根應該是一種與眼等五根的一種對稱根，這對稱性最終顯示在我們的左右腦。

裂腦一直是腦神經科學研究的對象，在這些情況下，左右腦有不同的功能。哈里斯提出一些案例：在一些患者的左右腦通過手術分離後，這些患者像連體雙胞胎，患者像是具有兩組意識、經驗、性格、喜好等。這些患者中左腦多是負責語言能力，而右腦體驗通常會被「靜音」。我們的左右腦與我們的五官是有交叉關係的，如左眼的看到的東西是被傳遞到右腦等。哈里斯舉個例子：如果讓一位患者的右腦看到一個鈴，左腦沒有看到，然後問這位患者「是否看到什麼？」，得到的回覆是「沒有。」在這之後，讓這位患者用左手畫東西，不可思議的是，這位患者的左手將會畫出一個鈴。更奇怪的是，當左腦被問「爲什麼你畫出一個鈴？」，左腦完全不知爲什麼[363]。

裂腦是佛法甚至唯識都不能解釋的現象，除非接受信等五根之依根是非信等五，而是眼等五的對稱根。在這個框架下重新審視親因、因緣種子與識的議題。

【二十二、數與緣起】竇文濤在圓桌派一集中提到，曾與丘成桐會面時，問丘成桐有沒有卡拉比－丘流行的存在？如果有是什麼？丘成桐說很難想象。愛因斯坦在計算廣義相對論時，得出宇宙一直在擴張的結論，當時的人不相信宇宙在擴張，因此他畫蛇添足的加上了一個宇宙常數。不久哈勃發現宇宙確實是在擴張。狄拉克通過數學發現了反粒子，當時沒人相信有反粒子，但不久實驗證明確實存在。之後尤金·維格納著有《數學在自然科學中不可思議的有效性》說明數學的有效性。何楊煇在一訪談中提到，他認識的許多數學物理學家在弦理論研究中非常投入，他們認為弦理論有太多美好事件，絕對不是錯的，至於弦理論是否是物理理論是個問題，或許弦理論不是物理理論。許多有很強直覺感的數學物理學家如馬克斯·泰格馬克（Max Tegmark）認為數學所算出的如形狀、幾何圖形，或者任何東西、物件，不只是一種純粹的概念，必定有其真實存在的意義。許多數學物理學家也具有同樣的見解，特別是若數學要求如此，則如此必定有其真正的意義。哈里斯認為，如果我們假設意識是根本的，這些東西、物件將會更變得

---

363 同上。

有意義[364]。

雜阿含經中「若佛出世,若未出世,此法常住,法住、法界,彼如來自所覺知,成等正覺,為人演說,開示、顯發,謂緣無明有行,乃至緣生有老死。」說的其實就是緣起的數學性,即「此法常住,法住、法界」。弦理論自然得出的數學猜想、物件如卡拉比－丘流行、弦、額外維次、膜等在宇宙裏到底有沒有?同樣的反問唯識:種子有沒有?第八識、第七識有沒有?見分相分有沒有?如果有是什麼?如這裏所述這些數學都有其緣起意義。

【二十三、意識弦論】將意識、佛法、量子力學、科學扯上關係的大師、學者大有人在。如此之類的文章、書籍也有很多。但類似的論述完全沒有或鮮有提到如緣起、四緣、五果、五蘊、十二處、十八界等法是沒有意義的。到目前還沒有將意識、佛法與弦理論扯上關係的。也沒有類似筆者將唯識緣起所有的法,一一深入的與弦理論數學聯繫到一起。這意義是:一、這裏的聯繫是整體緣起結構性的且深入的,不是哲學性的,不是空、玄的;二、弦理論與緣起法可以雙向驗證引導,得出許多對法的認識;三、假以時日這裏的聯繫是可以被驗證真或偽的。

---

364 同上。

【二十四、統一寂寞】在德國剛閉幕的百年量子物理學大會上，諾貝爾物理學得主安東澤林格（Anton Zeilinger）說「量子世界不存在」他認為量子態只存在於頭腦中，它們描述的是訊息而不是現實。這簡直如唯識所說沒有極微只有識。此話雖招到與他共享諾獎的阿蘭·阿斯派克特（Alain Aspect）的反對，但量子力學到底是什麼確實是沒人懂。費曼說無人懂得量子力學，彭羅斯認為量子力學是錯的，傑拉德·特·胡夫特（Gerard 't Hooft）也認為現有量子力學的隨機性詮釋是錯的，必有個確定性詮釋。這些都是諾貝爾級的人物，說明量子論的根本存在問題。量子世界不存在，物理統一豈不是統一了個寂寞？

【二十五、何為科學】遠古時期人類相信薩滿巫術的思想，據此認為有眾多的鬼神，做事都必須從鬼神之願。現代唯物主義的思想，據此不認為有輪回，做事不必考慮因果。簡單來說科學是一種讓人對現實、真實的理解，從此得到的一種哲學上的認識，再到生活規範模式。如薩滿巫術是偽科學，物質主義科學不知有三世，做事不顧因果一樣是偽科學。最終真正的科學只能是緣起。

- 許多人認為量子力學與意識有關，但量子力學與意識還有很大的差距，而且廣義相對論在意識的角色更為重要。

- 唯物主義認為試驗不需要人去觀察結果，一個攝像頭就足夠了。其實，觀察者、攝像頭、所觀察的結果都歸觀察者即心。

- 宏觀的廣義相對論與微觀的量子力學都非常的精準，不能結合的根源是二元對立。深入理解統一二者的弦理論則是非二元對立，是法爾的、基於唯識的緣起法。其中廣義相對論對應觀察者即眾生，量子力學對應被觀察。無數無量眾生是平行宇宙。因此，從來沒有物理學。

- 基於唯識的緣起法早過今天科學一千年，是最早的科學。今天唯物主義的科學除了二元對立外，教導我們外在有個蘋果，通過眼睛，大腦處理信息認識到有個蘋果，這些都將被確定為偽科學。真實是我們各自有個第八識，裏面的種子成熟後生識，識變見分、相分，也變根身、器界如蘋果。

- 弦理論的主幹即緣起，因此，不但圓了愛因斯坦統一之夢，也是「上帝不擲骰子」的「因果甚深」的緣起法。愛因斯坦說的「上帝」，就是佛教的「緣起」，即「一切法皆是佛法」。

- 所有佛法都必歸緣起十支：四緣、五果、八識、五蘊、十二處、二十二根、因緣變與分別變、因能變與果能變、見相二分、共變等。今天論述這些法都沒歸位十支，因此可說是不分天南地北。

- 今天許多哲學家包括腦神經專家如同唯識，不認爲意識產生於大腦，要是意識不是來自大腦則必定是眼不能見、耳不能聽等，否則違反最基本邏輯。

國家圖書館出版品預行編目(CIP)資料

地毯下的佛法 / 胡著發著.
-- 第一版. -- 臺北市：樂果文化出版：紅螞蟻圖書發行，
2015.09
　面；　公分. -- (樂生活；62)
ISBN 978-957-9036-68-9(平裝)

1.CST: 宗教與科學　2.CST: 佛教修持

220.163　　　　　　　　　　　114011309

樂生活 62
地毯下的佛法

作　　　者	／ 胡著發
總　編　輯	／ 何南輝
行 銷 企 劃	／ 黃文秀
封 面 設 計	／ 引子設計
內 頁 設 計	／ 沙海潛行

出　　　版	／ 樂果文化事業有限公司
讀者服務專線	／ （02）2795-3656
劃 撥 帳 號	／ 50118837 號　樂果文化事業有限公司
印　刷　廠	／ 卡樂彩色製版印刷有限公司
總　經　銷	／ 紅螞蟻圖書有限公司
地　　　址	／ 台北市內湖區舊宗路二段 121 巷 19 號（紅螞蟻資訊大樓）
	電話：（02）2795-3656
	傳真：（02）2795-4100

2025 年 9 月第一版　　定價／ 600 元　ISBN 978-957-9036-68-9
※ 本書如有缺頁、破損、裝訂錯誤，請寄回本公司調換。
版權所有，翻印必究 Printed in Taiwan.